『하나님, 아름다움, 설교』는 실용주의와 소비주의 성향이 짙은 오늘날의 설교에 하나님의 영광의 "아름다움"에 대한 감각으로 설교 본연의 "아름다움"을 되찾는 과제를 신학적, 역사적, 설교학적으로 "아름답게" 완성해 냈다.

당신이 설교자라면 스스로에게 물어보라. 당신의 설교는 아름다운가? 그 아름다움과 매력의 근원은 어디인가? 현대 문화가 자극적인 감각과 외모 지상주의로 인간 본연의 아름다움을 가리듯, 혹시 당신의 설교는 청중의 만족과 변화를 위한 세련미와 우아함을 추구하느라 그리스도 안에 온전히 드러난 삼위 하나님의 영광의 아름다움을 가리고 있지는 않은가? 설교자와 청중 모두 그리스도의 영광의 아름다움을 볼 때에야 개인과 교회 공동체의 진정한 변화가 이루어진다는 것을 잘 알면서도 말이다.

이 책을 지체 없이 읽어 보라. 설교자와 청중 모두를 아름답게 하는 참된 변화는 설교자의 화려하고 세련된 언어와 수사가 만든 인공적인 빛이 아닌, 그리스도 안에서 빛나는 삼위 하나님의 영광스러운 아름다움, 성경 말씀의 아름다움, 설교 자체의 아름다움에서 비롯됨을 깊이 깨닫게 될 것이다. 그리고 이 책을 덮을 때, 하나님, 성경, 설교의 본연의 아름다움에 매료되어 강단에 설 때마다 그리스도의 아름다움을 마음껏 반사하고 발산하는 "아름다운" 설교자가 되기를 간절히 소망하게 될 것이다.

김대혁
총신대학교 신학대학원 설교학 교수

마이클 패스콰렐로의 『하나님, 아름다움, 설교』는 효율성과 전략에 함몰된 현대 설교계에 질문을 던진다. 무엇이 설교를 진정한 "설교"로 만드는가? 저자는 우리가 잊고 있던 답을 찾아낸다. 설교의 핵심은 삼위일체 하나님의 아름다움에 있다. 패스콰렐로는 단순한 정보 전달이나 행동 촉구를 넘어, 설교를 하나님께 드리는 "송영의 언어"로 재발견하도록 안내한다. "복된 무용성"과 십자가의 "낯선 아름다움"이라는 그의 독창적 개념은 실용주의에 길든 우리의 사고를 흔든다.

이 책을 읽으며 설교를 바라보는 나의 시각이 완전히 바뀌었다. 기교와 효과가 아닌, 하나님의 영광과 아름다움이 설교의 중심이 될 때 교회가 어떻게 변화할지 상상해 보라. 설교와 씨름하는 모든 목회자에게 이 책을 권한다.

송태근
삼일교회 담임 목사

설교가 성도의 마음에 닿을 때가 있다. 지적인 깨달음이나 감성의 움직임이나 의지적인 힘으로, 말씀이 전달자인 설교자를 통과해 성도에게 다가가는 때가 있다. 이 과정의 내면은 매우 역동적인 경로를 거치겠지만, 그 결과 설교가 아름답게 느껴진다.

이 책은 "아름다움"의 관점에서 설교의 모든 것을 풀어내고 있어 신선하다. 저자는 설교의 아름다움을 삼위일체 하나님의 선물이라고 선언한다. "아름다움"을 뜻하는 헬라어 중 하나가 "αἴσθησις"(아이스테시스, "미"를 뜻하는 "에스테틱"[aesthetic]의 어원)인데, 빌립보서 1장 9절에서는 "총명"으로 번역되며, "조화로움"을 의미하기도 한다. 설교는 선하신 하나님이 선하게 만드신 성도를 선하게 가꾸어 주의 영광을 드러내는 것이 목적이므로, 아름다움을 중심으로 설교의 의미를 연구해 보는 것은 유익하게 여겨진다. 나는 이 책을 통해 그에 관한 연구를 할 수 있었다. 그리고 연구를 하는 동안 이 책이 추구하는 설교의 아름다움이 성경의 아름다움에서 비롯된다는 확신을 갖게 되었다.

한규삼
충현교회 담임 목사

진선미는 모두 삼위일체 하나님으로부터 흘러나오는 아름다움이다. 하지만 교회 안에는 진리의 하나님, 도덕과 윤리의 하나님에 대한 가르침은 많아도 아름다움의 하나님에 대한 가르침은 부재한 것 같다. 교회가 쇠퇴한다는 이야기를 듣는 이 시대에 우리가 회복해야 할 것이 있다면 바로 하나님의 아름다움에 대한 가르침일 것이다. 패스콰렐로의 『하나님, 아름다움, 설교』는 잃어버린 하나님의 아름다움을 재발견한다.

C. S. 루이스는 "책과 음악의 아름다움에 이끌려 책과 음악에 인생을 걸면 배신을 당한다"고 말했다. 우리가 추구하는 아름다움은 진정한 아름다움의 본류이신 삼위일체 하나님께 있고, 책과 음악은 그 아름다움의 그림자이며 반영일 뿐이기 때문이다. 결국 세상에 있는 모든 아름다움은 삼위일체 하나님의 아름다움으로 이끄는 초대장이다. 이 책은 진정한 아름다움의 본류이신 하나님을 소개하며, 결코 배신당하지 않을 진정한 아름다움으로 우리를 안내한다.

청중이 설교를 통해 하나님의 아름다움을 경험하게 하려면 설교자가 먼저 하나님이 아름다움에 사로잡혀야 한다. '영광', '아름다움'이라는, 읽기만 해도 가슴 벅찬 단어들이 가득 차 있는 책이다.

고상섭
그 사랑교회 담임 목사

기독교 설교의 본질은 진리의 전인격적 체현(embodiment)이다. 그러나 성경에 관한 정보나 깨달음에만 치중한 설교는 하나님과의 인격적인 만남을 잃어버리고 영적 소비주의의 도구로 전락할 수 있다. 마이클 패스카렐로는 『하나님, 아름다움, 설교』에서 기독교 설교가 삼위 하나님의 영광과 아름다움을 드러내는 송영임을 보여 준다.

기독교 신앙 공동체가 예수 그리스도의 부활 사건 앞에 함께 모여 하나님을 찬양하고 그분의 계시된 말씀을 경청하는 데는 중요한 이유가 있다. 그것은 십자가 죽음과 부활로 하나님의 신비로운 계시를 전인격적으로 체현한 예수 그리스도의 모범을 본받아 삼위 하나님의 은혜와 영광을 전인격적으로 구현하도록 부름받았기 때문이다. 그렇게 하려면 교회는 그리스도의 십자가 죽음과 부활 사건으로 피조계 안에 스며들어 온 하나님의 신비로운 은혜와 영광의 아름다운 광체를 바라볼 줄 알아야 한다(고후 4:18).

기독교 설교까지 파편적인 정보로 소멸되기 쉬운 이 시대에, 이 책을 통해 설교의 미학적 가치가 새롭게 복원되기를 기대한다.

이승진
합동신학대학원대학교 설교학 교수

강단에서 오랫동안 외면받아 온 아름다움은, 마이클 패스카렐로의 희망에 찬 설교 비전 안에서 다시 중요한 자리를 회복한다. 신학적 관점에서 바라본 아름다움은 은혜의 신비와 삼위일체 하나님의 영광과 연결되어 그리스도 안에서 만물이 하나 되게 한다. 이 탁월한 책이 그런 것처럼, 아름다움이라는 주제는 우리 안에 복음을 향한 열망을 불러일으키고 하나님을 향한 사랑이 더욱 깊어지게 한다.

폴 스콧 윌슨
이매뉴얼 칼리지, 토론토 대학교

설교라는 보잘것없는 수단의 비효율성에 대한 불안감이 고조되는 오늘날, 『하나님, 아름다움, 설교』는 설교의 본질적 기능이 하나님을 경배하는 것임을 시의적절하게 상기시켜 준다. 마이클 패스카렐로는 특히 아우구스티누스를 비롯한 기독교 전통의 목소리에 근거해 설교를 송영으로 이해하는 깊은 사유로 독자를 초대한다. 이는 말씀이 심지어 강단에서조차 보습이 아닌 무기가 될 수 있는 현시대에 되돌아볼 만한 신선하고 활력 있는 대안이다.

앤절라 디엔하트 핸콕
피츠버그 신학대학원

패스콰렐로는 성경과 우리의 풍성한 신앙 전통의 우물에서 깊은 영감을 얻어 하나님 말씀 안에 지속적으로 존재하는 아름다움, 기쁨, 즐거움, 경이로움의 주제를 조명하며, 그 말씀이 선포될 때 교회가 아름다움을 얼마나 갈망하는지를 설교자들에게 다시 한번 일깨운다.

제임스 하월
마이어스파크 연합감리교회 담임 목사

마이클 패스콰렐로는 설교에 관한 독특하고도 전복적인 관점을 제시한다. 그는 방법론에 대한 일반적인 집착을 벗어나 덜 가시적이지만 결코 덜 실재적이지 않은 신학적 아름다움에 초점을 맞춘다. 그는 설교가 하나님을 향한 사랑을 불러일으키고 또한 그 사랑으로부터 영감받으며, 하나님을 향한 사랑은 신적 아름다움에 대한 기쁨으로부터 영감받는다고 주장한다. 그는 우리에게 영광, 기쁨, 그리고 선포의 미학적 차원을 고려하도록 일깨우며, 설교를 진정한 예배의 맥락에 위치시키고, 이를 통해 이 중요한 사역의 진정한 신학적 비전으로 우리를 새롭게 인도한다.

마이클 P. 놀스
맥매스터 신학대학교

이 책을 특별하게 만드는 두 가지 요소가 있다. 첫째, 겸손하신 주 예수 그리스도 안에서 우리에게 자신을 드러내시는 삼위일체 하나님에 대한 경이, 찬양, 감사다. 둘째, 우리의 모든 말을 풍성하게 하는 설교자들, 신학자들, 성경학자들의 선포와 가르침에 대한 기쁨 넘치는 감사다. 그의 스승 아우구스티누스처럼, 패스콰렐로는 우리의 창조주와 구속주의 놀라운 아름다움을 가리키는 일을 자신의 소명으로 받아들인다.
참된 설교의 본질이라 할 수 있는 그 영원히 새로운 아름다움에 우리 자신을 다시 한번 헌신하면 좋겠다.

매슈 레버링
먼더라인 신학대학원

하나님,
아름다움,
설교

The Beauty of Preaching: God's glory in Christian proclamation
by Michael Pasquarello III

Copyright ⓒ 2020 Michael Pasquarello III
Originally published by Wm. B. Eerdmans Publishing Co. Grand Rapids, MI, USA.

This Korean edition copyright ⓒ 2025 by Word of Life Press, Seoul, Republic of Korea
Published by arrangement with Wm. B. Eerdmans through rMaeng2, Seoul, Republic of Korea.
All rights reserved.

이 한국어판의 저작권은 알맹2를 통하여 Wm. B. Eerdmans와 독점 계약한 생명의말씀사에 있습니다.
신저작권법에 의하여 한국 내에서 보호받는 저작물이므로 무단 전재와 무단 복제를 금합니다.

하나님, 아름다움, 설교
ⓒ 생명의말씀사 2025

2025년 5월 29일 1판 1쇄 발행

펴낸이 | 김창영
펴낸곳 | 생명의말씀사

등록 | 1962. 1. 10. No.300-1962-1
주소 | 서울시 종로구 경희궁1길 6 (03176)
전화 | 02)738-6555(본사) · 02)3159-7979(영업)
팩스 | 02)739-3824(본사) · 080-022-8585(영업)

기획편집 | 박경순
디자인 | 김혜진
인쇄 | 예원프린팅
제본 | 보경문화사

ISBN 978-89-04-08252-0 (03230)

저작권자의 허락 없이 이 책의 일부 또는 전체를
무단 복제, 전재, 발췌하면 저작권법에 의해 처벌을 받습니다.

하나님,
아름다움,
설교

The Beauty of Preaching

마이클 패스콰렐로 3세 지음
김지혁 옮김

생명의말씀사

추천 서문

　신학교 시절, 저는 폴 홀머(Paul Holmer) 교수를 위해 "시인이 되려는 설교자들에 관한 키르케고르의 관점"(Kierkegaard on Preachers Who Try to Be Poets)이라는 논문을 썼습니다. 이는 "진리는 발이 재빠르지 않다"라는 키르케고르의 명언에 대한 저의 해석이었습니다. 저는 이 논문에서 시인인 척하는 설교자와 키르케고르가 경계했던 미적 유혹에 빠진 설교를 비판했습니다. 즉, 너무 아름다워서 오히려 해가 되는 설교자와 설교를 겨냥했던 것입니다. 이 논문을 발전시켜 출판한 글이 결국 제가 듀크 대학에서 첫 교수직을 얻는 데 결정적인 역할을 했습니다.

　키르케고르와 제가 설교의 미학에 관해 우리를 올바르게 인도해 줄 마이클 패스콰렐로를 만나지 못한 것은 참으로 아쉬운 일입니다. 마이클은 오늘날 설교학 분야에서 가장 뛰어난 신학자 중 한 명이 되었습니다. 설교에 관한 그의 다양한 저서에서, 마이클은 설교가 우리에게서 시작해 우리에게서 끝나는 것이 아니라, 성육신하신 말씀 안에서 우리를 만나시는 삼위일체 하나님에 관한 것임을 거듭 강조합니다. 이 책에서 마이클은 예수 그리스도가 길이요 진리요 생명일 뿐 아니라, 아름다움 그 자체라는 것을 우리에게 일깨워 줍니다.

　현대의 무기력한 미학주의를 배격하면서, 마이클은 이 격려 가득한 책에서 그만의 방식으로 신학 문헌을 폭넓게 탐구하여, 기독교 설교의 아름다움이 단순히 설교를 더 받아들이기 쉽게 하기 위한 수사적 장치들의 모음이 아니라는 것을 사랑과 담대함이 깃든 선언으로 내놓습니다. 오히려 마이클은 아우구스티누스와 함께 기쁨으로 선포합니다. 아름다움은 하나님의 본질이며, 아름다움은 신실한 설교를 통해 우리에게 기쁨 주기를 기뻐하시는 하나님에 관한 진리라고 말입니다. 마이클은 그리스도를 "복음적 아름다움"(evangelical beauty)이라고 표현합니다. 이 아름다움은 설교를 통해 우리가 경배하게 하고 우리를 그분의 아름다운 거룩함으로 이끕니다. 아우구스티누스가 말한 것처럼, "우리는 우리가 경배하는 분을 닮아 가게 되기" 때문입니다.

훌륭한 설교의 주된 목적은 치료, 정보 전달, 사회 프로그램 옹호, 비판적 잔소리, 더 나은 삶을 위한 실용적 원칙 공표가 아닙니다. 설교는 그리스도의 아름다움이 그분의 교회 위에 빛나도록 초대하는 사건입니다. 설교자는 정기적으로 일어서서 그리스도의 교회에 "여호와의 선하심을 맛보아 알지어다"(시 34:8)라고 선포하도록 하나님과 교회의 부름을 받은 사람입니다. 추함이 사방에 만연한 이 시대를 살아가는 우리에게 이 얼마나 복된 소식입니까! 마이클은 아름다움이 단순히 설교 스타일이나 전달 방식의 문제를 넘어선 신학적 문제, 즉 성부, 성자, 성령에 의한, 그리고 성부, 성자, 성령과 함께하는 소통의 핵심적 측면임을 명확히 보여 줍니다. 삼위일체의 아름다운 생명 안에서 우리는 빛을 발견하며, 그 빛은 우리가 창조된 본연의 모습에서 벗어나 왜곡되도록 방치했던 추한 변형들을 바로잡는 데 도움을 줍니다. 우리의 죄와 그 결과는 추합니다. 오직 하나님의 아름다움만이 우리를 치유할 수 있습니다.

마이클의 메시지는 우리 설교자들에게 진정한 격려가 됩니다. 예수 그리스도의 내재적 아름다움에는 마가라는 이름의 사람이 예술가가 되게 하여, 예수에 관해 적절히 표현하기 위한 문학 형식, 즉 복음서를 창조하도록 이끈 특별한 무언가가 있었습니다. 우리는 설교를 위해 일어설 때마다, 처음부터 복음 설교를 특징지었던 내용과 형식의 조화에 참여할 기회를 얻습니다. 설교가 종종 공리주의, 도구주의, 첫째–둘째–셋째로 나열되는 평범한 실용주의로 얼룩지는 이 시대에, 마이클은 설교가 사실상 하나님을 영화롭게 하고 우리가 어떻게 하나님을 영원히 즐길 수 있는지를 알게 하는 것 외에는 다른 진지한 목적이 없는, 유쾌하게 쓸모없고 무의미한 준비임을 우리에게 일깨워 줍니다.

성화를 중시하는 마이클이라면 분명 이런 내용을 덧붙이길 바랄 것 같습니다. 우리가 설교를 빚어 가는 동안, 사실 그 설교가 우리를 빚어 가고 있으며, 심지어 우리 설교자들의 삶마저도 하나님을 위한 아름다운 무언가로 만들어 가고 있다고 말입니다. 거룩함은 복음의 진리를 말로 선포하라는 소명에 대한 설교자들의 겸손한 순종에 주어지는 은혜로운 부산물입니다. 설교의 아름다움은 우리 설교자들이 어떻게 생산하는지 배워야 하는 산물이 아니라, 우리를 자기 것으로 삼기로 결심하신, 끊임없이 자신을 계시하시는 하나님의 선물입니다.

앨라배마주에서 저는 "파운드 아트"(found art)의 대가로 이름난 아웃사이더 예술가 로니 홀리(Lonnie Holly)를 알게 되었습니다. 로니는 버밍햄의 거리와 폐차장에서 온갖 종류의 버려진 물건을 모아 경이로운 조각 작품들을 창조했습니다. 로니의 명언 중 하나는 "하나님은 추한 것을 하나도 만들지 않으셨어. 우리 눈에 쓰레기라도 하나님 눈에는 쓰레기로 보이지 않지"였습니다. 정말 그렇습니다. 마이클의 책은 현대 설교를 지나친 단순화, 손쉬운 해결책 기술, 본질적으로 (신학적이기보다는) 인류학적 관심사에 빠져 있는 상태로부터 구해 냅니다. 그리고 우리가 주일 예배 시간에 잠시나마 우리 자신과 우리의 세계를 **영원의 관점**(sub specie aeternitatis)에서 바라보도록 도와, 그 모든 것 안에 깃든 아름다움을 발견할 수 있게 합니다.

우리는 삶의 추함, 심지어 교회 현실의 추함에조차 그저 "원래 그런 것"이라며 적응하도록 요구받는 시대를 살고 있습니다. 마이클은 하나님이 본래 그러하시므로 진리, 아름다움, 선함이 세상의 진정한 본질이며, 마땅히 그래야 함을 우리에게 일깨워 줍니다. 추한 말, 불쾌한 갈등, 추함에 무기력하게 순응하는 태도가 만연한 이 시대에, 마이클은 우리 설교자들에게 분명한 사명을 부여합니다. 바로 그리스도 안에서 하나님이 구속하신 세상에 넘쳐흐르는 특별하고 섬세한 아름다움을 선포하는 것, 그리고 모든 것이 (시인 웨슬리의 찬송가처럼) 경이와 사랑과 찬양 속에 은혜롭게 포용될 복된 영원의 때가 오기까지 아름다우신 구주에 관한 아름다운 말씀을 계속해서 선포하는 것입니다.

저는 결코 설교가 가장 쉬운 소명이라고 말한 적이 없습니다. 우리 중 누구도 이 임무를 자청하지 않았습니다. 그리스도 안에서 우리에게 그토록 웅변적으로 말씀하신 하나님을 위한 적절한 언어를 찾는 일은 참으로 어렵습니다. 강력하고 매력 없는 여러 세력이 복음의 신실한 선포에 맞섭니다. 마이클 패스콰렐로는 아름다우신 하나님이 우리에게 주신 이 소명이 얼마나 아름다운지를 다시금 일깨워 주었습니다.

윌리엄 윌리몬

CONTENTS

추천 서문: 윌리엄 윌리몬 **8**
머리말 **16**
감사의 말 **34**
옮긴이 서문 **38**

{ 서론 } 아름다움 되찾기 ——————————— **43**

       성령이 빚어내신 아름다움
       종말론적 아름다움
       아름다움으로의 초대

{ 01 } 구원하는 아름다움 ——————————— **71**

       무용한 아름다움
       설교의 기쁨
       설교의 미학

{ 02 } 아름다움을 바라보다 ——————————— **103**

설교에서 이름 모를 여인의 행위를 기억하기
설교의 미학

{ 03 } 회심시키는 아름다움 ——————————— **137**

아름다움을 추구하다
겸손한 말씀
아름다움에 놀라다
말씀의 아름다움을 사랑하기
창조 세계 안에서 창조주의 아름다움을 바라보기
설교의 미학

{ 04 } 말씀 가운데 드러난 아름다움 ——— 175

    삼위일체의 아름다움과 설교
    지혜의 아름다움으로서의 설교
    설교의 기쁨
    성육신의 아름다움
    겸손한 말하기로서의 설교
    사랑의 멜로디를 설교하다

{ 05 } 단순한 아름다움 ——— 213

    설교의 목적: 하나님 안에서 누리는 거룩과 행복
    거룩한 설교, 거룩한 삶
    설교의 아름다움과 가난한 자들
    거룩의 아름다움 속에서 설교하다
    설교의 미학

{ 06 } 낯선 아름다움 — 249

예언적 아름다움
시적 아름다움
마그니피카트: 마리아의 찬양이 지닌 아름다움

{ 결론 } 아름다움, 현재와 과거 — 287

하나님의 영광을 찬양하는 설교
설교의 미학
설교의 복된 무용성
순례자들을 위한 설교의 미학
사랑의 길을 선포하다
성례전적 아름다움

주 325
참고 문헌 360

머리말

이 책을 쓴 목적은 설교자들을 초대해 우리가 선포하는 복음에 본질적으로 내재된 그리스도의 아름다움을 보게 하는 것이다. 이를 위해 "설교의 미학"(homiletical aesthetic)을 제시해, 하나님의 영광을 알고 세상에 그 영광을 알리는 기쁨으로 설교를 회복시킨다. 이는 찬양의 언어이며, 하나님의 본질과 하나님이 우리를 위해 하신 일로 말미암아 그분의 위엄을 향해 나아가는 생생한 신앙의 언어다.[1] 아름다운 설교는 성령의 역사에 달려 있다. 성령은 우리의 생각과 감정과 행동, 그리고 말하는 능력까지 변화시키시며, 하나님을 알고 사랑하고 즐거워하는 우리의 참된 소명을 회복시키신다. 만약 인간 생명의 궁극적 목적이 성령을 통해 아버지와 교제하며 그리스도의 형상을 닮아 가는 것이라면, 설교를 포함한 모든 인간의 행위는 다른 목적이나 목표를 위한 수단이 아니라, 오직 그분 자체로 찬양과 경배를 받으시는 삼위일체 하나님을 향할 때 진실하고, 선하고, 아름다울 수 있으며 "합당한" 것이 된다.[2]

설교자에게는 그리스도의 아름다움에 대한 예민한 감각과 올바른 이해가 필요하다. 이는 단순히 사랑을 아는 데 그치지 않고, 모든 설교의 근원이자 목적이 되시는 삼위일체 하나님을 즐거워하기 위해서다. 추함이 지배하는 이 시대에 신적 아름다움과 인간적 아름다움을 증언하는 우리의 소명을 감당하기 위해서는 이 감각이 절실하다. 만약 아름다움에 대한 기쁨이 없다면, 진리와 선은 쉽게 도구적이고 기능적인 수단으로 전락하고 말 것이다. 이렇게 되면 그리스도의 진리를 아는 일은 형식적인 프로그램과 도덕주의로 변질되고, 그리스도의 선하심에 대한 갈망은 실용주의와 자기도취에 함몰되며, 그리스도의 신적 가치와 존귀는 인간의 필요와 효율이라는 잣대에 의해 평가절하된다.[3] 하나님, 사람, 사물의 타자성은 우리가 처분할 수 있는 자원으로 쉽게 전락한다. 그러나 이 타자성은 우리를 경이와 사랑과 찬양으로 초대하는 것이며 그리스도의 정의에 참여하여 하나님과 이웃을 향한, 특히 우리가 설교하는 이웃을 향한 마땅한 섬김을 기쁨으로 수행하도록 부르는 것이다.

  나는 설교에서 아름다움이 중요하다고 확신한다. 왜냐하면 하나님이 설교에서 중요하시기 때문이다. 성령의 아름답게 하시는 사역은 그리스도를 향한 헌신 속에서 신앙의 "눈"을 밝혀 주신다. 그리스도는 하나님의 자기희생적 사랑의 아름다운 형상이시며, 성령에 의해 죄의 추함에서 회복된 인간적 아름다움의 모범이시다. 그러므로 아름다움은 거룩하신 삼위일체 하나님의 영광을 고백하고, 찬양하고, 선포하도록 부름받은 백성인 교회에게 깊은 신학적, 영적, 도덕적 의미를 지닌다. 제이슨 바이어시(Jason Byassee)는 아우구스티누스의 삼위일체 신학을 설명하면서, 설교자인 우리에게 큰 기쁨이 되시는 하나님의 거룩하신 아름다움을 조명한다. "아들은 아버지의 형상이요 모습이요 광채이시며, 아버지는 자신의 형상인 아들을 기뻐하신다. 아버지는 기뻐하실 뿐 아니라 기뻐하시는 기쁨 그 자체를 아들에게 주시는데, 서로를 향한 이 기쁨이 바로 성령이시다."[4]

기독교 신앙의 역설이 여기에 있다. 우리가 우리 자신이 아닌 그리스도 안에서 드러난 성육신하신 하나님의 아름다움에 마음을 고정할 때, 오히려 그때 "합당한" 환경, 곧 하나님의 영광에 참여하도록 부름받은 피조물로서 말하는 데 필요한 지성과 상상력과 정서적 능력이 자라날 수 있는 찬양의 문화가 형성된다. 바울은 우리에게 계속해서 진리와 아름다움과 선함으로 돌아가라고 권면한다. 이것은 그리스도께서 자신의 삶과 죽음과 부활을 통해 이루신 하나님의 평화 안에서 우리의 마음과 생각을 지켜 주는 힘이 된다.

> 끝으로 형제들아 무엇에든지 참되며 무엇에든지 경건하며 무엇에든지 옳으며 무엇에든지 정결하며 무엇에든지 사랑 받을 만하며 무엇에든지 칭찬 받을 만하며 무슨 덕이 있든지 무슨 기림이 있든지 이것들을 생각하라(빌 4:8)

나는 기독교 설교가 은혜로운 활동이며, 우리가 복음을 아름답게 장식하는 그리스도의 겸손한 수용과 관대한 자기희생에 동참하는 방식임을 보여 주고자 한다. 성령의 인도하심 아래 우리가 그리스도의 자기를 비우시는 사랑의 진리를 깨달을 때, 우리의 삶은 새로운 피조물로서 서로 함께 존재하고 생각하고 말하는 아름다운 방식으로 빚어진다.[5] 그러한 설교는 우리의 지혜나 능력이 아닌, 하나님의 말씀과 성령에 의존한다. 성령께서는 하나님 사랑의 아름다움을 선포할 수 있는 환경을 만드신다. 이 아름다움은 우리 존재의 지혜와 능력이 되고, 우리의 모든 갈망과 필요와 욕망의 궁극적 목적이 되며, 예배와 제자도와 전도와 선교가 솟아나는 풍성한 생명의 원천이 된다. 따라서 나의 목적은, 교회 역사가 늘 보여 주었듯 설교에서 신학적 성찰과 미학적 성찰은 서로 분리될 수 없다는 점을 보이는 것이다.

나는 "하나님 영광의 복음"을 선포할 때 우리가 지니는 그리스도의 아름다움에 초점을 맞춤으로써, 이 중요한 주제들을 새로운 방식으로 탐구하고자 했다. 이는 설교의 목적을 그 내용과 형식에 다시 일치시켜, "예수 그리스도를 통한 하나님의 자기 계시의 빛 아래서 풍성한 삶의 비전을 분별하고, 표현하고, 제시하는 것"이다.[6] 나의 바람은 **신학적 통찰과 영적 감화가 깃든 설교의 미학**을 제시함으로써, "말씀이 육신이 되신" 겸손과 연약함을 통해 자신의 영광을 드러내신 삼위일체 하나님을 향한 지성적이고 경배가 담긴 찬양이 되는 아름다운 설교를 장려하는 것이다.

예수님 안에서 육신이 되신 하나님 말씀의 사역인 설교는 필요와 수용 속에서 시작되고 끝나며, 감사와 찬양으로 표현된다. 역설적이게도 설교의 영광은 그 겸손과 투쟁과 미완성 속에서 드러나는데, 이는 마치 성부와 성자가 나누시는 사랑과 기쁨이 설교의 아름다움을 가늠하는 기준이 되는 것과 같다. 그리스도는 살아 있는 말씀으로서, 선포되는 가운데 자신을 선포하시며, 성령께서 교회를 이끌어 따르게 하시는 복음의 내용이자 형식이 되신다. 설교의 아름다움은 하나님 영광의 광채로서, 겸손한 자기희생적 사랑의 길이신 그리스도의 전능하신 권능 안에서 때로는 밝게, 때로는 희미하게 빛을 발한다.

이는 우리가 그리스도의 고난과 십자가 죽음의 어둠과 추함 속에서 밝게 빛나는 "낯선 아름다움"(strange beauty)을 잠잠히 바라보는 능력을 길러야 함을 의미한다. 이 아름다움은 성령의 사랑이라는 선물로 판단되고, 정화되고, 새로워진 신앙의 눈으로만 볼 수 있는 "연약한 아름다움"(fragile beauty)이다. 아우구스티누스는 시편 99(100)편을 설교하면서, 하나님을 표현할 수 없다는 사실을 먼저 인정하면서 이 중요한 진리를 말한다. "하나님이 말씀하셨기에 우리가 존재하게 되었지만, 우리는 그분을 말할 능력이 없다. 우리를 존재하게 한 그 말씀은 그분의 아들이신데, 연약한 우리가 조금이라도 그분을 말할 수 있게 하시려고 그 말씀이 연약해지셨다."[7]

이 책은 두 가지 확신에 기초한다. 하나는 피조물인 우리의 참된 선과 행복은 그리스도의 겸손한 아름다움 속에 나타난 삼위일체 하나님을 알고, 사랑하고, 즐거워하는 데서 찾을 수 있다는 것이다. 다른 하나는 "십자가에 못 박히신 그리스도"를 선포하며 우리를 드리는 일은 송영, 즉 하나님의 영광을 찬양하는 데서 비롯되어 다시 그곳으로 돌아간다는 것이다. 아름다운 설교는 우리가 만들어 내거나 조절할 수 있는 것이 아니라, 먼저 주어진 은혜의 결과이자 그에 대한 응답이다. 이는 아버지께서 아들 안에서 성령의 빛나는 사랑을 통해 전해 주시는, 하나님의 존재와 선하심을 기뻐하는 선물이다. 장 코르봉(Jean Corbon)이 이 진리를 아름답게 표현했다. "아버지는 자신의 말씀과 숨결을 '내어 주시고', 그로 인해 만물은 존재하도록 부름받는다. 모든 것이 그분의 선물이며, 그분 영광의 표현이다. 어떤 것도 진정한 의미에서 거룩하거나 세속적이라고 불릴 수 없다. 모든 것은 그분의 거룩하심에서 순수하게 흘러넘친 것이다. 우리 하나님은 철학자들이 말하는 제일원인처럼 단순히 이런저런 일을 하시는 분이 아니다. 오히려 그분은 존재하는 모든 것 안에서 자신을 내어 주신다. 어떤 것이 존재한다면 그것은 그분이 자신을 주셨기 때문이다. 그분이 말씀하시면 존재가 있고, 그분이 사랑하시면 그것이 선하며, 그분이 자신을 주시면 그것이 아름답다."[8] 설교자로서 우리의 삶과 사역은 기도에 뿌리를 두어야 한다. 우리는 하나님의 자기 나눔을 주의 깊게 받아들여야 하는데, 성령께서는 이를 통해 우리의 마음을 밝히셔서 그리스도의 거룩한 아름다움을 묵상하고 기뻐하고 사모하게 하신다. 이것이 바로 우리 설교의 열매이고 결실이다. 더 나아가 감사의 찬양을 드리는 가운데 우리의 언어와 삶은 성령의 사랑으로 변화되어 그리스도 안에서 나타난 하나님의 본성과 사역에서 발산되는 영광을 드러내기에 합당하게 된다. 만약 성령의 사랑으로 우리의 삶과 말이 세상을 위한 그리스도의 고난과 죽음의 아름다움을 담게 된다면, 우리 설교의 "매력"은 단순히 설교를 장식하고 꾸미고 "예쁘게" 만드는 데 있지 않다. 나는 설교의 아름다움은 그 복된 무용성에서 찾을 수 있다고 확신한다. 이는 오직 하나님의 진리를 기뻐하는 것 외에 다른 목적이 없는 설교를 의미한다. 하나님은 부활하신 주님의 임재를 통해 당신의 선하심을 나누시며, 그분의 영광이야말로 우리가 감당하도록 주어진 영원한 무게다. 돈 샐리어스(Don Saliers)의 연구는 이 점에서 매우 큰 도움이 된다. 그는 이렇게 설명한다. "독사(Doxa)는 인간의 믿음을 가리키는 동시에 하나님의 고유한 속성을 뜻하는 놀라운 이중성을 지닌다. **독사**는 곧 신적 영광이다. **오르토-독사**(Ortho-doxa)는 모든 영광을 받기에 합당하신 하나님께 영예와 찬양과 영광을 올바로 돌리는 실천이다. 정통성(orthodoxy)이란 하나님의 이름에 마땅한 독사를 하나님께 돌리는 길 고도 힘들지만 기쁨이 있는 길을 배우는 것이다."⁹⁾ 샐리어스는 독사를 영원 전부터 그리고 모든 시간 속에서 삼위일체 하나님의 복된 교제 안에서 나누시는 영광, 곧 하나님의 "고유한" 속성으로 규정했다. 이는 요한복음 서문의 이 영광스러운 선언, "말씀이 육신이 되어 우리 가운데 거하시매"를 가리킨다.

우리는 성령의 조명하심으로 그리스도의 존재, 삶, 사역을 통해 하나님의 영광을 바라보는 은혜를 누린다. 하나님은 모든 피조물이 그분의 영광을 찬양하기를, 우리 모두가 하나님의 자녀로서 누리는 참된 자유 안에서 살아가기를 원하신다. 이 "특별한 영광"(strange glory)은 성육신하시고, 십자가에서 죽으시고, 부활하신 주님 안에서 온전히 드러난 관대한 자기희생을 통해 놀라운 아름다움을 드러낸다. 또한 이 영광은 말씀과 성례전을 통해 나타나며, 그리스도는 "오늘" 세상을 위해 교회 안에서 인간의 모습으로 임하신다.¹⁰⁾

샐리어스가 설명한 것처럼 이 "영광의 신학"은 "십자가의 신학"으로 이어진다. 그는 "우리의 예배가 하나님의 온전한 말씀과 예수 그리스도의 모든 이야기에 부합할 때, 십자가의 신학은 영광의 신학과 상충되지 않는다"고 강조한다.¹¹⁾ 하나님의 계시된 영광[doxa]에 대한 기쁨과 감사는, 예배의 실천을 특정한 방식의 사고, 인식, 행동, 언어 사용으로 형성해 간다. 샐리어스는 설교자의 삶과 사역에서 감사가 왜 본질적인 요소인지 다음과 같이 설명해 준다.

하나님의 자기희생에 뿌리내린 감사를 모르는 사람은, 하나님이 주신 첫 번째 선물(창조)과 궁극적인 선물(구원)이라는 빛을 통해 세상을 새롭게 바라보는 사람들과는 완전히 다르게 세상을 바라본다. 공동체 안에서 마음으로부터 우러나오는 감사의 능력이 깊어질수록, 우리는 사물의 참된 본질을 더 깊이 이해하게 된다. 우리가 하나님의 자기희생과 그리스도 안에서 나타난 하나님의 독사에 기초한 감사를 배울 때 더 많은 것을 볼 수 있도록 하나님이 모든 것을 준비하셨다는 사실에 우리는 놀라지 말아야 한다.[12]

예배를 삶의 방식으로 받아들일 때, 우리는 온전한 인격체로서 하나님을 알아 가고 사랑하는 기쁨을 경험한다. 이레니우스가 말한 것처럼, "하나님의 영광은 인간이 충만한 삶을 살아갈 때 드러난다." 하나님의 영광은 인간 됨의 예술로 표현된다. 샐리어스의 설명처럼, "우리가 하나님의 영광을 조금이라도 보고 느낄 때, 그리스도께서는 촉구하시는 것은 인간적으로 구현된 예술이다. 설교를 비롯한 모든 기독교 예전은 언제 어디서나 그리스도 안에서, 그리스도와 함께, 그리스도를 통하여 우리의 인간성 안에서 행하신 하나님의 영광스러운 자기희생에 대한 우리의 응답이 되어야 한다."[13] 이러한 하나님의 경이로운 사랑의 매력은 우리를 성경 전체를 통해 나타나는 존재 방식으로 이끈다. 바로 그리스도와 교회가 이루는 깊은 교제 속에서 충만해지는 것이다.

나는 하나님 영광의 아름다움에 응답하는 것이 인간의 언어로 표현되는 설교의 본질이며, 이는 송영적 감사로 표현된다는 것을 보여 주고자 한다.[14] 하나님의 뜻은 그 자체로 표현적이며 기쁨이 넘치는데,

이는 깊은 관계성을 바탕으로 하며 삼위일체 하나님의 생명 안에서 모든 피조물과 관계 맺으시는 "기쁨의 행위"라 할 수 있다. 피조된 인간인 우리는 단순히 수동적 존재가 아니라, 우리에게 주어진 피조된 존재라는 선물을 통해 하나님의 영광을 표현하는 존재다. 교회는 예배를 통해 성령의 역사로 자신을 내어 주시는 그리스도를 주의 깊게 받아들이며 하나님 앞에 나아간다. 따라서 예배는 사랑 어린 신뢰와 친밀한 충성의 행위로서, 세상 속에서 교회의 삶을 형성하는 하나님 말씀 안에서 읽고, 선포하고, 경청하고, 찬양하고, 기도하고, 교제하고, 기뻐하는 행위를 통해 하나님의 영광을 드러내는 것이다.[15]

기독교 설교는 인간의 모습으로 나타난 하나님의 영광에 대한 감사와 찬양의 표현이다. 자신을 내어 주시는 하나님을 받아들임에서 비롯된 말씀의 아름다운 표현이며, 그리스도의 취약성에 함께 참여하는 것이다.[16] 기도로 표현되는 이러한 취약한 수용성은 그리스도에 대한 성경의 증거를 "따르는 과정"에서, 십자가의 "보기 흉한" 아름다움 속에 담긴 "낯설고 연약한" 영광을 우리가 받아들일 수 있게 한다. "기독교 예전은 십자가와 빈 무덤에서 끊임없이 흘러나오는 기도와 행위와 말씀이다. 또한 우리가 은혜와 영광을 조금이나마 보고 느낄 때, 그리스도는 인간의 몸으로 구현되는 예술을 이끌어 내신다."[17]

샐리어스는 이것이 "자기표현의 예술을 수반하며, 따라서 신실함이라는 성품이 그 행위의 일부로 여겨진다"고 설명한다. 인간의 언어로 선포되고, 들리고, 기도하고, 찬양하고, 기념하는 하나님의 말씀은 이를 실천하는 사람들의 삶을 통해 증명된다. 그러므로 예배의 "예술"은 기독교 신앙의 진리와 선함 속에 본질적으로 존재하는 아름다움의 선물에 "조율"된다. "하나님의 영광, 즉 하나님이 우리 안에서 확증하고 갱신하고자 하시는 영광은 단순한 '예술 작품'이 아닌, 예전 공동체의 예술적 표현을 통해 인간적 표현 방식으로 드러난다. … 그러므로 진정한 예전의 예술은 우리의 인간성이 최대한 발휘될 때 나타나는 하나님의 자기희생과 조화를 이룬다."[18]

우리의 설교에서 복음은 성육신의 모범을 "따름으로써" 말씀으로 선포된다. 이 성육신의 모범은 창조에서부터 새 창조를 거쳐 만물의 완성에 이르기까지 성경 전체의 서사를 통해 펼쳐진다. 데이비드 켈시(David Kelsey)의 통찰은 성경과 설교, 하나님께 영광 돌리는 것, 즉 "송영적 감사" 사이의 상호 연관성을 이해하는 데 유익하다.

> 성경을 하나님의 말씀으로 연구할 때 우리가 갖는 실존적 관심은 기독교 신앙 공동체 자체나 본문 연구에 실존적 관심을 가진 개개인에 초점을 맞추는 것이 아니라, 명백히 하나님을 최우선적인 초점으로 삼는다. … 이 본문들을 거룩한 하나님의 말씀으로 연구할 때, 그 연구는 우리를 위한 하나님을 중심 주제로 하는 설교로 마땅히 이어져야 한다. … 이 본문들은 하나님이 물리적 세계와 비물리적 세계, 평범한 사람들과 왕들, 죄인들과 선지자들, 동물들과 천사들과 악령들을 통해 그들에게 그들 안과 밖에서 행하시는 일들을 직접 말하거나, 암시하거나, 전제한다.[19]

샐리어스는 미적 경험이나 미 자체를 위한 미(예를 들어, 겉만 화려하게 꾸민 "예쁜 설교"를 포함할 수 있다)는 예배의 주된 목적이 아니라고 주장한다.

오히려 예배의 궁극적 목적은 하나님을 영화롭게 하고 인간과 관련된 모든 것을 거룩하게 하는 것이다. 예배의 예술은 항상 "거룩함을 섬기는" 또는 "거룩한 설교"의 형태로 표현되어야 한다.[20] 이러한 아름다움의 표현은 단순히 예술적 기준만으로 평가될 수 없으며, "종말론적 관점에서 볼 때 하나님이 시간의 충만함 속에서 의도하신 하나님의 거룩한 아름다움"의 빛 아래서 이해되어야 한다. 하나님의 영광을 찬양하기 위해 모든 것을 그리스도 안에 통합하는 것이 설교의 완전성, 일관성, 온전성, 명확성의 기준이 되며, 설교에 아름다움을 부여한다. 샐리어스의 통찰은 그리스도 안에서 계시된 하나님의 아름다움 앞에 우리 자신을 둘 때 일어나는 변화의 능력을 설명하는 데 매우 적절하다. "예수의 이름으로 모여서 하나님을 찬양하고 우리 가운데 말씀하시고 행하시는 하나님에 대해 기쁨과 경외로 듣는 것은 의무와 기쁨이 하나되는 자리로 나아가는 것이다. 만약 우리가 그러한 자리에서 우리를 향한 하나님의 방법을 발견한다면, 그것은 경이와 찬양 가운데서일 것이다. **이 경험이 우리를 단지 현재의 우리 자신을 축하하는 것보다 훨씬 더 깊은 기쁨과 즐거움으로 살아가도록 이끌지 않겠는가?**"[21]

나는 설교의 아름다움에 대한 활력 넘치는 비전이 우리의 설교를 변화시킬 수 있다고 믿는다. 이 비전은 지성적인 사랑을 바탕으로 지혜로운 언어로 표현되며, 교회의 공적 사역, 즉 삶의 모든 영역에서 하나님의 영광을 찬양하는 예전을 세워 가는 설교를 향한 우리의 열망을 새롭게 할 수 있을 것이다. 하나님의 영광이 지닌 우주적 차원과, 보이지 않는 하나님의 형상인 그리스도의 보편적 의미는 특별한 형태의 설교적 담론을 만들어 낸다. 이러한 담론은 결코 개인화되거나 정치화된 자율적인 신앙 표현으로 제한될 수 없다. 우리의 설교는 만물의 주 되신 그리스도의 복음적 아름다움만을 드러내야 하기 때문이다.

그리스도와 성령을 통해 모든 존재와 관계 맺으시며 그 영광을 드러내시는 삼위일체 하나님의 경이로운 비전을 회복하려면, 설교자의 소명을 재확립하는 것이 필요하다. 설교자는 하나님과 세상을 향한 하나님의 방식이 얼마나 이해할 만하고 매력적인지를 전달하고자 노력하는 자라는 소명을 회복하는 것이다. 이런 맥락에서 하나님의 영광의 아름다움에 대한 켈시의 통찰은 설교자인 우리가 깊이 숙고할 가치가 있다. "하나님의 영광은 우리를 사로잡는 하나님의 찬란한 광채다. 가장 중요하고 우리의 완전한 관심과 주목을 요구하는 찬란함이다. 하나님의 찬란함은 하나님의 위엄으로 인해 우리를 사로잡는다. … 하나님은 매력적인 방식으로 그 중요성을 드러내신다. 하나님은 궁극적으로 가장 중요한 분으로서, 찬란한 아름다움을 지니신다. 하나님의 찬란함은 그분의 아름다움이 발산하는 눈부신 광채다."[22]

나는 이 연구를 통해 성령께서 청중으로 하여금 하나님께 찬양을 드리는 기쁨을 깨닫게 하시는 설교 예술의 모범적 사례들을 살펴보았다. 하나님은 생명의 말씀을 말하시는 분이며, 그 말씀은 부활하고 십자가에 못 박히신 예수님 안에서 완성된다.[23] 내가 이 글을 쓴 목적은 기독교 전통의 과거 좋았던 황금기로 돌아가야 한다고 주장하기 위해서가 아니다. 이는 실현 가능하지도 않고 바람직하지도 않을 것이다.

또한 나는 비록 우리 신앙의 선조들이 말하고 행했던 많은 것이 유익했다 하더라도, 그것들을 단순히 답습해야 한다고 주장하는 것이 아니다. 이 책에서 내가 특정 인물들을 선택한 주된 이유는 그들에게 우리 시대에 절실히 필요한 특별한 지혜가 있기 때문이다. 곧 유일하게 우리의 찬양을 받기에 합당하신 삼위일체 하나님의 진리와 아름다움과 선하심에 대한 신학적 이해가 바탕이 된 지적, 정서적, 영적 감수성이다.

1장은 선지자 이사야의 인상적인 선포로 시작된다.

> 좋은 소식을 전하며 평화를 공포하며
> 　복된 좋은 소식을 가져오며 구원을 공포하며
> 시온을 향하여 이르기를
> 　네 하나님이 통치하신다 하는 자의
> 　산을 넘는 발이 어찌 그리 아름다운가(사 52:7)

나는 오랫동안 복음을 선포하는 설교자들의 발이 어떻게 "아름답게" 여겨질 수 있는지에 관심을 가져왔다. 나는 이사야의 인도를 따라 로마서 10장으로 나아간다. 그곳에서 바울은 하나님이 그리스도 안에서 하신 말씀과 복음의 아름다운 설교를 통해 계속해서 하시는 말씀에 대해 논하면서 이 예언을 되풀이한다. "네 하나님이 통치하신다"는 메시지는 마가복음 시작 부분에서 예수님이 선포하신 하나님 나라에 대한 기쁜 소식을 가리킨다. 주님은 이를 자신의 삶, 고난, 죽음, 그리고 부활을 통해 실현하신다. 이어서 나는 성전 헌금함에 자신의 모든 것을 바친 가난한 과부의 이야기를 살펴본다. 이 이야기는 마가의 서술에서 그리스도의 겸손과 연약함을 하나님 나라의 도래이자 응답으로 아름답게 선포하는 표징이자 "말씀"의 역할을 한다.

2장에서는 마가복음 14장에 등장하는 이름 없는 여인의 이야기를 기억한다. 이 여인은 사랑의 헌신이자 죽음을 준비하는 행위로 값비싼 향유를 예수님께 부었다. 이 일은 예수님이 방문하셨던 시몬이라는 나병환자의 집에서 일어났다. 여인의 이 낭비 행위에 제자들이 반발하자 예수님은 여인이 행한 일을 **"아름다운 일"**이라고 말씀하셨다. 나는 이름 없는 여인의 이야기가 세상을 위해 예수님 안에서 풍성히 부어진 하나님의 너그럽고 값비싼 사랑을 상징적으로 보여 준다고 이해한다. 예수님이 제자들에게 "온 천하에 어디서든지 복음이 전파되는 곳에는 이 여자가 행한 일로 말하여 그를 기억하리라"고 말씀하셨기에, 설교의 아름다움을 다루는 책에서 그녀의 이타적 사랑의 행위가 지닌 의미를 고찰하는 것은 적절하다. 나병환자의 집에서 예수님을 향한 값비싼 사랑을 보인 이름 없는 여인을 기억하는 것은 설교자들이 하나님을 향한 헌신의 행위로서 설교를 어떻게 아름답게 할 수 있는지를 깨닫도록 도울 지혜를 제공한다.

3장에서는 아우구스티누스의 『고백록』(Confessions)에 나타난 그의 회심 이야기를 살펴본다. 이 이야기에서 설교자들과 관련 있다고 볼 만한 것 중 하나는, 회심 이전에 아우구스티누스가 자연적 아름다움, 사람과 사물을 이용하려는 과도한 욕망이 주는 쾌락과 즐거움에 푹 빠져 있었다는 점이다. 여기에는 언어에 대한 그의 사랑과, 로마에서 수사학 교사이자 저명한 연설가로서 경력을 쌓는 동안 탁월한 언변으로 사람들에게서 받은 찬사도 포함되어 있었다. 아우구스티누스의 회심이 피조물의 아름다움에 대한 그의 무질서한 사랑 속에서, 그리고 그 사랑을 통해서 일어났다는 점은 매우 의미심장하다. 그는 직업적으로 성공하고 로마 상류층의 명예와 "영광"을 얻었음에도, "그토록 오래되고도 그토록 새로운" 아름다움을 알고자 갈망했다. 오랜 시간 행복을 찾아 헤맨 끝에, 아우구스티누스의 애정은 변화를 겪었다. 예수의 연약함과 비천함 속에서 나타난 "육신이 되신 말씀"의 겸손한 사랑을 통해, 그의 관심은 아름다움이신 살아 계신 하나님께로 향하게 되었다. 사람들의 찬사를 향한 사랑에서 하나님 찬양을 향한 사랑으로 변화되었다. 그의 회심 이야기는 설교자의 도덕적 형성과 영적 형성, 설교자가 직면하는 유혹, 말씀에 대한 설교자의 사랑, 기독교 설교에서 가장 합당한 언어인 찬양에 대해 깊이 생각해 볼 많은 통찰을 제공한다.

  4장에서는 설교자 아우구스티누스를 조명한다. 아름다움에 대한 삼위일체 신학은 설교자로서 그의 삶과 사역의 토대가 되었다. 이 장에서는 설교자이자 다른 설교자들의 모범으로서 아우구스티누스가 보여 준 신학적, 목회적 지혜를 탐구한다. 아우구스티누스에게 가장 중요한 것은 설교가 우리가 창조된 목적에 의해 방향이 정해지고 그 목적을 향해 나아간다는 점이다. 그 목적은 그리스도 안에서 드러난 삼위일체 하나님을 알고, 사랑하고, 즐거워하는 것이다. 하나님의 아름다움은 교회의 삶을 형성하는 근본적인 형식이 된다. 나는 설교자로서 직면하는 도전과 어려움에 대한 아우구스티누스의 성찰, 그리고 그리스도 안에서 나타난 하나님의 자기 계시의 관점에서 설교의 아름다움을 바라보는 그의 방식을 탐구한다. 나는 아우구스티누스의 설교를 성경 전체에 걸쳐 영광이 찬란히 빛나는 하나님의 성육신하신 말씀인 그리스도의 아름다움을 기뻐하도록 하는 설득력 있는 초대로 이해한다. 나는 그의 설교가 다루는 범위가 하나님의 풍성한 선하심을 드러내는 동시에, 하나님 앞에서 드러나는 인간의 깊은 연약함과 필요를 담아내고 있다고 본다. 그의 설교가 지닌 아름다움은 그가 다루는 주제의 진리로부터 찬란히 빛난다. 그 주제는 하나님의 영광과 구원, 창조의 선하심과 그리스도 안에서 이루어진 인류의 구속, 만물의 새로워짐에 대한 가시적 징표이자 소망인 교회다.

5장에서는 존 웨슬리의 설교가 지닌 단순한 아름다움을 성찰한다. 웨슬리의 설교와 그의 형제 찰스의 찬송가는 하나님의 거룩하심과 사랑 사이의 긴밀한 관계를 보여 주는데, 이 관계는 성령 안에서 이루어지는 그리스도인의 믿음, 삶, 설교, 찬양, 기도, 예배의 아름다움을 형성한다. 나는 모든 계층의 사람들, 다양한 사회경제적 상황에 처한 이들, 각기 다른 영적 상태와 도덕적 상태에 놓였던 이들을 포용했던 웨슬리의 사역을 다룬다. 이 사역은 예수 그리스도 안에서 나타난 하나님의 거룩하심의 복음이 여러 이유로 교회의 울타리 밖에 있는 이들, 특히 가난한 자, 죄수, 병자, 고아, 과부에게도 전해지기를 바라는 갈망에서 비롯되었다. 웨슬리의 설교의 단순한 아름다움이, 그가 가난한 자들을 위하고 그들과 함께했던 그리스도의 겸손한 사랑을 이해한 바와 어떻게 깊이 연관되어 있는지를 설명한다.

웨슬리는 거룩한 설교와 거룩한 삶의 훌륭한 모범이 되었다. 이것은 그가 그리스도의 산상수훈의 아름다움 속에서 발견한 것이다. 그는 기독교 전통의 지혜에 깊이 뿌리를 두었으며, 신앙과 소망과 사랑의 삶이 비록 어렵지만 말로 표현할 수 없을 만큼 위대하다는 것을 깊이 이해했다. 그는 하나님을 알고 사랑하는 기쁨을 전달하기 위해 단순하면서도 열정적인 언어로 그리스도를 선포할 수 있는 설교자들을 양성하고 준비시키는 데 자신의 삶을 바쳤다. 그의 교육 방법은 오늘날 설교자 교육에 귀중한 교훈을 제공한다. 그는 설교자들이 하나님의 형상으로 창조된 인간의 본성을 깊이 이해하고, 그리스도 안에서 진정한 인간의 행복과 선함으로 이끄는 덕목, 영적 열매, 은혜의 수단을 파악하기를 기대했다. 이는 교리, 헌신, 훈련으로 이루어진 교회 환경 안에서의 엄격한 교육으로 이루어졌는데, 이를 통해 설교자의 생각과 말과 정서가 도덕주의나 율법폐기론 어느 쪽으로도 치우치지 않는 건전한 판단, 지혜로운 분별, 좋은 취향을 지닌 말씀 사역을 할 수 있도록 했다.

6장에서는 마르틴 루터의 사역에 나타난 설교의 아름다움을 살펴본다. 내가 특별히 루터를 선택한 이유는 그의 작업이 일반적으로 신학적 아름다움의 관점에서 조명되지 않았기 때문이다. 예를 들어, 한스 우르스 폰 발타자르(Hans Urs von Balthasar)는 루터가 신학적 미학에 어떠한 공헌도 하지 않았다고 평가절하한다. 이 장에서 나는 마크 마테스(Mark Mattes)의 최근 연구인 『마르틴 루터의 아름다움의 신학: 재평가』(*Martin Luther's Theology of Beauty: A Reappraisal*)를 바탕으로 논의를 전개한다. 마테스의 뛰어난 연구는 주요 개신교 개혁자이자 기독교 전통 전체에서 중요한 설교자인 루터에 관한 장을 포함하도록 이끌었다. 이 장은 루터가 실제로 말씀의 아름다움을 분별하는 데 귀중한 지혜를 제공함을 보여 주는데, 이는 그리스도 안에서 나타난 하나님의 의롭게 하시는 은혜의 형태로, 그리스도는 죄의 추함을 자신이 감당하시고 죄인에게 자신의 의의 아름다움을 선물로 주신다. 루터는 인간의 교만과 자기 충족성이라는 죄에 근거한 "영광의 신학"에 강하게 반대했지만, 성육신하시고 십자가에 못 박히시고 부활하신 주님이신 그리스도의 겸손과 사랑을 드러내는 영광의 신학은 적극 지지했다. 나는 시편과 마그니피카트에 대한 선별된 해석을 통해 이 점을 보여 준다. 그리스도 안에서 화해를 이룬 신적 아름다움과 인간적 아름다움에 대한 루터의 신학적, 미학적, 영적 통찰력을 드러내기 위해서다.

찬양의 언어, 송영의 형태로 표현되는 신학으로서, 설교는 창조, 성육신, 새 창조라는 하나님의 강력한 행위의 선하심을 기뻐하는 것에서 그 존재와 생명력을 얻는다. 감사의 찬양 행위인 성찬 기도는 창조에서 나타난 하나님의 영광, 출애굽과 이스라엘 선택에서 드러난 영광, 그리스도의 성육신에서 보인 영광, 화해와 구속의 사역에서 나타난 영광이라는 성경의 서사를 따라간다. 나는 우리의 모든 설교가 성부와 성자와 성령의 이름으로 선포되는 기도와 찬양의 아름다운 표현이 되기를 소망한다.

> 오 하나님, 당신께 감사드립니다. 창조를 통해 우리에게 보여 주신 선하심과 사랑을 인하여, 이스라엘을 당신의 백성으로 부르신 것을 인하여, 선지자들을 통해 말씀하신 당신의 말씀을 인하여, 무엇보다도 육신이 되신 말씀, 당신의 아들 예수님을 인하여. 이 마지막 때 당신은 그를 보내시어 동정녀 마리아를 통해 성육신하게 하시고, 세상의 구주와 구속자가 되게 하셨습니다. 그 안에서 당신은 우리를 오류에서 진리로, 죄에서 의로, 죽음에서 생명으로 인도하셨습니다.[24)]

감사의 말

이 책의 구상은 내가 아우구스티누스의 『고백록』을 처음 접했을 때 시작되었다. 나는 특히 "이제서야 당신을 사랑하게 되었습니다, 그토록 오래되고도 그토록 새로운 아름다움이여"라는, 고백이자 하나님을 향한 찬양인 기도문에 깊이 이끌렸다. 이렇게 시작된 아우구스티누스에 대한 관심은 기독교 전통에서 설교자들을 위한 가장 영향력 있는 지침서라 할 수 있는 그의 『기독교 교리론』(De doctrina Christiana)을 읽게 했다. 내 마음을 사로잡은 것은 하나님을 향한 사랑으로 불타오른 아우구스티누스가 어떻게 수사학, 즉 설득적 말하기의 기술을 진리, 아름다움, 선함의 삼위일체적 비전으로 통합해, 그리스도와 성경을 통해 드러난 말씀을 설교할 때 가르치고, **기쁨을 주고**, 설득하는 것을 목표로 삼아야 한다고 제안했는가 하는 점이었다.

나는 아우구스티누스가 설교에서 "기쁨"의 개념을 강조한 것에 깊은 흥미를 느꼈다. 그리스도 안에서 우리는 하나님을 알고 사랑할 뿐 아니라 하나님의 매혹적인 아름다움을 즐기는 축복을 받았다는 것이다. 지금까지 내게 익숙했던 설교는 주로 가르치고 설득하는 것, 교육하고 행동하게 하는 것, 설명하고 동기를 부여하는 것이 목표였다. 이런 경향은 내 설교에도 반영되어 있었지만, 기쁨이라는 요소가 정확히 어떻게 작용해야 하는지는 불분명했다. 다른 설교자들과 이 주제에 관해 대화할 때 논의는 어김없이 설교를 "효과적"으로 만드는 요소가 무엇인지, 설교의 몰입 장치는 무엇인지, 청중의 관심과 반응을 끌어내기 위해 어떤 기법을 사용하는지에 초점이 맞춰졌다. 이런 대화는 내게 의문을 품게 했다. 정말 우리가 누구이고 무엇을 하는지가, 삼위일체 하나님이 누구이시며 성령 안에서 말씀이 지닌 매력적이고 기쁘고 강력하고 감동적인 특성과 능력이 무엇인지보다 더 중요한 것일까? 나는 하나님을 진지하게 대하는 헌신과 청중을 진지하게 대하는 헌신 사이에서 갈등을 느꼈다. 신학적 책임과 목회적 책임 사이의 이 긴장, 즉 설교학적으로는 추상적이지만 신학적으로 깊이 있는 설교와, 쉽게 이해되지만 신학적으로 얕팍한 설교 중 하나를 선택해야 하는 것처럼 보이는 상황 속에서 고심했다. 이 질문은 설교자로서, 후에는 설교자들을 가르치는 교사로서 내가 오랜 세월 독서와 고찰, 실천의 여정을 시작하게 했다.

  이 책에서 인용한 다양한 저작은 삼위일체 하나님의 정체성과 활동에 비추어 설교의 "아름다움"을 가장 잘 이해하는 방법에 관한 나의 오랜 신학적, 목회적 성찰에 영향을 주었다. 이 자료들은 오늘날 설교의 장엄함, 온전함, 무결성을 회복하려면 그리스도 안에 성육신한 하나님의 진리와 선함과 관련해 존재의 특질로서의 아름다움, 그 아름다움 안에서 느끼는 기쁨의 상실을 다루어야 한다는 것을 다양한 방식으로 보여 주었다. 시간이 흐르면서 나는 이러한 상실이 어떻게 신학적, 영적 고려가 결여된 채 아름다움을 단지 외적 요소, 외관, 장식, 또는 "예쁨"으로 격하시키는 설교학적 "심미주의"에 기여했는지 더 깊이 이해하게 되었다. 나는 설교의 효과성이나 적실성을 높이기 위해 무언가를 "덧붙이는" 이러한 방법이 종종 복음 메시지 자체가 지닌 본질적 효력과 분리되어 있음을 목격했다. 그 효력이란 바로 성령의 풍성한 사랑의 능력을 통해 그리스도의 아름다운 형상으로 나타나는 하나님의 자기 계시다.

윌리엄 B. 어드먼스 출판사 편집팀에 진심으로 감사의 말씀을 전하고 싶다. 불가피하게 여러 차례 지연했음에도 그들의 도움과 인내, 아낌없는 지원 덕분에 이 프로젝트를 마무리할 수 있었다. 이른바 실용 분야에서도 신학적 깊이를 중요시하는 출판사와 함께 일할 수 있다는 것은 정말 값진 기회였다.

글을 쓰는 모든 과정에서 나보다 신학적 미학에 훨씬 조예가 깊은 학자들의 연구에서 많은 도움을 받았다. 물론 그 연구들에 대한 해석의 책임은 온전히 나에게 있다. 또한 내 원고를 꼼꼼히 검토해 더욱 명확하게 다듬을 수 있도록 해 준 외부 심사자의 날카로운 시각에도 감사드린다. 아울러 아우구스티누스의 생애, 사역, 신학을 연구하는 데 평생을 바친 많은 학자의 업적에도 큰 빚을 지고 있다. 특히 아우구스티누스 저작의 영원한 지혜와 가치를 일깨워 주신, 지금은 하나님 품에 안긴 듀크 신학교의 데이비드 스타인메츠(David Steinmetz) 교수님께 깊이 감사드린다.

또한 박사과정 지도교수인 피터 아이버 코프먼(Peter Iver Kaufman) 교수님께도 감사드린다. 그는 아우구스티누스의 주교직 리더십의 중요성에 관한 연구에서 교회를 이끄는 데 아우구스티누스의 설교가 얼마나 중요한 역할을 했는지 일깨워 주었다. 나는 설교자로서 우리가 가진 모든 것이 하나님의 자기희생적 사랑의 선물이자 표현으로 받은 것이라는 아우구스티누스의 믿음을 늘 마음에 새기고 있다.

또한 이 연구 자료로 학회 발표를 할 때마다 유익한 피드백을 해 주신 많은 친구와 설교학 아카데미 및 북미 예전학 아카데미의 동료 회원분들께도 감사의 마음을 전한다. 애즈버리 신학교와 풀러 신학교에서 내게 설교 수업을 들은 학생들이 내가 하나님의 "성육신의 아름다움"에 대한 감사의 찬양으로 제시하고자 했던 설교 미학의 희망찬 비전을 잘 "이해하고" 받아들여 준 것도 큰 격려가 되었다.

이 책의 서문을 써 주신 윌리엄 윌리몬(William Willimon) 감독님께도 감사드린다. 그분은 자신만의 독특한 방식으로 내가 이 책에서 다룬 설교의 아름다움을 몸소 보여 주시는 훌륭한 본보기다. 그분은 또한 그분처럼 설교한다는 것이 꼭 그분의 말투를 흉내 내는 것을 의미하지는 않는다고 가르쳐 주셨다(나는 펜실베이니아주 출신이고, 감독님은 사우스캐롤라이나주 출신이다). 그럼에도 교회를 섬김으로써 그리스도를 섬기는 우리의 소명에 걸맞은 설교 방식을 추구하도록 격려해 주신 것에 감사드린다.

이보다 더 아름다운 일은 없다고 생각한다. 하지만 내가 가장 큰 빚을 진 사람은 내가 글쓰기에 몰두하는 동안 한결같은 동반자이자 친구가 되어 준 패티(Patti)다. 우리의 삶에 감사하며 앞으로 함께 써 나갈 새로운 장을 기대한다. 하나님의 은혜로, 그것은 분명 "아름다운 일"이 될 것이다.

옮긴이 서문

청중의 마음속에 오래 머물지 못하고 금세 잊히는 "그저 그런" 설교문을 매주 찍어 내야 하는 설교자는 괴롭습니다. 그러나 살아 계신 하나님의 말씀의 아름다움에 사로잡혀 이를 전하지 않고는 견딜 수 없는, 영혼 사랑의 마음을 가진 설교자는 복됩니다. 오늘날 강단에서 설교가 약화된 이유는 설교자가 하나님 영광의 아름다움, 삼위일체 하나님의 아름다움, 예수 그리스도의 탁월하심이 얼마나 놀라운지를 경험하지 못하고 있기 때문입니다. 그런 점에서 마이클 패스콰렐로의 『하나님, 아름다움, 설교』는 오늘날 설교자들에게 큰 울림과 도전을 줍니다. 저자는 아름다움이 단순한 미적 감각이나 수사학적 장치가 아니라, 하나님의 본질적 속성임을 강조합니다. 설교의 아름다움은, 설교를 더 매력적으로 포장하려는 기교나 수단이 아니라 하나님 자신의 영광과 진리를 드러내는 데 있습니다.

제가 아름다움과 미학에 관심을 갖고, "아름다움"을 설교학의 중심 주제로 삼게 된 것은 조너선 에드워즈(Jonathan Edwards)의 신학과 설교를 중심으로 박사 논문을 쓰던 때부터였습니다. 에드워즈는 18세기 미국 대각성 운동을 주도했던 탁월한 신학자이자 설교자로, 종교적인 경험 면에서는 아우구스티누스와 루터에 필적하고, 복음에 대한 지성적 이해 면에서는 토마스 아퀴나스와 칼뱅에 필적합니다. 지성과 경험, 이

두 영역의 능력이 절묘하게 결합된 그와 어깨를 견줄 이를 역사상 다시 찾아보기 힘들 것입니다. 에드워즈는 『신앙감정론』(Religious Affections)에서 영적인 이해는 주로 **영적인 아름다움에 대한 마음의 감각**으로 이루어진다고 하면서, 인간의 행동을 결정하는 것은 추론이 아니라 **선에 대한 미적 인식**이라고 말합니다.

하나님을 경험함에 대해 에드워즈가 도덕적, 율법적 차원보다 미학적 요소를 더 강조한 것은, 자신의 신학의 근본 개념을 하나님의 "절대적 주권"이 아니라 그분의 "절대적 아름다움"이라고 내세우기 때문입니다. 에드워즈는 아름다움을 마음을 움직일 수 있는 힘이라고 생각했습니다. 하나님의 아름다움은 모든 창조된 아름다움의 근원이 됩니다. 그래서 일단 청중이 마음의 감각을 통해 하나님의 아름다움을 경험하면, 그들도 하나님의 거룩함과 아름다움에 참여하는 자가 되어, 그들의 삶 가운데 그 아름다움을 드러내게 된다고 보았습니다. 그것이 곧 **삶의 변화**이고, **설교의 적용**이라 할 수 있습니다.

아름다움은 결코 정적이지 않습니다. 하나님의 아름다움은 스스로 갇혀 있지 않습니다. 세상 전체는 하나님의 아름다움의 충만이며 표출입니다. 우리의 설교가 하나님의 영광과 아름다움을 선명하게 드러내는 데 초점을 맞출 때, 청중이 하나님의 탁월하심과 예수 그리스도의 아름다움을 경험할 것이고, 청중의 삶도 비로소 아름답게 변화할 줄 믿습니다.

우리는 외적 아름다움, 즉각적 만족, 표면적 성공을 추구하는 문화 속에서 살고 있습니다. 완벽한 외모, 물질적 풍요, 사회적 인정과 같은 외적 요소에 아름다움의 가치를 두고 있습니다. 이러한 거짓 아름다움은 일시적으로 만족스러울 수 있으나, 결국 영적 갈증과 정체성의 혼란만 느끼게 합니다. 설교자의 역할은 거짓 아름다움에 사로잡힌 청중에게 진정한 아름다움을 경험하게 하는 것입니다. 청중이 여전히 인색하고 물질 중심적으로 살고 있다면, 그것은 그들이 아직도 예수님을 진정으로 이해하지 못했다는 뜻이고, 그리스도 안에서 모든 부요와 보배를 얻는다는 것을 제대로 이해하지 못했다는 의미입니다. 교리는 알고 있을지 몰라도 마음의 정서는 여전히 물질에 얽매인 나머지, 예수님보다 물질이 더 탁월하고 아름답다는 생각에서 헤어나지 못합니다. 설교를 통해, 우리는 그들 앞에 그리스도의 탁월하심과 아름다움을 드러내어 그들의 정서 안에서 거짓 아름다움이 예수 그리스도로 대체되도록 해야 합니다. 우리를 위해 자신의 부요를 포기하신 그리스도의 아름다움을 나타내야 합니다.

아름다움은 오늘날 설교에 중요한 의미를 제공합니다. 이제껏 설교와 미학은 함께 다루어지지 않았던 것이 사실입니다. 특히 강해 설교의 최고 관심은 본문에서 어떻게 정확하고 객관적인 의미를 도출할 것인가에 있기에, 설교자들은 본문의 의미에서 아름다움의 개념을 분리하는 경향이 있습니다. 하지만 이 아름다움은 모든 그리스도인에게 하나님과 이웃을 사랑하는 열정적 행위의 근거가 됩니다. 하나님의 아름다움을 일단 경험하면 청중은 감정과 정서의 근본적인 변화를 겪습니다. 하나님의 아름다움에 대한 새로운 감각이 설교의 적용이 가능하게 합니다. 이 마음의 감각이 성도들 안에서 거룩함을 향한 새로운 성향을 만들어 내기 때문입니다.

하나님의 말씀을 맡은 청지기로서 한 주에도 여러 편의 설교를 준비하는 고된 수고를 감당하면서도, 물 떠 온 하인이 먼저 은혜를 경험한 것처럼(요 2장) 설교자로서 하나님의 아름다움과 탁월하심을 먼저 경험할 수 있다는 것은 큰 특권이자 영광이 아닐 수 없습니다. 오늘도 치열하게 말씀을 붙들고 설교를 준비하고 있을 모든 설교자에게 먼저 하나님의 아름다움을 경험하는 은혜가 깃들기를 바랍니다.

김지혁 옮긴이

고려대학교와 서울대학교 대학원에서 철학과 영미윤리학을 공부하고, 총신대학교 신학대학원을 졸업했다. 트리니티 복음주의 신학교(Trinity Evangelical Divinity School)에서 조직신학(Th.M)을, 남침례신학교(Southern Baptist Theological Seminary)에서 설교학(Ph.D)을 전공했다. 현재 총신대에서 후학들을 가르치고 있으며, 명문교회 담임 목사로 섬기고 있다. 옮긴 책으로는 「사랑이 없는 성」(철학과현실사), 「스펄전의 설교 학교」(새물결플러스)가 있다.

The Beauty of Preaching

{ 서론 }

아름다움 되찾기

설교의 아름다움을 고찰하는 것은 우리가 "관대한 정통성"의 열매를 맺는 송영(doxology)의 전통, 즉 하나님을 찬양하고 그분께 영광 돌리는 전통 속에 자리매김하게 한다. 캔터베리의 전임 대주교 로완 윌리엄스(Rowan Williams)는 교회가 지닌 "성령으로부터 오는 기억"(charismatic memory)에 대해 썼다. 이 기억은 은혜의 한 형태로, 그리스도의 몸 된 교회 안에서 성령께서 활성화하시는 역사적 기억을 의미한다. 윌리엄스는 이 기억이 예배하는 공동체 안에서 작용한다고 보았는데, 이는 하나님의 자기 소통의 주된 기록인 성경이 단지 과거의 유물이 아니라 하나님의 현재적 소통이 담긴 작품으로 읽힘을 통해 일어난다.

윌리엄스는 성령이 주시는 기억과 전통적으로 이어져 내려오는 신앙의 언어가 현대인이 빠지기 쉬운 두 가지 거짓된 확신—현재만이 진리라고 믿는 것과 과거만이 진리라고 믿는 것—이 왜 잘못되었는지를 보여 준다고 설명한다. 이는 특히 하나님의 백성으로 부름받은 우리에게 중요하다. 왜냐하면 우리는 하나님의 성육신으로 거룩하게 된 역사와 시간 속에서 하나님을 예배하고 그분의 사명을 감당하도록 부름받았기 때문이다.[1] 이런 관점에서 기독교적 말하기의 선물에 대한 그의 통찰은 우리에게 매우 유익하다.

우리가 말씀을 전하는 것은 하나님이 우리를 부르시고 초청하시고 권위를 주셨기 때문이다. 우리는 새롭게 하나님께 "속한 자"로서 받은 것을 전하는 것이다. 이것은 "의존적" 말하기이며, 하나님의 말씀에 대한 응답이다. 누군가가 강요하거나 미리 정해 놓은 말이 아니다. 계시는 단순히 복종을 요구하는 것이 아니라 우리의 상상력이 "스스로를 열도록" 초대하는 말씀이다. … 설교를 포함한 신학적 언어의 진정성[과 아름다움]은 권위적인 메시지를 그대로 전달하는 데 있지 않다. 오히려 그것은 계시의 사건과 과정 속에서 형성된 새로운 세계에 깊이 뿌리내리고 그곳에 속해 있다는 실재성에 있다. … 하나님은 우리의 응답 속에서 근원적 말씀하심으로 "현존하신다". 우리의 상상력이 스스로를 열어 갈 때 거기에 "주어짐"의 차원, 새로운 것을 만들어 내는 능력, 새롭게 발견되는 세계가 있다.[2]

성령이 빚어내신 아름다움

복음 이야기가 지닌 놀라운 새로움은 사도행전에 기록된 성령 충만한 설교의 모범 사례를 통해 아름답게 표현된다. 특별히 이스라엘이 하나님의 신실하심을 기억하고 감사드리는 연례 축제인 오순절에 베드로가 선포한 가슴 벅찬 말씀에서 이를 볼 수 있다.

오순절은 백성이 모여 예배드리는 거룩한 절기이자 예전적 사건이었다. 오순절은 백성이 하나님께 감사와 찬양을 드리기 위해 모든 일을 멈추고 영적으로 새롭게 갱신되는 안식의 날인 동시에 "백성의 예배 행위"였다는 점에서 특별한 모순을 지닌다.

오순절의 가장 깊은 의미는 일상의 삶 속에서 경험하는 하나님의 풍성한 은혜를 기쁘게 인정하는 것이었다. 씨를 뿌리고, 농작물을 기르고, 수확을 기다리고, 마침내 거두어들이는 일상의 순환 속에서 하나님이 얼마나 너그럽게 공급하시는지를 기억하는 것이었다. 나아가 오순절은 시내산에서 일어난 위대한 사건, 특히 하나님이 불과 큰 천둥 가운데 이스라엘에게 율법을 주신 것을 기념하는 날이기도 했다. 베드로가 그리스도를 주님으로 선포한 것은 바로 이 맥락 속에 있다. 이는 하나님의 신실하심을 기억하며 순례의 길을 걸어온 백성의 이야기 가운데 일어난 일이었다. 하나님이 성령을 강력하게 부어 주심으로써 마지막 때가 "바로 오늘" 시작되었음을 알리는 것이었다.[3]

오순절은 기독교 설교의 시작점을 보여 준다. 이 설교는 인간이 만들어 낸 것이 아닌, 하나님의 행하심에서 비롯된 말씀 선포였다. 베드로는 성령의 인도하심을 받아들이고 그에 응답하여, 과거에 행하신 하나님의 위대한 일들을 선포하고 그리스도의 임재 가운데 나타난 하나님의 놀라운 역사를 드러내는 예배 행위로서 설교를 수행했다. 그는 이스라엘의 성경, 특히 예언자 요엘의 시적 언어를 인용하면서, 모든 사람에게 풍성히 부어진 하나님의 성령의 역사가 얼마나 기쁘고도 놀라운 아름다움을 지니는지를 선포했다. 마이클 웰커(Michael Welker)는 베드로의 설교를 이렇게 탁월하게 설명한다. "하나님의 능력 있는 일 하심에 대한 담대한 선포—기쁨에 찬 확신으로 두려움 없이 공개적으로 하는 선포—는 서로 다른 배경을 가진 개인들과 그룹들이 새로운 공동체를 이루게 된 것처럼, 하나님이 성령을 부어 주신 결과로 나타난 것이다."[4)]

베드로는 구약의 선지자들이 보여 준 것과 같은 실천적 지혜를 발휘한다. 그는 성령의 인도하심과 이스라엘의 성경 말씀에 주의를 기울여 청중이 자신들의 경험을 복음이라는 큰 이야기, 즉 예수 그리스도의 서사 안에서 새롭게 이해하도록 돕는다. 베드로는 단순히 예수 그리스도가 주님이라는 사실을 가르치는 데 그치지 않고, 나사렛 예수의 삶과 죽음과 부활을 통해 이스라엘과 모든 민족을 위해 놀라운 새 시대를 열어 가시는 하나님의 위대한 구원 사역을 담대하게 증언한다. 이 선포는 시의적절하다. 이스라엘의 주님과 그분의 신실하심에 대한 위대한 이야기는 예수님의 삶과 사역을 통해 우주적 규모로 전개되어, 하나님의 놀라운 일들을 열방에 "선포할" 수 있도록 수많은 언어를 만들어 낸다.[5)]

사도행전 2장을 읽어 보면 설교가 지닌 아름다움을 느낄 수 있다. 하나님은 이미 우리와 함께 여기 계신다. 하나님은 우리를 위하시고 우리와 함께하시며, 우리 안에와 우리 가운데 거하시며 우리를 부르신다. 이스라엘의 메시아이신 예수님이 부활하시고 "모든 육체"에 성령을 부어 주신 지금 상황에 기쁘게 반응하며, 우리의 마음과 생각이 변화되기를 촉구하신다. 이는 하나님이 자신을 최종적으로 계시하신 사건이자 세상을 향한 그분의 설계, 바로 새 하늘과 새 땅의 창조가 아름답게 표현된 것이다. 베드로는 이 새로운 현실의 선포에 보일 합당한 반응은 모든 피조된 권세와 통치자와 능력 위에 계신 부활하신 주님, 곧 십자가에 달리셨던 그분이 다스리시는 세상에서 살아가는 아름다움 속으로 성령께서 우리를 이끌어 주시도록 자신을 맡기는 복된 자유를 누리는 것이라고 설명한다.[6]

복음 선포는 지적, 감정적, 의지적인 변화인 회개라는 선물을 이끌어 낸다. 이는 성령의 기쁨 안에서 하나님과 이웃을 향한 우리의 전인격적 회심을 의미한다. 이러한 방향 전환이 구원의 원인은 아니어도, 이 전환은 모든 나라, 민족, 문화권의 이웃과 함께 교제하며 누리는 하나님의 구원의 아름다움이 가져온 결과다. 이것이 세상 속에서 교회의 삶으로 어떻게 구현되는지는 사도행전 전체를 통해 생생하게 드러난다. 십자가에 달리시고 부활하신 예수를 통해 하나님이 하늘과 땅을 다스리신다는 놀라운 선포는, 성령의 능력으로 말씀이 전파되고 교회가 그리스도를 함께 증언하는 믿음의 기쁜 순종을 통해 아름답게 구체화된다.[7]

베드로의 설교는 누가복음 4장, 나사렛 회당에서 예수님이 선포하신 복음에 뿌리를 두고 있으며, 그 복음을 구체적으로 실행한다. 예수님의 복음 선포는 성령의 능력과 이사야 61장의 예언이 하나 되어 "기존의 규범과 가치의 극적인 전복"을 알렸다.[8] "따라서 오순절 때 베드로의 설교는 예수님의 나사렛 취임 설교가 복음서에서 기능했던 것과 같은 방식으로 사도행전에서 기능한다." 두 경우 모두 성령의 능력으로 선포되는 복음은 예언자적 말씀과 그 실천을 위한 프로그램이 되며, 이는 하나님의 통치를 매우 개인적이면서도 사회적인 차원으로 드러내는 하나님의 백성을 통해 실행된다.[9] "성령께서 교회 안에 받아들여지고 그 안에서 역사하실 때, 세상은 완성을 향해 새롭게 창조되어 갈 것이다."[10]

나는 주제별 강의, 동기부여 연설, 사회적 또는 정치적 분석과 같은 오늘날의 접근 방식이 어떻게 참된 복음의 자리를 대신하고 있는지, 이것이 성령의 능력으로 "오늘" 교회에 말씀하시는 주님, 곧 십자가에 달리시고 승천하신 주 예수님에 대한 베드로의 놀라운 선포로부터 얼마나 벗어나 있는지를 분명히 보여 주기를 바란다. 베드로는 선지자들과 예수님의 이야기를 되뇌어 설교했다. 그가 그리스도를 주님이라고 기쁘게 선포할 수 있었던 것은 오직 하나님의 성령의 기쁨이 그를 사로잡고 충만하게 했기 때문이다. 장 다니엘루(Jean Daniélou)는 하나님이 알려지시고 사랑받으시기를 바라는 선교적 열정에 대해 다음과 같이 썼다. "성인(saint)은 언제나 하나님의 위대하심을 깊이 인식하고, 하나님 안에서 기쁨을 발견했으며, 그분의 사랑으로 가득 차서 그것을 나누고 전하기를 갈망한다. 마치 누구나 자신의 마음에 가득 찬 것을 말하고 싶어 하는 것처럼 말이다. 우리가 하나님에 대해 충분히 말하지 못하는 이유는 우리 마음이 그분으로 충분히 채워지지 않았기 때문이다. 하나님으로 가득 찬 마음은 자연스럽게 하나님을 말하게 된다. 하지만 우리는 마음이 충분히 불타오르지 않아서 종종 노력이 필요하다."[11]

오늘날 대중적 설교의 대부분은 시대적 적실성을 갖춘다는 명목하에 각종 주제, 아이디어, 원칙, 입장, 프로그램을 다루는 데 몰두하는 것 같다. 그러나 설교가 주로 우리가 무엇을 알아야 하고 어떻게 행동해야 하는지에만 초점을 맞춘다면, 성령을 통해 지금 이 순간 우리에게 임하시는 하나님의 "구원의 아름다움"이라는 시의성은 오히려 멀리 있는 과거의 일이 되어 버리고, 고대의 성경 본문 속에 갇혀 버리고 만다.[12] 이런 설교의 바탕에는 그리스도인이 된다는 것은 단순히 지식을 얻는 것이며, 이 지식이 올바로 적용되고 자기 인식과 충분한 동기가 주어지면 "현실 세계"에서 효과적이고 영향력 있는 행동으로 이어진다는 가정이 깔려 있다.

그러나 이 같은 접근 방식은 복음이 지닌 본질적 매력을 간과한 것이다. 그 매력이란 성령께서 교회로 하여금 "오늘" 부활하신 주 그리스도를 통해 말씀하시고 행하시는 하나님의 놀라운 주도적 역사를 기뻐하게 하는 것이다. 하나님이 주도권을 가지시고, 자신의 약속을 성취하시고, 믿음을 창조하시고, 명령하시고, 순종할 수 있는 힘을 주신다. "믿음은 언제나 지식과 인식을 포함한다. 믿음은 타자에게 반응하고, 자신을 타자에게 맡기며, 타자가 보는 방식대로 실재를 바라보게 한다."[13] 십자가에 달리시고 부활하신 주님을 믿는 믿음이 우리 마음의 눈을 밝혀, 오늘 하나님께 영광을 돌리며 기뻐하도록 부르시는 복음의 특별한 아름다움을 즐거워하게 한다. 설교에는 하나의 역설이 있다. 우리가 그리스도의 아름다움 앞에서 경이로움에 사로잡혀 자신을 잃을 때 오히려 우리의 참된 자아와 "목소리"를 발견하게 된다는 것이다. 유진 피터슨(Eugene Peterson)의 말처럼, "아름다움이 없는 진리는 추상적이고 생명력을 잃게 되며, 아름다움과 분리된 선함은 사랑과 은혜를 잃게 된다."[14]

기독교 전통의 지혜는 설교의 기술, 즉 사랑, 성향, 통찰, 직관, 습관, 감수성 등을 삶의 모든 영역에서 하나님께 영광 돌리는 교회의 소명이라는 관점에서 바라보도록 가르친다. 우리가 설교자라는 우리의 정체성을 이스라엘과 예수님, 오순절의 교회 탄생이라는 근원적 이야기를 기억함으로써 이해한다면 어떨까? 우리가 스스로를 학생이나 소비자, 또는 정파적 정치 옹호자가 아닌 하나님의 순례자 백성으로 바라본다면 어떨까? 설교가, 우리는 그리스도인으로서 보이는 대로가 아닌 믿음의 길을 걸으며, 우리의 모든 존재와 소유와 행위와 말이 그리스도 안에서 나타난 하나님의 호사스러운 선물이자 기쁨 넘치는 표현이며, 우리는 그저 그 놀라운 증인일 뿐이라는 고백으로 시작된다면 어떨까? 우리의 소명이 청중으로 하여금 그리스도 안에서 완성되는 삼위일체 신앙에 내재된 아름다움을 경험하게 하는 것이라면 어떨까? 우리가 설교자로서 "인간의 삶에서 가장 소중한 애정, 사랑, 신실함, 헌신은 전혀 다른 차원의 지식에 기초한다"는 사실을 겸손히 인정한다면 어떨까?[15]

설교 사역은 지식, 기법, 기술의 습득을 포함하지만, 복음을 신실하게 선포하려면 그 이상이 필요하다. 즉 지혜가 형성되어야 하고, 하나님에 대한 지식이 올바르게 정리되어야 하며, 하나님을 향한 깊은 애정이 있어야 하고, 하나님의 아름다움이 지닌 진리와 선함을 기뻐할 수 있는 깨어 있는 미적 감수성이 요청된다. 이런 점에서 레슬리 뉴비긴(Lesslie Newbigin)이 교회의 본질과 행위에 대해 내린 신학적 평가는 매우 적절하며, 설교에서 성령의 열매와 그 효과가 어떤 것인지를 아름답게 보여 준다.

[이러한 결과들은] 초자연적 실재가 발하는 빛과 같다. 이 실재는 무엇보다 하나님 자신의 실재다. 곧 삼위일체 하나님의 존재가 지닌 넘치는 풍성함으로서, 그 안에서는 사랑이 영원히 주어지고 새롭게 교환되며 영원한 기쁨이 된다. … 이 넘쳐흐르는 영광이 신자에게 주어진 것은 그들이 하나님의 사랑을 실제로 체험하고 알리는 공동체임을 드러내기 위함이라고 한다. … 이것이 바로 교회를 기쁨과 찬양이 있는 곳, 놀라움과 웃음이 있는 곳으로 만든다. 마치 천국의 끝없는 놀라움을 이 땅에서 미리 맛보는 장소와 같이 말이다.[16]

사도행전 2장에 나타난 베드로의 설교는 단순히 삶의 질을 향상시키거나 어떤 변화를 만들어 내거나 "현실 세계"에 영향력을 미치기 위해 적용해야 할 교훈이 아니었다. 베드로의 대담하고 과감하고 도전적인 설교는 오히려 진정한 "현실 세계"가 예기치 못하게 강력하게 출현했음을 선포한다. 이는 성령의 증거를 통해 나타난 새 창조의 찬란한 영광으로, 부활하신 주님이 이스라엘 성경의 예언자적 전통을 완성하시고 이를 열방에까지 확장하시는 것이다.[17]

베드로의 놀라운 설교 속에서, 만물의 약속된 종말이 청중에게 갑자기 현실이 되었다. 십자가에 달리시고 부활하신 그리스도의 성령께서 풍성히 부어 주신 공동체적 삶의 깊은 곳으로부터 하나님의 찬란한 아름다움이 밝게 비춰진 것이다.[18] 이것이 바로 하나님을 찬양하는 것과 분리될 수 없는 설교의 아름다움이다. 설교를 예배 행위로 회복하는 것은 "우리가 삼위일체 하나님을 사모하고 그분과 사랑에 빠지게 하며, 그 결과 이웃을 사랑하게" 할 수 있다.[19] 마크 매킨토시(Mark McIntosh)의 말처럼, 교회는 은혜의 삶이기에 그 자체로 세상 속에서 "하나님의 말씀하심" 또는 "하나님의 말씀"이 될 수 있다. 교회는 옛 창조 질서 가운데 나타나는 새 창조의 가능성을 보여 주는 표지다. 비록 잠정적이지만 가시적으로 나타나는 이 나눔의 공동체인 교회는 우리의 궁극적 목적인 삼위일체 하나님 안에서의 기쁨과 즐거움을 지금도 미리 보여 준다.[20] 누가는 그리스도의 성령께서 창조하신 교회의 아름다움을 다음과 같이 증언한다. "믿는 사람이 다 함께 있어 모든 물건을 서로 통용하고 또 재산과 소유를 팔아 각 사람의 필요를 따라 나눠 주며 날마다 마음을 같이 하여 성전에 모이기를 힘쓰고 집에서 떡을 떼며 기쁨과 순전한 마음으로 음식을 먹고 하나님을 찬미하며 또 온 백성에게 칭송을 받으니"(행 2:44-47a).

종말론적 아름다움

오늘날의 설교, 즉 "시대에 부응하는" 설교는 일반적으로 현재 당면한 개인적, 문화적, 정치적 문제에 초점을 맞추며, 그러한 적실성 때문에 가치를 인정받는다. 그러나 점점 더 하나님을 알지 못하고, 실제로는 "하나님의 부재"와 예배의 거부를 전제로 하는 문화의 기준에 맞추어 적실성을 추구하는 설교는, 결국 하나님의 진리와 아름다움과 선하심을 말할 수 있는 능력을 상실하게 될 것이다. 근본적으로 이것은 올바른 목적이나 방법, 또는 개인적 미학을 찾는 문제가 아니라 "정통성", 즉 "올바른 찬양 또는 영광"의 문제다. 이러한 정통성이 이 세상과 다가올 세상에서 하나님을 찬양하고 하나님을 아는 복된 기쁨이라는 소명을 지닌 백성을 위한 설교의 기준을 제공한다.

아우구스티누스의 『하나님의 도성』(City of God)은 "시의적절한" 설교를 하고자 하는 나의 열망에 큰 격려와 희망의 원천이 되어 왔다. 내가 의미하는 것은 그리스도의 초림과 재림 "사이의 시기"를 살고 있는 우리의 현재 "세상의 시간" 속에서 교회를 위해 하는 "적합한 설교"다. 『하나님의 도성』은 교회를 하나님과의 교제 안에서 우리 삶의 진리이신 그리스도의 겸손한 사랑의 길로 부름받은 순례자 백성으로 보는 기독교 이야기를 아름답게 풀어 낸다. "거주자 이방인들"의 공동체인 교회는 성령으로 말미암아 살아 있는 말씀으로 이끌림을 받으며, 그 말씀은 교회를 천상 도성에서 모든 성도와 천사와 함께 누릴 영원한 행복의 기쁨을 향해 믿음과 소망과 사랑의 길로 인도한다.[21] 교회 초기 수 세기 동안 아우구스티누스는 성경을 이런 이야기적 관점에서 읽은 가장 모범적인 사례였다고 할 수 있다.[22] 그는 언제나 성경 말씀에서 시작했으며, 특별히 성경이 들려주는 독특한 이야기, 곧 하나님 백성의 개인적이고 공동체적인 이야기와 그들의 궁극적 운명이 담긴 이야기에서 출발했다. "그의 저서는 성경의 책들을 비추어 보여 준다."[23]

아우구스티누스의 사역은 신학적이고 목회적인 성격을 지녔지만, 동시에 뚜렷한 송영적 특성과 종말론적 방향성을 지녔다. 그의 사고방식, 저술, 설교는 만물의 참된 근원이자 목적이신 하나님께 영광을 돌리고자 하는 열망으로 가득 차 있었다.[24] 성경의 이야기 속에서 교회의 삶을 해석한 아우구스티누스는 부활절 설교에 대해 다음과 같이 설명했다. "성경에서 정해진 본문이 낭독되었습니다. … 저는 단지 그 순간과 그 사건의 기쁨, 행복에 어울리는 몇 마디 말을 했을 뿐입니다. 왜냐하면 제가 생각하기에, 그들이 **하나님의 능력이 역사하시는 가운데 드러난 하나님의 웅변**이라 할 수 있는 것을 듣는 것, 아니 더 정확히 말하면 그들의 마음속에서 깊이 묵상할 수 있는 기회를 주는 것이 더 좋았기 때문입니다."[25]

아우구스티누스는 성경의 관점으로 "세상의 시간"을 읽으면서, 역사를 서로 상반된 삶의 방식을 추구하는 두 도성의 이야기로 해석했다. 한 도성은 하나님을 사랑하는 데 헌신하고, 다른 도성은 자아를 사랑하는 데 헌신한다.[26] 그는 역사 속의 교회를 내적으로는 죄의 세력과, 외적으로는 이 세상을 다스리는 권세들과 싸우는 혼합된 공동체로 보았다. 교회의 삶은 하나님의 도성에서 누리게 될 종말론적 평화와 안식과 기쁨의 선물을 향한 불완전함과 갈망으로 특징지어진다.[27] 로버트 윌컨(Robert Wilken)은 이에 대해 다음과 같이 설명한다. "그리스도인은 그들의 궁극적 목적이 역사를 넘어선 곳에 있으며, 교회보다도 더 큰 공동체에 속한 이들이었다. 이 공동체의 역사는 이스라엘의 역사로까지 거슬러 올라가며, 이전 시대를 살았던 이들, 즉 먼저 간 성도들을 포함할 뿐 아니라, 아직 태어나지 않은 (또는 이미 태어난) 이들, 장차 그 시민이 될 이들까지 품고 있다. … 교회는 순례 중인 하나님의 도성의 한 부분이다. … 교회는 이처럼 훨씬 더 큰 공동체의 교제 속에서 살아간다."[28]

시간 속을 순례하는 도성으로서, 교회는 성부, 성자, 성령 하나님을 예배하고 섬기는 데서 참된 행복을 발견하는 특별한 지혜와 삶의 방식을 알고, 또 알리는 것을 사명으로 생각하는 설교자들을 필요로 한다.

피터 브라운(Peter Brown)이 언급한 것처럼, "『하나님의 도성』은 세상으로부터의 도피에 대한 책이 아니라, 오히려 '평범한, 죽을 운명을 지닌 삶 속에서 우리가 해야 할 일'이라는 주제를 되풀이하여 다룬 책이다. 그것은 세상에서 천상의 삶을 살아갈 것을 다룬 책이다."[29]

아우구스티누스는 교회와 설교를 포함한 모든 사역에 생명을 불어넣는 근본적인 확신을 우리에게 보여 준다. 하나님께 대한 참된 예배가 없다면 어떠한 인간적 성취나 행복, 진정한 공동체적 삶도 있을 수 없다는 것이다. 그는 의인이 믿음으로 살지만, 정의는 오직 하나님이 올바르게 예배받으시는 곳에서만 찾을 수 있다고 말한다.[30] "하나님께 마땅히 드려야 할 것을 드리지 못하는 사회는 결국 그 구성원—하나님을 찾고 그분 안에서 기쁨을 누리도록 창조된 존재들—에게 마땅히 주어야 할 것을 주지 못한다."[31] 설교는 인간의 사랑과 갈망을 선이신 하나님을 기뻐하도록 인도함으로써 이러한 목적에 이바지한다. 모든 인간의 행위가 하나님께 영광을 돌리는 데서 그 충만함과 완성을 찾기 때문이다. 이러한 설교는 순례하는 도성이 갈망하는 평화, 즉 새 예루살렘의 비전에 의해 인도된다. 이는 본질적으로 사회적 실재이며, 하나님을 찬양하고 하나님 안에서 서로를 즐거워하는 사람들의 교제다. "교회는 하나님과의 교제 이외의 다른 목적을 달성하기 위한 수단이 아니다."[32]

하나님을 알고 누리며 이 궁극적인 목적의 빛 가운데 사는 것이야말로 교회가 세상을 위해 줄 수 있는 아름다운 선물이다. 교회는 하나의 사회적 사실(social fact)로서, 그리고 하나님과 하나님 안에서 이웃을 향한 비할 데 없는 사랑으로 그리스도의 정의와 덕을 보여 주는 종말론적 증인으로서 자신을 드린다.[33)] 아우구스티누스는 이렇게 말한다. "정의는 하나님이 그분의 은혜를 따라 순종하는 도성을 다스리시는 곳에 있다. … 마치 의로운 개인이 사랑으로 행동하는 믿음의 토대 위에서 살아가듯이, 의로운 이들의 공동체 또는 백성도 사랑으로 행동하는 믿음의 기초 위에서 살아간다. 그 사랑은 사람이 마땅히 하나님을 사랑해야 할 방식으로 하나님을 사랑하고, 이웃을 자신처럼 사랑하는 사랑이다. 그러나 이러한 정의가 없는 곳에는, '공동의 정의감과 공동의 이해관계로 묶인 사람들의 진정한 공동체'도 있을 수 없다."[34)]

여기서 아우구스티누스의 지혜가 왜 수 세기 동안 설교자들의 마음에 깊은 울림을 주었는지를 발견할 수 있다. 그는 교회의 목회자로서 당시 로마 제국이 보여 준 교만한 자부심을 직시했다. 로마는 하나님을 향한 사랑이 아닌 자기 사랑에 기초해 우월의식과 자기 과시적 태도를 보였다. 아우구스티누스는 로마의 이러한 모습이 사실은 일종의 "경건", 즉 로마와 그들의 신들, 그리고 혈연적 가족 제도에 대한 숭배와 헌신의 표현이라고 생각했다. 로마의 이러한 태도는 종교와 정치가 하나로 융합된 애국주의의 형태였고, 죽음에 대한 공포 그리고 로마의 영원한 의미, 명예, "영광"을 지키려는 열망에서 비롯된 일종의 시민 종교였던 것이다.[35)] 브라운은 아우구스티누스의 목적을 잘 요약해 준다. "『하나님의 도성』 전체를 관통하는 아우구스티누스의 핵심은 로마가 정치, 사상, 종교의 모든 영역에서 보여 준 근본적인 태도, 즉 의존성을 부정하고 따라서 감사할 줄 모르는 태도에 대한 것이었다."[36)]

아우구스티누스는 로마의 영광을 우상 숭배적이고 타락한 형태의 특별한 열정과 사랑의 표현으로 보았다. 이는 하나님을 향한 참된 사랑이 아니라, 오히려 인간의 연약함과 죽음을 피하기 위해 사회적 지위와 타인의 찬사, 인정을 추구하는 자기 사랑의 발현이었다. 한편으로 이것은 제국의 시민을 위한 공공선을 창출했고, 일정 수준의 사회적 혜택을 제공했으며, 정치적 안정성을 확보해 주었다. 그러나 다른 한편으로 이것은 하나님에 대한 헌신과 참된 덕이 아닌, 권력과 자기 충족을 최고 가치로 추구하는 삶의 방식을 만들어 냈다.[37]

그리스도 안에서 드러난 하나님의 영광을 선포하도록 부름받은 설교자들은 로마를 향한 아우구스티누스의 "이데올로기 비판"에서 중요한 교훈을 얻을 수 있다. 그리스도께서 보여 주신 참된 정의를 사랑하고 갈망하는 대신, 우리가 정한 기준에 따라 명예와 영광을 추구하고 거기서 기쁨을 찾는 것은 결국 하나님을 다른 것으로 대체하는 행위다. 로마가 자신이 선택한 덕목들과 강점들을 자랑스러워했던 것이 바로 대체의 전형적 사례다. 이는 인간의 사랑이 왜곡된 형태로 참된 덕을 모방하는 것에 불과했다.[38]

역사가들의 증언을 보면, 가장 이른 시기의 고대 로마인은 다른 이방 민족들처럼(유일하게 히브리 민족만 제외하고) 거짓 신들을 숭배했고, 참되신 하나님이 아닌 악령들에게 제사를 드렸다. 그럼에도 그들은 "칭찬받기를 열망했고, 재물을 너그럽게 사용했으며, 큰 명성과 존경받는 부를 추구했다." 로마인은 영광에 열정적으로 헌신했다. 영광은 삶의 이유였고, 영광을 위해 죽기를 주저하지 않았다. 영광을 향한 이 한없는 열정은 다른 모든 욕망을 제어하는 최고의 가치가 되었다. 그들은 조국이 다른 나라의 노예가 되는 것을 수치스럽게 여겼고, 반대로 다른 나라를 지배하고 제국을 이루는 것을 영광스럽게 생각했다. 그래서 그들은 우선 자신의 자유를 확보하는 데 전력을 다했고, 그다음 자신의 조국을 다른 나라들을 다스리는 주권 국가로 만드는 데 온 힘을 기울였다.[39]

로마는 자기기만에 눈이 멀어, 권력과 우월성에 대한 지나친 욕망이 실은 "경이로움의 상실에 의한 사회적 병폐"라는 것을 보지 못했다.[40] 로마 시민들은 인간의 행복을 얻는 데 필요한 정의와 덕이 인간의 의지와 이성을 영웅적으로 발휘함으로써 달성될 수 있다고 믿었다. 아우구스티누스는 그러한 영웅주의를 로마 시민들이 참된 정의를 얻지 못하게 하는 거짓 예배의 한 형태로 보았다. 이러한 거짓 예배는 그들이 하나님 안에서 자신과 이웃을 진정으로 알고 사랑하는 것을 가로막았다. 더욱 중요한 것은, 하나님의 찬란한 영광과 지혜와 선하심을 기뻐하지 못하게 했다는 것이다.[41]

로마 신들의 "무용성"(uselessness)에 대한 아우구스티누스의 평가는 오늘날 설교자들에게 중요한 통찰을 제공한다. 즉, 우상 숭배와 거짓 예배의 문제를 다루면서, 청중이 참되고 살아 계신 하나님을 찬양하는 송영적 삶의 방식을 받아들이도록 촉구하는 설교가 어떤 신학적 온전성을 가져야 하는지를 보여 준다. "나는 죽을 수밖에 없는 이 삶에서 이익과 일시적인 혜택을 얻기 위해 많은 거짓 신을 섬기고 예배해야 한다고 주장하는 이들의 견해를 충분히 반박했다. 그들은 그리스인들이 '라트레이아'(latreia)라고 부르는, 오직 한 분 참되신 하나님께만 드려야 할 예배 의식과 겸손한 헌신을 거짓 신들에게 바치려 했다. 그러나 기독교의 진리는 이 '신들'이 실상 쓸모없는 우상이나 부정한 영, 악한 귀신에 불과하다는 것, 즉 창조주가 아닌 단순한 피조물에 지나지 않음을 분명히 보여 준다."[42]

그리스도인들의 참된 행복은 이 세상이 가치 있게 여기는 허상의 영광에 부합하는 업적을 자랑하는 데 있지 않다. 오히려 그들은 하나님 사랑의 이야기를 기억하고, 하나님 일하심의 아름다움을 경탄하며 바라보는 데서 진정한 행복을 찾는다. 하나님을 향한 경건과 예배야말로 참된 덕과 정의의 원천이며, 이것이 바로 그리스도인들이 이 세상에 할 수 있는 진정한 공헌이다. "진정한 신앙인은 모두 다음과 같이 확신한다. 참된 경건, 즉 참되신 하나님께 대한 진정한 예배 없이는 누구도 참된 덕을 가질 수 없으며, 인간의 영광을 위해 사용되는 덕은 진정한 덕이 아니라는 것이다. 하지만 영원한 도성, 성경에서 말하는 하나님의 도성의 시민이 아닌 이들이라도, 그들이 이런 제한된 덕이라도 소유할 때는 그것이 전혀 없을 때보다 지상의 도성에 더 큰 유익을 준다."[43]

그리스도인들의 삶이 지닌 의미와 가치, 즉 그들의 "영광"은 자신의 능력이나 자기 보존에서 오는 것이 아니다. 오히려 그것은 교회로 하여금 그리스도의 길을 믿음으로 즐겁게 걸어가도록 영감을 주는 설교를 통해 받는 선물이다. 아우구스티누스는 마태복음 11장 28-30절의 그리스도에 관한 묵상에서, 고귀한 기독교적 존재 방식과 삶의 양식을 설명한다. 그는 교회를 그리스도의 겸손을 보여 주는 본보기일 뿐 아니라, 하나님의 도성을 가득 채우는 겸손한 사랑의 성례전적 표징으로 묘사한다.

그러므로 형제[자매]들이여, 교만이 여러분 안에서 자라나지 못하게 하십시오. 오히려 그것이 시들어 썩게 하십시오. 교만을 혐오하고 내버리십시오. 그리스도는 겸손한 그리스도인을 찾고 계십니다. 그리스도는 하늘에도 계시고, 우리와 함께하시며, 지옥에도 계십니다. 지옥에 계신 것은 거기 머물기 위해서가 아니라 다른 이들을 거기서 건져내시기 위함입니다. 이런 분이 우리의 지도자이십니다. 그분은 하나님 아버지 우편에 앉아 계시면서도, 이 땅에서 우리를 한데 모으십니다. 어떤 이는 이런 방식으로 또 다른 이는 저런 방식으로, 이 사람에게는 은혜를 저 사람에게는 징계를, 어떤 이에게는 기쁨을 다른 이에게는 고난을 주시면서 우리를 모으십니다. 이렇게 모아 주시지 않으면 우리는 길을 잃고 말 것입니다. 그분은 더 이상 길 잃을 수 없는 곳, 모든 공로가 온전히 인정받고 정의가 보상받는 그 생명의 땅으로 우리를 모으십니다.[44]

이는 하나님의 풍성한 기쁨을 함께 나누는 행복이다. 역사 속에 존재하는 제도로서의 교회가 하나님의 도성과 완전히 일치하지는 않지만, 아우구스티누스는 교회를 하나님의 도성을 가리키는 불완전하면서도 실제적인 표징으로 보았다. 즉, 교회는 하나님 안에서 참된 행복을 열망하는 거룩한 백성인 것이다. "그러나 의로운 사람조차도 모든 죽음과 속임과 고통에서 완전히 자유로워지고, 그 자유가 영원하리라는 확신을 가지게 되기 전까지는 자신이 바라는 삶을 진정으로 사랑할 수 없을 것이다. 이것이 바로 우리의 본성이 갈구하는 것이며, 이 갈망이 충족되기 전까지는 우리의 행복이 온전하고 완전할 수 없다."[45]

비록 우리의 지상 순례는 연약함과 불완전함으로 가득하지만, 우리는 성경 안에서 이러한 행복과 소망을 찾을 수 있다. 성경은 만물의 근원이자 목적이신 하나님을 우리에게 보여 주기 때문이다. 우리가 성경을 "사용하면서" 믿음과 사랑의 선물을 받아들일 준비가 되어 있다면, 현재의 유배 시기를 지나는 동안 하나님의 선하심에 대해 절망하지 않을 힘을 얻을 수 있다.[46] 아우구스티누스는 이러한 투쟁을 깊은 목회적 차원으로 이해했다. "아우구스티누스는 현대적 의미로나 서사적 의미로 볼 때 체계적 사상가는 아니었다. 그의 저술은 당시 교회가 직면한 목회적 문제들에 대응하는 상황적 성격을 지녔다. … 『하나님의 도성』에 나타난 그의 교회론은 '서로 얽히고 혼재되어 있어 오직 종말에 가서야 분리될 수 있는 현실' 속에서 두 도성의 역사를 여전히 진행 중인(open-ended) 이야기 형식으로 풀어 낸다."[47]

그리스도의 말씀을 들을 때 주어지는 믿음의 선물은 순례자인 하나님 백성의 삶을 지탱해 준다. 이 백성은 인간이 지닌 유한성, 죄성, 죽음이라는 한계를 인정하면서 하나님의 자비가 필요함을 고백한다.[48] 교회는 하나님을 찬양함으로써 그리스도의 은혜를 받는다. 교회는 이 은혜를 통해 형성되며, 교회의 삶은 기독교적 언어와 기억과 소망을 공유하는 공동체로 정돈된다. "오직 신앙의 삶 속에서 훈련된 사람들만이 한 분 하나님을 신실하게 섬기는 것과 우상들에게 절하는 것이 어떻게 다른지 분별할 수 있다."[49]

설교자로서 우리가 직면한 가장 큰 도전은 아마도 교회가 하나님의 영광과 선하심, 그리고 그분의 역사하심을 철저하게 망각하고 있는 현실을 극복하는 일일 것이다. 이를 위해서는 기도의 삶이 필요하다. 믿음의 길이자 목표로서 우리에게 자신을 아낌없이 내어 주시는 그리스도께 겸손히 우리 자신을 열어 드리는 것이다. 십자가상의 고난과 죽음이라는 추함 속에서 드러나는 그분의 거룩한 사랑의 아름다움을 통해, 성령께서는 우리의 지성을 밝히시고 의지를 강하게 하셔서 우리의 무지와 연약함을 치유하신다.[50] 아우구스티누스는 우리 설교의 주체, 대상, 기쁨이 되시는 완전한 인성과 신성을 지니신 그리스도에 대한 놀라운 이미지를 제시한다. "인간으로서 그분은 우리의 중보자와 길이 되십니다. 여행자가 목적지에 도달할 수 있다는 희망은 그가 서 있는 곳과 목적지 사이에 길이 있을 때 생기기 때문입니다. … 지금 우리에게는 단 하나의 길만 있으며, 이 길은 우리가 방향을 잃을 가능성으로부터 완전히 보호되어 있습니다. 이 길은 자신이 직접 하나님이자 인간이신 분이 마련하셨습니다. 하나님으로서 그분은 우리의 목적지가 되시고, 인간으로서 그분은 우리의 길이 되십니다."[51]

그리스도는 중보자로서 다양한 방식으로 말씀해 오셨다. 옛 시대의 선지자들을 통해, 그분의 직접적인 사역과 말씀을 통해, 사도들을 통해 말씀하셨다. 이제 그리스도는 하나님의 영광을 드러내는 것에서 진정한 기쁨을 발견하는 설교자들을 통해 계속해서 말씀하신다. 이 거룩한 임무에 "합당한" 자가 되려면, 우리는 말씀을 선포하는 자가 되기 전에 먼저 말씀을 경청하는 자가 되어야 한다. 아우구스티누스는 중요한 사실을 상기시킨다. 그것은 "그분이 우리가 정경이라 부르는 성경을 세우셨다는 것입니다. 이 성경은 최고 권위를 지닌 기록으로서 우리의 선을 위해 반드시 알아야 하지만 우리 스스로는 결코 발견할 수 없는 것들에 관해 우리가 신뢰를 두고 의지하는 말씀입니다."[52]

아름다움으로의 초대

이 책은 주류 교회와 복음주의 교회의 설교자들과 설교를 공부하는 학생들을 위한 것이다. 나는 이 두 전통에서 목회자이자 설교학 교수로서 오랫동안 봉사해 왔다. 설교의 아름다움을 되찾는 것은 교회의 분열과 신학의 파편화를 치유하기 위해 반드시 필요하다. 또한 교회를 감염시킨 미국 문화의 "이념적 소음"을 구성하는 "추한" 말들에 저항하기 위해서도 꼭 필요하다.

대립하는 목소리들의 불협화음, 증오에 찬 비방, 무의미한 잡담은 설교라는 거룩한 사역에 아무 도움이 되지 않는다. 오히려 이것들은 하나님이 그리스도를 통해 세상을 화목하게 하신다는 복음의 경이로운 아름다움을 느끼지 못하도록 우리의 마음과 감각을 무디게 만들 뿐이다. 신앙의 행위로서 설교는 우리가 반대하는 것과 반대하는 사람들을 적대하거나 배척하기 위해 특정 진영의 정체성을 내세우는 것 이상을 우리에게 요구한다. 설교의 소명은 복음 자체에 의해, 그리고 교회를 부르시고 위임하셔서 그의 영광을 열방에 고백하고 찬양하고 선포하게 하시는 주님의 참되심과 선하심과 아름다움에 의해 측정되고 고양되고 강요된다. "찬양의 언어는 기독교 신앙의 근본 언어다. … 우리는 찬양을 위해 지음받았기에, 하나님을 찬양할 때 우리는 가장 온전한 인간이 된다."[53]

교회가 정치화되는 문제와 더불어 또 하나 문제 되는 것은 신앙이 사적 영역으로 축소되는 것이다. 신앙의 사유화는 하나님과 교회, 세상을 바라보는 시각을 개인의 이기적 문제, 목적, 관심사, 욕망의 차원으로 축소시킨다. 소위 "도덕 치료적 이신론"(moral therapeutic Deism)이라 불리는 이 현상은 자기 의, 자기 정당화, 자아도취가 다양한 형태와 방식으로 표출된다.[54] 그 결과 어떤 이들은 자기 계발을 위한 설교를, 어떤 이들은 사회 변혁을 위한 설교를 한다. 어떤 설교는 사람들을 교회로 이끌어 더 열심히 봉사하게 하는 것이 목표이고, 어떤 설교는 성도들이 교회를 벗어나 세상에 더 적극적으로 참여하도록 독려한다. 하지만 이 모든 경우에서 정작 가장 중요한 것, 즉 삼위일체 하나님이 자신의 영광을 위해 만물을 그리스도 안에 통일하시려는 놀라운 영원한 경륜은 쉽게 잊히거나 등한시되거나 무시된다.

설교자로서 우리는 우리의 언어를 그리스도의 지혜 앞에 내어놓아 판단을 받고, 성령의 사랑으로 정화되도록 내어 맡겨야 한다. 나는 자유주의/보수주의, 진보/전통과 같은 익숙한 이분법적 구분이 오늘날 설교자들이 직면한 도전들과 기회들을 다루기에는 신학적 "무게"가 너무 빈약하다고 본다. 교회의 정체성과 사명을 지켜 나가기 위해서는 세례를 통해 성령으로 그리스도와 하나 된 하나님 백성에게 "걸맞은" 언어가 필요하다. 우리는 성령 안에서 함께 예배하고 살아가도록 부름 받은 거룩한 공동체이므로 이전의 모든 명예, 가치, 평판, 인간적 "영광"의 기준에 얽매이지 않는다.

설교자와 회중을 이해할 때 나는 이런 구분이 도움이 된다고 생각한다. 하나는 자신들이 이 세상의 주된 발언자이자 행위자라고 믿는 이들이고, 다른 하나는 하나님이 주된 발언자이자 행위자라고 믿는 이들이다. 그러나 이 두 신념은 서로 대립할 필요가 없다. 완전한 신성과 인성을 지닌 성육신하신 말씀이신 그리스도 안에서 이미 화해되었기 때문이다. 그리스도는 우리의 언어와 행동의 근원이자 방편이며 목적이시다. 설교는 그리스도 안에서 온전히 드러난 하나님의 본성과 행위에서 비롯된 언어이기에, 단순히 실용적이고 효율적인 의사소통 차원으로 축소될 수 없다. 복음은 결코 개인이나 사회의 윤리적 입장을 대변하는 수준으로 격하될 수 없다. 복음 설교는 "종교"의 미덕을 키워 준다. 이때 종교는 "조직 종교"와는 다른 것으로, 경외심과 경건한 존중과 사랑의 깨달음을 포함한다. 이는 하나님을 사랑하고, 이웃을 사랑하며, 하나님 안에서 피조물을 사랑할 때 얻는 기쁨을 발견하게 한다. 오늘날 많은 이가 교회의 신앙과 삶을 떠나 "영성"이라는 이름으로 찾고 있는 것이 바로 이러한 총체적 감수성이다.

교회의 소명과 직분을 맡은 자로서 우리가 설교할 수 있는 것은, 우리가 먼저 설교를 들었기 때문이다. 따라서 우리는 과거의 설교가 지닌 본질과 방식을 이해하고 참고하지 않은 채 우리 마음대로 생각하고 말할 수 없다. 만약 과거의 설교가 지적으로나 도덕적으로나 실용적으로 부족했다는 이유로 과거를 무시한다면, 우리는 현재에 방황하며 미래를 향한 방향을 잃게 될 것이다. 설교자로서 성숙해지는 과정에서 가장 중요한 것은 겸손을 배우는 일이다. 과거와 현재와 미래를 다스리시는 하나님을 사랑하기에 그분 앞에서 겸손해지는 것이며, "성도의 교제" 안에서 함께 이뤄 가는 것이다. 큰 변혁의 시기였던 16세기에 에라스뮈스가 말했듯이, "위대한 것들을 새로 시작하는 것보다 그것들을 회복하는 일이 때로는 더 어렵지만, 그만큼 더 숭고한 과업이 될 수 있다."[55]

설교의 가치를 의심하는 많은 이는 성령께서 이어 오신 살아 있는 전통을 잘 모르거나 이에 관심이 없는 경우가 많다. 이 전통은 하나님의 창조의 말씀에서 시작되어 이스라엘의 부르심과 성경을 통해 형성된 신앙으로 확장되었고, 성육신하신 말씀의 역사에서 절정을 이루어 교회가 수 세기 동안 이어받아 오늘에 이르렀으며, 하나님 나라의 완성 때까지 계속될 것이다.

우리는 종종 기독교 역사의 죄와 한계를 비판한다. 하지만 정작 그리스도의 몸 된 지체로서 우리 자신에게 필요한 고백, 회개, 용서, 회심, 화해는 잊어버린다. 그럼에도 우리에게는 기독교 전통이 지닌 일관성과 하나님의 신실하심, 각자의 시대와 장소에서 비록 완전하지는 않았으나 복음에 모범적으로 충성한 위대한 "구름같이 둘러싼 허다한 증인들"을 통해 배울 것이 많다. 존 웹스터(John Webster)는 이를 다음과 같이 명확히 설명한다. **"전통이란 교회의 사도적 삶이다.** … 교회의 삶이 사도적 형태를 지니게 된 것은 예수 그리스도의 임재와 활동 때문이다. 그분은 성령이 임하시는 순간마다 자신을 새롭게 드러내시고 임재하시는 분이다. … 전통은 '종말론적' 성격을 지닌다. 그 중심에는 예수 그리스도께서 오시는 사건 속에서 드러나는 타자의 임재와 활동이 있으며, 그 핵심 활동은 성령께서 일으키시는 신앙의 역사다."[56]

나는 신학생들과 목회자들, 청중과 비판적인 시선으로 바라보는 이들이 설교의 미래를 의심하고 있음을 잘 안다. 그들은 개인의 인기와 직업적인 성공을 위해 목회적 권위와 설교가 남용되는 현실을 목격했다. 경제적, 사회적, 정치적 권력을 얻기 위해 설교가 왜곡되는 것도 보았다. 그들은 하나님을 향한 사랑이 자기애로, 하나님 영광을 향한 찬양이 자기 영광을 위한 찬사로 변질되는 설교의 "추함"을 보았고,

때로는 그 일부가 되었으며, 그로 인해 상처를 받기도 했다.

설교의 이러한 추함은 설교자와 청중 모두로 하여금 그리스도와 그분의 몸 된 교회를 통해 드러난 하나님의 선하심에 환멸을 느끼고 심지어 절망하게 만들었다. 많은 이가 인간은 하나님의 형상으로 창조되어 그리스도 안에서 완성된다는 교회의 전통적 비전에 점점 실망하고 있다. 현대 사회에 만연한 냉소주의, 허무주의, 혹은 비현실적 이상주의의 영향으로, 많은 이가 "제도 종교"를 무능하고 부패하고 시대착오적이라고 여기며 등 돌리거나 떠나가고 있다.

많은 책이 문제 해결을 위한 출간되어 신학과 설교학의 모든 영역에서 비판적 성찰과 건설적인 대안을 제시한다. 그러나 가장 시급한 질문이 여전히 남아 있다. 과연 우리가 가진 설교에 대한 비전이 현재와 미래의 설교자들로 하여금 복음이 지닌 본질적 아름다움을 선포하는 기쁨으로 이끌 수 있을까? 프란치스코 교종은 그의 사목적 권고인 『복음의 기쁨』(The Joy of the Gospel)에서 이 문제를 명확히 말한다. "설교가 새로워지면 믿는 이는 물론 미지근한 신앙인과 신앙생활을 하지 않는 이에게도 새로운 신앙의 기쁨과 복음 전파의 열매를 가져다줄 수 있다. 설교의 핵심 메시지는 언제나 변함없을 것이다. 십자가에서 죽으시고 부활하신 그리스도를 통해 그분의 크신 사랑을 보여 주신 하나님이시다. 하나님은 나이와 상관없이 그분의 신실한 백성을 늘 새롭게 하신다. '독수리가 날개치며 올라감 같을 것이요 달음박질하여도 곤비하지 아니하겠고 걸어가도 피곤하지 아니하리로다'(사 40:31)."[57]

나는 교회가 쇠퇴하고 분열되고, 교파들이 방어적이 되고, 살아남기에 급급한 이 시대에도 삼위일체 하나님을 예배하며 그리스도를 아는 기쁨을 누리고, 그분을 세상에 전하고자 하는 설교자와 교회에게 용기를 주고 싶다.

이런 설교자와 공동체는 권력과 화려함, 유행과 세련됨을 추구하는 오늘날의 교회 문화 속에서 주목받지 못할 수도 있다. 하지만 다른 한편으로 그들은 아직 완성되지 않은 아름다움의 살아 있는 증거가 될 수 있다. 이는 성령께서 하나님의 사랑을 풍성히 부어 주심으로써 이 세상에서 형성되어 가는 "온전한 그리스도"—머리이신 그분과 그분의 몸 된 교회—의 모습이며, 바로 이 사랑이 우리 존재와 생명의 근원이 된다. 하나님을 예배하고 섬기는 일로 바로 세워진 공동체는 성령의 성화하는 은혜가 맺은 열매를 통해 그리스도의 매력을 세상에 드러낸다. 이것이 바로 교회의 선교적 복음 선포이며, 그리스도 안에서 화해하기를 원하시는 하나님의 초청이다. 그리스도의 아름다움은 성령의 사랑과 열매와 은사를 통해 우리 안에서 자라난다.[58] 바울은 에베소서에서 하나님과 우리 자신과 세상에 대한 인간의 모든 이해를 뛰어넘는 그리스도의 무한한 사랑의 아름다움에 대한 희망의 말씀을 이렇게 적고 있다.

> 이러므로 내가 하늘과 땅에 있는 각 족속에게 이름을 주신 아버지 앞에 무릎을 꿇고 비노니 그의 영광의 풍성함을 따라 그의 성령으로 말미암아 너희 속사람을 능력으로 강건하게 하시오며 믿음으로 말미암아 그리스도께서 너희 마음에 계시게 하시옵고 너희가 사랑 가운데서 뿌리가 박히고 터가 굳어져서 능히 모든 성도와 함께 지식에 넘치는 그리스도의 사랑을 알고 그 너비와 길이와 높이와 깊

이가 어떠함을 깨달아 하나님의 모든 충만하신 것으로 너희에게 충만하게 하시기를 구하노라(엡 3:14-19)

마지막으로, 나는 이 책을 오만과 무지, 유명세와 오락을 추구하는 문화의 요구에 부응하라는 압박감에 지친 설교자를 위해 썼다. 또한 이 책은 성령께서 우리 마음에 풍성히 부어 주시는 사랑에서 비롯된 겸손하고 용기 있는 신앙이 아니라, 교만이나 두려움으로 자기 사역의 성공을 입증해야 한다고 느끼는 이들을 위한 것이다. 나는 이 책을 쓰면서, 믿음이 아닌 시장 논리가 지배하는 경쟁과 영혼 없는 교회 생존만을 추구하는 사역의 추함 때문에 낙심하고 심지어 혐오감마저 느끼는 목회자를 염두에 두었다. 복음의 아름다움을 훼손하고, 말씀에 대한 갈망을 약화시키며, 하나님과 그분의 뜻을 기뻐하는 마음을 감소시키는 목회 방법론의 희생자가 된 이들을 위하기도 했다.

이 책은 교회가 지닌 설교의 소명 핵심을 새로운 눈으로 "보도록" 초대한다. 이는 우리의 모든 생각, 말, 행위, 소망, 고난 속에서 하나님을 알고 사랑하며 즐거워하는 것이다. 이 책이 신선한 공기처럼 독자들에게 다가가기를 바란다. 또한 우리의 설교를 통해 십자가에 달리신 그리스도, 부활하신 만물의 주님을 전할 때 우리와 함께하시는 살아계신 하나님의 "저항할 수 없는 아름다움"에 대한 새로운 감사와 더 깊은 기쁨을 불러일으키기를 소망한다.[59]

The Beauty of Preaching

{ 01 }

구원하는 아름다움

청중은 굉장히 다양한 방식으로 설교에 반응하지만, "오늘 목사님의 발이 정말 아름다웠어요!"라는 말을 들으면 상당히 이상할 것이다. 그러나 이사야서에 놀라운 구절이 있는데, 이는 하나님의 복음을 선포하는 일이 얼마나 놀랍고도 아름다운 일인가를 새롭게 보도록 초대한다.

> 좋은 소식을 전하며 평화를 공포하며
> 　복된 좋은 소식을 가져오며 구원을 공포하며
> 시온을 향하여 이르기를
> 　네 하나님이 통치하신다 하는 자의
> 　산을 넘는 발이 어찌 그리 아름다운가(사 52:7)

복음이 갖는 구원하는 아름다움은 교회가 제일의 행위자(primary actor)이자, 제일의 설교자이신 하나님을 바라보게 한다. 설교의 목적은 하나님이 행하신 일을 선포함으로써 하나님을 영화롭게 하는 것이며, 그에 대한 가장 합당한 응답은 감사와 찬양으로 가득한 삶을 통해 나타난다.[1]

설교의 아름다움은 송영의 언어로 가장 적절하게 표현된다. 그것은 설교자가 자신의 전 존재를 드려서 예수 그리스도 안에 나타난 이스라엘의 하나님, 즉 만물의 창조주이시고 구세주이신 하나님을 찬양하는 것으로 이루어진다.[2] 월터 브루그만(Walter Brueggemann)은 이사야의 예언적 메시지를 "설교 사역을 위한 핵심 모델"이라고 설명한다.[3] 실제로 자신을 잊고 이스라엘에게 복음을 선포하는 선지자들의 시의적절함 속에는 진정한 "설교의 아름다움"이 있다. 이 세상을 향한 하나님의 구원 사역에 대한 소식은 실로 경이로워서 그 소식을 전하는 사람들은 "네 하나님이 통치하신다"는 이 놀라운 메시지를 전하면서 기뻐 뛰었다. 이 감격적인 선포는 하나님의 행하심을 기다리며 사모하는 백성에게 기쁨의 소식이 되었다. 그들은 다른 모든 권세와 신들보다 더욱 신실하신 여호와를 소망한다. 이 선포는 다음과 같은 이사야의 시적 언어에 뿌리를 두고 있다.

아름다운 소식을 시온에 전하는 자여
너는 높은 산에 오르라
아름다운 소식을 예루살렘에 전하는 자여
너는 힘써 소리를 높이라 …
유다의 성읍들에게 이르기를
너희의 하나님을 보라 하라 (사 40:9)

브루그만은 이 시를 현실에 대한 대안적 인식을 제시하는 "초대시"(invitational poetry)로 규정한다. 구원의 아름다움은 역사, 교리, 정치, 도덕, 문화에서 발견되는 것이 아니라, 시온과 예루살렘이 하나님과 열방 앞에서 선포하고 고통받고 실행하도록 위임받은 놀랍고 새로운 현실 가운데 발견되는 것이다.[4] 하나님의 자기 계시에서 비롯된 놀라운 새로움이 드러나면서 위대한 반전이 펼쳐진다. "그러므로 내 백성은 내 이름을 알리라 그러므로 그 날에는 그들이 이 말을 하는 자가 나인 줄을 알리라 내가 여기 있느니라"(사 52:6). 이 선포는 매우 직설적이며, 이사야 40장 9절의 말씀, "너희의 하나님을 보라"를 연상시킨다.

> 여호와께서 시온으로 돌아오실 때에
> > 그들의 눈이 마주 보리로다 …
> 땅 끝까지도 모두
> > 우리 하나님의 구원을 보았도다(사 52:8-10)

하나님의 구원하는 아름다움은 "복된 좋은 소식", 곧 하나님이 대적하고 저항하는 모든 세력을 결정적으로 물리치셨다는 소식을 전하기 위해 환호하며 기쁨으로 달려가는 메신저들의 모습을 통해서도 발견된다. 중요한 것은 메신저들의 "활기를 띠고 가볍게 미끄러지듯이 나아가는" 발이 아름답다고 묘사되는 것이다.[5] 그 소식이 진정으로 좋은 소식임은 멀리서도 알아볼 수 있는데, 소식을 전하는 자의 태도와 몸가짐을 보는 것만으로도 즐거워지기 때문이다.[6] "우리의 생각과 행동이 닿는 곳마다 언제나 찬양이 흘러넘친다. 찬양은 우리 마음의 수용성과 반응이 점점 더 커지게 해서, 결국 하나님과 그분의 뜻에 대한 예언적 지식의 촉매제가 되기 때문이다."[7]

　복음 선포는 세상을 하나님의 기쁨, 곧 생명 그 자체로 이끄는 낯설고 포착하기 어려운 아름다움을 가리킨다. 복음은 설교자가 아니라 하나님으로부터 기인하는 "외적" 말씀으로서 우리에게 정보를 제공하고 동기를 부여할 뿐 아니라, 우리의 감각, 욕망, 언어, 행동, 지식을 변화시킨다. 하나님의 구원하는 아름다움은 여기서 더 나아가 하나님은 어떤 분인지, 어떤 일들을 행하셨는지를 전달해 줄 적절한 방식을 만들어 내는데, 그것이 곧 찬양의 언어다.[8] "평화를 가져다주고, 하나님의 좋은 소식을 가져오며, 구원을 공포하며 시온을 향하여 이르기를 '네 하나님이 통치하신다' 하면서 산을 넘는 자의 발이 어찌 그리 아름다운가!" 그런데 예언적 설교를 아름답다고 여기는 것은 이상하게 보일 수도 있다. 피터슨이 말한 것처럼, "아름다움은 세상에서든 교회에서든 우리 문화에서는 대체로 하찮게 취급되기 때문이다. 그것은 '예쁘다' 또는 '좋다'처럼 아주 평범한 장식으로 격하된다. 그러나 아름다움은 무엇에 '덧붙은 것'도 아니고 추가적인 것도 아니며, 더군다나 주름 장식처럼 거추장스러운 것이 결코 아니다. 아름다움은 우리가 생계를 꾸리거나 구원을 받거나 복권에 당첨된 후에 누리는 사치가 아니다. 아름다움은 하나님이 어떤 분이며, 하나님이 일하시는 방식은 어떠한지에 대한 본질적인 온전함과 선함에 대한 증거이자 증언이다."[9]

　게다가 구원하는 아름다움은 하나님의 낮아지심과 밀접하게 관련있다.[10] 피터슨은 복음의 특별한 아름다움을 이사야 53장의 종의 노래와 연결시킨다. 그것은 "마른 땅에서 나온 뿌리와 같아서, 고운 모양도 없고 멸시를 받아 사람들에게 버림을 받았으며, 우리가 생각할 때 그는 징벌을 받아 하나님께 맞으며 고난을 당하고, 살아 있는 자들의 땅에서 끊어져, 그의 무덤이 악인들과 함께 있었다."[11]

역설적이게도 하나님의 신성, 곧 하나님의 권능과 위엄은 완전한 무력함 속에서 빛난다. 이는 하나님의 유일한 선함과 아름다움을 보여 주는 진리의 계시다. 이사야 선지자에 의하면, 이 "특별한" 아름다움은 볼 수 있는 눈과 들을 수 있는 귀를 가진 사람만 경험할 수 있다. 하나님의 구원하는 아름다움은 사람이 보기에 매력적이지도, 인상적인지도 않다. 감상적이지도, 피상적이지도 않으며 설교자의 메시지를 보기 좋게 꾸미거나 장식하는 데 유용한 도구도 아니다. 또한 설교자의 개인적인 미적 취향, 특징, 스타일과 동일시될 수도 없다. 피터슨은 "선지자는 사실상 거의 모든 면에서 바벨론과 북미와는 완전히 다른 신학적 미학을 우리에게 가르쳐 준다"고 결론 내린다.[12]

이사야의 시적 언어는 설교자로 하여금 더 이상 현실에 굳건히 자리 잡은 "사실들"에 얽매이지 않은 세상을 새롭게 상상하도록 권유한다. 거짓 신들의 주장과 달리 하나님의 풍성한 선하심이 절망과 낙담에 사로잡힌 사람들에게, 생존과 성공에 대한 욕망에 사로잡힌 사람들에게 선포되는 것이다.[13] 복음 선포는 단순하면서도 은혜로운 방식으로, 바로 "오늘" 하나님의 선하심과 사랑을 겸손히 받아들이며 기쁨 가운데 살아갈 수 있는 새로운 가능성을 명확히 보여 준다.

우리는 흔히 예언적 설교를 사회 분석과 정치적 비평으로, 강력한 비난과 사회 정의를 위한 요구로 생각하면서, 찬양과는 아무 관련이 없다고 생각하는지도 모른다.[14] 그러나 하나님을 알고, 하나님을 찬양하고, 하나님을 기뻐하는 것 자체가 예언적이라 할 수 있다. 왜냐하면 성경의 핵심 내용은 "하나님이 계시다"로 요약될 수 있기 때문이다. 이사야 선지자가 선포한 것처럼 하나님은 지금도 통치하시고, 앞으로도 통치하실 것이며, 세상의 모든 생명 가운데 분명히 임재해 계신다.[15] "하나님이 통치하신다"는 고백을 기억하는 것은 설교자들에게 매우 중요한데, 하나님은 결코 우리의 개인적, 사회적 의제들을 뒷받침하기 위한 유용한 개념이나 자원 또는 상징으로 축소될 수 없기 때문이다.[16] 삶의 구체적인 정황 속에서 하나님을 인식하는 것은 하나님의 창조 방식과 대립하는 다양한 소식들, 신들, 다양한 형태의 지혜들 앞에서 "하나님의 하나님 되심"을 선포하고 증언하는 것이다.

데이비드 포드(David Ford)와 대니얼 하디(Daniel Hardy)에 의하면, "예언은 하나님과 하나님의 방법을 분별하고 실제적인 결과를 따르는 것이다. 예언은 그리스도인의 실존에 불가피한데, 왜냐하면 신앙의 삶이란 사명을 동반한 부르심이며, 이 사명은 미래로 인도하는 길에 대해 위험한 분별을 요구하기 때문이다. 하나님은 인간과 관계를 맺으시고 소통하시고 미래에 대한 책임을 공유하시는 하나님이시므로 예언은 필수적이다. 놀랍게도 하나님은 자신의 생명을 우리와 공유하시는데, 여기에는 하나님의 자유, 창조성, 수용성이 포함된다. 어떤 상황에서든 하나님을 향한 깨어 있는 주의력이야말로 합당한 반응의 비결이라 할 수 있다."[17]

성경 전체가 분명한 목적과 생생한 경이로움으로 창조 세계 전체를 다스리시는 하나님을 바라보도록 우리를 이끌어 준다.[18] 과거에 신실하셨던 하나님에 대한 이야기들을 기억하는 것은 교회가 성령의 능력 안에서 "오늘" 도래하는 소망이 가득한 미래를 상상하게 해 준다.[19] 이러한 예언의 말씀은 공동체가 하나님의 풍성한 선물을 기대하게 하면서, 그들이 얼마나 하나님을 의존하며 그분을 필요로 하는지 하나님께 고백할 수 있도록 영감을 준다. 포드와 하디가 말한 것처럼, "찬양 중에 임하는 예언은 하나님 나라 안에서 적절한 삶의 방식이 무엇인지 그 비전을 보여 줄 수 있으며, 그것을 실현할 수 있도록 영감과 격려와 방향을 제시해 줄 수 있다."[20]

하나님의 구원의 아름다움을 선포하는 것은 큰 기쁨의 반응을 불러일으킨다. "하나님[기쁨의 하나님] 안에서 기뻐하는 것은 예언적인 행위인데, 그것은 습관적으로 의심과 나쁜 소식과 냉소적인 판단에 길들여진 습관화된 세속적 지혜에 즉시 이의를 제기한다." 우리가 살아가는 이 시대에 설교가 주는 기쁨은 이론적으로는 하나님을 믿지만 실제로는 하나님의 존재를 믿지 않는, 오늘날 만연한 "실천적 무신론"을 무력화할 것이다. 왜냐하면 진실하고 아름답고 선하신 하나님에 대한 믿음을 고백하는 것은 하나님과 하나님의 일하심을 진지하게 받아들이는 찬양 공동체의 일부가 되기 때문이다. "기쁨의 하나님을 높여 드릴 때, 오늘날 우리의 삶 가운데서 가장 어둡고 가장 부패한 곳에 하나님의 영광의 빛이 비춰진다."[21]

그 소식은 열방을 다스릴 이스라엘의 때가 결국 다가온다는 것이 아니라, 하나님께 영광을 돌리는 이스라엘의 소명이 열방을 포용하도록 확장되었다는 것이다.[22] 시편 96편에 등장하는 전례적 선포가 이 대사명의 웅장한 범위를 분명하게 보여 준다.

> 그의 영광을 백성들 가운데에,
>
> > 그의 기이한 행적을 만민 가운데에 선포할지어다(시 96:3)

하나님의 경이로운 선하심과 아름다움은 모든 창조의 주님이신 이스라엘의 하나님을 찬양하도록 열방을 소집한다. "모든 나라 가운데서 이르기를 여호와께서 다스리시니"(시 96:10). "시온을 향하여 이르기를 네 하나님이 통치하신다"(사 52:7). 여호와의 통치에 대한 복음적 선포는 이스라엘에게는 지역적인 것(여호와가 다스리신다)이고, 모든 나라에는 보편적인 것(여호와가 왕이시다)이다.[23]

거룩함의 아름다움이 흘러넘치는 발은 기쁨에 겨워 하나님의 통치가 도래했음을 알리기 위해 달려 나간다. 발은 일반적으로 더럽게 여겨지고 늘 감추어져 있기 때문에, 발이 아름답다는 말은 이상하게 들릴 수도 있다. 하지만 폴 핸슨(Paul Hanson)이 말한 것처럼, "틀렸다! 인간의 발은 아름다울 뿐 아니라 놀랍다." 핸슨은 고대 세계 전령들의 발은 "바빴다"고 하면서, 그래서 그 발은 먼지가 많고 굳은살이 박이고 갈라지고 피가 났다고 설명한다. 선지자의 담대한 외침, "얼마나 아름다운가!"는 바로 이 발들에 대한 말이다. 전령들의 발은 그 생김새가 아름답다는 것이 아니다. 전령들이 전하는 말의 본질과 목적, 즉 우리의 마음을 기쁘게 하고 선포된 현실을 기쁘게 환영하며 살아가도록 우리의 열망을 자극하는 메시지를 선포하는 것이 놀랍도록 기쁜 일이기에 그 발이 아름답다. "네 하나님이 통치하신다!"[24]

이스라엘의 예언 전통을 복음에 비추어 읽으면, 우리는 예수님을 하나님의 기쁨의 메신저이자 메시지로 볼 수 있게 된다. 사실상 그리고 실제로 예수님은 자신이 선포하는 왕국 그 자체이시다. 하나님의 권능과 영광의 통치의 내용과 형태가 예수님 안에서 하나가 되었다는 점에서, 예수님 자신이 바로 왕국이신 것이다.[25] 메시지와 메신저가 예수님 안에서 하나이므로 주님이 말씀하시고 행동하시고 고통당하시는 모든 것 안에 본질적인 진실함과 조화로움과 명확함이 있다.[26] 그러므로 이사야 52장 7절의 선포는 예수님의 생애와 사역 전체에서 절정에 이른다. "때가 찼고 하나님의 나라가 가까이 왔으니 회개하고 복음을 믿으라"(막 1:15).[27] 예언적 선포가 다음과 같이 실현된다.

여호와께서 시온으로 돌아오실 때에
　그들의 눈이 마주 보리로다 …
땅 끝까지도 모두
　우리 하나님의 구원을 보았도다(사 52:8, 10)

하나님의 통치는 예수님 안에서 목소리를 얻고 가시화되므로 예수님을 보고 듣고 그분께 반응하는 사람들에게 복음은 현실이 된다.[28]

예수님의 설교는 추상적이거나 시대와 무관하지 않고, 놀라울 정도로 구체적이고 시의적절하다. 예수님의 정체성과 행동에 대한 마가의 서술은 하나님의 사랑하는 종, 곧 하나님의 복음 자체이신 분의 구원의 아름다움을 보여 준다. "복음을 전하는 하나님의 메신저와 지금 드러나는 하나님의 왕적 통치에 대해 말씀하는 본문을 예수님이 자신에게 적용하셨다는 것은 숨이 멎을 만큼 담대한 행동이다."[29] 말씀하시는 방식을 볼 때 예수님은 하나님 통치의 실재를 엄격하고 정확하고 날카로운 언어로 전달하신다. "그 안에는 아주 작은 지방 한 톨도 들어 있지 않았다."[30] 교만하지도 과시하지도 않으시면서 말씀하시는 예수님의 시적 화법은 하나님의 하나님 되심을 인정하고자 하는 열망을 불러일으키며, 모든 것을 하나님 중심으로 다시 모이게 한다. "초점은 하나님의 뜻과 다른 사람들에게 맞춰져 있으며, 자신에 대한 관심으로부터는 벗어나는 해방이 있다."[31]

이스라엘의 하나님은 예수님이 말씀하시고 행하시고 고통당하신 모든 일을 통해 "광채와 아름다움과 넘쳐흐르는 부요함" 가운데 신적 본성과 행동을 구체화해 말씀하셨다.[32] 마가복음에 나오는 예수님 이야기를 읽으면서 하나님의 영광을 바라볼 수 있을 때, 설교자는 자신의 상상력과 설교의 내용을 복음의 낯설고 깨지기 쉬운(fragile) 아름다움에 맞출 수 있게 된다.[33] 게르하르트 로핑크(Gerhard Lohfink)가 지적한 것처럼, "하나님이 원하시는 것을 우리도 자유롭게 원하는 것은, 우리가 하나님의 크신 뜻의 아름다움을 온전히 바라보면서 그분이 이 세상에서 하기 원하시는 것을 기뻐하고 열망할 때, 나아가 하나님과 그분의 크신 뜻에 대한 열망이 모든 인간의 자기중심성보다 더 커질 때 비로소 분명하게 가능해진다."[34]

예수님은 "마지막 때의" 사람들을 모으시는 하나님의 때가 임했음을 선포하셨다. 회개로의 부르심은 원인이 아니라, 하나님이 이미 성취하신 구원의 결과다.[35] "그러므로 성경 전체를 통틀어서 볼 때, 태초에 하나님의 행동이 있었지 사람의 행동이 있었던 것이 아니다. 하나님이 주도권을 가지시고, 하나님이 홀로 자신의 통치를 이루신다. 하나님의 행동이 인간의 행동을 가능하게 하므로, 믿음의 반응이야말로 하나님의 백성이 마땅히 행할 바다."³⁶⁾ 우리는 복음의 아름다움을 선포하도록 부름받았다. 예언의 말씀이 특정한 시간과 장소와 상황 가운데서 말해지고, 들리고, 실행될 때 이미 세상의 변화는 시작되고 있는 것이다.³⁷⁾

무용한 아름다움

윌리엄스는 예수님이 선포하신 하나님의 통치의 실재가 "하나님의 순전하고 감히 상상조차 할 수 없는 차별성"을 어떻게 드러내는지를 말한다. 그 차별성은 우리가 하나님에 대해 말할 것을 요구하고, 말하는 내용을 변화시킨다. 이것은 우리가 예상하거나 일반적으로 주권과 위대함으로 생각하는 모든 것의 "자기 비움"(self-emptying)을 수반한다.³⁸⁾ 물론 하나님의 이름을 부르는 것 자체가 우리 내면에서 가장 높고 강력하고 인상적이고 매력적이고 거룩한 것의 상징으로 기능하지는 않는다. 이사야 53장에서 말씀하는 것처럼, "우리가 보기에 흠모할 만한 아름다운 것이 없[다.]" 윌리엄스는 복음이 주는 도전을 이렇게 설명한다. "하나님이 우리에게 말씀하실 때, 마치 우리에게 안정감이나 안정감보다 더 매력적으로 보이는 어떤 것을 제공해 주는 존재로서가 아니라, 바로 하나님으로서 우리에게 말씀하시는 것이 무엇인지 다시 상상하는 것이다."³⁹⁾

예수님이 선포하신 하나님은 사람들의 선입견에 들어맞지 않았는데, 그 이유는 하나님의 차별성은 "우리의 목표와 의제가 제아무리 화려해도 이를 뒷받침하는 것으로 축소될 수 없기 때문이다." 윌리엄스의 설명은 설교자들이 마가복음에 나오는 예수님 이야기의 핵심 주장, 곧 "하나님은 세상을 안에서부터, 배신과 실패와 끔찍한 고통으로 끝난 삶의 자리 바로 그 안에서부터 재창조하기 위해 행동하셨다"는 주장이 얼마나 독특한지에 주의를 기울여 읽게 만든다. 결국 우리는 "하나님의 진리에 대한 증언이 완고할 정도로 무익하다는 것"을 "보고" 그것에 이름을 붙이도록 부름을 받았다.[40]

나아가 하나님의 진리의 "무익함"을 선포하는 것은 권력과 명성과 이익과 성공 추구에 가려진 아름다움을 발산한다. 복음의 낯선 아름다움은 하나님의 영광을 인식하도록 우리를 이끈다. 그 영광은 언제나 "우리 앞에서, 지금 여기 우리 안에서, 수치스럽고 고통스러울 현실"이다. 이것이 바로 복음의 "시의적절함"이며, 교회가 "세상에서 가장 어려운 일 … 자신이 있는 바로 그곳에 있는 것"을 받아들일 수 있도록 해 준다. 마가복음에 나오는 이야기를 읽어 보면, 예수님이 누구이신지에 대한 증언이 얼마나 "고집스러울 정도로 무익한지"에 주의를 기울이게 되는데, 바로 그곳에서 우리는 인생의 "거친 땅" 위에 있는 하나님의 영광을 예수님 안에서 만나게 되는 것이다.[41]

설교의 대주제라 할 수 있는 하나님의 통치에 나타난 구원하는 아름다움은 마가복음 12장에 등장하는 가난한 과부의 희미한 모습에서 선명하게 드러난다.[42] 로핑크는 "복음서에서 아마도 마가복음 12장 41-44절보다 이를 더 생생하게 보여 주는 본문은 없을 것"이라고 언급한다. 과부의 이야기는 성전에서 일어난다. 성전은 이스라엘 삶의 중심에 있는 놀랍도록 인상적인 종교적 건물이었다. 여인들의 뜰이라는 바깥 회랑에는 방문객들이 성소의 유지와 일상 제사를 위해 헌금할 수 있는 장소가 있었다. 헌금하는 사람들은 자신들이 바친 금액을 공개적으로 발표하는 특권을 가졌는데, 이는 헌금한 사람의 부와 지위에 주목하게 하는 특별한 "영광"이었다.

예수님은 헌금함 맞은편에 앉으셔서 헌금하기 위해 몰려온 군중을 지켜보고 계셨다. 많은 사람이 큰 금액을 넣었고, 그들은 특정 목적을 위해 공개적으로 호명되었다. 이런 방식의 헌금은 결국 헌금한 사람의 이름에 명예를 부여하는 일종의 계산된 행위였다. 이곳은 가까운 곳과 먼 곳에서 온 사람들, 노인과 젊은이, 부자와 가난한 자가 모두 모여드는 매우 분주한 곳이었다. 헌금의 액수와 중요성 말고도 사람들의 옷차림과 말투에서 다양한 계층과 신분의 사람들이 함께 섞여 있음을 알 수 있었다.[43]

한 여인이 성전에 들어온다. 옷차림을 보니 가난한 과부임이 분명했다. 그녀는 많은 것을 잃었고 비참하게 살았다. 그녀는 소유가 거의 없었을 뿐 아니라 남자의 보호 없이 취약하고 비천한 상태로 살아가야 했다. 이 여인이 조용히 두 개의 작은 동전을 헌금함에 넣을 때, 아무도 그녀에게 조금의 관심도 보이지 않았다. 많은 재산을 가진 부자들은 상당한 액수의 헌금을 냈지만, 이 여인은 하루 식량에 해당하는 금액을 드렸다. 이는 그녀의 생존에 필수적인 것이었다. 이 가난한 과부는 자신이 가진 모든 것을, 그녀의 생활비 전부를, 따라서 자신의 전부를 드린 것과 같았다.[44]

예수님은 과부를 눈여겨보시고 그 행동에 담긴 깊은 의미를 알아채셨다. 제자들을 곁으로 부르신 예수님은 하나님께 영광을 돌리는 성전의 본래 목적에 비추어 그녀의 헌금을 해석하셨다. 예수님이 이 가난한 과부에게서 주목하신 것은 하나님의 영광이 나타난 순간(epiphany)이었다. 그녀의 온전한 헌신은 하나님이 자기 백성을 향해 가지신 온전한 사랑의 징표이자 "말씀"이었기 때문이다. 더불어 예수님이 과부의 행동을 기뻐하신 것은 하나님께 드리는 예배와 헌금이 이전의 공로, 사회적 지위, 성취에 기반하지 않는다는 것을 보여 준다. 또한 하나님께 대한 헌신이 다른 사람들에게 감동을 주기 위해 자신을 내세우지 않을 때만 의미가 있음을 분명히 보여 준다. 그러나 가난한 과부의 헌금은 너무나 적고 볼품없어서 성전 안에 있는 사람들의 관심을 끌지 못했다. 그것은 쓸모없어 보였고, 그래서 오히려 자신의 지위, 명성, "영광"을 높이기 위해 하나님이나 다른 사람들에게 감동을 주어야 한다는 필요성으로부터 자유로웠다. 예수님이 말씀하신 것처럼, 다른 사람들은 "그들은 다 그 풍족한 중에서 넣었거니와 이 과부는 그 가난한 중에서 자기의 모든 소유 곧 생활비 전부를 넣었[다]"(막 12:44).

과부의 희생적인 헌금은 마가복음의 전체 맥락 안에서만 신학적으로 의미가 있다. 마가복음은 이사야 52장을 상기시키며 하나님의 나라가 예수님 안에서 가까이 왔음을 선포한다. 지금이 바로 하나님께 돌아갈 때다. 지금이 인간에게 온전히 그리고 아무런 조건 없이 다가오신 하나님의 충만함을 받을 때다. 지금이 예수님이 만드신 공동체 안에서 하나님의 풍성한 선물을 세상과 나눌 때다. "하나님의 통치가 이미 임하고 이스라엘의 새로운 창조가 이미 시작되었으므로, 성전은 더 이상 기존의 관습적인 방식으로 운영될 수 없다."[45]

하나님 나라의 영광을 드러내는 설교는 "하나님이 자신을 아낌없이 내어 주시는 그 풍성함을 경험할 수 있는 사람들의 마음을 사로잡는다. 그래서 그들도 자신의 모든 것, 즉 마음의 전부와 존재 자체를 온전히 드리게 된다."[46] 마지막 동전 두 개를 드린 그 가난한 과부는 세상을 향한 하나님의 관대한 사랑이 어떤 모습인지를 우리에게 생생하게 보여 준다. 더욱이 그녀의 희생적인 사랑은 마가복음 12장에서 예수님이 하신 "네 마음을 다하고 목숨을 다하고 … 힘을 다하여 주 너의 하나님을 사랑하라"는 말씀의 모범적인 증거다.[47] 가난한 과부는 자신이 가진 모든 것을 드리고 아무것도 남기지 않음으로써 하나님 앞에서 온전하고 나뉘지 않은 삶이 어떤 것인지를 보여 준다.[48]

마가복음의 이 이야기는 또한 미래를 향한다. 과부가 온전히 드린 헌금은 예수님이 죽음에 이르기까지 자신을 완전히 내어 주신 것을 미리 보여 준다.[49] 우리는 이 가난한 과부의 헌금에서 그리스도의 풍요로운 가난이라는 역설적 모습을 엿볼 수 있다. "그는 부요하셨으나 우리를 위해 가난하게 되셨으니, 이는 그의 가난함으로 말미암아 우리를 부요하게 하시려는 것이었다"(고후 8:9).[50]

여기서 우리는 이 과부가 자신을 위해 뭔가를 남겨 두어야 했는지 질문해 볼 수 있다. 그녀는 다음 식사를 어디서 구할지 더 깊이 생각했어야 하지 않을까? 이런 실용적인 고려 사항은 중요하지 않은 것인가? 자기 보존을 위해서라도 하나님은 어느 정도의 계산을 허용하지 않으실까? 만약 이 여인의 이야기가 그 배후나 그 너머에 있는 무언가를 나타내기 위한 그저 상징적인 것이라면 어떨까? 마가복음의 언어적 "포장"에서 우리가 뽑아낼 수 있는 원칙, 주제, 이상, 가치가 있지 않을까? 우리가 설명하고 예시하고 적용할 수 있는 성경적 "진리"가 있지 않을까? 가난한 과부의 희생적인 헌금이 청중으로 하여금 교회나 사회적 대의를 위해 더 관대하게 헌금하도록 동기를 부여하는 완벽한 사례가 되지 않을까? 가난한 과부의 행동이 그리스도인의 의무감, 교회에 대한 헌신, 세상에 대한 책임감에 호소하는 도덕적 교훈을 제공하지 않겠는가?

복음은 우리를 다른 곳으로 인도한다. 그리스도 안에서 이루신 하나님의 완전한 역사를 선포하는 것은 청중으로 하여금 십자가에서 죽기까지 자신을 비우신 예수님의 아름다움을 깨닫게 한다. 가난한 과부의 헌금은 아버지의 내어 주심, 곧 하나님이 세상의 생명을 위해 사랑하는 아들을 자유롭게 내어 주신 것의 표징이었다. 그녀는 하나님 앞에서 자신을 의롭게 하려 하지 않으면서도 자신의 모든 것을 하나님께 드렸다. 하나님의 풍성한 선하심과 사랑 안에서 안정감을 느끼며, 다른 사람들의 눈에 보이는 지위나 중요성을 추구하지 않았다. 역설적이게도 가난, 상실, 궁핍함 속에서도 온 마음을 다한 그녀의 헌신은 특별한 풍요로움과 찬란함, 그리고 "영광"으로 빛난다. 이는 하나님을 향한 예수님의 겸손한 수용성을 함께 나누는 그분의 제자들이 보여 주는 모습이다. 가난한 과부의 존재와 삶의 깊은 곳에서 밝게 빛나는 연약한 아름다움은 그녀를 돌보며 자신들의 것을 그녀와 나누는 사람들에게 기쁨을 선사한다.[51]

하나님과의 깊은 교제와 하나님 안에서 서로 나누는 따뜻한 교제의 기쁨이야말로 예수 그리스도의 복음을 통해 세워지는 교회의 참된 아름다움이다. "하나님의 영광과 하나님의 자유롭게 하시는 역사가 하나님과 서로에게 기쁘게 헌신하는 순간과 만난다."[52] 복음은 우리에게 더 많이 일하라거나, 더 많이 헌금하라거나, 더 열심히 또는 더 효율적으로 일하라고 요구하지 않는다. 또한 자기 계발을 하거나 세상의 모든 문제를 해결하라고 부르지도 않는다. 설교의 아름다움은 예수님의 자유로움과 자기희생적 사랑을 반영하며 하나님께 영광 돌릴 때 나타난다. 설교자들 또한 자신과 자신의 말씀을 기꺼이 내어 드려 모든 구분과 차별이 없이 온 인류를 향한 하나님의 온전하고 전적인 사랑의 선포에 쓰임받음으로써 하나님께 영광 돌리는 것이다.[53]

마가복음의 서사는 제자도에 관한 이야기다. 이 이야기에서 "자기 부인, 자기 십자가를 짊어짐, 예수를 따름, 자기 생명을 잃음, 그리고 예수와 그의 말씀을 결코 부끄러워하지 않음은 하나님의 영광과 깊이 연관되어 있다. … 하나님을 인정하는 길은 십자가의 길이며, 이로 인해 하나님의 영광이라는 개념 자체가 변화된다."[54] 로핑크는 이러한 변화를 아름답게 요약해 준다.

마가가 과부의 헌금을 이야기할 때, 단순히 바로 앞에 나온 대계명만을 되돌아보는 것이 아니다. 이는 또한 예수의 죽음을 예표하는 것이다. 이 이야기는 수난 내러티브가 시작되기 직전 마가복음의 마지막 기사인데, 마가에게 과부의 "온전함"은 이미 예수의 죽음의 "온전함"을 반영한 것이었다. 과부는 자신의 헌금으로 하나님이 임재하시는 처소이자 그에 합당한 영광을 지닌 성전을 유지하는 데 이바지하고자 했다. 예수는 세상에서 하나님이 임재하시는 처소인 하나님 백성이 종말론적 영광 가운데 빛나게 하려고 자신의 생명을 바치셨다.[55]

자신의 모든 것을 성전 연보궤에 넣었던 가난한 과부처럼, 하나님을 향한 찬양의 봉헌인 설교의 아름다움은 많은 사람에게 감동을 주지 못하고 쓸모없는 것으로 여겨질 것이다. 어떤 이들은 예수의 겸손과 고난과 죽음을 통해 드러난 하나님의 영광이 아닌 다른 기준으로 설교를 평가하며, 자신의 삶과 무관하고 매력 없는, 심지어 "추한" 것으로 일축할 수도 있다.

반면 십자가에 못 박히신 주님의 영광을 드러내는 방식으로 말하기를 갈망하는 설교자들은 그 가난한 과부와 같은 길을 걸을 것이다. 그들의 설교는 하나님의 임재 앞에서 자신을 온전히 내어 맡기고 자신을 비울 때 넘쳐 나는 충만함에서 시작된다. 동시에, 탁월한 지식과 기술로 자신을 드러내려는 유혹을 경계하며 회개하는 마음으로 설교하는 것은 어떤 이들에게는 연약함, 실패, 어리석음으로 비칠 것이다.[56] 가난한 과부의 이야기는 하나님이 고난받고 부활하신 메시아 예수를 보시고, 귀하게 여기시고, 기뻐하신다는 확신을 우리에게 준다. 그리고 이처럼 하나님은 예수 안에서 새롭게 임하는 하나님 나라의 놀라운 실체를 선포하는 설교자들도 귀하게 보신다는 것을 알려 준다.

성전에서 예물을 바치던 부유한 후원자들은 특정한 종류의 영광을 추구하고 인정하는 종교 체계를 따랐다. 하지만 예수님은 가난한 과부에게서 전혀 다른 종류의 영광, 즉 하나님과 하나님의 세상을 향한 방식에 주의를 기울이는 "낯선 영광"을 보셨다. 성전의 웅장하고 화려한 영광 속에서 과부의 초라한 모습은 아름다움의 왜곡된 형태로 보였을 것이고, 따라서 미적인 불쾌감을 일으켰을 것이다. 하지만 예수님이 선포하신 제자도의 길을 따라감으로써 우리 마음의 눈이 열릴 때, 복음의 낯선 아름다움은 우리의 상상력과 감정과 욕구를 변화시킨다."[57] "이것을 추함의 미학 혹은 거부감의 미학이라 부를 수 있겠지만, 이는 동시에 또 다른 차원의 아름다움이다. 십자가가 지닌 두렵고도 경이로운 아름다움인 것이다. 하나님의 아름다움은 놀랍게도 우리가 불쾌하게 여길 만한 상황 속에서 자주 드러난다. 십자가의 추함은 바로 이 낯선 아름다움의 최고의 예시다. 십자가의 추하면서도 아름다운 역설은 우리에게 소망을 준다. 추함과 고통 속에서도 아름다움이 빛나고 새로운 가능성이 피어나기 때문이다."[58]

가난한 과부의 이야기는 설교자들이 가난하고 약하고 취약하고 빼앗기고 제한되고 불완전한 이들—**설교자 자신과 설교 역시 포함하여**—가운데 나타나는 하나님 나라의 낯설고 연약한 아름다움을 보라는 것이다.[59] 비록 하나님을 향한 그녀의 온전한 헌신이 주목받지 못했을지라도, 그 헌신은 하나님의 영광을 반영하고 있었다. 그녀는 "살아 있는 설교"였다. 반응도 없고 받아들이려 하지도 않는 사람들에게 하나님의 영광을 보여 주는 설교였다. 예수님은 가난한 과부를 귀하게 여기심으로써 그녀의 전적인 사랑은 하나님과 하나님의 통치로 돌아가는 특징이며, 이것이 회개와 제자도의 길임을 인정하셨다.

복음의 아름다움은 우리의 삶과 말이 우리 것이 아님을 인정하게 만드는 압도적인 선함을 나타낸다. "예배를 통해 빚어진 삶은, 완전히 아름답고 선하신 한 분의 아름다움과 선함을 반영하는, 아름답고 선한 삶이어야 한다."[60] 그리스도 안에서, 하나님의 선하심은 우리를 죄의 추함에서 구원하여 하나님의 영광 안에서 기뻐하는 삶으로 이끄는 아름다움으로 나타난다.[61] "하나님의 영광에는 합당한 자리가 있으며,

인간의 영광은 하나님 영광의 확장으로서, 이는 다른 이들의 궁극적 선을 이루고 하나님의 영광을 찬양하기 위해 그들에게 전해진 하나님의 선하심을 드러낸다."[62]

"네 하나님이 통치하신다"는 것은 예수 그리스도 안에서 인간이 되신 하나님의 기쁜 소식이다. 온 교회는 "당신의 나라가 임하옵시고, 당신의 뜻이 하늘에서 이루어진 것같이 땅에서도 이루어지게 하소서"라고 기도할 때 하나 되어 이 소식을 선포한다. 예수님의 메시아적 사명과 메시지는 하나로 이어져 있다. 그분의 말씀과 행동이 서로를 비추며 진리를 드러내기 때문이다. 하나님의 기쁨을 전하시는 분이자 기쁨의 메시지 그 자체이신 예수님은 자신의 모든 말씀, 행동, 고난을 통해 하나님의 통치를 보여 주신다. "기쁜 소식을 전하는 사람은 그 자체로 기쁨을 가져오는 사람이며, 그에 걸맞게 존귀히 여김을 받는다."[63] 예수님의 모든 삶과 사역은 이스라엘이 하나님의 능력으로 애굽에서 해방된 놀라운 이야기를 떠올리게 한다. 이는 하나님의 주권 선포가 가져오는 자유와 기쁨을 향한 새로운 출애굽이라 할 수 있다.[64] "평화를 선포하고, 기쁜 소식을 전하며, 구원을 알리고, 시온에게 '네 하나님이 왕이시다!'라고 외치는 이들의 발걸음이 산 위에서 얼마나 아름다운가!"[65]

설교의 기쁨

하나님의 영광, 하나님의 의로운 통치는 하나님의 영원한 기쁨이고,

이것이 곧 설교의 커다란 기쁨이 된다. 사도 바울의 설교 중에서, 하나님 영광의 복음과 하나님 통치의 의는 그리스도의 인격과 사역 안에서 밀접하게 결합된다. 그리스도를 주님으로 고백하는 것은 "하나님 안에서의 새로운 삶"에 생기를 불어넣어 주는데, 그 자체가 하나님의 의와 영광이 된다. 이것은 또한 미적 범주로 여겨질 수 있는데, "영광이 감정과 사랑과 만나 하나로 연결될 때, 우리는 은혜와 아름다움에 대해 이야기할 수 있게 된다. … 그것은 곧 하나님의 아름다움이 갖는 구속의 능력이다." 그러한 "복음적 아름다움"은 우리에게 굉장히 낯설고 심지어 두려운 것으로 여겨질 수 있다. 왜냐하면 우리가 하나님의 얼굴을 보고 하나님의 영광의 형상을 인식하는 것 자체가 그리스도의 인격을 통해 우리에게 오시는 하나님의 영광의 은혜를 받는 것이기 때문이다.[66]

복음을 선포하는 것은 하나님의 영광을 보여 준다. 이는 그리스도의 신실하심 가운데 자신의 의를 전해 주시는 하나님의 영광이다. 나아가 부활하신 주님은 복음을 듣고, 복음을 믿고, 이제 복음이 "되는" 모든 사람 안에서 신실한 반응을 일으키신다.[67] "우리는 우리의 삶을 형성해 가는 아름다운 모습들에 순종하게 된다."[68] 예를 들어, 로마서에 나타난 바울의 해석적 관점은 복음을 선포하기 위한 성경적 근거를 제시하기 위해 신명기 30장을 새로운 시각으로 읽는 것을 포함한다. 바울은 신명기 30장에서 이스라엘 백성에게 행한 모세의 설교를 가져와 열방에 하나님의 말씀을 선포하는 데 활용한다. "말씀이 네게 가까워 네 입에 있으며 네 마음에 있다 하였으니"(롬 10:8). 바울은 이 선포를 하나님이 예수 그리스도 안에서 행하신 일에 대한 말씀을 의미한다고 해석한다. "만약 네가 네 입술로 '예수는 주님이시다'라고 고백하고, 마음속으로 '하나님이 그를 죽은 자 가운데서 일으키셨다'는 것을 믿는다면, 너는 구원을 얻을 것이다. 사람은 마음으로 믿어 하나님 앞에서 의로워지고, 입으로 시인하여 구원을 받기 때문이다."[69]

더욱이 바울은 자신과 동역자들의 증언을 하나님의 해방의 부르심을 선포하기 위해 서둘렀던 이사야의 메신저들의 아름다움과 동일시한다. 사도의 논증은 그리스도 안에 있는 하나님의 의의 관점에서 여러 다양한 질문을 통해 전개되는데, 이때 우리는 하나님의 구원의 아름다움에 대해 흔들림 없는 감사와 찬양을 올려 드리게 된다. "그러나 그들이 믿지 않는 이를 어떻게 부를까? 한 번도 들어보지도 못한 이를 어떻게 믿을까? 그를 전파하는 자가 없는데 어떻게 그들이 들을 수 있을까? 보내심을 받지 않았으면 어떻게 전파할까? 기록된 바 '아름답다, 좋은 소식을 전하는 자들의 발이여' 함과 같다."[70]

캐서린 그리브(Katherine Grieb)는 이 본문에 나타난 하나님의 풍성한 관대하심에 대해 언급한다. 이 관대하심은 하나님의 펴신 팔의 이미지를 통해 고통스럽게 드러난다. "이스라엘이 복음을 거부했을 때 바울과 그의 동역자들이 겪었던 수치심과 연약함은 바울이 모세와 이사야의 음성을 통해 들었던 훨씬 더 깊은 수치심과 연약함과 본질적으로 연결되어 있다. 하나님은 뒤도 돌아보지 않고 떠나실 만한 충분한 이유가 있으셨다. 그러나 단 한 가지 이유 때문에 그러지 않으셨다. 그것은 어떤 상황 가운데서도 이스라엘을 포기하지 않으시는 하나님의 언약적 사랑이다." 역설적이게도, 복음 선포의 아름다움은 이러한 수치심과 연약함 속에 깊이 스며들어 있다.[71]

바울은 구약 성경을 읽으면서 하나님의 의가 드러나는 복음의 특별한 아름다움을 인식할 수 있었다. 복음이 담고 있는 시적 드라마는 이스라엘을 향한 하나님의 부르심과 신실하심을 부정하거나 취소하지 않는다. 게다가 바울이 신명기 30장 12-14절을 해석하면서 보여 주듯이, 많은 이가 그리스도를 찾아 이곳저곳을 헤매고 다녔지만 실제로는 율법의 계명들만 바라보고 있었다. 이에 대해 바울은 다음과 같이 반박한다. "그리스도는 이미 하늘에서 이 땅으로 내려오셨고, 이미 죽은 사람들 가운데서 일어나셨다. 다시 말해, 하나님은 그리스도의 성육신과 부활을 통해 이미 일을 행하셨으며, 어떤 도움도 필요치 않으시다." 우리 설교자들도 마찬가지로, 율법 안에서 이스라엘에 가까이 있었던 말씀이, 그리스도의 죽으심과 부활의 모습으로 우리에게 가까이 온 말씀과 동일함을 깨달아야 한다. "그러므로 바울의 해석은 자신이 주장하는 것을 전제하고, 또 자신이 전제하는 것을 주장한다. 즉 신명기 30장의 진정한 의미는 율법을 지키는 데 있는 것이 아니라, 기독교의 설교 가운데 드러난다는 것이다."[72]

이사야서, 마가복음, 로마서에 나오는 이야기들은 그리스도의 삶, 죽음, 부활의 관점으로 이스라엘의 성경 말씀을 읽음으로써 형성되는 설교의 "길"로 우리를 인도한다. 우리는 백성을 일으키시는 하나님께 찬양을 올려 드리도록 부름받았다. 백성은 오직 예수 그리스도 안에서 모습을 드러내신 이스라엘의 하나님이 의미를 부여하실 때만 비로소 그 존재 의미를 갖는다. "기독교의 내러티브는 일반적인 설명이나 이해와는 완전히 다르다. 이는 우리의 존재 자체가 하나님이 주시는 선물로 주어지지 않았다면 도무지 이해할 수 없는 것들이기 때문이다."[73]

이런 방식의 성경 읽기는 하나님, 성경, 복음 내러티브, 청중 공동체를 향한 설교자들의 구체적인 상황들이 서로 어떻게 연결되어 있는지 주의 깊게 살펴보게 한다.[74] 스탠리 하우어워스(Stanley Hauerwas)가 말한 것처럼, "기독교의 이야기를 신실하게 살아내는 것은, 세상에 '주어진 것들'(givens)을 좀 더 결정적이고, 평화적이며, 따라서 더욱 포괄적인 이야기 속에 위치시킴으로써, 세상의 이야기를 효과적으로 '뛰어넘는 것'이다."[75] 우리는 성경을 모든 창조 세계로 확장되는 하나님의 사랑 가운데 교회의 정체성과 행동을 형성하는 시적인 연설로 읽는다.[76] "요점은 성경은 반드시 삶에 적실해야 한다는 것이 아니라 … 성경의 의미는 믿음의 순종을 구현하는 공동체 안에서 읽힐 때까지 결코 이해되지 않는다는 점이다."[77]

복음 선포는 십자가에 달리신 주님의 가장 낮고 연약한 능력 가운데, 하나님 앞에서 온전히 하나 된 삶을 살아가도록 교회를 세워 간다. "그러므로 그리스도 안에서 나타나는 하나님의 사랑을 구현하는 공동체 안으로 독자를 모으는 데 실패한다면, 어떠한 성경 읽기도 합당할 수 없다. … 그리스도를 닮은 공동체는 십자가의 모습을 지닌다. 따라서 올바른 해석 또한 십자가의 모습을 지녀야 한다."[78] 우리는 살아 계신 하나님의 말씀을 선포하면서 설교의 기쁨을 발견한다. 바로 그 하나님의 말씀을 통해 성령께서는 교회를 그리스도 안에서 하나님의 의가 구체적으로 보이는 모습으로 변화시키신다. "이것이 바로 우리 삶의 이야기다."[79]

바울이 전하는 복음 이야기의 궁극적인 목적은 그리스도인들이 하나님의 뜻에 따라 하나님께 영광을 돌리는 방식으로 살아가고, 말씀을 전하게 하는 것이다(롬 15:8).[80] 여기서 그리스도 안에서 주시는 하나님의 선물에 대한 바울의 선포는 설교의 선교적 신학을 분별하기 위한 좋은 통찰을 제공해 준다. 자신의 아들을 보내 주신 하나님의 선물 또는 그리스도께서 자신을 직접 내어 주신 선물은 이스라엘과 이방인들에게 풍성하게 베푸시는 하나님의 은혜를 강조하는 표현이며, 이는 인종, 지위, 교육, 덕성, 성별, 혈통, 사회적 능력과 상관없이 전적으로 하나님의 은혜의 부르심이기도 하다. 이러한 선교적 복음의 설교는 "그리스도의 선물이 지닌 특별하고도 모순적인 성격을 더욱 분명하게 드러낸다."[81]

사도 바울은 그리스도의 유일한 사건이 기존의 모든 가치 체계를 무너뜨린다고 이해했다. 하나님의 **모순적인** 은혜가 아무런 차별 없이 주어지기 때문이다. 그러므로 그리스도의 선물은 회심자들로 이루어진 혁신적인 공동체의 토대가 되어, 그리스도에 대한 동일한 믿음 안에서 그들을 연합시키고, 이전의 규범과 차별의 영향력을 약화시킨다. "그런 사회적 정체성들은 계속 존재하겠지만, 그것은 그리스도께 빚진 공동체 안에서는 가치를 평가하는 기준으로서 아무런 의미가 없다고 선언된다. … 새로운 공동체는 우리 모두가 그리스도 안에서 아무 조건 없이 환대받은 것처럼 서로를 환대하면서, 그들의 문화적 차이를 상대화하도록 격려받는다(롬 14–15장)."

바클레이가 요약한 바울의 선교적 설교와 공동체 형성 사역은 설교를 "아름다운 것"으로 고찰하는 데 상당한 통찰을 제공한다. 그리스도께서 자기를 선물로 내어 주신 것은 하나님으로부터 받아서 다시 하나님께로 되돌려지는데, 그것은 하나님과 인간에게 "합당한" 삶을 만들어 내고, 설교자와 청중의 실천 속에서 새로운 가치의 기준을 부여하기도 한다.

바울의 선교적 목표는 일반적인 가치 기준을 뛰어넘는 사건을 증언하는 독특한 삶의 방식을 가진 공동체를 세우는 것이다. 바울은 세례가 새로운 삶의 방향을 만들어 내기를 기대하는데, 이는 인간 죽음의 현실 한가운데서 부활의 생명을 보여 주는 몸의 습관을 포함한다. 이 선물은 관습을 뛰어넘는 실천 속에서 실현되어야 하며, 그렇지 않으면 특별하고 파격적인 선물이라는 의미를 잃게 된다. 이 선물은 하나님께 대한 새로운 방식의 순종을 이끌어 낸다. 하나님의 선물에 대해 "되돌려 드리는" 것처럼 나타나지만, 또 다른 하나님의 선물을 이끌어 내기 위한 도구적인 목적을 갖지는 않는다. 결국 변화를 가능케 하는 은혜의 능력은 성도와 하나님 사이에 조화를 이루게 하는데, 이는 종말의 때에 더욱 분명해질 것이다(569).

바울이 이해한 선물의 개념은 은혜의 선교적 신학에 뿌리를 둔 새로운 사회 운동을 위한 목회적인 지혜를 제공한다. 은혜는 "매력이나 호감을 주는 특징", "자선의 태도", "감사 또는 고마움"을 의미할 수 있다. 그러므로 은혜는 주는 사람의 자비로움과, 그 어떠한 도구적인 목적 없이 순수하게 돌려 드리는 감사를 나타낸다(575-82).

은혜는 하나님께 영광과 헌신, 예배와 찬양을 올려 드리도록 부름받은 백성이라는 교회의 본질에 잘 어울린다. 그러나 이것은 바울의 초기 선교 활동을 넘어, 오늘날 다원주의와 세속화가 계속되는 모든 상황에까지 확장된다. 이러한 상황에서 교회는 사회적, 정치적, 문화적인 정체성을 새롭게 발견해야 할 필요를 느끼는데, 이 정체성은 전적으로 은혜에 기초하며, 그러므로 아름답다. "나이, 인종, 사회적 지위, 교육, 성별, 건강, 재산과 관련해 당연하게 생각되던 가치 기준이 그런 상황에서는 비판적인 재평가의 대상이 되며, 교회는 자신을 사회적, 이념적으로 구별되게 하는 복음의 특성이 무엇인지 새롭게 발견하게 된다"(573).

바울은 "인내와 위로의 하나님이 너희로 그리스도 예수를 본받아 서로 뜻이 같게 하여 주사 한마음과 한 입으로 하나님 곧 우리 주 예수 그리스도의 아버지께 영광을 돌리게 하려 하노라"(롬 15:5-6)고 기록한다. 송영, 곧 올바른 찬양과 영광은 서신의 본론을 둘러싸고 있으며, 본론은 다음과 같은 말씀으로 시작된다. "먼저 내가 예수 그리스도로 말미암아 너희 모든 사람에 관하여 내 하나님께 감사함은 너희 믿음이 온 세상에 전파됨이로다"(롬 1:8)(459-61).

사도 바울은 유대인과 이방인 그리스도인에게 서로 용납할 것을 요청한다. 왜냐하면 그리스도께서 먼저 그들을 용납하셨기 때문이다. 또한 그들은 오직 그리스도의 용납하심을 근거로 하나님 앞에 함께 설 수 있다(롬 15:7)(512). 그들의 존재 자체가 "하나님의 창조적인 자비 덕분이며, 예수의 부활로 말미암아 그들을 위해, 또 그들을 초월하여 창조된 생명 덕분이다. … [하나님의 모순적 은혜]…는 이스라엘의 존재의 뿌리이며, 그리스도 안에서 유대인과 이방인의 정체성과 충성심의 기초를 놓는 실재이기도 하다"(455).

설교의 미학

바울은 그리스도께서 하나님의 약속과 신실하심을 확증하면서 이스라엘을 섬기기 위해 이 땅에 오셨다고 단언한다. 그러나 그리스도는 이방인을 구원하기 위해서도 이 땅에 오셨다. 다시 말해, 이방인이 하나님의 자비를 알고 하나님께 영광을 돌리는 일에 이스라엘과 연합하도록 하기 위해 오신 것이다(롬 15:7-8). 명예를 위한 경쟁, 인종 갈등, 도덕적 자부심, 당파적 분열과 같은 실제적인 문제가 복음 선포의 관점에서, 그리고 하나님을 찬양하는 관점에서 다뤄진다.[82] 올바른 교리와 도덕성뿐 아니라 공동체의 삶과 실천을 구체화시키는 감각, 경향, 가치, 아름다움을 만들어 내고 인도하는 것이 "올바른 찬양과 영광"의 송영인 것이다.[83]

설교자들은 열방에 하나님의 영광을 선포하고 드러내는 교회의 사명을 위한 신학적 기초를 제공하기 위해, 복음의 관점에서 구약 성경을 읽음으로써 바울의 인도를 따라가야 한다(롬 15:9-12).[84] 그리스도 안에서 유대인과 이방인을 화해시키시는 하나님의 사역을 선포하는 사도 바울의 사명은 그 자체로 이 시대 가운데 감추어진 하나님의 자기 계시의 신비에 참여하는 것이다. 하나님께 영광 돌리는 것이야말로 하나님의 의의 복음을 선포하는 동기이고 목적이다.[85]

설교자들은 사도 바울이 로마에 있는 동료 신자이자 그리스도의 종인 그리스도인들에게 그들이 믿고 고백하는 복음이 바로 그들의 삶이 되도록 어떻게 격려하는지 세심한 주의를 기울일 때, 비로소 바울로부터 도움을 받을 수 있다. 하나님의 영광은 성도가 서로 사랑하고 조화로운 삶을 살 때 드러나는데, 그런 삶은 예수 그리스도를 삶의 근원과 규범으로 삼을 때 가능하다. 윌리엄스는 "하나님의 영광을 위해 서로 용납하는 것"(롬 15:7)을 유대인과 이방인의 관계를 위한 본질적인 부분으로 보며, 결국에는 이것이 비유대인 세계의 기쁨과 감사로 이어진다고 말한다. 이방인이 하나님을 기뻐하는 것은 은혜의 특권을 부여받았기 때문만 아니라, 하나님의 영광이 그들에게 명백하게 나타났기 때문이기도 하다. "참으로 선물은 기쁨과 분리될 수 없다."[86]

윌리엄스는 "하나님께 영광을 돌리는 것은 실제로 하나님을 기뻐하는 것과 같다. 하나님이 우리에게 호의적이시므로 하나님을 기뻐하는 것이 아니라, 하나님이 하나님이시므로 기뻐하는 것"이라고 말한다.[87] 신앙의 행위로서 설교에 내재된 본질적인 기쁨이라는 특징은 하나님의 인자하심에 토대를 두고 있으며, 교회의 선교적 소명과도 필연적으로 관련되어 있다. 선교의 처음과 끝은 하나님이 어떤 분이며, 하나님이 행하신 일은 무엇인지에 대해 하나님께 찬양과 감사를 올려 드리는 것이다.[88] 설교의 목적은 곧 하나님의 영광을 알고 즐기는 것, "하나님이 영원토록 어떤 분인지 보는 것"에 있다.[89]

설교자는 하나님의 의를 선포하고, 이스라엘과 이방인 모두를 향한 자비로 돌이키신 하나님의 행위를 선포할 때, 선포의 미학적 특징과 설교학적 특징 모두에 주의를 기울여야 한다. "하나님의 아름다움을 기뻐하는 것이야말로 우리가 서로를 돌아보고 나아가 인간 세상 전체를 돌아보는 모든 행동의 목표인 것이다."[90] 우리의 설교는 우리 자신으로부터 방향을 옮겨서 그리스도 안에서 자기를 내어 주신 하나님의 인자하신 구원의 아름다움을 가리킨다. 그 아름다움은 이스라엘과 온 열방을 모두 포함한다. 그리스도 안에 나타난 하나님의 겸손은 우리가 아무리 성공적으로 의사소통을 하더라도 그 자체로 아버지와 아들의 사랑을 만들어 낼 수 없다는 것을 인정하게 할 것이다. 그 사랑은 성령에 의해서 우리 마음 가운데 부어지는 것이기 때문이다.[91] 가난한 과부처럼, 우리는 그리스도 안에서 하나님이 어떤 분이며 우리를 위해 어떤 일을 행하셨는지를 선포하고 알리기를 추구한다. 그 일을 통해 그리스도 안에서 받아들여지고 그리스도를 통해 살아지는 아름다움을 하나님의 영광의 가시적인 표현으로서 만들어 낸다.[92] **바로 이것이 설교의 아름다움이다.**

The Beauty of Preaching

The Beauty of Preaching

{ 02 }

아름다움을 바라보다

이 장은 마가복음 14장에 나오는 이야기(14:1-9) 가운데 밝게 빛나는 복음의 아름다움을 감사하며 되새기는 내용을 다룬다. 배경은 유월절을 며칠 앞두고 종교 지도자들이 비밀리에 예수님을 체포하여 죽이려고 계획하던 때다. 이 이야기는 "작은 묵시록"으로 알려진 마가복음 13장 끝부분과 바로 연결되는데, 여기서 예수님은 제자들에게 하나님의 통치가 도래할 것에 주의하면서 늘 깨어 있으라고 촉구하신다. "그러므로 깨어 있으라 집 주인이 언제 올는지 혹 저물 때일는지, 밤중일는지, 닭 울 때일는지, 새벽일는지 너희가 알지 못함이라 그가 홀연히 와서 너희가 자는 것을 보지 않도록 하라"(막 13:35-36).

리처드 헤이스(Richard Hays)는 십자가에 못 박히신 그리스도에 대한 낯선 복음과 그 복음 선포가 만들어 내는 공동체의 본질에 대해 이렇게 설명한다. "인자이신 예수님의 영광이 종말론적으로 드러나기를 기다리는 교회의 정치적인 태도는 인내하며 깨어서 견디는 것이다. …

복음이 역설적으로 보이더라도, 하나님 나라의 복음을 선포하고 그 결과 올 수 있는 어떤 고난도 받아들일 수 있어야 한다."1)

예수님이 예루살렘 외곽의 베다니로 가셨을 때, 늘 깨어 있으라는 주님의 명령은 더욱 긴박해졌다. 주님은 그때 나병환자 시몬의 집을 방문하고 계셨다. 복음서에서 시몬과 같은 사회적 소외자들, 죄인들, 공동체로부터 추방된 이들의 가정에서 이루어지는 식탁 교제는, 예수님이 그곳에 임재하실 때 하나님의 통치가 놀랍게 드러나는 장면을 보여 준다. 이 모든 장면은 사람들의 삶의 상황 속 특별한 깊이를 보여 주며, 그 속에서 회개하는 마음으로 드리는 예상치 못한 사랑의 표현이 하나님의 한없는 선하심과 자비하심을 향해 열린다. 그 장면들의 놀라운 함의는 모든 사람이 아무 차별 없이 하나님 통치의 교제 안으로 들어와 이스라엘 회복의 때를 기념하는 천국 잔치(messianic banquet)의 기쁨을 만끽할 수 있게 된다는 것이다. 윌리엄스는 예수님이 어떻게 하나님으로서 역할을 수행하시면서 스스로 "새로운 백성, 새로운 시민권, 새로운 나라"의 중심이 되실 수 있는지를 설명한다.

> 주님은 언약으로, … 그리고 근본적으로 새로운 것을 만드시는 부르심으로 한 백성을 지으신다. 하나님은 버림받고 힘없는 자들에게 세상을 새롭게 하는 일에 동참할 수 있도록 자유를 주시고, 얼굴 없는 권력의 압제와 인간의 배신을 제거하심으로써 공허함에서 생명을, 무에서 실재를 만들어 내신다. 그 부르심의 육체적 임재로서, 그 선물이 주어지는 매개체로서 예수 그리스도는 하나님의 절대적인 창조적 자원의 세계 즉, 중요한 것과 아무것도 아닌 것을 구별할

수 있는 하나님의 능력의 세계 안에 임재하신다. 하나님은 그저 아무것도 아닌 존재들, 곧 낮고 천한 것들을 택하셔서 기존의 질서를 무너뜨리신다(고전 1:28). 아무것도 아닌 존재들에게 손을 내미시는 예수님의 행동은 하나님의 선택을 보여 주는 가시적인 형태다.[2]

예수님은 자신이 누구인지를 통해서, 그리고 자신이 말하고 행하고 고난받은 일을 통해서 하나님의 나라를 보여 주신다. "누구든지 이분을 만지는 자는 그 순간 하나님을 만지는 것이다. … 누구든지 이분을 보거나 들으면, 하나님 그분을 보고 듣는 것이다. 누구든지 이분을 자기 집에 영접하면, 하나님을 자기 지붕 아래 모시는 것이다. 누구든지 이분과 함께 먹고 마시면, 하나님과 함께 먹고 마시는 것이다. … 바로 하나님의 나라에서."[3]

나병환자의 집에서 예수님과 함께 나눈 식사는 마가복음 앞부분에 나오는 식사와 분명한 대조를 보인다. 헤롯왕의 집에서 열린 모임은 부나 사회적 영향력이나 정치 권력 또는 "영광"(막 6장)을 과시하는 자리였다. 하지만 로핑크가 지적한 것처럼, "예수님을 통해 이스라엘을 밝게 비춘 영광은 특권층에게 더 나은 삶을 만들어 주기 위한 것이 아니라, 이스라엘을 통해 온 세상에 하나님의 신적인 광채를 가져다주기 위한 것이었다."[4]

모두가 시몬의 집에 앉아 있을 때, 이름 모를 한 여인이 값비싼 나드 향유가 담긴 옥합을 손에 들고 나타났다. 향유 옥합은 일반적으로 값비싼 사치와 관능성과 깊이 관련된다. 예컨대 아가서에서는 신랑이 신부의 매력과 아름다움을 다음과 같이 묘사한다. "나의 사랑하는 자야

너는 어여쁘고 화창하다"(아 1:16). 신랑은 신부를 불러 자신과 동행하기를 청하면서 그녀의 사랑의 향기를 찬양한다.

> 내 누이, 내 신부야 네 사랑이 어찌 그리 아름다운지 …
> 네게서 나는 것은
>   석류나무와 각종 아름다운 과수와
>   고벨화와 나드와,
> 나드와 번홍화와 창포와 계수와
>   각종 유향목과
> 몰약과 침향과
>   모든 귀한 향품이요 …
> 너는 동산의 샘이요 생수의 우물이요
>   레바논에서 흐르는 시내로다(아 4:10-15)

사랑하는 자에 대해 이러한 풍성한 찬사가 표현될 때, 그 사랑스러움은 흘러넘쳐서 다른 사람들에게도 영향을 미친다.

> 북풍아 일어나라
>   남풍아 오라
> 나의 동산에 불어서
>   향기를 날리라(아 4:16)

클레르보의 베르나르(Bernard of Clairvaux)는 아가서 말씀을 묵상하며 말씀의 아름다움에 대해 다음과 같이 고찰한다.

결국 말씀이 영혼에게 "너는 아름답다"고 하면서 그를 친구로 부르는 것은 영혼이 사랑스러운 존재임을 알게 하고, 영혼으로 하여금 사랑할 수 있는 능력을 부여하는 것이다. 이제 영혼이 응답하여 말씀을 "사랑하는 분"이라 부르면서 그분이 아름답다고 고백하는 것은, 자신의 사랑과 사랑받음에 대해서 진실하고 신실하게 말씀에 영광을 돌려 드리는 것이다. 그분의 친절에 경탄하고, 그분의 은혜에 감탄하는 것이다. 따라서 신랑의 아름다움은 곧 그의 사랑이다. 신랑의 사랑은 신부의 사랑보다 앞서기에 훨씬 더 크다. 그러므로 그녀는 온 마음을 다해, 깊은 감정의 언어로 그를 사랑해야 한다고 크게 부르짖으며, 그가 그녀에게 사랑받기도 전에 그가 이미 그녀를 사랑했다는 것을 깨닫기에 더욱 충분하고 열렬하게 부르짖게 된다. 결국 말씀의 "말씀하심"(speech)은 선물을 주는 것이고, 그에 대한 영혼의 반응은 경이로움을 동반한 감사를 올려 드리는 것이다.[5]

옥합을 깨뜨린 여인은 사랑과 헌신의 행위로, 그리고 예수님의 고난과 죽음을 준비하는 마음으로 그분의 머리에 향유를 부었다. 그 자리에 있던 어떤 사람들은 이 어리석고 허비하는 행위에 분노하며, 노동자 1년 치 임금에 해당하는 그 고가의 향수를 율법(신 15장)이 요구한 대로 가난한 사람들을 돕는 데 사용했어야 했다고 항의했다. 예수님은 그 여인을 내버려두라고 말씀하시면서, 그녀가 "아름다운 일"을 행했다고 선언하셨다.

이때는 예수님 안에 임한 하나님 나라를 통해 무엇을 성취할 수 있을지 따질 때가 아니었다. 세상을 살리기 위해 자신을 아낌없이 내어 주신 그리스도 안에서 나타난 하나님의 넘치는 자비를 대신할 수 있는 인간의 행위는 없다. 로버트 젠슨(Robert Jenson)은 아가서에 대해 다음과 같이 설명한다. "삼위일체 교리에 의하면, 우리에게 주시는 하나님의 말씀은 '참하나님으로부터 오신 참하나님 … 아버지와 한 존재이시다. 우리에게 임하는 하나님의 말씀은 창조주와 '함께하실' 뿐 아니라 창조주 자체이시다. … 우리는 우리에게 선하고 아름답고 의롭다고 말씀하시는 하나님의 바로 그 말씀에 의해 창조되어, 지금 우리의 모습 그대로 존재한다."[6]

그 이름 모를 여인은 "[성경에서] 찬양의 본질, 즉 인정과 희생적 공경을 보여 주는 성경의 대표적인 모형 중 하나다. 예수님은 자신의 죽음과 연결지어 여인의 행위를 받아들이셨고, 그 죽음이 이 행위를 정당화할 것이라고 언급하셨다."[7] 예수님은 그 여인이 제자들의 의도대로 향유를 팔아서 가난한 자들을 도와야 한다고 주장하는 사람들의 생각에 동의하지 않으셨다. 주님은 가난한 자들이 완전히 만족하지 못할 것을 아셨다. 왜냐하면 하나님 나라의 영광은 인간의 현실적인 필요를 포함하면서도, 동시에 그것을 초월하기 때문이다. 이와 관련한 하우어워스의 논평은 적절하다.

기독교 신앙은 가난한 자들을 위한 것이다. 이 여인은 가난한 자에게 그 귀한 향유를 부었다. 우리와 항상 함께 있을 가난한 자는 바로 예수님이다. 우리의 모든 거룩한 낭비는 바로 그 가난한 자에게 드려야 한다. 교회의 부는 가난한 자들의 부다. 대성당의 아름다움은 가난한 자들을 결코 배제하지 않으며 오히려 그들을 포함하고, 사실상 그들을 교회로 인도한다. 음악과 찬송을 포함하여 교회에서 드리는 예배의 아름다움은 가난한 자들의, 가난한 자들을 위한 아름다움이다. 교회의 문학과 신학과 철학은 우리의 공동체적인 삶, 즉 가난한 자들이 중심이 되고 하나님을 향한 예배로 규정되는 삶에 기여하지 않는 한 왜곡된 것이다. 이 여인이 예수님께 부은 값비싼 향유, 곧 교회의 부는 결코 가난한 자들에게 낭비되지 않는다. … 이름 모를 이 여인은 교회가 항상 세상을 위해 해야 하는 바로 그 일, 곧 가난한 자들에게 값비싼 향유를 아낌없이 부어 주는 일을 예수님께 행해 드렸다.[8]

인간의 실용적 가치 기준으로 평가할 수 없는 하나님에 대한 설득력 있는 비전만이 우리의 상상력을 변화시켜서, 고난받으시고 십자가에 달리시고 후에 높임을 받으신 예수님의 아름다움을 인식할 수 있게 해 준다. 켈시가 이 점을 분명히 했다. "하나님을 기능적으로 이해하는 것은, 그 이해가 아무리 정교한 방식일지라도, 결국 하나님을 어떤 문제 해결을 위한 실용적 수단으로 보는 것에 지나지 않는다. 나의 직관은 이렇다. 악과 죄, 그리고 죄의 속박에 실제적 변화를 가져오실 수 있는 유일하신 하나님은, 우선 실용적 가치를 초월하신 분으로 이해되어야 한다는 것이다. 곧 우리와 우리의 문제들에 어떤 영향을 미치시는 것과 상관없이, 하나님 그분 자신이 압도적인 매력을 지닌 선하신 분으로 이해되어야 하는 것이다."[9]

예수님의 연약함 속에 성육신하신 하나님의 영광을 선포하는 것은 "실용적 가치를 초월하여" 자신을 내어 주신 주님의 희생적 사랑의 아름다움을 인식할 수 있는 믿음을 불러일으킨다. 마찬가지로, 예수님께 향유를 부은 그 이름 모를 여인의 낭비처럼 보이는 행위는 가난한 나병환자의 집에 주님이 함께 계심을 기뻐하는 것 외에는 그 어떤 목적을 위해서도 쓸모가 없었다. **예수님은 바로 그것이 아름답다고 하신다.** 하나님은 자신의 영광의 경이로움을 감사와 기쁨이라는 신령한 선물로 풍성하게 나누어 주시는데, 이는 세상 속에서 응답하는 말과 삶의 방식으로 구현된다.[10] 로핑크의 다음 말은 하나님 나라의 아름다움을 선포하도록 우리를 초대한다. "하나님의 대의에 감동받아 이를 위해 자신의 모든 것을 드리는 것은 단순한 의무감, 즉 '그것을 해야 한다'나 '반드시 그것을 해야 할 의무가 있다' 같은 인식에서 나올 수 없다. 하나님이 원하시는 것을 우리도 자유롭게 원하게 되는 것은 우리가 하나님의 대의의 아름다움을 바라볼 때, 즉 이 세상에서 하나님이 이루고자 하시는 일을 우리도 기뻐하고 심지어 그것을 갈망할 수 있을 때, 나아가 하나님과 하나님의 대의에 대한 욕구가 우리의 모든 인간적인 자기중심성보다 더 클 때만 가능하다."[11]

우리의 존재와 행위를 평가하는 기준은 우리가 얼마나 쓸모 있느냐가 아니라, 우리에게 만물의 창조주이시며 구속주이신 하나님의 자기희생적 영광에 동참하는 기쁨이 있는가여야 한다. 예수님을 향한 주의 깊은 사랑과 관심 속에서, 그 여인은 예수님 주변을 밝게 비추는 하나님 나라의 영광을 볼 수 있었다. 마찬가지로 예배라는 교회의 소명은 실용성과 효율성, 성취와 성공이라는 세상의 기준에 부합하지 않는다.

요제프 피퍼(Josef Pieper)는 이것을 잘 구분해 준다. "'우리는 당신을 찬양하고, 당신께 영광을 돌립니다. 우리는 당신의 크신 영광에 감사를 드립니다.' … 어떻게 이 말들이 합리적 실용성과 효율성이라는 기준으로 이해될 수 있겠는가? 서로 사랑하는 연인 역시 노동 세계가 요구하는 엄격한 효율성에서 벗어나 있으며, 놀라움과 경이로움에 마음을 열고 관심을 기울인다."[12]

우리 자신을 개선하고 교회를 부흥케 하며 세상을 변화시키려는 좋은 의도와 노력에도 불구하고, 우리의 모든 노력은 우리의 존재와 행위의 근원 되시는 하나님의 넘치도록 부으시는 자기희생의 관점에서 볼 때 여전히 불충분하다. 우리 삶의 영광은 그리스도의 아름다움 속에서 드러난다. 이것은 값없이 주어지며, 그 어떤 빚이나 자격 여부와도 무관하다. 이 진리를 무시하면 필연적으로 헌신 없는 예배, 사랑 없는 지식, 믿음 없는 행위, 기도 없는 행동, 기쁨 없는 순종, 긍휼 없는 의무, 즐거움 없는 선함, "찬양 없는 도덕성"으로 귀결된다.[13] 마이클 핸비(Michael Hanby)가 말한 대로, "인간의 참된 자아는 찬양을 통해 드러난다. 우리는 찬양하는 존재라는 사실에서 벗어날 수 없으며, 이를 왜곡할 수만 있을 뿐이다. 찬양의 본질을 통해 우리는 삼위일체 하나님의 생명에 동참하게 된다. 허무주의는 오직 찬양이 사라질 때만 생겨난다. 사실상 **찬양이 아닌 모든 것이 허무 그 자체인 것이다.**"[14]

성령은 우리에게 어떤 문제에 대한 답변이나 논증이나 해결책을 제시하기보다는 기도하고 찬양하는 공동체를 세우신다. 이 공동체는 아들이 온전한 사랑으로 자신을 아버지께 드리는 그 일에 동참하는 것을 기쁨으로 삼는다. 물론 가난한 자들의 필요를 돌보아야 하지만, 하나님 나라에서 가난한 자들은 그리스도의 죽으심과 부활하심을 따라 성령으로 빚어진 삶의 방식대로 사는 사람들에게 기쁘게 환영받는다. 프란치스코 교종은 가난한 자들을 위한 사역에는 따뜻한 사랑의 배려가 필요하다고 말한다.

> 우리가 복음의 아름다움을 항상 적절하게 반영할 수 있는 것은 아니지만, 결코 결핍되어서는 안 되는 중요한 요소가 한 가지 있다. 그것은 가장 낮은 사람들, 사회가 포기하고 버린 사람들을 위한 선택을 해야 한다는 것이다. 우리는 그들 안에서 그리스도를 찾고, 그들의 대의를 위해 목소리를 보태며, 그들의 친구가 되어 주고, 그들의 이야기를 경청하고, 그들을 위해 말하고, 하나님이 그들과 나누기를 원하시는 신비로운 지혜를 품도록 부름을 받았다. … 이런 사랑의 배려는 그들의 인격에 대한 진정한 관심의 시작인데, 그런 관심이 우리로 하여금 그들의 선을 효과적으로 볼 수 있도록 영감을 준다. 이것은 가난한 자들의 선함과 그들의 인생 경험, 그들의 문화와 신앙생활 방식 모두를 인정하는 것을 포함한다. 참된 사랑은 늘 깊이 바라보는 것이며, 우리로 하여금 필요에 의해서나 허영심으로가 아니라, 그 사람의 겉모습과 무관하게 그저 아름답기 때문에 그를 섬기게 한다.[15]

예수 안에 나타난 세상을 향한 하나님의 위대한 사랑의 광채는 계산되거나 상품화되거나 통제될 수 있는 것이 아니다. 왜냐하면 그것은 단순한 필요를 넘어서고, 모든 의도와 전략과 노력을 초월하기 때문이다. 따라서 교회는 성육신하여 이 땅에 오셔서 십자가에 못 박히시고 부활하신 주님을 선포할 때 밝게 빛나는 영광을 바라보면서 삶의 진리와 선함을 인식한다. 제자들을 포함해 그 여인을 비난했던 사람들에게 예수님이 말씀하신 것처럼, 가난한 자들과 그들의 필요는 항상 그들과 함께 있겠지만, 예수님과 교제를 나누는 것은 하나님의 생명력 있는 사랑으로부터 솟아나고 그 사랑을 향해 나아가는 기쁨의 삶을 만들어 낸다. 따라서 가난한 나병환자의 집에서 시작된 그 소박한 식사는 예수님과의 교제 안에서 하나님의 구원의 때의 아름다움을 발산하는 영광스러운 잔치로 변화했다. 그리스도와 그분의 교회 안에 있는 하나님의 진리는 하나님 사랑과 이웃 사랑, 곧 온 율법의 완성이라 할 수 있는 사랑의 기초로 남아 있다.

예수님이 그 여인의 행위를 인정하신 것은 가난한 현실이나 가난한 이들을 외면하는 것을 용인하신 것이 결코 아니었다. 신명기 15장을 인용하시면서, 예수님은 이스라엘이 세상 가운데 하나님의 정의와 긍휼을 증언하도록 부름받은 백성이라는 정체성을 상기시키셨다. 그 부르심은 그들이 애굽에서 구원받았음을 기억하면서, 도움이 필요한 궁핍한 자들에게 관대하게 베풀라는 것이다. 율법에 기록된 대로, "네가 네 손을 펴서 네 땅에 있는 궁핍하고 가난한 형제에게 너그럽게 줄지니" "너희 중에 가난한 자가 없으리라"(신 15:11, 14).[16] 나아가 예수님이 여인의 행위를 보고 기뻐하신 것은 그녀를 비판하는 사람들의 추악함에 대한 도전이기도 했다. 주님의 임재를 인식하는 기쁨은 과거의 공로, 성취, 지위, 건강과 무관하게 하나님의 관대한 사랑에 대한 "찬양의 감사"를 불러일으킨다. 포드와 하디가 이런 통찰을 제공해 준다.

사람이 가진 모든 것과 현재 그의 모습, 모든 에너지, 자유, 상상력, 사고는 하나님을 경배하는 것으로 시험받고 확장된다. 하지만 이런 최상의 노력도 하나님이 이를 시작하신 분이며 영감을 주시는 분임을 인정할 때만 열매를 거둘 수 있다. 모든 영광은 하나님께 돌아가지만, 그렇게 하실 때 하나님은 결코 실패하지 않으시고, 당연한 것으로 여겨서는 안 되는 놀라움을 이루신다. 하나님께 감사하며 놀라운 찬양을 기쁘게 올려 드릴 때 자유가 우리에게 선물로 돌아온다. 하나님의 자유와 인간의 자유가 함께하는 것은 인간의 책임을 줄이는 것으로 경험되지 않는다. 오히려 자유로운 자기희생으로의 부르심이 강화되고 힘을 얻는다. 찬양은 이것을 경험하는 것이고, 우리의 남은 모든 삶이 이에 부합해야 한다.[17]

제자들은 종교적 의무, 도덕적 책무, 사회적 지위에 대한 자신들의 자존감에 집착하고 눈이 멀어, 율법의 완성이 예수님 안에 나타난 놀라운 사랑을 받아들이는 데 있음을 깨닫지 못했다.

그들은 율법이 요구하는 바 하나님의 정의가 가난한 자들과의 연대 속에서 확장되어야 함을 알았지만, 오히려 자신의 계획과 성취를 정당화하는 데 더 큰 관심이 있었다. 이와 관련하여 윌리엄스는 종교적인 행위를 다음과 같이 설명한다.

예수님의 삶은, 짧게 몇 마디로 설명해 보자면, 마음을 불편하게 하는 진리를 선포하고 실천하는 것과 관련이 있다. 종교적 질서의 관점에서 어떤 일을 성취하는 것은 그 자체로 인간 세계에 대한 하나님의 반응을 형성하는 데 결정적이지 않다. 결정적인 것은 고통스럽고 힘들더라도 자아에 대한 강박관념, 곧 완벽하게 만족스러운 행위에 대한 강박적 추구와 완벽하게 자유로운 경험에 대한 강박적 추구 모두를 내려놓을 때 드러나는 하나님의 긍휼을 전적으로 신뢰하는 것이다. 실제로, 명백하게 대립되는 이 두 충동은 불편할 정도로 많은 공통점을 갖고 있다. 원칙이 없는 부자, 반성하지 않고 복수심에 불타는 하인, 공격적이거나 음란한 환상을 무비판적으로 탐닉하는 사람은 종교 행위를 통해 공로를 쌓아 가는 사람과 가까운 친척이라 할 수 있다. … 이 모든 사람에게 심판의 말씀이 주어진다. 내면의 모순, 실패, 성과의 붕괴, 채울 수 없는 만족감에 직면하는 사람이야말로 상실을 받아들이고 신뢰하라는 초청을 듣고 응답할 수 있는 사람이다.[18]

하나님의 자비의 경이로움에 대한 무감각은 예수님 안에서 드러나는 하나님 나라의 놀랍도록 새로운 차원을 상상하지 못하게 만든다. 더욱이, 충분하지 않을 것이라는 계산된 염려는 예수님의 임재로 해결된다. 그 임재로부터 하나님의 풍성한 선하심이 모든 측량을 초월하여 흘러넘치기 때문이다. "마침내 하나님의 뜻과 온전히 하나가 된 유일한 인간이 나타났을 때, 하나님의 나라 또한 놀랍고도 충격적인 완전함으로 드러났다."[19]

제자들의 실패는 도덕적일 뿐 아니라 미적이기도 했다. 아름다움을 "바라보는 것" 자체가 곧 사랑의 본질이기 때문이다. 문제는 단순히 그들이 알고 행해야 할 것에 대한 지식과 능력의 부족이 아니라, 그들의 상상력 빈곤, 나아가 자신들의 인식과 계산과 욕망 너머를 보지 못하는 무능력이었다. 하나님의 영광을 "보고", "믿고", "누리려면" 자신의 전부를 내어 드려야 하는데, 우리가 온전히 자신을 내어 맡기지 않는다면 우리의 믿음은 둘로 갈라져 하나님으로부터 멀어질 수밖에 없다. 예수님 사역의 본질은 소외된 피조물들을 삼위일체의 사랑의 교제 안으로 끌어들이시는 하나님의 화해를 직접 실현하는 일이었다. 그러한 사랑은 한결같은 헌신과 갈망으로 우리의 모든 것을 사로잡아, 우리로 하여금 자신을 온전히 비우고 자기를 내어 주시는 하나님의 품 안으로 깊이 들어가게 한다.

기도를 통해 표현되는 하나님에 대한 사랑은 하나님과의 교제를 향한 열렬한 갈망을 보여 준다. 우리의 전 존재와 모든 능력을 쏟아 삼위일체 하나님의 완전한 사랑의 연합을 한결같이 바라본다는 점에서 관조적이다. 이 사랑의 연합은 어떤 보상을 바라서가 아니라 그 존재 자체의 선함과 아름다움을 바라보는 것이다. 동시에 우리는 비록 피조물이지만, 그 완전한 사랑의 연합 안에 전심으로 참여하기를 갈망한다는 점에서 거룩한 예배의 행위이기도 하다. 그것은 하나님의 종말론적 통치, 즉 변화시키는 정의와 깊은 평화와 지속적인 기쁨이 있는 새 창조의 삶을 특징짓는 피조물의 삶의 본질이다. 따라서 그것은 하나님 앞에 자신을 적극적으로 드러내고, 자신을 하나님께 바치며, 자신이 스스로를 구성하지 않았음을 인정하고, 그럼으로써 자신을 내려놓는 것이다.[20]

복음의 아름다움을 선포하는 것은 그리스도의 삶과 사역을 통해 보여 주신, 세상의 지혜를 뛰어넘는 하나님의 넘치는 은혜에 대한 기쁨의 찬양으로 표현된다. 이런 관점에서 볼 때 그 여인의 반응은 예수님의 임재 가운데 발산되는 영광에 지극히 합당한 것이었다. 그녀의 행동은 가난한 자, 버림받은 자, 부정한 자, 마음이 상한 자를 받아들이는 하나님 나라의 새로운 시대에 적절했다. 여기서 발타자르의 통찰력 있는 설명이 도움이 된다.

가난해질 수 있는 능력은 인간의 가장 깊은 부요함이다. 이는 그리스도 사건에 의해 드러났다. 그 사건 속에서 존재의 본질이 처음으로 영광으로 드러났다. 아들을 내어 주심으로 하나님 아버지는 모든 사람에게 가능성을 열어 주셨다. 그리고 이 가능성이 실재가 되도록 하기 위해 하나님은 하나님의 영을 보내셨다. 그 영은 오직 아버지의 영광만을 구하면서 완전한 순종 가운데 모든 것을 빼앗기도록 자신을 내어 주신 아들의 가난함이 사실은 절대적인 충만함을 보여 주는 가장 정확한 표현이었음을 세상에 나타내셨다. 이 충만함은 소유가 아니라, "존재=주는 것"으로 이루어진다. 우리의 존재와 소유가 바로 주는 것 안에 있다.[21]

이런 성찰은 설교자들이 그리스도 안에 있는 하나님의 풍성한 선하심에 세심한 주의를 기울여야 함을 보여 준다. 결핍과 부족함으로 형성된 상상력은 하나님의 충분함과 모든 좋은 선물의 근원을 인식할 수 없게 만든다. 이는 설교로 이루어지는 말씀 사역에서도 마찬가지다.

우리는 단어 사용까지도 하나님이 충분하게 공급하신다는 것을 믿어야 한다.

> 하나님의 풍성함과 인간의 부나 행복은 결코 동등하지 않다. … 그 반대로 하나님의 선물은 인간의 가난함 앞에서 가장 뚜렷하게 새겨지고, 종종 인간이 경험하는 고통 앞에서 가장 분명하게 인식된다. 부의 축적은 곧 하나님의 선물에 더 이상 의존하지 않겠다는 것 아닌가! 부의 축적은 곧 하나님의 결핍을 선포하는 것과 같다. 반대로 부의 부재는 하나님의 선물, 곧 우정, 환대, 음식을 나눔에 의존하는 것이라 할 수 있다. 자발적인 부의 부재는 그러므로 교회의 실천 속에서 하나님이 주시는 풍성한 선물을 선포하고 증언하는 행위인 것이다.[22]

이름 모를 여인의 행위의 아름다움은 우리 마음의 "눈"을 밝혀 예수 안에 임하는 하나님 나라의 풍성한 선하심을 기쁘게 바라보고 선포하게 한다. 그녀가 한 일은 "거의 저항할 수 없는 아름다움과 매력을 보여 주었다. 그러한 사역에는 그 자체로 신선함, 즉흥적인 성격, 전염성 있는 사랑스러움이 있다. 그리고 그러므로, 그 중심에는 깊이 있게 보는 상상력이 있다."[23]

나아가 그 여인의 행위의 아름다움은 단순한 장식이나 꾸밈이 아니었다. 그녀의 선물의 본질과 성격에 깊이 뿌리박힌 것이었지, 그저 "덧붙은" 것이 아니었다. 그 아름다움은 그녀의 진심과 헌신의 자연스러운 표현이었다. 그녀가 행한 일의 의미, 또 예수님이 "아름답다"고 인정해 주신 것은 그 행위 자체에 내재되어 있었다. 그것은 곧 하나님 나라의 공동체로 들어오는 모든 사람이 예수님과 함께 우정을 나누는 기쁨이다. 반면, 예수님께 시선을 고정한 이름 모를 여인과 달리 제자들은 지금 일어나고 있는 종말론적인 드라마를 "보지" 못했다. 그 여인의 행위는 지극히 종말론적이었으며, 모든 것의 완성, 곧 하나님 나라의 큰 잔치와 어린양의 혼인 잔치에서 드러날 충만함을 가리켰다.[24]

교회는 인류의 굶주림에 관심을 갖고 실제로 탁월한 구호 운동을 벌였고, 또 계속해서 벌이고 있지만, 그렇다고 세상의 병든 사회가 변화되는 것은 아니다. 사실 이런 방식으로 변화를 기대하기는 어렵다. 그러나 교회가 하나님의 관점에서 마땅히 갖추어야 할 모습, 곧 예수님이 하나님의 종말론적 백성을 하나님 나라의 풍요함이 빛을 발하는 새로운 사회로 모으시는 일은 이미 일어났고, 계속해서 일어나고 있다. 하나님 백성의 이러한 종말론적 모습은 예수님에 의해 이미 현실이 되었고, 부활 이후에는 십자가에 못 박히고 부활하신 분을 통해 실재가 되었다.[25]

이름 모를 그 여인의 행동은 이스라엘 백성이 하나님의 영광을 찬양하기 위해 선택받은 존재임을 상기시켰다. 하나님은 성전을 세우시고, 자신의 영광으로 성전을 가득 채우셨으며, 이스라엘의 예배를 일상생활 가운데 율법에 신실하게 순종하는 것과 연결시키셨다. 스가랴 선지자(슥 9-14장)는 하나님의 통치가 온 땅을 다스리는 마지막 때, 곧 성전이 새롭게 빛날 때를 내다보면서, 이스라엘의 삶이 충만하게 이를 것을 고대한다. 하나님이 만물을 거룩하게 하심으로써 그의 나라를 세우실 때, 예루살렘과 유다의 모든 것이 성전의 거룩함에서 흐르는 광채를 받을 것이다. 마가복음에서 예수님이 말씀하시고 보여 주신 이 "마지막 때"의 삶의 방식의 현재적 실재는 나병환자의 집에서 이름 모를 한 여인에 의해 "선포된다." 성전의 영광은 예수 안에서 완전히 성육신하게 되었다. 그래서 주님이 계시는 곳마다 하나님 나라의 광채가 밝게 빛나며, 주님 안에서 모든 창조물이 하나님이 거하시는 처소가 되었다. 결국에는 만물이 하나님의 뜻 가운데 변형되어 하나님 나라의 영광 안에서 그 뜻에 순응하게 될 것이다.[26] 포드와 하디가 설명하는 것처럼, "하나님을 찬양할 때 주시는 가장 큰 사회적 유익은 다른 사람들과의 강력한 객관적인 유대감, 즉 하나님의 실재를 통한 연결고리를 발견할 수 있게 된다는 것이다. 성령 안에서 예수 그리스도를 통해 모든 이를 위해 자신을 내어 주신 창조주 하나님을 찬양하는 것, 그것은 곧 우리의 모든 관계를 하나님과 연결하고, 그 관계들을 하나님이 준비하신 미래로 열어 가는 것이다. 찬양은 사람들 사이뿐 아니라 하나님과의 진정한 관계를 실현시킨다. 천상의 축복을 상징하는 대표적인 이미지가 잔치와 찬양인 것은 결코 우연이 아니다."[27]

이것이 바로 기독교 예배에서 선포되는 "오늘"이다. 곧, 성령의 풍성한 사랑의 부으심으로 예수님의 삶과 죽음과 부활을 통해 시작된 새 창조를 완성하는 시간이다. 복음을 설교하는 것은 결국 종말론적 행위다. 믿음은 만물의 주 되신 분, 곧 성육신하고 십자가에 못 박히고 부활하신 주님을 통해 말씀하시는 하나님의 음성을 들을 때 생긴다. 주님은 지금도 우리와 함께 계시며, "오늘"도 우리에게 말씀하신다.

교회는 모든 예배 가운데, 특히 찬양과 설교를 통해 하나님의 생명으로 채워지며, 교회의 몸 자체가 성령의 광채로 빛나고 하나님의 거룩하심의 아름다움으로 충만해진다. 이것은 정적인 광채가 아니다. 하나님의 거룩하심이 그의 백성을 비출 때 나타나는 백성의 거룩함은 예배와 순종과 희생의 구별된 삶을 통해 드러나기 때문이다. 삶은 예수님의 특별한 형상과 아름다움을 지녔으며, 교회는 성령을 통해 그분의 형상으로 빚어지고 있다.[28]

이름 모를 여인의 이 이야기는 우리가 하는 행동과 말이 우리의 정체성과 다르지 않음을 보여 준다. 그 여인은 성령께서 부어 주시는 하나님의 자기희생적 사랑을 통해, 예수 안에서 완전히 새로운 세계를 인식할 수 있었다. 예수님은 그 여인의 행위를 기뻐하시며 그녀가 행한 아름다운 일에 칭찬을 아끼지 않으셨다. 역설적이게도 이름 모를 여인의 아름다운 행위는 그녀가 살았던 특정 시간과 장소의 한계를 초월한 것이면서도, 동시에 가난한 나병환자의 집에서 하나님의 통치를 가시적으로 보여 주신 예수님을 높이는 것이었다.

이름 모를 이 여인을 기억하는 것은 성육신하시고 십자가에 못 박히시고 부활하신 주님께 우리의 시선이 향하게 하며, 복음을 선포할 수 있게 해 준다. 우리가 선포하는 부활하신 주님은 성령을 부어 주시고, 이 성령은 모든 것의 화해의 가시적 상징이자 표현으로서 교회를 치유하고 강화하고 새롭게 한다. 우리가 세상을 위해 온 존재를 다해 복음을 선포할 때, 예수님을 통해 나타난 하나님의 선하심의 찬란한 아름다움은 경배의 찬양으로 넘쳐흐르게 된다.

설교에서 이름 모를 여인의 행위를 기억하기

마가는 예수의 이야기를 이렇게 시작한다. "하나님의 아들 예수 그리스도의 복음의 시작이라." 윌리엄스가 말한 것처럼, "영광은 인간이 장악할 수 있는 것이 아니고, 아름다움도 자신의 의도대로 길들일 수 있는 것이 아니므로, 영광과 아름다움을 경험한다는 것은 능동적으로 보는 것보다는 수동적으로 듣는 것에 더 가깝다고 할 수 있다."[29] 설교의 아름다움은 우리가 말씀에 열린 마음을 가지고 수용적이 될 것을 요구하는데, 이 말씀은 성령을 통해 삼위일체적인 사랑의 경륜 속으로 우리를 인도한다. 나아가 아버지께서 아들 안에서 자신을 나누어 주시는 아름다움을 사랑하게 하는 기쁨의 선물을 성령께서 주시지 않는다면, 설교는 생명을 주는 복음의 능력을 잃어버리게 된다. "무(無)에서 존재하지 않던 것을 존재하게 하시는 하나님의 은혜는 예수님이 사랑으로 죽음 없이 자신을 내어 주신 자기희생과 정확히 같다. 이 희생은 인간의 죽음의 문화를 깨뜨리고, 생명이 넘치고 활기찬 문화를 창조하는 데 온전히 집중되어 있다."[30]

예수님의 가장 가까운 제자들조차 그녀의 행위의 아름다움을 인식하지 못했기에, 이름 모를 여인의 이야기는 설교자들에게 중요한 질문을 제기한다. 제자들은 그녀의 풍성한 사랑이 "쓸모없다"고 분노하며 비난했지만, 실제로는 가난한 나병환자의 집에 나타난 하나님의 영광을 알아보지 못했다. 그들은 가난한 자를 섬겨야 한다는 율법의 요구의 관점에서 그 여인의 행위를 판단했지만, 그 행위는 나병환자의 집을 가득 채운 놀라운 사랑의 관점에서 율법이 변화될 것을 시사했다.

성령께서는 "우리 마음의 눈"을 밝혀 주셔서, 우리 시대의 깊은 갈망을 충족시켰던 그 이름 모를 여인의 행위 속에서 하나님의 영광을 볼 수 있게 하셨다. "기술 사회 속에서 구원을 향한 외침은 하나님이 친히 권능 가운데 오시기를, 그리고 인간의 눈과 마음이 열리기를 간절히 기도하는 것에서 시작되어야 한다."[31]

이름 모를 여인은 종의 형체를 취하시고, 하나님의 충만함으로 형성되고 채워지기 위해 스스로 "형체 없는" 자가 되셔서 자신을 비우신 주님의 영광에 매료되었다(빌 2장). 우리 자신이 스스로 만들어진 자족할 수 있는 피조물이라는 생각에 도전하는 이런 존재 방식은 말씀 안에서의 기쁨에서 비롯된다. 그러면 하나님의 호의를 붙잡거나 하나님의 선물을 독점하려는 욕심으로부터 해방되어 "소유하지 않는" 존재로 살아갈 수 있게 된다. 우리는 기쁨이라는 선물을 스스로 만들어 낼 수는 없지만, 과도한 자기 사랑과 교만이 그것을 소멸할 수 있다. 반대로 사랑 가운데 진리를 말할 때, 하나님의 영광을 찬양하는 기쁨이 자유롭게 흘러넘친다. "무엇보다 하나님의 기쁨은 우주의 중심이자 가장 포괄적인 실재로 인정받고 기념되어야 한다. 우리는 모든 것을 이 하나님의 기쁨의 관점에서 바라보아야 한다."[32]

이름 모를 여인을 기억하는 것은 하나님의 영광의 복음을 선포하고자 하는 설교자에게 영감을 준다. "[복음]은 이름 없는 여인에 대한 기념비라 할 수 있다. 그 말씀은 마치 예수님의 머리 위로 계속해서 향유가 쏟아지는 것과 같다."[33] 여인이 부은 값비싸고 순결하고 진실한 향유와 예배 가운데 장식품을 사용하는 것 사이의 유사성에 대한 피터 브루너(Peter Brunner)의 논평은 고려할 가치가 있다. "이런 장식은 결코 '과

잉'이 아니다. 그것은 순수하게 기능적인 면에서만 볼 때 과잉일 뿐이다. 사실 이 장식은 일반적인 아름다움이 보여 주는 '넘쳐흐르는' 속성을 나타낸다. 장식의 넘쳐흐르는 요소는 궁극적으로 예배 안에 임재하시는 예수 그리스도의 특별한 임재에 근거한다. 이는 청중이 주님께 기쁨으로 자신을 내어 맡기는 표징이며, '신랑에 대한 신부의 사랑스러운 태도'의 일부다."[34]

하나님의 아름다움은 그리스도의 영으로 행해지는 설교 가운데 밝게 빛난다. 그리스도의 실재와 조화를 이룬 청중의 마음과 생각은 만물을 채우시고 성령의 선물로 인간에게 은혜를 베푸시는 삼위일체의 신비에 사로잡힌다. "기쁨의 실천은 세상에 임재하시는 하나님의 은혜를 우리가 온전히 인정하며, 그 영감 아래에서 살아가는 삶이다. 이러한 하나님의 임재는 우리가 사랑받고 있다는 사실을 알려 주며, 우리 또한 이 사랑을 다른 이들에게 베풀도록 우리를 초대한다."[35]

이름 모를 여인은 하나님께 감사의 찬양을 올려 드리는 것 외에 다른 어떤 목적도 없이 자신을 기꺼이 내어 드렸다. 그녀가 한 일은 "올바르고 선하고 기쁜 일"이었다. 즉, 성령의 자유 안에서 아들을 통해 아버지께 자신의 선물을 드리는 것이었다. 더욱이 죄의 권세에서 우리를 자유롭게 하시는 성령은 아버지와 아들의 상호 기쁨 가운데 우리를 친히 이끌어 가시는 동일한 성령이시다. 그러므로 복음을 선포한다는 것은 성령께서 세상으로 하여금 창조주께 영광을 돌리며 자신의 참된 모습을 받아들이도록 일깨우시는 메시지이자 삶의 방식이다. "우리 인생의 주된 목적이 하나님이 우리를 위해 행하신 일과 현재 행하고 계신 일을 기뻐하는 것이라는 말은 반(反)문화적 메시지다. … 그것은 예수 그리스도 안에서 우리의 구원의 문제가 해결되었다는 놀라운 선물을 인정하는 것이다. … 우리는 기쁘게 찬양하는 삶을 위해 자유롭게 되었다. 즉 우리의 이웃을 바라보고 … 창조를 기뻐하고, 하나님께 감사를 드리기 위해서다."[36]

하나님을 전심으로 예배하는 것은 복음의 아름다움을 인식하고 선포하기 위한 가장 적절한 상황이라 할 수 있다. 교회의 예배와 사명은 분리될 수 없다. 이는 곧 십자가의 메시지를 전하고 듣는 것에서, 부활하신 주님을 기념하는 성찬에 참여하는 것에서, 다른 이들을 위해 자유롭게 우리 자신을 내어 주는 섬김에서 비롯되는 우리의 말과 행함의 증거인 것이다. 이 모든 것은 하나님의 선물이며, 교제의 기쁨 안에서 우리 자신을 아낌없이 내어 주기를 원하시는 하나님의 열망이다. 대니얼 벨(Daniel Bell)은 이것을 다음과 같이 아름답게 표현했다.

구원의 경륜 안에서, 그리스도는 빚을 갚거나 분노하시는 하나님을 달래기 위해서가 아니라, 인간과 교제하기를 원하시는 하나님의 열망을 충족시키기 위해 이 땅에 오셨다. 그리스도는 십자가에서 죽는 바로 그 순간까지도 하나님의 열망이 신적 생명인 사랑의 교제 안에서 안식, 참된 목적, 즐거움을 회복할 수 있도록 자신을 내어 주셨다. 이 목적과 사명을 위해, 그리스도 안에서 우리는 우리 자신을—우리의 전 존재와 우리가 가진 모든 것을—하나님을 사랑하고 이웃을 섬기는 데 내어 줄 수 있도록 능력을 받는다. 그리스도 안에서 우리의 삶은 끝없는 관대함과 한없는 자선의 신성한 경륜을 반영하도록 경제적으로 정돈되어 있다. 성도의 경제생활은 삶을 있는

그대로의 선물로 살아가는 것이다.[37]

예수님은 여인을 비판하는 자들을 꾸짖으시면서 "내가 진실로 너희에게 이르노니 온 천하에 어디서든지 복음이 전파되는 곳에는 이 여자가 행한 일도 말하여 그를 기억하리라"고, 민족들을 축복하는 하나님의 구원의 때가 도래했음을 선포하셨다. 장피에르 토렐(Jean-Pierre Torrell)이 말한 것처럼, "우리가 잘 행동하는 것에서 기쁨을 찾지 못한다면 우리는 선하지도, 덕스럽지도 않은 것이다. 기쁨으로 행동하거나 말하는 것은 사랑으로 행하여 우리가 그 안에서 기쁨을 발견하는 것이다. 의무나 책무나 외적인 규칙을 따라 선한 행위를 하고 선한 말을 하는 것만으로는 충분하지 않다. 복음 자체의 규범에 따라 기쁨과 즐거움으로 행하고, 이루고, 말해야 한다."[38]

예수님은 이름 모를 여인의 행위를 기뻐하시면서 그것을 "아름다운 일"이라고 말씀하셨다. 하나님이 창조의 선함을 기뻐하셨던 것처럼, 아담과 하와도 창조를 하나님의 선하심의 선물이자 표현으로 여기고 기뻐했다. 여호와께서 이스라엘의 해방을 기뻐하셨던 것처럼, 이스라엘도 주를 경외하고 언약이라는 선물을 받으며 율법에 즐겁게 순종하는 가운데 기뻐했다. 아버지께서 성령으로 기름 부으심으로 아들 안에서 그 기쁨을 표현하신 것처럼, 아버지와 아들은 만물의 완성을 위해 성령을 부어 주시는 것을 기뻐하신다. 모든 인간의 욕망과 기쁨의 충만함은 현재 삶의 조건들이 하나님의 영광을 찬양하는 가운데 변화될 때 성취될 것이다. "예배가 참된 주제—성육신하신 하나님이자 성령을 주시는 분—에 충실하고, 하나님을 갈망하는 우리의 마음에 부합할 때, 그 예배는 우리를 기쁨과 즐거움으로 회복시킬 것이다."39)

이름 모를 여인의 아름다운 행위를 기억하는 것은 복음 선포의 아름다움 그리고 복음적인 삶의 아름다움과 밀접하게 관련된다. "가장 중요한 것은 마가복음 14장 9절이 그 여인의 헌신적 행위가 복음과 함께 온 세상에 선포될 것이라고 말하고 있다는 사실이다. 여기서 우리는 [마가] 복음 이야기에서 이 여인의 역할이 매우 중요하기에 그녀의 행위가 반복해서 기념되어야 함을 강조하고 있음을 보게 된다."40) 이 이름 모를 여인의 행위는 성령께서 설교 가운데 감추어진 것을 "열어 보이시고", 인간의 말을 통해 예수님의 영광을 드러내시는 변화의 표징이라고 할 수 있다.

이름 모를 여인의 행위를 기억하는 것은 세상에서 복음을 선포하고, 복음을 듣고, 복음대로 살아가는 것과도 긴밀하게 관련된다. 사도 바울은 고린도후서에서 그리스도를 주로 고백하면서 주님의 길을 따르는 사람들 안에 나타나는 복음의 영적 아름다움, 나아가 사람들의 구체적인 삶 가운데 나타나는 복음의 물질적 아름다움을 함께 묘사한다. 성령의 은혜로, 그리스도를 아는 지식의 "향기"를 선포하는 것은 죽음의 악취를 물리치는 달콤한 향기가 된다.

항상 우리를 그리스도 안에서 이기게 하시고 우리로 말미암아 각처에서 그리스도를 아는 냄새를 나타내시는 하나님께 감사하노라 우리는 구원 받는 자들에게나 망하는 자들에게나 하나님 앞에서 그리스도의 향기니 이 사람에게는 사망으로부터 사망에 이르는 냄새요 저 사람에게는 생명으로부터 생명에 이르는 냄새라 누가 이 일을 감당하리요 우리는 수많은 사람들처럼 하나님의 말씀을 혼잡하게 하지 아니하고 곧 순전함으로 하나님께 받은 것 같이 하나님 앞에서와 그리스도 안에서 말하노라(고후 2:14–17)

하나님의 영광의 복음을 선포하는 것은 신뢰할 수 있는 설교자들의 증언을 통해서 아름다운 향기로 퍼져 나간다. 십자가를 선포할 때 십자가에 못 박히고 부활하신 주님의 향기가 뿜어져 나오는데, 바로 그 주님이 메시지이자 매개체가 되신다. 이 구절에 대한 발타자르의 논평은 우리가 설교하는 실제 상황을 반영한다. "'그리스도의 영광의 복음'이 이렇게 드러날 때, 그것은 … 그리스도를 따르는 모든 사람에게 새로운 선택과 결단을 요구한다. 생명으로 인도하는 '좋은 향기'를 인식하거나, 죽음으로 이끄는 '악취'를 인식하거나 둘 중 하나다."[41]

예수님은 나병환자의 집에서 자기희생적인 사랑으로 복음의 달콤한 향기를 퍼뜨린 여인과 하나님의 통치를 연관시키셨다. 삼위일체 하나님의 중심에는 그리스도 안에서 드러난 이기심 없는 사랑의 교제가 있다. "그리스도가 온전한 인간으로서 감당한 자기희생은 어떻게 주님이 온전히 하나님이시면서 동시에 온전한 인간이실 수 있는지를 보여준다."[42] 따라서 이름 모를 여인의 행위는 "영적"일 뿐 아니라, 예언적인 "말씀"으로 찬양을 드리는 것이었으며, 결국 사회적, 경제적, 정치적인 것이기도 했다. 고든 래스럽(Gordon Lathrop)은 이렇게 설명한다.

아름다운 음식으로 아름다운 저녁 식사를 하는 것만으로는 충분하지 않다. 그 풍성함과 아름다움이 우리 자신만을 위한 것일 때는 더욱 그렇다. 지역적 다양성을 넘어 우리를 하나로 만들어 주는 것은 바로 우리의 다양한 식사 가운데 역사하는 개혁의 핵심 주제들이다. 그것은 "주린 자들의 잔치"(hungry feast)다. 그 잔치는 예수의 죽음과 부활하신 주님의 현재적 선물을 선포하고, 모든 사람이 와서 먹고 마시도록 열려 있다. 하지만 그 참여자들과 풍성히 남은 것들을 굶주린 세상으로 보내어 생명을 주고자 하시는 하나님의 자비로운 뜻을 드러내는 표징이 된다. 성찬 예식이 세계의 기아 문제를 해결하지는 않겠지만, 가난하고 희망 없는 자들에게 의미 있는 표징이 될 수 있다. 이것이 우리가 여전히—그리고 지속적으로—필요로 하는 개혁인 것이다.[43]

그러한 "파격적인" 아름다움을 선포하는 것은 예수님의 겸손한 사랑과 그분이 환영하고 축복하며 섬기시는 모든 이를 통해 우리의 교만과 이기심에 도전한다. 세상이 보기에는 "어리석고 약해" 보이는 행위들 가운데, 하나님의 영광은 주님의 고난과 죽음의 지혜를 통해 강렬하게 빛난다. 더 나아가, 하나님의 영광은 죽은 자 가운데서 부활하신 주님의 능력을 통해 십자가 사랑의 길을 따르고 선포하고자 하는 모든 사람에게 완전히 새로운 세상을 비춰 준다.

설교를 통해, 평범한 인간의 실존이 예수 안에서 계시된 말씀의 아름다움으로 끌어올려지고 변화되어 참되고 선한 존재로 나아가게 된다. 따라서 교회가 이름 모를 여인의 우아한 자기 비움에 참여할 때, 하나님의 용서, 자비, 정의의 아름다움이 죄와 죽음의 추함 가운데서도 시각적, 청각적으로 드러난다. 래스럽은 이를 다음과 같이 설명한다. "그것이 바로 복음이 의미하는 바다. 성령의 능력으로 오신 예수 그리스도께서 두려워하는 자들과 죄인들을 돌보시고, 모든 종교적인 규범을 뛰어넘어 그들에게 생명을 가져다주신다는 것이다. 믿는 이들이 모여 예배하고 교제하는 이 공동체가 바로 우리의 집이다."[44]

그렇다면 그 이름 모를 여인의 행위는 나병환자의 집에서 예수님의 임재를 누리며 즐기기 위한 행위로, 매우 적절하고 선한 것이었다. 그 행위는 예수님의 고난과 죽음을 준비하는 것이었다. 그녀의 "낭비스러워" 보이는 선물은 예수님 안에 임재하는 하나님의 넘치는 자비의 기쁨으로 인해 촉발되었다.[45] 그녀의 행동은 그녀의 욕구나 이익을 포기하고 오로지 사랑의 헌신으로 행했다는 점에서 한편으로는 금욕적이었다. 그것은 율법에 대한 순종을 이기적이지 않은 사랑의 헌신으로 전환시킨 찬양의 제물이었기 때문이다.

한편 그녀의 행위는 본질적으로 미적이었다. 아들 안에서 그리고 아들을 향한 아버지의 넘치는 사랑을 기뻐하면서, 그녀는 경배의 찬양으로 자신을 온전히 내어 드렸다. 예수님을 향한 그녀의 헌신은 금욕적 훈련과 미적 인식이 하나로 어우러져 형성되었으며, 이는 예수님 안에서 드러난 하나님 나라의 겸손한 사랑에 온전히 집중했기에 가능했다. 그레이엄 워드(Graham Ward)가 말한 것처럼, "간단히 말해, 우리가 이해하는 아름다움은 궁극적으로 우리 자신과 모든 피조물을 그리스도 안에서 인식하는 것이다."[46] 윌리엄스는 다음과 같이 덧붙인다.

> 예수님의 신성은 우리가 그분 안에서 발견하는 하나님의 창조적 새로움에서 드러난다. 곧 그분의 삶과 죽음과 부활 전체가 새로운 창

조를 이루어 내는 것이다. 그러므로 예수님의 삶과 죽음과 부활은 하나님 자신의 매우 독특하고 특별한 행위이자 말씀이라 할 수 있다. 그것들은 자기 포기로, 내어 줌으로, 내려놓음으로 새 창조를 이루시기 때문이다. 더욱이 예수님이 "아빠 아버지"라고 부르시는 하나님의 자기 내어 줌에 대한 응답이 바로 예수님 자신의 자기 내어 줌이라는 사실에서, 우리는 하나님의 행위에는 내어 줌과 응답이라는 두 가지 측면이 포함되어 있음을 배우며, 하나님의 생명 자체가 움직임과 관계 속에 있음을 알 수 있다. … 예수님은 응답의 차원에서 하나님의 자기 내어 줌의 육체적이고 역사적인 형태, 곧 하나님에 대한 하나님의 응답, 하나님 자신의 기쁨의 구현이다.[47]

설교는 은혜의 수단으로서 교회가 그리스도의 자기 비움의 사랑의 말씀을 받아들일 수 있도록 준비시킨다. 이 말씀은 성경 전체에 걸쳐 통일되면서도 다양한 방식으로 삼위일체 하나님의 사랑을 증언한다. 성경 말씀이 하나님의 놀라운 성품과 행위에 주의를 기울이는 청중에게 "보이고" "들릴" 때, 성령은 말씀의 아름다움을 표현하는 설교에 영감을 불어넣는다. 그리스도의 영이 그녀의 마음과 생각에 빛을 비춰 주심으로, 그 이름 모를 여인은 자신을 비워 다른 이들을 채우시는 주님의 영광을 볼 수 있었다. "하나님은 넘쳐흐르는 생명 그 자체이시며, 하나님의 모든 갈망은 그 생명을 나누는 것이기에, 하나님의 사랑은 측량할 수 없다. 인간에게 주시는 하나님의 선물은 그들의 선한 행위나 자격으로 측정되지 않는다."[48] 제프리 웨인라이트(Geoffrey Wainwright)는 "육신이 된 말씀"의 영광이 우리의 삶 전체를 변화시키고 아름다운 새 창조의 표현들 가운데 하나님을 예배하는 것과 아는 것을 긴밀하게 연결해 준다고 말한다.

> 이는 우리가 하나님으로부터 받은 선물을 우리 자신의 육체적 역량을 통해 다른 이들에게 전달해야 함을 의미한다. 말씀을 듣는 자로서 우리는 이제 말씀을 나눈다. 주님의 선하심을 맛본 자로서 우리는 다른 이들의 영양을 위해 사역한다. 주님의 영광을 경험한 자로서 우리는 그 영광을 다른 이들에게 보여 주기 위해 애쓴다. 복음의 향기로 기름 부음받은 자로서 우리는 다른 이들에게 그리스도의 향기가 된다. 그리스도의 치유하는 손길이 닿은 자로서 우리는 도움이 필요한 사람들에게 축복을 나누어 주기 위해 노력한다.[49]

설교의 미학

이름 모를 여인의 이야기를 기억할 때, 우리는 설교를 성령 안에서 올려 드리는 찬양의 행위로 보게 된다. 성령은 교회를 "아름다운 것"으로 빚어내시며, 세상에 임재하시는 그리스도의 표징이자 "말씀"으로 만드신다. 설교는 우리의 지성과 갈망과 의지를 하나로 묶는 선물이자 응답이며, 참되고 옳고 선하고 사랑스러우며 은혜롭고 존귀하고 찬양받을 만한 것들을 기억하도록 우리를 부른다.[50] 초기 교회 때의 한 설교는 다른 사람들에게 아름답고 매력적인 삶의 방식으로 살도록 그리스도인들을 권면하는 사례를 제공한다.

이교도들은 우리 입술에서 나오는 하나님의 말씀을 들을 때 말씀의 아름다움과 위대함에 놀랍니다. 그러나 나중에 우리의 말과 행위가 일치하지 않는 것을 볼 때 그들은 우리를 조롱하고 그 말씀이 신화이고 기만이라고 말합니다. 예를 들어, 하나님이 "너희가 너희를 사랑하는 자를 사랑하면 너희에게 아무런 상급이 없으나, 너희가 너희를 미워하는 원수를 사랑하면 그것이 너희의 상급이 된다"고 말씀하시는 것을 들을 때, 그들은 그토록 탁월한 선함에 놀랍니다. 그러나 우리가 우리를 미워하는 자들을 사랑하지 못하고, 우리를 사랑하는 자들조차 사랑하지 못하는 모습을 볼 때 그들은 우리를 조롱하고 예수의 이름을 비웃습니다(제2 클레멘스 13:3-4).[51]

설교의 아름다움을 기르고 가꾸는 것은 교회의 생명과 사명에 필수적이다. 교회는 우리의 모든 말과 행동이 흘러나오고 다시 기쁨의 찬양으로 하나님께 올려 드리는 하나님의 작품이기 때문이다.[52] 기독교의 소통에서 가장 "적실한" 형태는 문제 중심이 아니라 찬양 중심이므로, "하나님을 알아 가고 하나님께 응답하는 것은 필연적으로 사랑과 축제의 행위인 전도와 선교로 이어진다. 이는 나눌수록 더욱 커지는 기쁨을 다른 이들과 함께 나누기를 갈망하는 것이다."[53]

진정한 설교의 자리는 종말론적인 예배 행위에 있다. "참된 [예배]의 중심에는 종말론적 관점에서 이해된 거룩함의 아름다움이 있다. 모든 노래, 모든 말씀, 모든 기도, 함께 씻고 먹고 마시는 모든 행위는 종말론적이다. 다시 말해, 하나님은 그 모든 것이 충만한 완성을 향해 나아가기를 원하신다."[54] 우리가 설교하는 이유는 그리스도의 낯설고 연약

한 아름다움 안에 보이는 종말론적인 성령의 기름 부으심에 매료되었기 때문이다.[55]

마가복음에 나오는 여인의 아름다운 행위처럼, 설교는 "십자가의 어리석은 연약함" 속에 보이는 놀라운 사랑에 대해 "찬양의 감사"를 올려 드릴 때 겸손해지고 높임을 받는다.[56] 새뮤얼 웰스(Samuel Wells)가 설명하는 것처럼, "하나님은 필요한 모든 일을 행하셨고, 사실상 어떤 도움이나 찬양도 필요하지 않으시다. 하지만 하나님은 그리스도 안에서 자신의 영광에 대한 찬양으로서 완전한 섬김을 구현하신다. 따라서 하나님의 백성은 필요가 아닌 은혜로 인해 영원한 생명의 섬김의 삶을 살 수 있으며, 그 안에서 순종은 완전한 섬김이 된다."[57] 하나님의 은혜로 모든 두려움, 이기심, 통제를 위한 불안한 노력에서 해방된 우리는 성령에 의해 우리의 말과 우리 자신을 우리의 영원한 의무이자 갈망이자 기쁨인 하나님께 찬양의 제물로 드릴 수 있게 된다. 이것이 바로 설교의 아름다움이다.

The Beauty of Preaching

The Beauty of Preaching

{ 03 }

회심시키는 아름다움

여기서는 북아프리카 히포의 아우구스티누스(주후 430년 사망)를 다룬다. 『고백록』에 서술된 그의 회심 이야기는 설교자로서 우리의 모든 말의 근원이자 목적이 되는, 그리스도 안에서 "육신이 된 말씀"의 아름다움을 인식하는 데 필요한 변화에 대한 깊은 통찰을 제공한다. 그리스도의 겸손한 모습을 통해 하나님을 만난 아우구스티누스의 놀라운 경험은 성령 안에서 아버지와 아들 사이에 있는 사랑과 기쁨의 사건 속으로 자신을 내어 맡기는 것까지 포함한다.

브루노 포르테(Bruno Forte)가 요약한 아우구스티누스의 성숙한 신학적 미학은 그리스도의 아름다움을 하나님 안에서 누리는 완전한 기쁨으로 이끄는 십자가 사랑의 길로 이해하는 데 도움이 된다. "따라서 우리는 아우구스티누스가 하나님과 하나님 안에 있는 만물에 대해 생각하는 것이 아름다움에 대해 생각하는 것과 어떻게 하나 되었는지를 이해할 수 있게 된다. 이 신학자가 하나님에 대해 말할 때 그는 아름다움에 대해 말하는 것이고, 그가 이 세상의 아름다운 것들에 대해 말할 때 그는 끊임없이 모든 아름다움의 근원이신 하나님을 가리키는 것이다." 하나님과 아름다움이라는 두 주제는 아우구스티누스에게도 사랑이라는 모티프를 통해 감동적으로 결합된다. 사실상 아름다움은 사랑의 끈으로 자신에게로 우리를 이끌기에 우리에게 그토록 강력한 힘을 가진다.[1] 아우구스티누스의 『고백록』은 시편을 통해 하나님께 드리는 기도와 찬양의 형식으로 쓰였는데, 이 시편들은 그리스도의 삶과 죽음의 방식의 아름다움에 대한 그의 사랑에 불을 붙였다. 겸손한 수용성은 그의 마음과 생각을 열어서 성경의 진리를 읽고 말하는 기쁨을 갖게 했으며, 이는 교회의 설교자이자 주교로서 품었던 크나큰 열정이 되었다. 아우구스티누스에게 설교자가 된다는 것은 자신의 언어와 삶의 온전성과 품성이 그리스도의 진리, 아름다움, 선하심에 의해 눈부시게 명료하게 변화되는 것을 의미했다.

하나님의 성육신한 지혜이신 그리스도는 우리를 창조하시고, 우리가 알고 사랑하는 것에 실체를 부여하시며, 우리가 말하고 행하는 것을 알려 주시고, 마음의 욕망들을 하나님과의 교제 안에서 우리가 변화될 모습을 향해 재정렬해 주신다.[2] 올리버 데이비스(Oliver Davies)가 말한 것처럼, "하나님을 향한 우리의 사랑은 우리를 향한 하나님 사랑의 반영이며, 우리를 신성한 본성의 아름다움에 순응하게 만드는 변화시키는 힘이다."[3]

회심의 결과로, 아우구스티누스는 설교자의 사역을 교회의 삶을 구성하고, 교회의 욕망을 교육하며, 그리스도의 인성 안에서 말씀을 통해 기쁨을 키우는 기도와 찬양에 참여하는 것으로 보게 되었다. "말씀은 모든 것의 시작이며, 인간 존재 안의 변하지 않는 중심이고, 하나님의 구원하시는 뜻과 행위인 영원한 실재다."[4] 그러므로 예배는 찬양의 생태계이며, 그 안에서 성부께서 성령의 능력으로 말씀을 선포하셔서 그리스도의 아름다움과 신비에 참여하는 신앙을 창조하신다. 교리와 삶은 성령 안에서 하나가 되며, 이때 성령은 성부에 대한 성자의 자기희생에 교회가 동참하도록 이끌어 주신다.[5] 아우구스티누스는 아주 적절하게 인간의 사고와 감정과 언어의 근거이자 목적이신 삼위일체 하나님을 찬양하는 기도로 『고백록』을 시작한다.

> 오 주님, 제가 주님을 먼저 부르고 주님을 찬양해야 할지, 주님을 먼저 알고 주님을 불러야 할지, 저로 하여금 알고 이해하게 해 주소서. 제가 주님을 알지 못한다면, 주님이 아닌 다른 존재를 부를 수 있기 때문입니다. … 그러나 믿지 않는 이를 어찌 부를 수 있으며, 전하는 자가 없이 어찌 믿을 수 있겠습니까? 주님을 찾는 자는 주님을 찬양할 것입니다. 찾는 자는 주님을 발견하고, 발견한 자는 주님을 찬양할 것입니다. 제가 주님을 부르며 찾게 하시고, 주님을 믿으며 부르게 해 주소서. 왜냐하면 주님이 우리에게 선포되셨기 때문입니다. 오 주님, 제 믿음이 주님을 부릅니다. 주님이 제게 주신 믿음, 성자의 인성과 설교자의 사역을 통해 제게 불어넣어 주신 바로 그 믿음으로 당신을 부릅니다.[6]

데브라 딘 머피(Debra Dean Murphy)는 『고백록』을 그리스도 안에서 계시된 진리와 선하심에 대한 기쁨의 찬양을 담은 예전서로 읽어야 한다고 제안했다. 하나님을 아는 지식과 자신을 아는 지식은 예배를 드리는 가운데 얻게 된다. "우리 삶의 중심에 계신 하나님은 … 우선 우리의 기도를 들으시는 하나님이고, 우리의 예배를 받으시는 하나님이며, 인격적 공동체로서 우리에게 계시되신 하나님이다. … 따라서 교리 교육, 즉 우리가 누구이며 누구에게 속해 있는지를 알게 되는 것은 그리스도를 예배하고, 성부와 성자와 성령을 찬양하고 경배하는 것과 분리될 수 없다."[7]

『고백록』은 아우구스티누스가 회심 이전에 집중적으로 했던 탐구와 그 이후 주교로서, 설교자로서 했던 사역에 대한 이야기를 들려준다. 영원한 진리, 선, 아름다움에 대한 그의 끊임없는 갈망은 그가 고대의 지혜를 연구함으로써 지적, 도덕적, 정서적인 각성을 열정적으로 추구하도록 이끌었다. 세례를 받고 교회 공동체의 일원이 된 이후, 아우구스티누스는 아무 도움 없이도 인간의 이성이 지혜와 행복에 이를 수 있다고 생각했던 자신의 지적 허영심과 교만한 망상을 성찰했다.[8]

살아 있는 모든 피조물은 경이롭고 찬사받아 마땅하지만, 이 모든 것은 나의 하나님이 주신 선물입니다. 저는 스스로에게 그것들을 부여하지 않았지만, 그것들은 선하고, 함께 어우러져 지금의 저를 만듭니다. 나를 지으신 분은 선하시며, 그분은 또한 나의 선이 되십니다. 기뻐하며 저는 주님께 감사드립니다. 과거 어린 시절의 나를 지금의 나로 만들어 준 그 모든 좋은 선물에 감사를 느낍니다. 이것이 제 죄였습니다. 그분 안에서 즐거움과 영광과 진리를 추구하지 않고, 나 자신과 다른 피조물들에게서 찾았기에 저는 고통과 혼돈과 오류 가운데 곤두박질쳤습니다. 하지만 나의 달콤함, 나의 영광, 나의 확신이신 당신께 감사를 드립니다. 나의 하나님, 당신이 주신 선물에 감사를 드립니다. [당신은] 저를 위해 그것들을 보존해 주십니다. 그러므로 당신은 저 또한 보존하실 것이고 당신이 제게 주신 것들은 자라서 완전에 이를 것이며, 저는 당신과 함께 있을 것입니다. 제가 지금 존재하는 것 또한 당신이 제게 주신 선물입니다.[9]

아우구스티누스는 로마에서 가장 유명한 수사학 교사로서 뛰어난 지식과 기술을 새로운 방식으로 사용하는 법을 배우게 되었다. 이는 자신의 학문과 경험을 성육신의 지혜에 종속시키는 것이었다. "말씀이 육신이 되신 것"은 "설교의 어리석음"과 그에 상응하는 십자가적 삶의 방식을 보여 주는 교회의 핵심 주제다.

아우구스티누스는 단어 사용에서 새로운 소명을 받아, 사람들의 칭찬을 얻기 위한 말하기에서 이제 하나님을 찬양하는 말하기로 전환하기 시작했다. 그의 소명은 그리스도를 하나님의 성육신한 지혜, 창조의 원리, 구속의 수단과 목표로 선포하는 것이었다.[10] "이것이 바로 하나님의 지혜가 인류의 병을 치료하는 방법이다. 우리의 치료를 위해 자신을 내어 주시고, 자신을 의사와 치료제로 내어 주셨다. 인간이 교만함으로 타락해서, 그분은 겸손을 치료제로 사용하셨다. 우리는 뱀의 지혜에 속았지만, 하나님의 어리석음으로 자유로워졌다. 한편으로, 그분의 참된 이름은 지혜였지만 하나님을 알지 못하는 이들에게는 어리석음이었다. 다른 한편으로, 이것이 어리석음으로 불리지만 사실 마귀를 이기는 사람들에게는 지혜였다."[11]

아름다움을 추구하다

『고백록』은 아우구스티누스가 지혜를 찾고 아름다움의 기쁨을 깊이 갈망했던 이야기를 들려준다. 이것은 그가 이전에는 자연적이고 감각적인 아름다움을 사랑하고 피조물의 사랑스러움에서 엄청난 즐거움을 얻었기 때문에 치열한 투쟁과도 같았다. 그는 행복을 추구하면서 느낀 좌절감을 인정했고, 나중에 이런 추구가 지향하는 것이 바로 하나님 자신이었음을 고백했다.

> 주님, 주님께 고백하는 종의 마음에서 이것을 멀리하여 주소서. 어떤 종류의 즐거움이든 그것이 나를 행복하게 할 수 있다는 생각이 제게서 멀어지게 하소서. 이 기쁨은 불경건한 자들에게는 허락되지 않고, 오직 보상을 바라지 않고 주님을 예배하는 이들에게만 주어집니다. 이는 주님 자신이 그들의 기쁨이기 때문입니다. 이것이 행복한 삶이며, 이것만이 그러합니다. 당신 안에서, 당신에 대하여, 당신으로 인해 기뻐하는 것, 이것이 행복한 삶이며 다른 어디에서도 찾을 수 없는 기쁨입니다. 다른 것이 있다고 생각하는 자는 참된 기쁨이 아닌 거짓 기쁨을 쫓는 것입니다. 하지만 그러한 사람의 의지가 기쁨의 개념에서 완전히 벗어난 것은 아닙니다.[12]

아우구스티누스는 존재하는 모든 것이 아름다우므로 하나님은 마땅히 찬양받으셔야 한다고 생각했다. 그는 피조물의 아름다움에 대한 우리의 모든 사랑이 창조주이신 하나님께 향해야 한다고 결론지었다.

그는 피조물을 사랑해 얻는 즐거움이 실제로는 하나님의 기쁨과 즐거움에 참여하는 것임을 알았다. "감각적 아름다움이 당신을 기쁘게 한다면, 물질적인 것들의 아름다움에 대해 하나님을 찬양하고, 그것들에 대한 사랑을 창조주께 돌리라. 그래서 당신을 기쁘게 하는 것들로 인해 하나님이 불쾌하시지 않도록 하라"(4.12.18). 피조물의 아름다움은 창조주이신 하나님께 찬양드릴 때 선하고 달콤하다. 그러나 그는 오랫동안 그리스도의 겸손한 삶의 방식에 자신을 드리는 것을 거부했다.

> 우리의 생명이신 그분이 이 땅에 내려오셔서 우리의 죽음을 짊어지셨다. 주님은 순종하는 삶으로 우리의 죽음을 도말하셨고, 우리를 주님의 은밀한 장소, 곧 주님이 처음 동정녀의 태에 들어오실 때 우리에게 오시기 위해 출발하셨던 바로 그곳으로 돌아오라고 천둥 같은 목소리로 부르셨다. 그곳에서 죽을 수밖에 없는 피조물인 인간이 영원히 죽지 않도록 주님과 결합했고, 주님은 신랑처럼 신방에서 나오셔서 자신의 길을 거인처럼 기쁨으로 뛰어오셨다. 조금도 지체 없이 뛰어오셔서 그분의 말씀과 행동으로, 그분의 죽음과 생명으로, 그분의 지옥 강하와 천국 승천으로 우리가 주님께 돌아올 것을 외치셨다. … 생명이 당신에게 내려왔는데, 당신은 올라가 살기를 꺼리는가? 하지만 그토록 거창한 방식과 고상한 말로 당신이 올라갈 자리가 어디 있겠는가?(4.12.19)

아우구스티누스는 창조된 것들의 아름다움을 사랑하는 데 "깊이" 빠져 있었다. 그는 친구들에게 물었다. "아름다운 것 이외에 다른 것을 사랑하는가? … 정말, 아름다움이란 무엇인가? 우리가 사랑하는 것들 안에서 우리를 유혹하고 끌어당기는 것은 무엇이란 말인가?"(4.13.20)

아름다움이 주는 기쁨은 거부할 수 없는 매력을 선사했다. 창조의 조화에 대한 그의 끌림은 하나님의 내적 선율을 듣지 못하게 하는 "배경 음악"이었다. 무질서한 사랑과 즐거움 때문에 그는 모든 인간의 사랑과 기쁨의 근원 되시는 주님의 음성을 듣지 못했다. 더욱이 인간의 지혜와 웅변에 대한 그의 사랑과 능력은 명예와 칭찬에 대한 그의 욕망을 계속해서 만족시켜 주었다. 다른 사람들의 관심과 인정을 사랑하고 "인간의 허영심이 주는 즐거움"을 갈망했기 때문에, 말씀의 기쁨이 그의 귀에 닿을 수 없었다. 욕망의 아우성에 정신이 산만해지고 자기애의 무게에 짓눌려서, 그는 일어나 하나님을 찬양할 수 없었다. 아직까지 그 정도로 겸손해지지 않았던 것이다. 그는 마치 하나님이 자신에게 이렇게 말씀하시는 듯했다. "하지만 그토록 거창한 방식과 고상한 말로 네가 올라갈 자리가 어디 있겠느냐?"

겸손한 말씀

아우구스티누스의 회심은 그를 기도의 길로 인도했다. 자신의 연약함을 인정하며 그리스도의 겸손한 사랑의 형태로 하나님의 은혜를 받는 마음의 자세를 갖게 된 것이다. 그는 듣는 것이 또한 보는 것이며, 듣는 것과 보는 것을 가로막는 가장 큰 장애물은 교만, 곧 피조물을 창조주보다 더 사랑하는 것임을 조금씩 이해하게 되었다. 비록 피조물의 아름다움에 대한 예리한 감각을 지니고 있었지만, 그는 계속해서 아름다움 자체가 주는 즐거움을 추구했다. 그는 자신을 행복하게 해 주는 많은 것의 아름다움을 즐기면서도, 그것들을 지으신 창조주를 아는 기쁨을 갈망했다. 그러나 그는 아직까지 그리스도의 아름다움을 "보지" 못했고, 그리스도를 "육신이 된 말씀"으로 인식하지 못했다. 그는 아직까지 그리스도의 "합당성", 곧 피조물에 대한 하나님의 뜻을 이루기 위해 스스로를 낮추신 그리스도의 아름다움을 이해하지 못했다(7.7.11–9.13).

가톨릭 일꾼 운동의 공동 설립자인 도러시 데이(Dorothy Day)는 회심으로 가는 "먼 귀향길"에서 자신도 그와 유사한 경험을 했다고 기록했다. "자연적 선함과 자연적 아름다움은 기쁨을 주고 영혼을 고양시키지만, 그것만으로는 충분하지 않고 하나님이 주시는 진정한 기쁨과 똑같지도 않다. 내가 말하는 특별한 감정들은 오직 하나님의 말씀을 들을 때만 얻을 수 있다. 우리 주님에 대한 말씀을 들을 때마다 나는 마치 따뜻한 기쁨의 감정이 나를 채우는 것만 같았다. 그것은 당신이 사랑하는 분, 그리고 당신을 사랑하는 분에 대해 듣는 것이었다."[13]

아우구스티누스의 혼란은 그가 성경을 꺼내 읽게 만들었다. 그는 성경의 겸손한 문체, 그 안에 담긴 도덕적인 공포, 약하고 고통받고 죽어 가는 구원자에 관한 이상한 이야기에 불쾌감을 느꼈다. 그는 말씀 속에서 아름다움을 찾으려고 했지만, 자신을 낮추시고 종이 되신 주님의 영광을 인식할 수 없었다. 그의 혼란은 신학적이고 철학적인 것만큼이나 영적이고 도덕적인 것이었다. 그가 그토록 원했던 것은 자신의 지성만으로는 결코 도달할 수 없는 것이었다. 그는 하나님의 지혜를 사랑함으로 이루어지는 질서 있는 삶, 즉 하나님의 은혜로 자신의 전인격이 변화되기를 원했다(3.5.9).

이러한 혼란은 그가 설교자들이 그리스도의 자기희생이라는 진리를 삶의 방식으로 꼽으며 그리스도를 전파하는 것을 들었을 때 더욱 심화되었다. 아우구스티누스는 『고백록』을 이렇게 시작했다. "나의 『고백록』 13권은 나의 나쁜 행위와 좋은 행위 모두에 관한 것으로, 이 모든 것을 통해 의롭고 좋으신 하나님을 찬양한다. 그렇게 함으로써 하나님을 향한 인간의 마음과 정서를 강하게 불러일으킨다."[14] 그는 고백하려는 욕망과 능력이 "아들의 인성을 통해, 설교자의 사역을 통해 내게 불어넣어 주신" 선물임을 고백했다(1.1.1). 『고백록』이 시편의 언어를 끌어와서 기도의 형식으로 쓰인 것은 결코 우연이 아니다.[15] 아우구스티누스는 그리스도의 말씀에 대한 설교를 통해 사랑 안에서 완전해지는 믿음을 주시는 하나님께 찬양의 노래로서 자신의 이야기를 들려주려 한다.[16] 따라서 아우구스티누스가 사도 바울의 말씀을 인용한 것은 아주 적절하다. "그리고 설교자가 없다면 어떻게 들을 수 있겠는가?"(1.1.1)

고백은 추측이나 상상이 아니라 들음에서 오는 믿음에 계시된 하나님의 정체성과 활동을 찬양하는 것을 포함한다. 하나님은 창조의 일부가 아니시기 때문에, 삼위일체의 신비는 피조된 생명체나 사물이 담을 수 없다. 아우구스티누스는 하나님의 신비의 경이로움을 묵상하다가 기도하게 되었다. 하나님의 말씀은 우리가 설교를 통해 그 정체성과 활동을 표현하려고 하는 하나님의 자유와 무궁무진함을 드러낸다.

그러면, 나의 하나님, 당신은 도대체 누구이십니까? 제가 묻습니다. 당신은 주 하나님 외에 누구이시란 말입니까? 주님 말고 누가 주이며, 우리 하나님이 아니시면 누가 신이겠습니까?

당신은 지극히 높으시고, 탁월하시고, 가장 강력하시고, 전능하시며, 지극히 자비로우시고, 무한히 공의로우시고, 가장 숨어 계시면서도 가장 친밀하게 임재하시며, 무한히 아름다우시고, 무한히 강하시고, 견고하신 분입니다. 그러나 당신은 우리가 온전히 알 수 없는 신비로우신 분이며, 만물을 변화시키면서도 변함없으신 분입니다. 결코 낡아지거나 새로워지지 않으면서 만물을 새롭게 하시고, 교만한 자들은 그들이 모르는 사이에 쇠하게 하십니다. 영원히 활동하시면서도 늘 안식하시며, 부족함이 없으시면서도 모으시고, 모든 것을 붙드시고 채우시고 지키시며, 창조하시고 기르시고 완성하시며, 모든 것을 가지시면서도 찾으십니다. 당신의 사랑에는 광기가 없고, 질투하면서도 흔들리지 않으시며, 후회하면서도 슬퍼하지 않으시고, 노하면서도 평안을 잃지 않으십니다. 하는 일은 바꾸면서도 뜻을 바꾸지 않으시며, 잃은 적 없는 것을 되찾으시고, 부족함 없으면서도 얻음을 기뻐하시며, 탐욕과 거리가 멀면서도 이익을 구하십니다. 당신은 원하시는 것보다 더 많은 것을 드릴 수 있게 해 주셔서 오히려 우리에게 빚진 자가 되십니다. 하지만 그 누가 당신께 속하지 않은 것을 소유할 수 있겠습니까? 당신은 우리에게 아무 빚도 없으시지만 빚을 갚으셨습니다. 당신은 우리의 빚을 모두 탕감해 주셨지만 잃으신 것은 아무것도 없습니다(1.4.4).

이 기도는 인간의 언어가 하나님의 선물임을 감사하는 것이다. "오, 나의 하나님, 나의 생명, 나의 거룩한 감미로운 분이여, 이토록 많은 말을 늘어놓았지만, 우리가 무슨 말을 했다고 할 수 있겠습니까? 당신에 대해 말하는 것이 과연 무슨 의미가 있겠습니까? 수다쟁이들이 아무 의미 없는 말을 하는 동안, 정작 해야 할 말을 하지 않는 자들에게 화가 미칠 것입니다"(1.4.4).

아우구스티누스는 하나님의 평화로 충만해지기를, 하나님의 은혜로 완전히 "도취되기를" 간절히 원했다. 하지만 그는 그릇된 길에서 돌이켜 하나님을 참된 목적과 기쁨으로 받아들일 수 없었다. 그는 하나님에 대한 지식과 하나님이 자신에 대해 아시는 지식을 얻기 위해 기도했다. "오, 주 나의 하나님! 제게 베푸신 자비를 통해 당신이 제게 어떤 분이신지 말씀해 주소서. '내가 너의 구원이다'라고 제 영혼에 속삭여 주소서. 제가 들을 수 있도록 아주 분명하게 말씀해 주소서. 주님, 제 마음이 듣고 있습니다. 제 마음의 귀를 열어 주시고, 제 영혼에게 말씀해 주소서. '내가 너의 구원이다.' 이 음성을 향해 달려가 당신을 꼭 붙잡게 하소서. 당신의 얼굴을 제게서 숨기지 마소서. 당신의 얼굴을 볼 수 있다면, 이 목숨도 아깝지 않습니다. 당신의 얼굴을 못 본다면, 그것이야말로 참으로 제게는 죽음일 것이기 때문입니다"(1.5.5).

아우구스티누스는 하나님의 아름다움은 오직 그 자체로 받아들여야 올바로 향유할 수 있다는 것을 아직 이해하지 못했다. 그는 하나님을 추구하면서 동시에 감각적인 쾌락을 좇았고, 그로 인해 행복 대신 비참함을 경험했다. 하나님을 향한 그의 갈망은 교만과 자기 사랑에 짓눌렸다.

결국 그는 자신의 삶에서 아주 중요한 전환점을 맞이하는데, 이는 "하나님과 인류 사이의 중보자이신 예수 그리스도"에 의해 일어난 변화였다. 예수님을 통해 드러난 성육신의 신성한 연약함은 아우구스티누스를 겸손하신 하나님께로 이끌었다. 하나님은 우리를 천국으로 이끄는 지혜를 가르쳐 주시는 분이었다. 그러나 이 하늘의 지혜는 소유하거나 통제할 수 있는 대상이 아니라 시간을 통해 걸어가는 여정이었으며, 그리스도의 낮은 길을 따름으로써 얻어지는 것이었다.

나는 그때 아직 겸손한 예수를 나의 하나님으로 받아들일 만큼 겸손하지 못했고, 그분의 연약함이 가르치는 바를 깨닫지도 못했다. 모든 피조물보다 높이 계신 영원한 진리이신 그분의 말씀은 그 앞에 절하는 피조물들을 자신에게로 끌어올리신다. 하지만 이 낮은 세상에서는 우리의 흙으로 낮은 거처를 지으셨고, 그것을 통해 당신 앞에 엎드리지 않는 자들의 교만을 꺾으시며, 그들을 당신에게로 이끄는 다리를 만드셨다. 그분은 그들의 부푼 교만을 깨뜨리시고, 그들의 사랑을 키우신다. 이는 그들이 자만 속에서 더 멀리 방황하지 않게 하시려는 것이다. 오히려 우리의 가죽옷을 입으시고 약해지신 모습을 그들의 발 앞에서 보게 하셔서 그들로 하여금 연약해지게 하신다. 그들이 지쳐서 그분 위에 몸을 던질 때, 그분이 일어나 그들을 들어 올리시기 위해서다(7.18.25).

하나님에 대한 지식은 그리스도의 연약함과 겸손을 통해 주어지며, 이를 통해 "육신이 되신 말씀" 안에서 드러난 하나님의 사랑을 신뢰하도록 "마음의 눈"이 정결해진다. 윌리엄스는 아우구스티누스의 영적 전환, 즉 교만과 헛된 자만심을 버리고 그리스도의 인성의 형태로 나타나신 하나님께로 향하게 된 그 본질적 의미가 무엇인지 다음과 같이 설명한다. "그리스도는 상실과 고통을 겪을 수밖에 없는 지상의, 시간 속의 존재가 되기로 선택하셨다. 이것이 바로 하나님이 우리와 소통하시는 핵심적인 '수사학'이며, 논리적 주장이 아닌 육신의 삶을 통해 우리를 설득하시는 방식이다. 도덕적 삶 속에서 드러나는 하나님의 연약하심, 그분의 임재는 우리가 강하다고 여기는 모든 것의 기반을 무너뜨린다. … 신앙의 영역에서 의미는 마음의 작용으로 깨닫게 된 영원한 진리를 머리로 이해하는 것이 아니라, 시간과 육체의 한계를 기꺼이 받아들이신 하나님의 모습을 본받음으로 발견되는 것이다."[17]

아우구스티누스의 회심은 욕망의 재교육을 의미했으며, 그의 지성과 의지를 하나님을 사랑하는 방향으로 새롭게 정립하는 과정이었다. 그를 지배했던 왜곡된 사고와 감정의 습관들로부터 해방됨으로써 그가 오랫동안 헛되이 찾아 헤맸던 안식과 행복이 찾아왔다. 놀랍게도 그는 그리스도의 겸손이 하나님의 진리를 알고 사랑하게 되는 새로운 방식을 제공한다는 것을 깨닫게 되었다. "측량할 수 없는 자비로, 먼저 겸손한 이들에게 참된 중보자를 가리키는 표징들을 주셨습니다. 그리고 그분을 보내셔서, 그들이 그분의 삶을 통해 그분과 같은 겸손을 배우게 하셨습니다. … 그분은 오직 인간 됨을 통해서 중보자가 되시며, 말씀으로서의 본성 안에서는 하나님과 동등하시며, 하나님과 함께 계신 하나님이시고, 그분과 더불어 한 분 하나님이시므로, 우리 사이에 하나님으로서 서 계시지 않으십니다"(10.43.68).

존 카바디니(John Cavadini)는 아우구스티누스의 『고백록』에 대해 이렇게 논평했다. "우주는 경이로움으로 가득 차 있다. 이는 우주를 이해할 수 있는 가능성이 그리스도의 자기를 비우신 사랑으로부터 비롯되기 때문이다. 그러한 사랑 안에 하나님의 선하신 창조의 경이로움을 바라보고, 모든 것을 볼 때 그것을 만드신 사랑의 눈으로, 또 그 사랑을 드러내는 눈으로 바라볼 자유가 있다." 이것이 사랑의 역설이다. 우리는 내려감으로써 올라간다. 우리 자신을 낮춤으로써, 참된 자기인식과 고백을 통해, 우리의 교만을 회개함으로써 결국 높아진다. 그 길은 곧 성육신하신 주님이시며, 주님이 바로 그 길의 목적지가 되신다. 말씀은 자기희생적인 사랑의 모습으로 육신이 되셨고, 이는 만물의 지혜다. 이것이 하나님의 창조와 구속 사역의 경이로움이며, 만물의 근원이자 목적이신 그분을 보게 하는 아름다움이다. 주님은 "영광과 존귀와 명성에 대한 무익하고 강박적인 추구"로부터 우리를 자유롭게 하신다.[18]

아우구스티누스는 기도로 하나님께 돌아왔다. "주님, 저는 의심 없는 절대적인 확신으로 당신을 사랑합니다. 당신은 말씀으로 제 마음을 찌르셨고, 저는 당신을 사랑하게 되었습니다"(10.6.8). 그는 하늘과 땅과 모든 피조물이 자신에게 말했다고 고백했다. 그것들은 하나님의 영광을 선포했고, 그를 하나님의 사랑에 항복하도록 불렀다. 그는 창조 세계의 아름다움과 감각적 경험의 즐거움, 곧 보고 듣고 냄새 맡고 맛보고 만지는 모든 즐거움을 통해 하나님을 사랑한다는 것의 의미를 깊이 생각했다. 비록 그가 하나님을 사랑할 때 사랑했던 것들은 아니었지만, 그것들이 거부되어야 하는 것도 아니었다. 감각적 아름다움에 대한 그의 사랑은 모든 피조물을 하나님의 영광스러운 사랑의 빛 안에서 "바라봄"으로써 새롭게 변화되었다.

> 그러나 내 하나님을 사랑한다고 할 때, 나는 어떤 빛과 어떤 목소리와 어떤 향기와 어떤 음식과 어떤 포옹을 사랑하는 것이다. 그것은 나의 가장 깊은 내면의 자아를 위한 빛이요 소리요 향기요 음식이요 포옹이다. 그곳에서는 어떤 장소에도 묶이지 않는 무엇인가가 내 마음을 비추고, 시간에 갇히지 않는 무엇인가가 내게 노래하며, 그 어떤 바람도 날려 버릴 수 없는 무엇인가가 그 향기를 내게 내어 주고, 아무리 먹어도 줄어들지 않는 무엇인가가 그 맛을 선사하며, 그 어떤 만족도 떼어 놓을 수 없는 하나 됨 속에 나는 안기게 된다. 이것이 바로 내가 하나님을 사랑할 때 사랑하는 것들이다(10.6.8).

피조물의 선함과 아름다움은 하나님의 웅변적인 "말씀"처럼 말한다. 땅과 바다, 생물들과 바람들, 하늘, 태양과 달과 별들, 그리고 하나님의 솜씨가 지닌 모든 경이로움에 대해 질문했던 수년간을 회상하면서 그는 고백했다. "내가 던진 질문은 깨어 있는 내 영혼이었고, 그들의 대답은 그들의 아름다움 자체였다." 그는 계속해서 이렇게 고백한다.

그래서 모든 피조물이 자신들은 스스로를 만들지 않았다고 외친다. "우리가 존재하는 것은 우리가 만들어졌기 때문입니다. 우리가 만들어지기 전에는 우리가 스스로를 만들 수 있는 그 어떤 모습으로도 있지 않았습니다." 이 모든 목소리가 전하는 진리는 자명하다!

"오 주님, 당신이 이 모든 것을 만드셨습니다. 당신이 아름다우시기에 그것들도 아름답고, 당신이 선하시기에 그것들도 선하며, 당신이 계시기에 그것들도 존재합니다. 하지만 그것들은 창조주이신 당신처럼 아름답지도, 선하지도, 참되게 존재하지도 않습니다. 감히 당신과 비교하면 그들은 아름답지도, 선하지도, 존재하지도 않습니다. 우리가 이를 알게 되었으니, 당신께 감사를 드립니다. 그러나 이런 우리의 앎조차 당신의 앎에 비하면 무지에 지나지 않습니다"(11.4.6).

아우구스티누스는 감각만으로는 하나님을 찾을 수 없다는 결론을 내렸다. 하나님의 아름다움을 본다는 것은 영적 감각이 필요한 일이다. 그리고 이 영적 감각을 일깨우시는 분은, 바로 우리의 자아를 초월하여 계시면서도 늘 우리 자아와 함께하시는 주님이시다. "당신 안에서 누리는 기쁨, 이것이야말로 그 어디에서도 찾을 수 없는 진정한 행복입니다. 다른 곳에서 행복을 찾으려 하는 이는 참된 기쁨이 아닌 것을 쫓고 있습니다. 하지만 그런 사람의 의지도 기쁨이라는 개념에서 완전히 벗어난 것은 아닙니다"(10.22.32).

아름다움에 놀라다

놀랍게도 아우구스티누스는 자신이 행복을 찾아 헤매는 동안 하나님이 자신을 내내 찾아오고 계셨다는 사실을 알게 되었다. 그러나 하나님은 그에게 자신을 드러내지 않으셨는데, 이는 아우구스티누스 자신이 하나님으로부터 숨었기 때문이다. 아우구스티누스는 그리스도 이야기의 빛 아래에서 자신의 과거를 묵상했고, 그로 인해 다음과 같이 고백했다. "이것이 바로 제가 당신을 알게 된 이후로 당신이 제 기억 속에 거하시는 이유이며, 제가 당신을 기억하고 당신 안에서 즐거워할 때마다 거기서 당신을 발견하는 이유입니다. 이것이 저의 거룩한 기쁨이요, 당신이 주신 선물입니다. 당신의 자비하심으로 저의 궁핍을 은혜롭게 돌보시기 때문입니다"(10.24.35).

그는 고백을 통해 하나님의 음성을 듣고 하나님을 바라보는 경험을 하나로 연결할 수 있었다. 이는 하나님, 곧 진리가 육신이 된 말씀을 통해 자신을 드러내셨기 때문이다. 그러나 많은 사람이 자신이 듣고 싶어 하는 것만 듣기 때문에 하나님이 말씀하시는 것을 듣지 못한다. 자신보다 하나님을 섬기기를 원하는 사람들은 자신이 원하는 것이 아니라 하나님이 원하시는 것을 듣기를 원한다. 아우구스티누스는 이 진리를 설교에 적용했다. 진리는 미움을 낳지만, 진정한 행복은 진리를 기뻐하고, 그리스도 안에서 성육신한 지혜를 사랑하는 법을 배우는 데 있다(10.24.34).

아우구스티누스는 사람들이 자신이 원하는 것만 사랑하고, 자신이 듣고 싶은 것만 들으려 한다는 것을 알았다. 사람들은 자신의 욕망에 부합할 때만 진리를 사랑하고, 진리가 자신을 꾸짖고 책망할 때는 진리를 미워한다. 사람들은 진리가 보여 주는 것을 사랑하면서도, 그 진리가 자신의 기만을 드러낼 때는 진리를 미워한다. 결국 진리이신 하나님은 맹목적이고 연약한 그들에게서, 불명예스럽고 초라한 그들에게서, 그리고 자신을 감추려는 그들의 욕망으로부터 계속해서 모습을 감추신다. 반면 진정한 아름다움은 그리스도의 겸손한 사랑 가운데 나타난 하나님의 진리와 세상 안에서 발견된다. 이러한 겸손한 사랑으로 인해 아우구스티누스는 마침내 진리를 기쁘게 받아들일 수 있었고, 자신이 길을 찾아 헤맬 때 끊임없이 사랑으로 따라오셨던 하나님을 온전히 기뻐할 수 있게 되었다.

이제서야 당신을 사랑하게 되었습니다. 그토록 오래되고도 그토록 새로운 아름다움이여! 당신은 늘 내 안에 계셨지만, 저는 밖에서 헤매며 당신을 찾았고, 당신이 창조하신 아름다운 피조물들을 향해 어리석게 달려갔습니다. 저는 형체 없는 자였습니다. 당신은 언제나 저와 함께 계셨지만, 저는 당신과 함께하지 않았습니다. 당신 안에 있지 않았다면 존재하지도 않았을 그것들이 오히려 저를 당신에게서 멀어지게 했습니다. 당신은 부르고 또 외치셔서 귀 먼 제 영혼을 깨우셨고, 빛나고 또 불타오르셔서 눈먼 제 영혼을 밝혀 주셨습니다. 당신의 향기로 저를 완전히 압도하셨고, 이제 당신만을 그리워하게 되었습니다. 당신을 맛보았기에 이제는 당신만을 갈망하며, 당신의 손길이 닿았기에 이제는 당신 안의 평화만을 열망합니다(10.27.38, 강조 추가).

그의 마음의 눈은 육신이 된 말씀 안에서 아름다움을 보도록 밝아졌다. 이 깨달음을 통해 그의 마음은 그리스도의 겸손한 사랑을 받아들이게 되었다. 하지만 그는 자신이 사랑하고 즐기던 피조물의 아름다움이 주는 기쁨이 어떻게 그의 시선을 아름다움으로 이끄는 표징이 되는지 이해하는 데 계속 고심했다. "오 나의 하나님, 제게 당신은 사랑스러움 그 자체이십니다. 그럼에도 이 모든 피조물을 위해서도 저는 찬양을 부르고 감사의 제사를 드립니다." 하나님을 찬양하면서 그는 하나님의 아름다움과 사랑을 드러내는 창조 세계의 깊은 의미를 묵상했다. "오 빛나는 집이여, 이토록 아름다운 모습인지, 저는 당신의 아름다움을 사랑하고, 당신을 지으시고 소유하신 나의 주님의 영광이 머무는 곳이기에 당신을 사랑했습니다"(10.24.53).

아우구스티누스가 참된 "아름다움"을 볼 수 있게 된 것은 그리스도의 형상을 닮아 가는 회복 과정에서 핵심이었다. "잃어버린 양처럼 저는 방황했지만, 나의 목자의 어깨 위에서 … 마침내 당신께로 돌아가기를 소망합니다"(12.15.21). 그의 갈망은 온전해지는 것이었다. 그의 흩어진 사랑과 욕망이 하나로 모이고, 그의 전 존재가 하나님의 아름다움을 반영하도록 다시 만들어지는 것이었다. 아우구스티누스에게 중요한 것은 말씀에 대한 새로운 사랑과 이해였으며, 이는 설교자로서 그의 신앙과 사역의 기초가 될 것이었다.

말씀의 아름다움을 사랑하기

그가 추구했던 이 온전함은 오직 말씀 안에서만 발견된다. 그러므로 아우구스티누스의 새로운 갈망은 말씀이 그의 삶 속에서 역사하도록 자신을 내어 맡기는 것이었다. 만물에 생명을 주신 말씀, 인간을 창조주께로 돌이키시는 생명의 말씀, 인간의 영혼을 밝히는 빛이신 말씀, 그의 사랑으로 인간의 마음과 열망을 자신을 향하도록 새롭게 하시는 말씀! 하나님의 형상으로 계시면서 하나님과 동등하시나 종의 형체를 취하신 분이 바로 그분이다. 그러나 존재한다는 것은 그저 단순히 아름답게 있는 것이 아니다. 존재한다는 것은 오직 겸손과 사랑으로 하나님을 붙드는 것이며, 이를 통해 죄로 인한 추함이 하나님의 선하신 아름다움으로 변화되는 것이다. "우리의 진정한 거처는 우리가 안식을 찾는 곳이다. 사랑이 우리를 그곳으로 이끌어 주며, 당신의 선하신 영이 죽음의 문턱에 있는 우리의 병든 본성을 일으키신다"(13.9.10).

피조물 안에서 하나님의 아름다움을 바라보는 것은 그리스도 안에서 육신이 된 말씀을 사랑하는 것과 밀접하게 관련된다. 말씀을 듣고 세상을 올바르게 바라보는 것은 사랑 안에서 진리를 말하는 것과 결코 분리될 수 없는데, 이는 우리의 영적인 눈을 열어 볼 수 있게 해 주시는 성령의 선물이다. 만물의 선함을 본다는 것은 그것들을 하나님 안에서 바라보고, 하나님 안에서 기뻐하고, 하나님 안에서 누리고, 하나님 안에서 이해하며, 하나님 안에서 선포하는 것이다. 나아가 만물을 사랑으로 창조하신 하나님 안에서 그 만물을 사랑하는 것은 은혜로 주어진 성향, 즉 하나님이 그것들의 선함을 보시고 그 아름다움을 기뻐하시는 것을 볼 수 있는 믿음의 "눈"이다. 따라서 하나님은 그가 창조하신 모든 것을 통해 사랑과 영광을 받으시지만, "이는 오직 그가 우리에게 주신 성령을 통하지 않고서는 사랑받으실 수 없었을 것이다. 왜냐하면 하나님의 사랑이 우리에게 주신 성령을 통해 우리 마음속에 부어졌기 때문이다"(13.31.40).[19]

존재하는 모든 것에는 찬란한 아름다움이 깃들어 있다. "당신의 피조물이 당신을 찬양함으로 우리가 당신을 사랑하게 되고, 우리가 사랑함으로 당신의 피조물이 당신께 찬양 올리게 됩니다." 이것은 동시에 깨지기 쉬운 연약한 아름다움이다. 모든 피조물에는 그들만의 아침과 저녁이 있어서, 하나님의 뜻이 다 이루어지면 그 아름다움 속에 담긴 모든 선한 질서도 자연스럽게 사라질 것이다. 따라서 모든 피조물은 오직 하나님이 그것을 아시고 보시기에 존재한다. 그러나 우리는 성령을 통해 받은 "마음의 눈"으로 창조의 선함을 볼 수 있는 복을 받았기에, 모든 존재의 시작이요 마지막이신 창조주를 알고 즐거워할 수 있다(13.33.48).

아우구스티누스의 마음의 "눈"은 육신이 되신 말씀을 사랑함으로써 정결하게 되었다. "이제서야 당신을 사랑하게 되었습니다. 그토록 오래되고도 그토록 새로운 아름다움이여!" 이 회심은 그의 생각과 사랑과 말하는 방식에 새로운 변화를 가져왔다. 그는 수사학의 저명한 인물로서, 탁월한 지성과 설득력 있는 말솜씨로 로마에서 명성과 인기를 누렸다. 하지만 회심하고 사제가 되면서 그는 전에 다른 이들의 칭찬을 얻기 위해 사용했던 기술들을 새로운 방식으로 "활용하는" 법을 배우게 되었다.

사람들의 관심과 인정을 받고자 하는 그의 끝없는 욕망은 하나님이신 겸손한 예수님께 자신을 드림으로써 변화되었다. 그는 설교할 때 말을 적절히 사용함으로써 연약함 가운데 죽으신 그리스도를 통해 나타난 하나님의 영광을 드러낼 수 있음을 깨달았다. 기독교 설교는 다른 사람들의 칭찬을 위해 말하는 대신, 교회를 성령의 은사와 사랑으로 채우시는 십자가에 못 박히신 주님의 영광을 찬양한다. 하지만, 우리의 말과 행동, 감정과 생각 속에서 하나님을 찬양하는 것은 우리에게 주어진 선물이자 부르심이며, 이는 평생에 걸쳐 자라나고 깊어지는 여정과도 같다.[20]

아우구스티누스의 회심은 또한 그가 교회의 성경이 지닌 아름다움을 인식하는 계기가 되었다. 그는 오랫동안 그리스와 로마 문학의 세련됨에 비해 성경의 소박한 문체와 배우지 못한 저자들의 글을 업신여겨 왔다. "나의 부푼 교만은 성경의 문체를 거부했고, 나의 지성은 그 속에 담긴 깊은 의미를 이해하지 못했다. 성경은 어린아이와 함께 자라나는 실재이지만, 나는 어린아이가 되기를 거부했고, 오만하고 교만한 마음으로 나 자신을 다 큰 어른이라 여겼다"(3.5.9).

그의 생각은 그의 마음에 역사하시는 하나님의 은혜로 인해 점차 변화되었다. 그는 하나님의 "지극히 온유하고 자비로운 손길"로 인해 자신의 마음이 말씀을 향하게 되었다고 고백했다. 이제 그는 그 말씀을 하나님의 진리로 믿었고 그것을 굳게 붙들었다. 그의 생각은 이탈리아 밀라노의 주교 암브로시우스의 설교를 통해 변화되었다. 암브로시우스는 품격 있는 설교로 아우구스티누스가 성경의 말씀과 그 영적 의미에 주목하게 만들었다. 아우구스티누스는 성경을 이해하는 관점이 변화되면서, 인간의 감각을 초월하는 신비를 깨닫게 되었다. 이는 그리스도 안에서 발견되는 진리, 아름다움, 선함을 이해하기 위해 인간의 마음과 생각을 정결케 하시는 하나님을 아는 것이었다(6.3.3-4).

치유는 믿음을 통해 일어나고, 사랑은 영적으로 볼 수 있게 한다. 아우구스티누스는 한때 성경을 추하게, 때로는 혐오스럽게 여겼지만, 점차 교회의 성경을 거룩하고 깊이 있는 것으로, 경외하며 신뢰할 만한 것으로, 그리고 누구나 접근 가능하면서도 신비로운 것으로 보게 되었다. 그는 성경의 소박한 언어와 겸손한 표현에 감탄했다. 교회의 성경은 찾아오는 모든 이를 환영했고, 그 좁은 길로 이끌린 모든 이의 이해를 넓혀 주었다. "성경은 고귀한 권위와 거룩한 겸손을 동시에 지니고 말하며" 이는 설교자들의 말에서도 그대로 메아리친다. 그는 성경과 창조 세계 모두를 영적인 귀와 눈이 있는 자들에게 주시는 하나님의 말씀으로 여겼다. 하지만 하나님을 듣고 보려면 끊임없이 하나님을 찾고 부르짖어야 한다. 따라서 읽기와 기도와 말하기는 하나님을 사랑하는 가운데 그리고 하나님을 사랑하기 위해 하나로 통합된다(6.5.6-8). 그는 고백했다. "그리고 당신의 말씀을 향한 나의 뜨거운 열정을 지치지 않고 받아 주시는 당신께 저의 어리석음을 고백할 때, 가장 큰 유익을 얻음을 고백합니다"(11.22.28).

아우구스티누스는 말씀을 더 잘 이해할 수 있도록 하나님이 깨우쳐 주시기를 기도했다. "당신께서 직접 저에게 말씀해 주시고, 저와 대화를 나눠 주소서. 저는 당신의 말씀을 믿지만, 그 말씀 안에는 깊이 감추어진 의미가 있습니다"(12.10.10). 성령의 사랑으로 그가 하나님께 더욱 집중하면 집중할수록, 하나님의 말씀을 듣는 기쁨도 더욱 커져 갔다. "당신의 말씀이 지닌 깊이는 정말 놀랍습니다! 겉으로 드러난 표면적 의미는 배우지 못한 사람도 쉽게 이해할 수 있지만, 오 나의 하나님, 그 속에 담긴 깊이는 얼마나 놀라운지요! 그 깊이를 바라보면 전율이 입니다. 그것은 사랑으로 인한 떨림입니다"(12.14.17).

창조 세계 안에서 창조주의 아름다움을 바라보기

아우구스티누스의 회심과 그의 마음의 변화는 설교자들에게 하나의 통찰을 준다. 그것은 인간의 행동과 말을 포함한 모든 보이는 것을 보이지 않는 실재를 가리키는 표징으로 여기는 것이다. 이는 "모든 종류의 유한한 존재가 그 장엄함을 통해 무한하신 하나님의 존재를 어떤 방식으로든 드러내기 때문이다."[21] 예를 들어, 창세기는 "이 세상의 모든 존재가 하나님이 거저 주신 선물임을 보여 주는 간략한 기록이며, 우주의 기원을 철학적이나 과학적으로 상세히 설명하려는 것이 아니라, 오히려 창조의 경이로움 앞에서 하나님을 찬양하도록 우리를 이끄는 책이다"(47). 창조 세계를 연구해서 그 안에 담긴 지혜와 법칙을 이해하게 되면, 우리는 경이로움과 놀라움을 느끼게 된다. 이는 자연스럽게 창조주를 향한 예배로 이어진다. 창조 세계를 읽어 내는 것은 성경을 연구하는 것과 마찬가지로 하나의 예전적 행위라 할 수 있다. 성경에 기록된 말씀과 그리스도 안에서 인간의 몸을 입으신 말씀은 하나님의 영광을 선포하는 모든 피조물 속에서 울려 퍼지는 동일한 말씀이다. "기독교 신학은 하나님이 자신을 계시하실 때, 성경을 통해서든 성육신을 통해서든 인간의 제한된 언어와 피조물인 우리의 한계를 고려하여 자신을 낮추어 표현하셨다고 가르친다. 이러한 하나님의 자기 낮추심은 필연적으로 상징적인 표현 방식을 동반했는데, 이는 더 깊은 영적 실재를 가리키는 은유와 모형이었다"(72).

신학은 우리가 그리스도 안에서 하나님의 말씀을 전하기에 적합한 언어를 선택할 수 있도록 지혜와 분별력을 갖게 해 준다. 하나님의 진리, 선함, 아름다움은 성경과 창조 세계를 통해 하나님의 "언어"로 드러난다. 이 세상에는 우리 눈에 보이는 것보다 더 깊은 의미가 있으므로 우리는 영적으로 순종하고 하나님을 겸손히 받아들이는 자세를 통해 우리의 보는 눈과 사랑하는 마음과 아는 지식과 이해하는 능력을 더욱 넓히고 정결케 해야 한다(72).

우리 자신을 포함한 피조물을 예배하지 않고 창조주를 바르게 예배하려면 분별력이 필요하다. "참되신 하나님은 우주를 초월하여 계시지만, 우주의 조화 속에 심어 주신 진리와 아름다움과 선함을 통해 모든 피조물을 더 높은 차원의 진리와 아름다움과 선함으로 이끌어 가신다"(79-81). 아름다움은 단순히 바라보는 사람의 눈에 주어진 선물이 아니다. "하나님이 아름답다고 여기시는 것은 어떤 존재가 하나님이 원래 의도하신 목적을 이룰 수 있는 능력이다"(72). 프랜시스 영(Frances Young)은 이런 관점이 성육신, 성경, 성찬, 교회의 삶을 하나로 연결하는 "성례전적 시각"이라고 설명한다. 이렇게 확장되고 순수해진 영적 시야를 선물로 받을 때, 우리는 "창조 세계를 통해 창조주를 보고, 일상적 현상을 통해 성령의 역사를 보며, 하나님의 형상 안에서 하나님을, 그리스도의 몸 된 공동체 안에서 인류를" 볼 수 있게 된다(5).

그리스도 안에서 이루시는 하나님의 창조와 새 창조는 하나다. 아우구스티누스가 본 새 창조는 기존의 창조 질서를 버리거나 부정하는 것이 아니라, 오히려 모든 피조물의 선함과 아름다움 속에 드러난 하나님의 풍성한 사랑을 더욱 확실하게 보여 준다(103-4). 설교자들을 위한 지침서에서, 아우구스티누스는 피조물을 하나님 대신 사랑하는 것이 아니라, 하나님 안에서 사랑하는 법을 설명한다. "우리는 [모든 것을 사랑 안에서 하나님께로 이끄시는 하나님의 섭리를] 특별한 사랑과 기쁨으로 대해야 하지만, 이는 영원히 머무르는 것이 아니라 잠시 거쳐 가는 것이어야 한다. 마치 우리가 여행 중에 길이나 교통수단이나 여러 도구나 기구를 사랑하고 즐거워하는 것처럼, 더 좋은 표현이 있다면, 우리는 최종 목적지를 향해 가는 동안 우리를 그곳으로 데려다주는 수단들을 사랑하는 것과 같다."[22]

우리가 만물 속에서 빛나는 하나님의 영광스러운 경이로움에 주의를 기울일 때, 창조 세계에 담긴 특별한 의미들이 보이기 시작한다. 그것은 독특한 방식의 아름다움과 선함이며, 사랑스러움과 조화이고, 우리가 이해할 수 있는 질서다(102-3). 영은 아우구스티누스의 비전이 "우리의 일상이 찬양이 되게 하고, 우리가 이 세상에 존재한다는 사실 자체가 하나님의 선물임을 깨닫고 감사하게 하는" 부르심이라고 설명한다(133). 설교의 언어가 진정으로 기독교적이 되는 것은 우리가 "피조물이라는 정체성과 찬양이라는 거룩한 의무"를 깊이 인식할 때다. 설교에서 말씀을 올바로 "활용"한다는 것은 하나님을 향한 사랑을 드러내는 것이며, 동시에 우리 삶의 모든 순간에 하나님을 발견하고 경외하며 선포하는 방법이 되는 것이다(133).

아우구스티누스는 시편 103편을 해석하면서, 창조의 아름다움이 창조주이신 하나님을 가리키는 하나의 "언어"가 된다고 보았다.[23] 그는 이 시편이 "비유적이고 신비로운 표현들"로 쓰였다고 설명한다. 그의 본문 해석은 하나님의 모든 창조물이 성례전과 같은 특징을 가지고 있음을 보여 준다. 이는 우리 눈에 보이는 것들을 통해 보이지 않는 하나님의 실재를 알아볼 수 있다는 것이다(계 1:20). 하늘과 땅의 질서, 하나님이 창조하신 모든 것의 장엄함은 우리에게 창조주의 위대하심과 아름다움을 어렴풋하게나마 알게 해 준다. "우리는 아직 하나님을 직접 뵙지 못하지만, 이미 그분을 사랑하게 되었다." 비록 우리가 아직 하나님을 뵐 수 있을 만큼 순결한 마음을 갖지는 못했지만, 하나님은 계속해서 그분의 놀라운 작품들을 우리에게 보여 주신다. 그 이유는 분명하다. "우리가 눈으로 볼 수 있는 것들을 통해 아직 볼 수 없는 하나님을 사랑하게 되고, 그 사랑이 깊어져 마침내는 하나님을 직접 뵐 수 있기를 바라시는 것이다"(해설, 5:107).

시편 기자는 하나님이 창조를 통해 베풀어 주신 모든 선물과 돌보심을 인해 하나님을 찬양한다. 아우구스티누스는 교회를 권면하면서 깨어 있는 마음과 "순결하고 맑은 영적인 눈"으로 주의 깊게 바라보라고 한다. "하나님이 주신 영광스러운 선물들을 바라보라"고 말한다. 이 선물들은 우리에게 기쁨을 주고, 아름다움으로 가득하고, 사모할 만하며, 우리의 영혼을 환희로 채운다. 청중은 시편 기자가 "내 영혼아 여호와를 송축하라!"고 고백하게 만든 그 깊은 감격과 기쁨에 동참하도록 초대받는다.

우리가 그리스도인으로서 순수하고 맑은 눈으로 하나님이 창조하신 모든 세계를 바라볼 때, 그 속에서 하나님의 참된 모습도 발견할 수 있다. "불신자들에게는 모든 것이 불순하고 거룩하지 않게 보이기 때문에, 하나님마저도 그들에게는 그렇게 보일 수밖에 없다. [하지만] … 만약 하나님이 당신 눈에 순수하게 보인다면, 그분 안에서 기뻐하고 그분을 찬양하라. 반면 누군가가 하나님을 모독한다면, 그것은 그들이 하나님 안에서 기쁨을 찾지 못하기 때문이다. 하나님 안에서 기쁨을

찾지 못하는 사람이 어떻게 하나님의 순수하심을 볼 수 있겠는가?"(해설, 5:109)

창조주이신 하나님을 사랑하는 것과 하나님 안에서 그분이 지으신 모든 것을 사랑하는 것은 불가분이다. "오 주님, 나의 하나님, 당신은 지극히 높임을 받으셨나이다." 하나님은 우리에게 그분과 그분의 일 하심을 놀랍게 드러내시는데, 이런 시각은 그리스도 안에서 우리의 마음이 새롭게 변화될 때 주어지는 선물이다. 아우구스티누스는 이렇게 고백했다. "주님, 당신은 고백과 단정함으로 친히 옷 입으셨나이다." 단정함은 아름다움이며, 이러한 아름다움을 추구하는 것은 선한 것을 추구하는 것이다. 비록 우리는 죄로 인해 추하게 되었지만, 우리의 신랑 되신 그리스도의 한없는 사랑을 발견하게 된다. "그분은 이 세상 그 어떤 사람보다도 더 아름다우신 분이다"(해설, 5:109-10). 아우구스티누스는 청중에게 이렇게 질문한다. "주님을 기쁘시게 해 드리길 원합니까? 추한 상태로는 주님을 기쁘시게 할 수 없습니다. 여러분은 아름다워지기 위해서 무엇을 해야 합니까? 가장 먼저, 자신의 추함을 진심으로 못마땅하게 여겨야 합니다. 그래야만 여러분이 아름다워져서 기쁘게 해 드리려는 그분으로부터 아름다움을 받을 것입니다. 태초에 당신을 창조하신 하나님이 당신을 다시 한번 새롭게 빚으실 것입니다"(해설, 5:110).

창조와 구속은 그리스도 안에서 하나로 연결된 사역이다. 그리스도 안에서 이루어지는 인간 생명의 창조와 새 창조를 선포할 때, 우리는 먼저 고백으로 시작한다. 이 고백은 하나님의 놀라운 창조 사역을 찬양하는 동시에 우리의 죄성을 겸손히 인정하는 것을 포함한다. 이러한 고백이야말로 교회가 지닌 진리다. "주님은 교회를 아름답게 만드시기 위해 교회가 가장 추한 모습일 때도 변함없이 사랑하셨다." 그리스도는 "모든 인간 중에서 가장 아름다우신 분"이지만, 추한 모습의 교회를 아름답게 하시려고 이 땅에 오셨다. "교회를 아름답게 하시려고 그분은 자신의 아름다움을 버리고 추한 모습으로 낮아지셨으니, 그리스도께서는 경건하지 못한 우리를 위해 죽으신 것이다"(해설, 5:111).

"하늘 보좌에 계시던 하나님의 아들이 종의 형체를 취하셨다"는 것이 바로 그리스도를 통해 보여 주신 하나님의 놀라운 사랑의 복음이다. 하나님은 그가 만드신 만물 속에서 그의 아들을 통해 "보이신다." "그는 모든 인간보다 더욱 아름다운 모습이었지만, 우리가 그를 보았을 때 그에게 아름다움도 광채도 없었다"(사 53장). 그리스도는 겉으로 보기에는 아름다움과 위엄이 조금도 없으셨다. 스스로를 낮추셔서 죽음의 자리까지, 그것도 가장 수치스러운 십자가 죽음의 자리까지 내려가셨다. 아우구스티누스의 말처럼, "그는 십자가에서 내려오시지 않았지만, 무덤에서 일어나셨다"(해설, 5:111-2). 설교의 아름다움은 우리의 고백과 찬양을 통해 그리스도의 아름다움이 교회의 아름다움이 되게 하는 데 있다. 피조물과 창조주의 아름다움은 그리스도 안에서 하나로 화해되었는데, 이는 마치 첫 창조와 새 창조가 그리스도와 그의 몸 된 교회 안에서 하나인 것과 같다"(해설, 5:113).

교회가 하나님을 찬양하는 것은, 정의를 넘어선 풍성함으로 세상을 초대하는 것이며, 나누어지고 멸시받고 상하고 버림받은 이들을 모두 포용하는 집으로 돌아가는 것과도 같다. 여기에는 특별한 어리석음이 있다. 곧 하나님의 어리석음이고, 무익해 보이는 사랑의 아름다움이며, 은혜의 경이로움이다. 이것이 바로 "그리스도의 몸 된 교회의 본질"을 이루는 빛나는 영광이다. 이는 "세상에서 살아가는 새로운 방식, 가치를 판단하는 새로운 기준, 따라서 놀라움을 발견하는 새로운 방식이다." 아우구스티누스가 볼 때 모든 피조물은 이러한 거저 주시는 사랑의 흔적을 담고 있으며, 설교자들은 이를 자기 백성 안에 거하시는 그리스도 안에서 알게 한다. 살아 있는 말씀이신 그분은 교회를 감사와 찬양의 삶으로 부르신다. 이는 그분 안에서 자신을 내어 주신 하나님의 경이로움에 대한 감사의 응답으로서 "삶의 방식인 송영"으로 부르시는 것이다.[24]

설교의 미학

『고백록』은 아우구스티누스의 회심과, 그가 설교자의 소명으로 이끌린 이후의 변화 이야기를 들려준다. 하나님을 찾아가는 그의 여정은 고백의 형태로 표현되었다. 이것은 하나님께 합당한 언어를 찾고자 하는 그의 마음이 담긴 기도와 찬양의 봉헌이었다. 만약 하나님이 위대하시고 찬양받으실 분이라면, 인간 피조물의 행복은 하나님께 합당한 진리와 찬양의 언어를 습득하는 데 달려 있다. 저명한 지식인이자 수사학자에서 말씀을 전하는 목회자이자 설교자로 부르심을 받은 자신의 회심 이야기를 통해, 아우구스티누스는 자신의 죄와 하나님의 선하심을 모두 고백할 수 있게 해 주신 하나님의 영광과 경이로움을 고백하고 선포한다.[25]

찬양하는 공동체인 교회는 성령으로 말미암아 기쁨의 큰 환호를 넘치게 올려 드리게 된다. "하나님의 움직이심에 동참하고 그의 풍성하심을 기뻐 찬양하는 것이며, 그의 말씀으로 빚어지고 새로운 미래를 향해 열리는 것이다."[26]

아름다움을 향한 아우구스티누스의 사랑은 아는 것과 사랑하는 것과 말하는 것이 하나 되어 온전해진 삶을 향한 깊은 갈망을 보여 준다. 윌리엄 맬러드(William Mallard)가 말하듯이, "아우구스티누스가 교회 안에서 성육신을 깨닫고 그것을 사모하기 시작했을 때, 그는 오랜 세월 자신을 괴롭혀 온 언어에 대해 가졌던 딜레마의 응답으로서 성육신의 권위 있는 언어를 깨닫게 되었다. 이 언어는 물론 성경이었고, '다르고', 낯설고, 거칠게 다듬어졌으며, 말씀이 육신이 되신 신비였다. 그러나 단순하고, 접근하기 쉬웠으며, 주로 하나님의 아들의 오심과 행하신 일들에 대한 이야기 형태였다. … 그것은 모든 이가 알 수 있는 하나님의 일하심과 겸손한 희생의 이야기를 들려주었다."[27]

아우구스티누스의 진리에 대한 사랑은 그리스도의 지혜로 인도되는 길이 되었고, 그 길은 또한 목표 되신 그리스도께로 인도한다. 지성의 온전함은 사랑을 요구하며, 사랑은 곧 지혜인 마음과 생각의 깨우침을 의미한다. 아우구스티누스가 이른 것은 설교 이론이 아니라, 자신의 생각과 애정과 말로 하나님을 사랑하는 방식이었으며, 모든 것 안에서 하나님 사랑의 아름다움을 기뻐하는 사고와 언어의 방식이었다. 이는 그의 가장 중요한 발견으로 이어졌다. 바로 "말씀이 육신이 되신" 그리스도의 비천함 속에서 드러난 겸손한 사랑의 태도다. 윌리엄스가 보는 바와 같이, "피조물이 된다는 것은 겸손을 배우는 것이다. 이는 낮선 뜻에 대한 복종이 아니라, 한계와 죽음을 수용하는 것이다. 우리의 도덕적 상상력과 행동의 측면에서 이 수용이 의미하는 모든 것을 위해, 우리는 그리스도의 은혜와 성령의 구체적인 교제를 통한 배움으로 준비되는 것이다."[28]

아우구스티누스는 창조주로부터 시작하지 않는 지식 추구는 결국 창조주께 이를 수 없다고 고백했다. "하나님의 빛 안에서 모든 것을 보는 것이야말로 그것들의 진정한 모습을 보는 것이다. 이는 처음부터 하나님의 존재를 인정하는 것을 의미한다." 그리스도의 겸손에 참여할 때, 우리는 모든 것을 비움과 불완전함과 연약함의 관점에서 바라보게 된다.[29] 맬러드는 이를 요약하며 아우구스티누스가 창조주를 어떻게 바라보았는지, 피조물의 연약함을 어떻게 이해했는지, 아름다움의 덧없는 속성을 어떻게 받아들였는지를 보여 준다. "이렇게 해서 서양의 가장 확실한 미적 통찰 중 하나가 드러난다. 아름다움을 보는 것도 중요하지만, 그 아름다움을 보며 그것이 일시적이라는 것을 알게 될 때 더 깊은 경이로움을 경험하게 된다. 가장 뛰어난 아름다움은 오히려 그 덧없음 속에서 놀라운 것이 된다."[30]

설교자로서 아우구스티누스가 깨달은 이 통찰은 오늘날 설교자들에게도 큰 빛을 비춰 준다. 우리의 언어는 창조 세계의 일부로서 창조주께서 주신 선물이므로 본질적으로 연약하고 한계가 있고 불완전할 수밖에 없다. 더욱이 언어는 창조주의 선물이기에 언어를 주신 분께 찬양으로 돌려 드려야 한다. 우리도 아우구스티누스처럼, 만물 속에 숨겨져 있으면서도 드러나는 그리스도의 아름다움을 하나님께 사랑과 찬양으로 올려 드리기 위해 성경의 언어를 "사용하는 법"을 배워야 한다. "이 찬양의 언어는 그가 늘 알던 말들이었지만, 이제는 그것을 올바로 사용할 수 있게 하는 진실성과 겸손이라는 두 선물과 함께 찾아온 것이다. 찬양과 성육신의 언어는 두 가지 측면을 가지고 있었다. 한편으로는 훈련이요 다른 한편으로는 부르심이었으며, 한편으로는 규범이요 다른 한편으로는 열정이었다. 사랑은 질서를 잡아 주면서도 힘을 주었고, 믿음은 공동체적이면서도 개인적이었다. 이처럼 권위의 언어, 성육신의 두 얼굴을 가진 언어는 바로 사랑의 언어였다."[31]

설교자에게 가장 중요한 과제는 청중의 마음과 상상력을 사로잡는, 참된 "하나님의 영광"을 보는 눈을 갖는 것이다. 아우구스티누스는 교회 안에 명예와 가치와 "영광"에 대한 서로 다른 견해가 공존함을 알았다. 그는 사회적 인정을 받으려는 욕망 속에서, 교만과 자기과시의 아름다움을 추구하는 방향으로 기울어 가는 지도자들과 영향력 있는 신자들의 모습을 지켜보았다. 아우구스티누스는 신학자로서도 목회자로서도 이러한 거짓된 형태의 "아름다움"을 다룰 수밖에 없었다. 그가 선택한 것은 그리스도의 겸손과 사랑에서 비롯된 설교의 미학이었다.[32]

로마가 함락된(410년) 직후에 행한 설교에서, 아우구스티누스는 그리스도의 십자가와 그 지혜를 선포했다. 그는 교회에게 십자가에 달리신 주님을 본받는 것이 우리 삶의 길이자 목표임을 일깨워 주었다.[33] 그는 먼저 하나님의 은혜가 어떻게 드러났는지를 확인했다. 그 은혜는 아들을 보내셔서 인간으로 태어나게 하시고, 인간의 손에 죽게 하신 것이다. "하나님이 인간을 위해 죽으셨다"는 이 놀라운 소식이야말로 그리스도인의 기억과 소망의 근거가 된다. 더욱이 이 주장의 근거는 다음과 같은 성육신의 진리에 있다. "태초에 말씀이 계셨고, 그 말씀이 하나님과 함께 계셨으며 하나님이셨던 그 말씀이 육신이 되어 우리 가운데 거하셨다"(194).

아우구스티누스는 말씀이 육신이 되신 이야기를 끝까지 붙들면서, 그리스도께서 죽어 가는 인간에게 생명을 주시기 위해 인간의 본질과 죽음을 취하신 "위대한 교환"의 진리를 확증했다. "이처럼 그분은 놀라운 거래, 서로 주고받는 완전한 교환을 이루셨다. 그분이 죽으신 것은 우리의 것을 말미암았고, 우리가 산 것은 그분의 것을 말미암았다." 그리스도인들은 십자가를 자랑으로 여기며 거기에 온전한 신뢰를 두어야 한다. 그리스도는 자신의 죽음을 통해 우리의 인간 됨을 완전히 받아들이심으로써 우리에게 그분 안의 생명을 주셨다. 이로써 하나님의 지혜와 정의가 드러난 위대한 행위를 통해 우리를 얼마나 사랑하시는지를 보여 주셨다(195).

로마가 함락된 후, 아우구스티누스는 자신들이 알던 익숙한 세상이 뜻밖에 무너지는 혼돈을 목격하고 있던 북아프리카 그리스도인들에게 설교해야 하는 책임을 지고 있었다. 목회자이자 감독으로서 아우구스티누스는 로마가 존중하는 신들 대신 "십자가에 못 박힌 이를 섬긴다"는 이유로 이교도와 지식인들의 비웃음과 멸시를 받고 있던 그리스도인 공동체에 용기를 불어넣어야 했다(195).

그는 주님의 수난으로 돌아가 결론을 내린다. 아우구스티누스는 십자가의 상징인 세례의 선물을 기억하며, 그리스도 안에서 교회가 지닌 십자가적 정체성을 감사하며 이렇게 말한다. "그러므로 우리 주 예수 그리스도의 십자가를 자랑합시다. 이 십자가로 말미암아 세상은 우리에게 죽은 것이 되고, 우리는 세상에 대해 죽은 자가 되었습니다. 십자가를 부끄러워하지 않도록, 우리는 그것을 우리의 수치심이 자리하는 곳, 바로 이마 위에 새겼습니다"(196).

목회적 도전에 대한 아우구스티누스의 모범적인 응답은, 이 "세상의 시간" 속에서 순례하는 하나님의 백성으로서 교회를 지탱하는 소망의 근원이자 영광의 약속인 십자가를 선포하도록 부름받은 설교자들에게 큰 용기를 준다. 하나님이 그리스도의 사역을 통해 말씀과 모범으로 온전함과 겸손을 가르치신 것처럼, 교회도 자신의 말과 행동으로 십자가에 못 박히신 주님의 겸손을 따라 세상과 자신을 나눔으로써 하나님을 향한 사랑을 보여 줄 수 있다. 아우구스티누스는 그리스도 안에서 보여 주신 하나님의 겸손한 길의 아름다움을 생명보다 더 귀히 여기고 사랑하라고 권면하면서 이렇게 설교를 마무리한다. "**사도가 우리에게 교만한 마음을 품지 말고 겸손한 이들과 동행하라고 했듯이, 우리가 겸손하신 하나님과 함께하지 않는다면, 우리 인간이 얼마나 위험한 낭떠러지로 떨어질 수 있는지를 깊이 생각해 보아야 할 것입니다**"(196, 강조 추가).

The Beauty of Preaching

The Beauty of Preaching

{ 04 }

말씀 가운데 드러난 아름다움

아우구스티누스는 시편 44편을 설교하면서 "육신이 되신 말씀"이신 그리스도의 아름다움을 감동적으로 해석했다. 그의 기독론적 해석은 영적으로 깨어 있는 미적 감수성을 잘 보여 주는데, 이는 우리가 "복음의 내용과 아름다움이라는 개념을 연결"할 가능성을 깊이 생각해 보게 한다.[1]

그는 하나님으로서 아름다우시고, 하나님과 함께 계신 말씀으로서도 아름다우십니다. 그는 동정녀의 몸 안에 계실 때도 아름다우셨습니다. 그곳에서 자신의 하나님 됨을 잃지 않으시면서도 우리와 같은 인간이 되셨기 때문입니다. 그는 말도 못 하는 갓난아기였지만, 그때도 아름다우셨습니다. 아직 말씀을 못하고 어머니 품에 안겨 젖을 먹는 아기였지만 하늘이 그를 대신해서 말했고, 별이 동방 박사들을 인도했으며, 구유에 누워 계실 때도 겸손한 자들의 양식으로 경배를 받으셨습니다. 그는 하늘에서 계실 때도 땅에 계실 때도 아름다우셨습니다. 태중에 있을 때도 부모님 팔에 안겨 계실 때도 아름다우셨습니다. 놀라운 기적을 행하실 때도 아름다우셨고, 채찍에 맞아 고통받으실 때조차도 여전히 아름다우셨습니다. 자신의 생명을 내어 주실 때도 아름다우셨고, 다시 생명을 취하실 때도 아름다우셨으며, 십자가에 달리실 때도, 무덤에 누이실 때도, 그리고 하늘로 올라가실 때도 아름다우셨습니다.[2]

아우구스티누스는 설교에 대한 통찰이 더욱 성숙해지면서, 연약하고 취약한 모습으로 이 땅에 오신 그리스도처럼 설교의 아름다움 또한 불완전하고 깨지기 쉬움을 깨달았다.[3] 교회 안에서 이루어지는 모든 소통은 하나님의 사랑 안에서 참된 근원과 목적을 발견하며, 그리스도의 실체로부터 영감과 진리를 이끌어 낸다. 그의 소원은 하나님의 진리를 지혜롭고 아름답게 선포하되, 겸손한 인간의 모습을 취하신 하나님의 거룩한 아름다움에 "어울리는" 방식으로 설교하는 것이었다.[4]

한때 아우구스티누스는 사람들을 설득하는 것 자체가 목적인 "말재주꾼"으로서 유명한 수사학자였다. 그러나 이후 그는 설교가 단순한 말재주가 아니라, 그리스도의 "복음이 지닌 아름다움"을 통해 빚어진 특별한 지혜와 감동이 있어야 한다고 생각했다.

캐럴 해리슨(Carol Harrison)의 설명에 따르면 로마 제국에서 수사학은 매우 중요한 문화적 위치를 차지했는데, 이에 따라 사회적 신분, 명예, 권력, 권위가 따라왔다.[5] 하지만 이런 수사학 전통은 자기만족에 빠지기 쉬웠고, 진리보다 형식을 강조하며 단순한 오락과 기교를 추구하는 "피상적인 심미주의"로 변질될 위험이 있었다.[6] 브라운은 아우구스티누스가 인간의 상상, 감정, 이해를 뛰어넘는 그리스도 안에 있는 하나님의 비밀을 어떻게 전달할 것인가를 얼마나 많이 고민했을지를 설명한다. 그것은 아우구스티누스 시대나 오늘날이나 설교자가 직면한 공통 과제라는 것이다.

진리를 전해야 한다는 엄청난 압박감은 고대 수사학이 쌓아 올린 정교한 틀을 허물어 버린다. 아우구스티누스가 말년에 깨달은 것처럼, 수사학이란 결국 극도로 복잡하고 자기 의식적인 규칙을 따라 연설이라는 결과물을 그럴듯하게 꾸미는 일에 지나지 않았던 것이다. 수사학은 소통의 핵심 문제를 무시해 버렸다. 간절히 전하고 싶은 메시지가 있는 사람의 내적 고민이나, 자신의 생각을 학생들과 나누고 싶어 하는 교사가 마주하는 문제 말이다. 이제 아우구스티누스는 진정성을 새로운 기준으로 삼았다. 정말 말할 가치가 있는 내용이 있다면 그것을 전하는 방법은 자연스럽게 따라올 것이며, 이는 화자 자신의 진심으로부터 필연적이지만 눈에 띄지 않게 동반된다고 보았다. … 그 영향은 즉각적이었다. 설교자의 스타일은 전문가들이 분석하고 평가할 수 있는 미리 준비된 기교의 조합이 아니었기 때문이다. 오히려 그것은 메시지의 열기 속에서 형식과 내용이 분리될 수 없게 용접된 것이었다. 따라서 "청중이 스스로 감동을 느끼지 못하는데 이것이 감동적이라고 설명하는 것은 무의미한 일"이 되었다.[7]

아우구스티누스는 설교를 기독교적 수사학의 한 형태로 보았으며, 성경이 증언하는 그리스도를 묵상하며 길러진 지혜와 웅변으로 진리를 말하는 것으로 여겼다. 설교자가 되는 데는 겸손과 사랑이 필요하며, 설교는 겸손한 사랑의 행위로 수행된다.[8] 말하는 사람과 전달되는 메시지는 그리스도의 겸손하고 사랑스러운 모습을 통해 보여 주신 하나님의 지혜로 빚어진다. "좋은 청중은 그 말씀이 열정적으로 선포될 때 마음이 뜨거워진다. 이 말씀은 인간의 노력으로 애써 만든 것이 아니라, 하나님의 마음에서 지혜롭고 아름답게 흘러나온 것이다. 지혜가 아름다운 말을 추구한 것이 아니라, 아름다운 말이 지혜를 따라간 것이다."[9]

　해리슨은 아우구스티누스의 설교를 "기독교적 미학"으로 설명한다. 여기서 설교자의 말은 하나님의 말씀을 섬기는 도구로 핵심적인 역할을 한다. 이제 언어는 단순히 듣기 좋고 설득력 있도록 말하는 것에서, 그리스도를 통해 드러난 진리를 사랑하고 실천하게 돕는 것으로 변한다. 설교는 하나의 신학적 전제하에 이루어진다. "인간의 의지 자체는 그 마음을 즐겁게 하고 움직이게 하는 무언가가 없다면 움직이지 않는다."[10] 이때 그 무언가란 바로 하나님이 죄인인 우리에게 당신 자신을 계시해 주시는 것이다. 이를 통해 우리는 기쁨을 느끼고, 즐거움과 감동을 받으며, 선한 것을 사랑하고 실천하게 되는 것이다.[11] "그래서 우리는 최종 목적지를 향해 가는 길에서 만나는 것들을 사랑하게 된다"고 아우구스티누스는 분명하게 말한다.[12]

　해리슨은 아우구스티누스의 설교 미학을 이렇게 요약한다. "진리는 아름답고, 아름다움은 기쁨을 준다. 그리고 기쁨이야말로 하나님이 타락한 인간의 의지를 자신에게로 돌이키시는 방법이다. 따라서 성경을 문학작품으로 보거나 설교할 때 수사학을 사용하는 것은 전혀 잘못된 일이 아니다. 거기에는 어떤 인위성도, 근거 없는 행동도, 기만도, 피상성도, 타락도 없다."[13]

설교의 아름다움은 하나님의 진리를 선포할 때 나타난다. 듣는 이의 마음을 미적으로 기쁘게 하고, 쉽게 접근할 수 있으며, 분명하게 전달되는 방식으로 선포될 때 아름다움이 드러난다. 아우구스티누스는 말하는 방식, 전략, 기교를 먼저 생각하지 않았다. 대신 인간이 성경이 보여 주는 진리를 깊이 사모하고 사랑한다는 확신에서 출발했다. 사랑은 기쁨에서 비롯되고, 기쁨은 아름다움에서 비롯되며, 아름다움은 진리에서 비롯된다. "그래서 아우구스티누스는 성경의 진정한 목적을 이루려면 성경의 아름다움이 사람들의 눈에 보이고 그들의 마음을 기쁘게 해야 한다고 생각했다."[14]

성경이 설교에서 매우 중요하지만, 그보다 더 중요한 것은 하나님을 아는 것과 그분을 사랑하는 것이다. 성경은 하나님이 주신 선물이자 은혜의 도구로서, 하나님으로부터 받은 사랑의 영감과 올바른 의도로 "사용되는" 보조적인 것이라 할 수 있다. "성경적 설교"를 위해서는 설교자가 성경 구절을 단순히 인용하는 수준을 넘어서서, 성경의 깊은 지혜를 이해하고, 성경의 언어를 자기 것으로 만들고, 성경만의 독특한 표현들을 익히고, 모든 말씀이 결국 그리스도를 가리킨다는 성경의 흐름을 깨달아야 한다. 이는 설교자의 "마음"이 변화되는 특별한 배움의 과정이다. 언어를 포함한 피조물들을 즐기는 것에서, 점차 그리스도의 아름다움을 발견하는 기쁨으로 옮겨 가고, 마침내 하나님이 교회를 통해 이루시고자 하는 뜻, 즉 교회가 세상을 향한 "살아 있는 말씀"이 되게 하시려는 뜻을 간절히 바라게 된다.[15]

삼위일체의 아름다움과 설교

아우구스티누스는 설교가 성령의 감동으로 말씀 안에서 기쁨을 누리는 것에서 시작된다고 보았다. 그리스도는 하나님의 아름다움을 나타내는 형상이며, 아들은 아버지의 가장 완전한 표현이다.[16] 말씀에는 성령께서 우리를 삼위일체의 사랑 그 자체를 사랑하도록 이끄시는 특별한 빛이 있다. 모든 상징의 완성이자 목적인 말씀은 사랑으로 우리에게 기쁨을 주고, 우리의 마음을 사로잡는다. 핸비의 설명처럼, 아우구스티누스는 "그리스도의 고난을 피조물과 창조주 사이의 조화를 회복하시는 하나님 사랑의 아름다움이 드러난 것으로 보았다." 십자가는 넘치도록 부어진 하나님 사랑의 아름다움을 보여 주며, 그 광채로 "우리 마음의 눈"을 정결하게 하여 그 사랑의 참된 모습을 볼 수 있게 한다(61).

아우구스티누스의 비전은 완전한 하나님이자 완전한 인간이신 하나님의 아들 그리스도에 대한 교회의 신앙고백을 통해 형성되었다. 삼위일체 하나님이 모든 것을 초월하는 사랑이시므로 창조는 성부와 성자가 나누는 사랑의 관계 안에서 생동하고 풍성해진다. 시간과 역사가 하나님의 영원한 아름다움 안에서 전개되는 것처럼, 그리스도가 시간과 역사 속에서 하나님의 영원한 아름다움을 드러내신다는 점에서 기독론이 핵심이다. 핸비의 결론처럼, "그리스도의 역할은 하나님으로부터 멀어진 창조 세계를 하나님의 삼위일체의 생명 안으로 다시 통합하는 것이다. … 이는 창조 세계 안에서 하나님의 아름다움을 나타내는 것, 더 나아가 하나님 사랑의 아름다움을 드러내도록 창조 세계를 회복하는 것 … 그리고 그것을 우리가 깨닫게 되는 것이다"(28).

이 사랑은 하나님 자신이자 동시에 하나님이 주시는 선물이다. 하나님의 사랑은 우리의 왜곡된 사랑을 그리스도의 아름다움을 닮도록 변화시키며, 그리스도는 자신이 몸소 보여 주시고 고난 가운데 부어 주신 그 넘치는 사랑으로 우리를 이끌어 주신다. 구원은 심미적이다. 즉 하나님의 사랑을 통해, 하나님의 사랑 안에서 왜곡된 것들이 새로워지는 것이다. 하나님의 사랑은 그 초월적 근원 안에서 느끼는 기쁨의 강력한 힘으로 사랑을 일으키고 우리를 이끌어 준다. 그리스도의 성육신은 하나님 아버지의 아름다움을 눈으로 볼 수 있게 드러내신 것이며, 성령은 그 아름다움을 통해 증언하시고 기쁨을 주시며 감동시키시는 사랑의 선물이다. 설교에서 사용되는 언어를 포함한 이 세상의 모든 보이는 것은, 하나님 아버지와 아들의 기쁨 안에서 그 근원과 목적을 가진 상징들로 기능한다(30-32).

우리 인간은 성경 전체를 관통하는 하나님의 영광스러운 아름다움에 동참할 때만 진정으로 의로워진다. 우리의 모든 존재와 소유와 행동으로 하나님을 사랑하고, 하나님이 우리를 사랑하신 것처럼 이웃을 사랑하는 것, 그것이 바로 아름다움이다. 하나님과 이웃을 향한 사랑은 교회의 참된 모습이며, 그리스도와 그의 몸 된 교회의 아름다움이 세상 가운데 구체적으로 드러난 것이다.

교회는 성부와 성자의 사랑을 드러내며, 그 사랑의 모습과 움직임 안에서 회복되어 가는 창조물이다. 따라서 그리스도의 아름다움은 우리의 피조된 삶을 하나님의 영광을 보여 주는 살아 있는 증거와 "말씀"으로 만들어 가며, 이는 우리가 창조의 아름다움에 참여함으로써 선포된다(37-38). 아우구스티누스는 이를 다음과 같이 감동적으로 표현한다. "'그에게는 우리가 흠모할 만한 모습이나 아름다움이 없었다.' 그리스도께서 겪으신 추함이 당신을 빚어 갑니다. 만약 그분이 추하게 되기를 원하지 않으셨다면, 당신은 잃어버린 본래의 모습을 회복할 수 없었을 것입니다. 그래서 그분이 십자가에 초라하게 매달리셨고, 바로 그 초라함이 우리의 아름다움이 되었습니다"(46에서 인용).

삼위일체의 사랑은 참되고 선하지만, 사랑과 기쁨과 즐거움과 복의 열매인 성령도 필요하다. 하나님의 진리와 선하심이 우리를 움직이려면, 우리의 갈망을 일으키고 정서를 감동시킴으로써 우리에게 기쁨을 주어야 한다. 완전한 신성과 완전한 인성을 가지신 그리스도는 하나님 사랑의 아름다움을 보여 주시고, 우리가 그 사랑에 참여하도록 중보하신다. 하나님의 아들로서 예수님은 하나님 아버지께서 기뻐하시는 아버지의 아름다움이시다.

더 나아가 하나님의 아들로서 그리스도는 구원자이시고 중보자이시며 우리 인간의 삶이 그 안에서 펼쳐지고 완성이 이루어지는 분이다. 핸비의 말처럼, "우리의 회심은 성부를 향한 성자의 아름다운 응답에 대한 아버지의 기쁨에 참여하는 것이 될 것이다." 회심은 전적으로 하나님의 은혜로 이루어지므로 이런 참여는 그 자체가 받는 것이며, 받는 것으로서 그것은 자신을 내어 주는 것이다. "이 비전을 깨달는 것은 우리 자신을 사랑과 찬양으로 드리는 것과 분리될 수 없을 것이다"(54-55).

삼위일체의 아름다움은 성령의 선물로서 설교의 본질적인 요소다. 설교는 그리스도를 닮아 하나님을 향한 찬양과 사랑을 표현하는 것이기 때문이다. 그리고 우리가 믿음을 얻는 말씀을 듣는 행위는 우리 자신을 비우는 것과 같다. 이것은 하나님이 주시는 선물이며, 성령의 사랑이 깃든 지식의 기쁨 안에서 아버지를 향한 아들의 응답에 우리도 함께 참여하게 한다(55). 핸비는 이렇게 말한다. "참된 존재는 오직 거룩한 삶을 사는 이에게서만 발견된다. 하지만 역설적이게도 그 사람이 하나님의 형상으로 존재하는 것은 하나님과 다르다는 바로 그 사실 때문이다. 이 차이로 인해 하나님의 사랑과 기쁨과 자기희생 안에서 가장 완전한 자아가 되는 선물을 받을 수 있는 것이다. 결국 한 사람이 진정한 자신이 되는 것은 오직 하나님의 것이 됨으로써만 가능하다"(66).

설교는 인간의 말을 통해 이루어지는 행위이지만, 성령께서는 그 말을 통해 우리가 그리스도 안에서 기쁨을 누리게 하신다. 그리스도야말로 하나님의 자기희생적 사랑을 완벽하게 보여 주신 분이기 때문이다. 그리스도는 창조 세계 안에서 하나님의 실재를 보여 주시는 신적 사랑의 형상이시며, 동시에 하나님의 실재 안에 있는 창조 세계를 보여 주시는 분이다. 이러한 아름다움은 말씀을 듣고 믿음으로 그리스도의 형상을 닮아 가는 하나님의 백성인 교회를 통해 이 세상에 드러난다(68-70).

설교자들은 아우구스티누스의 설교 미학을 살펴봄으로써 많은 유익을 얻을 수 있다. 특히 그의 미학이 말하기 기술과 어떻게 긴밀히 관련되는지를 살펴보는 것이 중요한데, 이는 그가 목회자이자 감독으로 사역하면서 실제로 적용하고 발전시킨 것이기 때문이다. 그의 저서 『입문자 교리 교육』(De catechizandis rudibus)을 보면, 설교자들이 성경의 언어를 이해하고 전달하는 과정에서 겪는 어려움과 문제를 상세히 다루고 있다.[17] 아우구스티누스는 설교의 핵심인 하나님을 아는 지식과 그분을 향한 사랑을 청중에게 명확하게 전달할 때, 청중도 기쁨과 영감을 얻는다고 굳게 믿었다. 설교자는 진리를 향한 사랑에서 비롯된 영감으로 말씀을 전해야 하며, 그 진리가 지닌 선함과 아름다움은 자연스럽게 설교자와 청중 모두의 마음에 갈망과 기쁨을 불러일으킨다. 프란치스코는 이 목적을 명확하게 설명한다. "그리스도를 전한다는 것은, 그분을 믿고 따르는 것이 단순히 옳고 좋을 뿐 아니라 아름다우며, 어려운 상황 속에서도 우리 삶을 새로운 빛과 깊은 기쁨으로 채울 수 있음을 보여 주는 것이다."[18] 따라서 진리를 설교한다는 것은, 비록 완전하지는 않더라도 그리스도의 "표징"인 설교자의 생각과 사랑과 말을 통해 드러나는 하나님의 사랑의 아름다움으로 청중을 이끄는 것이다. 프란치스코는 설교자의 삶에 대해 이렇게 말한다.

> 우리가 완벽할 필요는 없습니다. 다만 복음의 길을 따라 걸어가면서 끊임없이 성장하고 또 성장하기를 갈망해야 합니다. 결코 나태해져서는 안 됩니다. 설교자에게 가장 중요한 것은 하나님이 자신을 사랑하시고, 예수 그리스도께서 자신을 구원하셨으며, 그분의 사랑이 언제나 마지막 승리를 거둔다는 확신입니다. 이런 아름다움

을 경험할 때 설교자는 자주 자신의 삶이 마땅히 해야 할 만큼 하나님을 영화롭게 하지 못한다고 느낄 것이며, 그 위대한 사랑에 더 온전히 응답하고 싶은 진정한 열망을 품게 됩니다. 그러나 만약 설교자가 열린 마음으로 하나님의 말씀을 듣는 시간을 갖지 않고, 그 말씀이 자신의 삶을 흔들고 도전하고 앞으로 나아가도록 허용하지 않고, 그 말씀과 함께 기도하지 않는다면, 그는 결국 거짓 선지자, 사기꾼, 겉만 번지르르한 모방자에 불과할 것입니다. … 주님은 우리를 살아 있고, 자유롭고, 창조적인 존재로 사용하기를 원하십니다. 그분의 말씀을 자신의 마음에 먼저 두고 다른 이들에게 전하는 존재 말입니다. 그리스도의 메시지는 설교자의 지성만 아니라, 그의 전인격을 진정으로 사로잡아야 합니다.[19]

지혜의 아름다움으로서의 설교

아우구스티누스가 『입문자 교리 교육』을 쓴 것은 신앙을 찾는 이들과 새로운 신자들을 어떻게 가르쳐야 할지 조언을 구한 한 동료 목회자의 요청 때문이었다.[20] 그는 이 문제를 다음과 같이 요약한다. "당신은 이를 인정했고, 몹시 안타까워했습니다. 당신의 강의가 길어지고 열정이 사라질 때면, 당신은 종종 자신이 하찮고 싫증나게 느껴졌다고 했습니다. 이는 당신이 기초 신앙을 가르치던 그 사람이나 함께 듣던 다른 청중의 경우는 말할 필요도 없다는 것이겠지요"(프롤로그, 1.1). 아우구스티누스는 설교자로서 자신의 한계를 인정하면서 솔직하게 고백한다. "나도 마찬가지입니다. 나는 거의 매번 내가 전한 설교에 만족하지 못합니다. 왜냐하면 내가 정말로 전하고 싶은 메시지는 실제 말로 표현하기 전에 내 마음속에서 거듭해서 누리는 더 깊은 진리이기 때문입니다"(프롤로그, 1.2).

아우구스티누스는 말이 생각을 온전히 따라가지 못한다는 사실을 잘 알았다. 우리가 말로 표현하는 것과 우리 마음속에 번쩍이며 떠오르는 통찰, 그리고 그것이 남긴 기억 사이에는 항상 어떤 간격이 있기 마련이다. 이 간격은 그러나 통찰이 부족하거나 열정이 없어서 생기는 것이 아니다. 설교자들은 흔히 뭔가 부족하고, 자격이 없고, 때로는 실패했다는 감정에 사로잡히곤 한다. "우리는 이런 실패감에 괴로워하고, 헛된 노력을 하는 사람처럼 좌절감에 기운이 빠진다. 그러면 바로 그 좌절감 때문에 우리의 말은 처음 그 좌절감을 느꼈을 때보다도 더 무기력하고 생기가 사라지게 된다"(프롤로그, 2.3).

설교의 언어가 단조롭고 활기를 잃어서, 설교자와 청중 모두에게 영감과 기쁨과 감동을 주지 못할 수 있다. 아우구스티누스는 때로는 자신보다 청중이 더 큰 열정을 보일 때가 있음을 인정했고, 이를 오히려 자신에게 격려가 되는 일로 받아들였다. 하지만 설교의 실제적인 어려움은 여전히 존재한다. 설교자가 전하고자 의도했던 것과 실제로 전해진 것 사이의 차이가 크고, 때로는 메시지가 지루하고, 감동이 없고, 흥미를 못 끌고, 매력 없게 되어 버리기도 한다. 이런 상황에서 설교자는 어떻게 해야 할 것인가?

실제로 우리가 설교하는 일 자체에서 기쁨을 얻을 때, 청중은 훨씬 더 귀 기울여 말씀을 듣게 된다. 그때 우리의 말은 설교하면서 느끼는 기쁨으로 물들고, 우리의 메시지는 더욱 자연스럽고 은혜롭게 전달된다. 따라서 어려운 과제는 신앙의 내용을 역사적으로 설명할 때 어디서 시작하고 어디서 끝내야 하는지 규칙을 정하는 것이 아니다. … 그렇지 않다. 우리가 진정으로 고민해야 할 문제는 어떻게 하면 신앙을 가르치는 사람들이 기쁨으로 그 일을 감당할 수 있을까 하는 점이다. 그들이 이 기쁨을 더 많이 누릴수록, 그들의 가르침은 더욱 매력적이 될 것이다. 실제로 이에 대해 이미 우리에게 주어진 분명한 말씀이 있다. "하나님은 즐겨 내는 자를 사랑하시느니라"(고후 9:7). 이것이 물질적인 것에 해당된다면, 영적인 것에는 얼마나 더욱 그러하겠는가? 그러나 이러한 기쁨이 필요한 순간에 우리 안에 있으려면, 그 가르침의 주인이신 분을 진정으로 고백하는 것이 필요하다(프롤로그, 2.4).

이것이 바로 설교의 미학이다. 이는 하나님의 사랑이 지닌 아름다움에서 비롯되며, 하나님 안에서 인간이 경험하는 기쁨의 원동력에 이끌린다. 복음 이야기에서 영감을 받아 형성된 설교에 대한 비전이라 할 수 있다. 아우구스티누스의 출발점은 그리스도다. 그리스도께서 이 땅에 오신 것은 사람들로 하여금 하나님의 크신 사랑을 깨닫게 하시려는 것이었고, 이를 통해 자신들을 먼저 사랑하신 분을 향한 뜨거운 사랑이 그들 안에 일어나게 하는 것이었으며, 나아가 그분이 명령하시고 몸소 겸손히 보여 주신 것처럼 이웃을 사랑하게 하시려는 것이었다. 사람들이 그분으로부터 멀리 떨어져 방황할 때도, 그리스도는 그들을 사랑하심으로 스스로 그들의 이웃이 되어 주셨다(1부, 4.8). 윌리엄 함리스(William Harmless)는 이를 다음과 같이 명쾌하게 요약해 준다. "아우구스티누스는 이 모든 것의 핵심이 바로 마음이라고 보았다. 그에게 성경의 핵심은 인간의 마음을 향한 메시지였다. 그것은 바로 하나님을 사랑하고 이웃을 사랑하는 것이다. 하나님이 그리스도 안에서 얼마나 우리를 사랑하는지 보여 주셨고, 그리스도를 통해 스스로 우리의 이웃이 되어 주셨기 때문이다. 이 메시지가 가르치는 방식을 결정했다. 그래서 신앙을 찾는 이들은 무엇보다 먼저 하나님과 이웃을 향한 사랑을 맛보게 할 필요가 있었다."[21]

설교는 진리를 사랑함과 더불어 전하려는 메시지의 선함을 갈망하는 지혜와 겸손이 필요하다. 아우구스티누스는 설교자와 설교 내용 사이에 존재하는 간격을 그리스도의 빛 아래서 이해했다. "그리스도는 하나님과 동등하셨지만, 자기를 비우시고 죽으심으로써 설교의 본을 몸소 보여 주셨다"(1부, 10.15). 아우구스티누스는 그리스도께서 보여 주신 자기 비움의 모범이 사도 바울의 사역에서도 드러났다고 보았다. 바울 역시 말씀을 전하는 사람들의 구원을 간절히 바라며, 복음을 위해 자신을 드리는 것을 기뻐했기 때문이다. 아우구스티누스는 이것을 복음을 향한 뜨거운 열정에서 흘러나오는 기쁨을 키우는 것으로 이해했다. "우리가 내면에서 깨달음의 기쁨을 누리는 것처럼, 사랑의 본질에 대한 이러한 통찰에서도 기쁨을 찾아야 한다. 가장 낮은 곳에 있는 이들을 향해 섬기는 마음으로 더 깊이 자신을 낮출수록, 그리고 순수한 마음으로 그들의 영원한 구원만을 구할수록 우리는 내면에 숨겨진 비밀을 더욱 선명하게 발견하게 된다"(1부, 10.15).

설교는 하나님 안에서 누리는 기쁨에서 시작되고, 청중도 하나님 안에서 그 기쁨을 누리게 하는 것이 목표이므로, 설교자들은 자신의 수행 능력에 대한 걱정과 청중의 반응에 대한 불안에서 벗어날 수 있다. 아우구스티누스는 불안한 설교자들을 위한 위로가 하나님과 이웃 사랑 안에서 발견된다고 말한다. 이웃은 청중을 포함하며, 이 사랑이 설교자의 삶과 말씀의 궁극적인 목적이 되어야 한다. "어떤 일이 진정으로 선한 것이 되는 때는 그 일을 하는 사람의 의지가 사랑의 화살에 맞았을 때다"(1부. 11.16).

아우구스티누스는 설교의 궁극적 목적인 하나님의 사랑이 설교자 개인의 성공, 만족, 안위보다 훨씬 중요하다고 믿었다. 하나님께 온전히 집중하는 것이 설교의 본질적 요소다. 이는 창조주께서 정하신 창조의 목적을 청중에게 알리고, 그들의 마음이 찬양으로 고양되게 하는 데 필수이기 때문이다. 더 나아가, 모든 이에게 생명을 주는 연민과 사랑의 관계 속에서 자신의 존재와 지식과 사랑을 나눌 때 참된 기쁨이 있다. 아우구스티누스는 설교를 우정의 행위로 보았다. 말씀을 듣는 모든 이가 기쁨과 즐거움을 발견하는 특별한 형태의 소통이라는 것이다. 목회자로서 그는 다른 이들에게 길을 보여 주는 사역이 열정과 기쁨을 불러일으키고, 마음을 즐겁게 하고, 때로는 경외감과 놀라움마저 가져다주는 것을 깨달았다. 동시에 설교의 한계와 불완전함이 그에게 깊은 슬픔을 안겨 준다는 것도 알았다. 이는 "우리에게 평화를 주신 바로 그분의 명령으로 우리가 이 일을 하고 있기" 때문이다(1부. 12.17).

설교자는 다른 모든 그리스도인과 마찬가지로 제자로 부름받은 자로서 말씀을 전한다. 따라서 설교가 실제로 능력 있게 역사하는 것은 전적으로 하나님의 변화시키시는 능력에 달려 있다. 아우구스티누스는 인간의 무지와 연약함을 치유하려면 하나님의 은혜가 절대적으로 필요하다고 강조한다. 그는 설교자들도 다른 모든 사람과 마찬가지로 인간의 여러 약점과 실패, 즉 우울감, 슬픔, 무관심, 열정의 부족, 자기중심성, 자기 연민, 사리사욕, 지나친 교만, 혼란스러움, 낙심, 불안감, 도덕적 실패, 짜증, 권태로움, 무감각한 마음, 영적 탈진 등을 겪는다는 것을 인정했다. 하지만 동시에 그는 설교의 본질이 하나의 표징 혹은 "말씀"이 되어, 설교자 개인의 유혹과 실패를 초월하는 하나님을 아는 지식을 가리킨다고 보았다. "풍성한 사랑에서 흘러나오는 유창하고 즐거운 말은 듣는 이가 즐거움으로 취하게 합니다. 이 말씀은 내가 여러분에게 전하는 것이 아닙니다. 사랑 그 자체가 우리 모두에게 말씀하시는 것입니다. 바로 성령을 통해 우리 마음에 부어 주신 사랑입니다"(롬 5:5)(1부, 14.21, 22). 해리슨은 다음과 같이 설명한다. "『입문자 교리 교육』은 본질적으로 사랑에 관한 논문이라고 할 수 있다. 설교자의 태도와 말씀을 형성하는 것도 사랑이고, 설교의 주제가 되고 성경과 교회를 통해 드러난 기독교 역사의 핵심 가르침도 사랑이다. 또한 사랑은 설교에 영감을 불어넣고 설교자의 행동을 움직이는 원동력이 된다. 결국 사랑은 성경 해석과 설교의 본질과 실천, 궁극적인 목적을 알려 주는 것이다."[22]

아우구스티누스는 설교가 하나님의 말씀을 듣고자 하는 인간의 근본적인 필요를 채워 준다고 보았다. 그 말씀은 우리 안에 경외감과 경이로움과 기쁨을 불러일으킨다. 성령께서는 그리스도를 아는 지식과 사랑 안에서 점점 더 깊은 기쁨을 누리게 하시고, 이를 통해 설교는 하나님을 향한 찬양과 기쁨을 더욱 고취한다(1부, 13, 18, 19). 말씀을 들음으로써 하나님을 기뻐하는 것은 교회가 삶의 현실에서 도피하는 것이 아니다. 오히려 "우주의 핵심이자 모든 것을 아우르는 실재, 그리고 그 빛 가운데 드러나는 모든 것"에 인간이 참여하는 방법이다.[23] 포드와 하디는 이처럼 선한 삶의 방식을 이렇게 요약한다. "평범한 그리스도인의 삶에서 가장 중요한 것은 하나님의 사랑을 알아 가는 것이다. 모든 피조물은 하나님 사랑의 작품이다. 예수 그리스도는 모든 창조를 회복하고 완성하시기 위해 사랑으로 자신을 내어 주신 하나님이다." 성령은 끊임없는 변화와 새로운 창조의 역사 가운데 이 사랑을 부어 주시는 분이다. 하나님을 찬양한다는 것은 이 모든 것[하나님의 아름다움]을 인정하고 먼저 그것을 기뻐하며 축하하는 것이다. 그러므로 찬양이란 하나님의 넘치는 사랑을 우리가 담아내려는 노력이다."[24]

아우구스티누스의 설교학적 지혜, 곧 하나님의 말씀을 기뻐하는 것은 설교자를 새로운 차원으로 인도한다. 이는 하나님을 더욱 분명히 알아 가게 하고, 더 깊이 생각하고 느낄 수 있는 능력을 키우며, "사랑의 언어"를 더 풍성하게 이해하고 전달할 수 있게 한다.[25]

설교의 기쁨

아우구스티누스는 『영과 문자』(The Spirit and the Letter)란 저서에서 기쁨의 중요성을 깊이 다루었다.[26] 이 저서는 주로 펠라기우스의 가르침에 대항하여 하나님의 은혜를 신학적으로 변호한 책으로 알려져 있다. 하지만 『영과 문자』는 그 이상의 의미가 있다. 이 책은 하나님이 주신 인간의 자유, 율법의 가르침, 성령의 선물이 어떻게 인간의 의지를 돕는지에 대한 아우구스티누스의 관점을 이해하는 데 중요한 통찰을 제공한다.[27] 그는 하나님을 최고선으로 사랑하고 기뻐하도록 이끄시는 분이 바로 성령이시라는 중요한 결론에 도달한다. 이 저작에 대한 윌컨의 해설은 설교에서 사랑과 기쁨이 지니는 중요성을 잘 보여 준다. "아우구스티누스가 볼 때 성령께서 우리 마음에 부어 주신 사랑은 영혼을 움직이는 동력이며, 의지에 에너지를 주고, 덕이라는 돛을 가득 채우는 바람이 되어 우리를 선으로 인도한다."[28]

하나님이 선물로 주신 성령은 우리에게 넘치도록 부어진다. 성령은 우리 마음이 하나님을 사랑하고 그분께 헌신하도록 불타오르게 하시며, 우리의 궁극적 목적이신 하나님과의 관계 속에서 올바른 말과 행동이 무엇인지 분별하도록 우리의 마음을 밝혀 주신다. 윌리엄스는 이를 다음과 같이 설명한다. "이것이 바로 하나님 사랑과 이웃 사랑을 실제로 구분할 수 없는 이유다. 이웃을 사랑한다는 것은 그 사람 안에 이미 존재하거나 앞으로 나타날 수 있는 너그러운 사랑의 현존을 사랑하는 것이다(우리는 그것을 보고 받아들이거나, 보지 못하더라도 그것이 거기 있기를 간절히 소망한다). 그리고 우리 인간성의 궁극적 목표이자 기준으로서 이 너그러운 사랑을 사랑한다는 것은 그것을 최고의 선으로 사랑하는 것이다. … 이는 곧 하나님을 사랑하는 것과 같다."[29]

여기에는 설교자들이 깊이 새겨들어야 할 중요한 지혜가 담겨 있다. 우리 인간은 하나님 안에서 서로 사랑의 교제를 누리며 살도록 창조되었기에, 단순히 청중에게 무엇을 알아야 하고, 무엇을 해야 하는지를 말하는 것만으로는 부족하다는 것이다. 우리는 하나님과 이웃을 사랑하도록 이끄시는 성령의 역사하심을 통해 내면으로부터 변화되어야 한다. "우리가 마주하는 하나님은 우리의 자유의지로 반드시 실행해야 할 요구사항들을 우리 앞에 제시하시는 분이 아니다. 오히려 우리는 하나님의 주권적 사랑에 우리 자신을 온전히 내어 드려야 하며, 그럴 때 우리는 새로워지고 우리의 모든 행위가 최고의 사랑의 선물이신 성령께 열리게 된다."[30]

아우구스티누스는 하나님께 헌신하는 삶, 곧 선한 삶은 오직 그 삶을 기쁨으로 누리고 실천할 때만 진정으로 가능하다고 믿었다. 사랑은 성령의 선물이다. "우리 마음에 부어진 하나님의 사랑은 우리 안에서 시작되는 자유의지의 결과가 아니라, 우리에게 주어진 성령을 통해 임하는 것이다"(롬 5:5).[31] 이는 단순히 죄를 짓지 않는 것에서 오는 기쁨만이 아니다. 성령께서 우리 마음에 새겨 주신 율법을 기뻐하는 것이며, 성령으로부터 오는 사랑으로 믿음의 삶을 살며 선한 일을 행하는 것에서 오는 기쁨이다.[32] 아우구스티누스는 이를 다음과 같이 요약한다. "이보다 더 나은 선도, 더 큰 행복도 없다. 하나님을 위한 삶, 하나님으로부터 오는 삶, 생명의 근원이신 그분과 함께 있고, 그분의 빛 안에서 우리가 빛을 보게 될 것이다."[33]

삼위일체의 관계에 대한 윌리엄스의 설명은 우리가 성령의 역할을 이해하는 데 도움이 된다. 성령은 인간을 변화시키시는 주체이며, 우리가 사랑이신 하나님의 생명에 참여하게 하시는 분이다. "다시 말해 성령의 신성은 성부와 성자의 신성, 곧 바로 자기를 내어 주는 사랑의 지혜다. 하지만 우리는 성령에 대해, 특히 신성 전반에 대해 무엇이 참인지를 말할 수 있다. … 왜냐하면 사랑과 선물로 충만하신 하나님의 생명이 우리의 구체적인 구원 역사 속에서, 그리고 구체적이고 다양한 개인들에게 사랑으로 주어지는 것은 바로 성령을 통해서이기 때문이다. … 성령은 하나님 자신이시면서 동시에 하나님 자신을 선물로 주시는 분이다. 성령은 영원 전부터 성부께서 말씀을 낳으심으로써 자신을 나누어 주시는 지혜를 보여 주셨는데, 성령은 바로 그 자기 나눔의 실재를 우리에게도 경험하게 하시는 분이다."[34]

아우구스티누스는 구약의 특징이라 할 수 있는 하나님을 향한 두려움이 이제는 기쁨으로 바뀌었다고 보았다. 새 언약 아래에서 성령은 믿는 자들의 마음을 변화시켜 하나님을 두려워하는 자들이 아닌 하나님을 사랑하는 자들이 되게 하시기 때문이다. "은혜의 성령께서 하시는 일은 우리 안에 하나님의 형상을 새롭게 하는 것이다. 우리는 본래 그 형상대로 지음받은 존재다."[35] 성령의 사역은 우리의 생각과 행동을 뛰어넘으므로, 하나님과 그분의 뜻을 아는 것은 우리가 기쁨으로 사모하고 사랑으로 헌신할 만한 귀한 가치를 지닌다.[36] 하나님을 더 깊이 알아 갈수록, 우리는 하나님이 무엇을 기뻐하시는지 더 분명히 알게 된다. 바로 사랑으로 역사하는 믿음이다. 하나님을 향한 사랑과 이웃을 향한 사랑으로 드러나는 이 믿음은, 성령께서 우리의 설교에 부어 주시는 거룩함의 아름다움이다.[37] 해리슨의 통찰처럼, 훼손된 인간성은 "삼위일체 창조주께서 행하시는 은혜로운 구원의 사역을 깨닫고 이해하고 사랑하게 됨으로써" 놀라운 변화를 경험한다. 이 구원 사역은 성자의 성육신을 통해 드러났으며, 성령의 감동하심으로 우리가 그 사랑을 깊이 체험한다.[38]

성육신의 아름다움

말씀을 기뻐하는 것은 특히 아우구스티누스의 성탄절 설교에서 핵심을 이룬다. 그의 설교는 설교가 지녀야 할 아름다움의 완벽한 모범이다.[39] 이를 통해 우리는 기독교 설교가 어떠해야 하는지를 발견한다. 기독교 설교는 찬양하는 예배이며, 이를 통해 교회는 두 가지 놀라운 광경을 바라보도록 초청받는다. 하나는 성육신하신 하나님 아들의 경이로움이요, 다른 하나는 이 세상에 하나님의 겸손한 사랑을 완벽하게 보여 주신 하나님 아들의 모습이다. 아우구스티누스는 다음과 같이 설교를 시작한다. "오늘은 우리 주님이시며 구원자이신 예수 그리스도께서 탄생하신 날, 진리가 땅에서 솟아난 날입니다."

시편 85편에 대한 이 언급은 하나님의 진리이신 그리스도에 비추어 이해된다. 이 인격적인 진리는 자신의 약속된 오심과 탄생을 기념하는 "오늘" 교회 위에 동이 트듯 떠오르셨다. 아우구스티누스는 교회가 무엇을 기념하고 왜 축하해야 하는지를 분명히 밝힌다. 위대하신 하나님이 그리스도 안에서 자신을 낮추신 것이 교회에 가장 귀한 선물로 주어졌다. 우리는 이를 믿음으로 받는다. 그는 이 일이 신비임을 인정하면서, 그리스도 안에서 하나님의 자기희생을 가리키는 바울의 말씀을 떠올린다. "하나님께서는 이 진리를 지혜롭고 영리한 자들에게는 감추시고 어린 아이들에게 나타내셨다"(242).

아우구스티누스가 이를 인용한 것은 단순히 자신의 설교를 뒷받침하는 증거 구절로 사용하기 위해서가 아니다. 이는 목회적 지혜를 담은 말씀이며, 말씀을 선포할 때 그리스도께서 보여 주신 오심의 "방식"을 고백하기 위해 성경으로 성경을 해석하는 방법을 보여 준 것이다. "그러므로 겸손한 자들은 하나님이 보여 주신 그 겸손을 굳게 붙들어야 한다. 우리의 연약함을 위해 마련된 이 놀라운 방편을 통해서만 우리는 하나님의 높으신 곳에 도달할 수 있기 때문이다. 반면 자신을 지혜롭고 똑똑하다고 여기는 사람들은 하나님의 겸손한 낮아지심은 무시한 채 그분의 높으심만을 추구한다. 결국 그들은 높은 곳에도 이르지 못한 채, 속은 텅 비고 가벼워진 상태로, 교만으로 부풀어 있을 뿐이다"(242).

아우구스티누스는 그리스도 안에서 이루어진 하나님과 인간의 화해를 깊이 묵상한다. 그는 우리가 하나님의 자기희생적 사랑이 지닌 아름다움을 "보지" 못하게 만드는 죄의 영향을 세 가지 차원, 곧 지적, 도덕적, 영적 측면에서 분석을 한다. 이는 예수 그리스도의 인격 안에서 드러난 하나님의 지혜를 "볼 수 있는" 능력을 받는, 영적 지각의 문제라 할 수 있다.

더 나아가 그리스도 안에서 나타난 하나님의 지혜라는 이 놀라운 실재야말로 교회가 기뻐할 수 있는 근거가 된다. "그러므로 우리 모두 합당한 축제의 자리에 모여 주님의 탄생을 기념합시다." 이 축하의 자리는 모든 인류를 포함하는 포용의 자리다. 그리스도께서 인간으로 태어나시고 여인에게서 나셨기에, 남성과 여성 모두 그분의 오심을 통해 영광과 축복을 받게 되었다. 그리스도 안에서 이루어진 하나님의 사역이 이토록 포괄적이라는 사실은 아우구스티누스가 그리스도의 겸손한 탄생에 비추어 목회적 권면을 하도록 이끈다. 아우구스티누스는 모든 부류의 사람이 어떤 상황과 환경에 있든지, 그리스도 안에서 베풀어진 하나님의 넘치는 선하심의 소식을 듣고 기쁨과 즐거움이 가득하기를 격려한다(243-44).

아우구스티누스의 설교 방식, 그의 설교 "스타일"은 철저하게 하나님을 찬양하는 데 초점이 맞춰져 있다. 그는 말씀을 기뻐하고, 하나님을 찬양하며, 하나님과의 관계 속에서 인간의 영광을 드러내고 회복시키시는 그리스도께 영광을 돌린다. 이 방식은 그리스도 안에서 드러난 하나님의 은혜의 신비를 전하기에 가장 "적합하다"고 할 수 있다. 그는 동정녀 탄생의 교리를 설명하려 하지도 않았고, 이해하기 쉽게 하려고 그리스도의 신비를 단순화하려고 하지도 않았다. 그 대신 그는 그리스도의 인성 안에 드러난 하나님을 주의 깊게 바라보며, 교회가 하나님이 과거에 행하셨고, "오늘"도 행하시는 일에 믿음으로 동참하도록 초청한다. 아우구스티누스는 기쁨이 충만한 그의 결론에서, 성경이 말씀하고 가리키며 그 안에서 궁극적인 목적과 완성을 발견하는 한 분을 선포한다. 바로 그리스도 안에서 자신의 영광을 찬란하게 드러내신 하나님이시다.

> 따라서 선지자들이 그분의 탄생을 미리 예고했고, 하늘과 천사들이 그분의 오심을 선포한 것은 당연했다. 온 세상을 존재하게 하시는 분이 구유에 누워 계셨다. 그분은 말 못 하는 아기였지만 동시에 영원한 말씀이셨다. 하늘도 담을 수 없는 분을 한 여인이 자신의 품에 안았다. 그 여인은 우리의 왕이신 분을 돌보았고, 우리의 생명이신 분을 품었으며, 우리의 생명의 양식이신 분에게 젖을 먹였다. 오, 이 얼마나 명백한 연약함인가! 그 안에 완전한 신성이 감춰진 이 놀

라운 겸손을 보라. 전능하신 분이 자신이 아기로서 의지하고 있는 바로 그 어머니를 다스리고 계셨다. 자신이 젖을 먹고 있는 그 어머니를 진리로 양육하고 계셨다. 그분이 우리의 보잘것없는 시작을 마다하지 않고 자신의 것으로 삼으셨으니, 이제 우리 안에서 그의 선물들을 완성하시기를 바란다. 우리를 위해 기꺼이 사람의 자녀가 되셨으니, 이제 우리를 하나님의 자녀로 만들어 주시기를 소망한다 (244).

아우구스티누스의 설교는 독창적이거나 창의적이지 않았다. 그리스도의 탄생을 선포할 때도 그는 철저하게 정통 신학을 따랐다. 교회가 고백해 온 삼위일체 신앙에 대한 아우구스티누스의 깊은 헌신은 그리스도의 탄생을 기념하며 시편 96편을 설교할 때, 그 서문에서 잘 드러난다. "이날은 모든 날의 주인이신 분에 의해 우리에게 거룩한 날이 되었다. 시편은 그분에 대해 이렇게 노래한다. 새 노래로 주님을 찬양하라, 온 땅이여 주님을 찬양하라. 주님을 찬양하며 날마다 그분의 선하심을 선포하라."

아우구스티누스는 여기서 말하는 이 '날'을 성부 하나님으로부터 나오신 성자이며, 빛으로부터 나오신 빛이라고 해석한다(248). 그는 성육신을 통해 이루어진 하나님과 인간의 화해를 경이로운 눈으로 바라본다. 인간이 그리스도 안에서 새로운 피조물이 될 수 있도록 그리스도께서 인간으로 오셨기 때문이다. "주 그리스도는 아버지와 함께 영원부터 계신 분이다. 하지만 오늘이 무엇이냐고 묻는다면, 바로 그분의 탄생일이다. 누구의 탄생일인가? 바로 주님의 탄생일이다. 정말로 그렇다. 태초에 계신 말씀, 하나님과 함께 계신 하나님이 탄생일을 가지실 수 있을까? 그렇다. 만약 그분이 인간으로 태어나지 않으셨다면, 우리는 결코 하나님의 자녀로 거듭날 수 없었을 것이다. 우리가 새 생명을 얻을 수 있도록 그분이 태어나신 것이다. 그러니 아무도 거듭나기를 주저하지 말라. 그리스도께서 이미 그 길을 열어 주셨다. 그분은 거듭날 필요가 전혀 없으신 분이었지만, 우리를 위해 이 땅에 태어나셨다"(249).

아우구스티누스는 말의 묘미를 잘 활용하여 하나님의 경이로움을 "보여 준다." "오직 첫 번째 탄생에서 정죄된 이들만이 다시 태어날 필요가 있다. 그러니 우리 마음에 그분의 자비가 임하게 하자. 그분의 어머니는 그분을 태중에 품으셨지만, 우리는 그분을 마음속에 모시게 되었다. 동정녀가 성육신하신 그리스도를 품었던 것처럼, 이제 우리도 그리스도를 향한 믿음으로 우리의 마음을 활짝 열어야 한다. 그녀가 구주를 낳았듯이, 우리는 찬양을 낳아야 한다. 우리는 열매 맺지 못하는 존재가 되어서는 안 된다. 우리의 영혼은 하나님으로 말미암아 풍성한 열매를 맺어야 한다"(249).

이 설교는 그리스도의 놀라운 신비를 기뻐한다. 세상에 생명을 주기 위해 겸손히 육신을 입으신 하나님의 사랑을 즐거워하는 것이다. 하나님의 넘치는 자기희생은 우리의 마음을 경이로움으로 가득 채운다. "이것은 정말 위대한 일입니다. 여러분이 놀라는 것도 당연합니다. 하지만 그분은 하나님이십니다. 이제 더 이상 놀라워하지 마십시오. 그 놀라움을 찬양과 감사로 바꾸어 드리십시오. 믿음을 가지십시오. 이 일이 실제로 일어났다는 것을 믿으십시오. 설령 여러분이 믿지 않는다고 해도 이 사실은 변함없이 일어난 일이지만, 다만 여러분만 믿지 않는 불신의 상태로 남아 있게 되는 것입니다."

아우구스티누스는 이 놀라운 경이로움을 회중과 함께 나누면서, "우리가 하나님께 이보다 더 무엇을 구할 수 있겠습니까?"라고 묻는다. 그리고 하나님이 이미 자신을 낮추어 인간이 되시고, 비좁고 혼잡한 마구간의 구유에 누이셨으며, 허름한 천으로 몸이 감싸이신 일들을 선포한다. 아우구스티누스는 청중에게 이 진리가 어디에서 발견되는지 함께 "보도록" 초대한다. "방금 복음서를 읽을 때 여러분이 들으신 바로 그대로입니다." 이는 참으로 놀라운 소식이다. "온 우주를 가득 채우시는 분이 여관 하나에서조차 머무를 곳을 찾지 못하셨다. 그분은 동물들의 먹이 구유에 누이셨고, 이제 우리의 양식이 되셨다"(250).

아우구스티누스의 성탄절 설교들은 하나님의 성육신하신 말씀이신 그리스도의 아름다움을 기뻐하도록 우리를 설득력 있게 초대한다. 그의 설교들은 하나님의 풍성한 선하심의 폭과 깊이를 담아내면서, 동시에 하나님 앞에서 인간이 얼마나 연약하고 도움이 필요한 존재인지를 적절하게 보여 준다.

이 설교들이 지닌 아름다움은 그가 선포하는 주제의 진리에서 찬란하게 빛을 발한다. 그것은 하나님의 영광과 구원의 역사, 창조의 선하심, 그리스도 안에서 이루어진 인류의 구속, 그리고 새로운 창조의 실제적 증거인 교회에 이르기까지 펼쳐진다. 아우구스티누스는 "육신이 되신 말씀"을 섬세하게 살펴봄으로써, 하나님을 향한 찬양, 교회의 신앙, 설교의 언어를 하나로 통합한다. 그에게 설교란 "오늘" 교회에 말씀하시는 하나님을 향한 지성적이면서도 경배가 담긴 찬양이다. 복음은 세상을 위한 기쁜 소식이며, 이는 "우리와 함께하시는 하나님"으로서 그리스도께서 보여 주신 인간적 모습, 곧 그 의존성과 연약함 속에 담긴 아름다움을 드러낸다. 결론적으로, 설교는 말씀을 세상에 전하는 공적 예배 행위다. 이는 교회라는 가시적 공동체를 통해 이루어지는데, 이 교회는 그리스도의 겸손한 사랑이 지닌 아름다움에 동참하는 신앙과 삶을 실천하는 공동체다.

그러므로 우리 모두 날마다 그의 구원의 기쁜 소식을 선포합시다. 모든 민족 가운데 그분의 영광을, 모든 백성 가운데 그분의 놀라운 일들을 선포합시다(시 96:2-3). 그분은 구유에 누워 계시지만, 온 세상을 그분의 손에 쥐고 계십니다. 그분은 어머니의 젖을 먹고 계시지만, 천사들을 먹이고 계십니다. 허름한 천에 싸이신 그분이 우리에게 영원한 생명의 옷을 입혀 주십니다. 젖먹이 아기로 누워 계신 그분이 만물의 경배를 받으십니다. 여관에서 머물 곳을 얻지 못하신 그분이 믿는 이들의 마음속에 자신의 성전을 지으십니다. 보십시오! 이것이 바로 연약한 것이 강하게 되고, 강한 것이 연약하게 되는 놀라운 신비입니다. 그러므로 우리는 그분이 육신을 입고 오신 것을 가볍게 여기지 말고 경이로운 눈으로 바라보아야 합니다. 그리고 이토록 높으신 분께서 우리를 위해 자신을 낮추신 그 놀라운 사랑을 깊이 묵상해야 합니다. 이를 통해 우리 안에 사랑의 불을 지펴서, 마침내 그분의 영원한 생명에 이르도록 합시다(253).

겸손한 말하기로서의 설교

에리히 아우어바흐(Erich Auerbach)는 "겸손한 설교"의 기원을 교부들에게서 발견했는데, 특히 아우구스티누스야말로 성경 저자들의 겸손한 문체를 옹호하고 실천하는 데 가장 탁월한 모범을 보여 준다고 했다.[40] 흥미롭게도, "겸손한"을 의미하는 라틴어 "*humilis*"는 "흙"을 뜻하는 "*humus*"에서 유래했는데, 말 그대로 "땅에 가까이 있는", "키가 작은"이라는 뜻이다. 이는 자신의 말과 삶을 통해 성육신의 겸손을 보여 주는 설교자의 모습을 상징적으로 보여 준다. 이는 자발적인 자기 비하를 보여 주는 것으로, 사회적으로 가장 낮은 계층과 물질적, 영적으로 가난한 자들과 함께하신 그분의 삶을 통해 드러났으며, 그리스도의 모든 행적과 가르침이 보여 주는 본질적인 특징을 반영한다.[41]

설교자와 설교의 **에토스**, 즉 겸손의 목적은 말씀의 메시지와 그 안에 담긴 내적이고 영적인 진리를 모든 사람이 받아들일 수 있도록 하는 것이다. 이는 특별히 교육을 받지 못한 사람들이 두려워하거나 멀리하지 않도록 하면서, 모든 이가 접근할 수 있도록 하는 것을 의미한다. 대중적 설교에서, 그리스도 안에서 육신이 되고 성경에서 구체화된 그 겸손하고 소박한 표현 방식은 말씀을 듣는 데 방해가 되는 장벽들을 허물 수 있는 겸손을 보여 준다. 성육신의 이런 취약성은 하나님이 자신을 낮추어 연약하고 낮은 자들의 수준에 맞추어 오시는 놀라운 세계를 보여 준다. 이는 그리스도의 성품과 지혜를 본받는 설교자들을 통해 평이하고 겸손한 말씀으로 드러난다.[42] 이런 맥락에서 윌리엄스의 설명은 매우 적절하다. "아우구스티누스의 신학 전반에 흐르는 핵심 전제는 우리가 하나님에 대해 말하고 하나님께 말씀드릴 때, 그것은 오직 시간과 육체의 한계 안에 있는 우리의 상황에서만 가능하다는 것이다. … 기독교 수사학이 갖는 독특한 점은 불완전하고 미숙한 표현에도 분명한 자리를 준다는 것이다. 이러한 불완전한 표현은 이 수사학이 세상의 어떤 주장이나 입장을 설득하려는 것이 아니라, 하나님의 "주장"을 전하려 한다는 것을 우리에게 일깨워 준다. 신실한 담론은 자신의 부족함을 명확하게 인정하고 고백한다."[43]

설교가 지닌 역설은 하나님의 지극한 영광이 그리스도의 낮고 겸손한 모습을 통해 드러난다는 것이다. 나아가 주님이시며 하나님의 아들이신 그리스도를 성경과 설교라는 평범한 수단을 통해 만날 수 있다면, 우리는 일상의 평범한 순간, 장소, 사람, 상황 속에서도 그리스도를 만날 수 있다는 확신을 가질 수 있다. 복음이 선포될 때 평범한 사람들의 삶은 특별한 존엄성을 부여받고, 하늘의 주님으로서 이 땅에 오신 그리스도를 예배하는 하나님의 겸손한 섬김의 영역에서 귀한 자리를 얻는다. 아우구스티누스의 지혜는 우리에게 중요한 통찰을 제공한다. 그리스도를 선포하는 일은 성경을 통해 조명되고 형성된 상상력을 필요로 하며, 동시에 선포 자체가 그러한 상상력을 만들어 낸다는 것이다. 이는 "말씀이 육신이 되신" 신비에 대한 교회의 신앙고백이라는 렌즈를 통해 성경의 이미지, 인물, 사건을 읽음으로써 현실을 바라보는 방식이다.

바이어시는 아우구스티누스의 성경 해석 방법이 설교에서 성경을 올바르게 해석하는 기준을 제시한다고 설명한다. "즉, 그것이 아름다운가를 보는 것이다. 여기서 아름답다는 것은 다음의 세 가지와 '조화를 이루는지'를 의미한다. 첫째, 성경 본문에 기록된 말씀과 얼마나 어울리는지, 둘째, 그리스도의 모습을 얼마나 잘 반영하는지, 셋째, 현재 청중의 마음이 다시 한번 올바른 방향으로 향하게 하는 필요와 얼마나 잘 맞는지를 보는 것이다."[44]

그리스도의 은혜로 이루어진 인류의 화해는 교회로 하여금 자신의 존재를 새롭게 이해하도록 이끌어 준다. 이는 하나님과 세상의 이야기를 담은 성경의 조명 아래에서, 과거와 현재와 미래를 아우르며 이루어진다. 이 놀라운 소식을 선포할 때 우리는 그리스도를 통해 이 세상에서, 이 세상을 향해 분명히 드러난 하나님의 풍성한 자비에 대해 감사의 찬양을 드린다. 예수 그리스도의 복음은 높은 것과 낮은 것, 고상한 것과 단순한 것을 하나로 묶는다. 이로 인해 가장 평범한 일상의 일들도 이웃을 향한 기쁨의 섬김이 되며, 삶의 모든 영역에서 그리스도의 아름다움을 드러내야 하는 교회의 소명을 이루는 일이 되는 것이다.[45] 맬러드는 이에 대해 이렇게 설명한다. "아우구스티누스와 다른 교부들에게 성육신은 **겸손한 설교**(sermo humilis)의 방식을 상징했다. … 이는 그리스도에 관한, 또 그리스도께서 하신 말씀들로서, 꾸밈없지만 열정적으로 선포된 것이었다. 나아가 이는 공개적이면서도 감추어진 구원의 신비로 우리를 초대하는 것이었다."[46]

데버라 슈거(Debora Shuger)는 아우구스티누스의 설교관의 영향으로 기독교 수사학에서 언어 사용의 본질이 변화되었다고 설득력 있게 주장한다. 하나님에 대해 지혜롭고 아름답게 말하는 능력은 모범이 되는 설교나 글을 듣고 읽음으로써 습득된다. 훌륭한 설교에는 인간적인 지혜와 언변 능력도 필요하지만, 이것만으로는 충분하지 않다. 기독교 설교자는 모든 생각과 말과 행동에서 기도와 사랑의 사람이 되어야 하기 때문이다. 자신의 전부를 하나님께 드리는 헌신이 가장 중요하며, 이것이 설교의 기술과 기교를 발전시키는 적절한 환경을 제공한다.[47]

하나님의 말씀과 인간의 언어가 그리스도 안에서 화해되었기에, 자연적인 것과 은혜로운 것도 분리되지 않는다. 설교는 단순히 "인과관계"의 힘으로 작용하는 것이 아니라 하나님이 주신 선을 위해 함께 일하는 "협력"의 과정으로 보아야 한다. 놀랍게도 하나님의 절대적 주권과 인간의 자유는 서로 대립하지 않고 하나님의 사랑 안에서 조화를 이룬다. 이 사랑이야말로 우리가 하나님과 이웃을 사랑하고 그 안에서 기쁨을 누리는 근본적인 원천이자 궁극적인 목적이 된다.[48]

사랑의 멜로디를 설교하다

아우구스티누스가 말하는 설교의 목적은 온 세상이 삼위일체 하나님의 사랑의 아름다움 안에서 교제의 기쁨을 누리게 하는 것이다. 이는 성경을 읽고 설교하는 것은 "사랑을 가르치고 배우는" 실천의 과정임을 의미한다. 윌리엄스가 설명하는 것처럼, 아우구스티누스는 성경 해석을 하나님을 더 깊이 사랑하게 만드는 사랑의 실천으로 본다. 이는 하나님의 활동이며, 하나님의 사랑이 우리 안에 뿌리내리게 하는 것이다. 그래서 우리의 생각, 감정, 말하는 방식에서 우리는 그 사랑의 표징, 즉 다른 이들이 읽고 들을 수 있는 살아 있는 "본문" 또는 "설교"가 된다.[49]

아우구스티누스는 설교할 때 자신의 말이 그리스도와 조화되도록 노력했다. 즉, 그리스도의 겸손, 연약함, 고난, 죽음에서 드러난 놀라운 사랑에 자신을 맞추려 노력했다. 이러한 조율은 아우구스티누스의 설교를 하나님을 찬양하는 노래로 이해하게 했다. 그의 설교는 고전 수사학 훈련과 불가분의 관계였다. 수사학은 그에게 실천을 통해 풍부히 채워진 기억에서 흘러나오는 창의적이고 유연한 즉흥성을 소중히 여기도록 가르쳤다. 함리스가 지적했듯이, 아우구스티누스의 신학과 설교는 마치 재즈처럼 자유롭고 깊이 있는 즉흥성을 가졌다. 그는 아우구스티누스의 설교를 다음 네 가지 특징, ① 기도를 통해 얻는 영감 있는 즉흥성, ② 청중과의 생생한 대화, ③ 그리스도라는 중심 멜로디를 둘러싼 주제들의 창의적인 재구성, ④ 청중이 삶 전체에서 하나님을 더 깊이 알고 사랑하며 누리도록 하는 영적 감화력으로 설명한다.[50]

아우구스티누스는 자신의 설교에서 교인들을 가르치고, 그들에게 영적인 기쁨을 주며, 하나님을 향한 더 깊고 진정한 사랑을 다른 이들과의 교제 속에서 추구하도록 마음을 움직이는 것을 목표로 했다. 이러한 설교 방식은 이 땅에서 순례자의 길을 걷는 교회에 매우 적절했다. 왜냐하면 그의 설교는 신앙생활의 수단과 목적을 통합적으로 바라보았고, 현재의 삶과 미래의 소망을 구분하지 않았으며, 일상의 모든 영역에서 그리스도의 자기희생적 사랑을 본받아 실천하도록 성도들의 마음을 감동시켰기 때문이다. 이는 "지상의 순례자들을 위한 도덕적 가르침으로서의 설교"를 의미한다.[51] 복음이 지닌 아름다움은 찬양의 시적인 언어를 통해 가장 효과적으로 전달된다. 이러한 설교는 성경 본문의 해석, 교회에 대한 이해, 종말론적 관점이 조화롭게 어우러져 말씀을 명확하고 은혜롭게 선포하는 것이다. 교회는 하나님의 말씀을 통해 변화된다. 그리스도의 선하심과 사랑의 아름다움이 교회의 생명을 가득 채우고 회복시킬 때, 교회는 하나님이 기뻐하시는 모습으로 빚어진다.[52]

아우구스티누스의 설교는 능숙한 즉흥 연주자와 같은 탁월한 감각을 보여 준다.[53] 설교에서 가장 중요한 것은 설교자의 수행 능력이 아니라, 그리스도의 아름다움을 통해 자신을 드러내시는 하나님의 말씀과 역사하심이다. 이를 위해서는 특별한 "영적 조율"이 필요하다. 특정한 시간과 장소, 상황 속에서 일하시는 하나님의 섭리를 인식하고자 하는 하나님을 향한 정서적 사랑이 필요하다. 함리스는 아우구스티누스에게 설교자란 자신이 능동적으로 연주하는 것이 아니라, 오히려 계시의 아름다운 선율에 매료되어 그 기쁨에 의해 "연주되는" 존재였다고 말한다. 설교자는 하나님의 "악기"와 같아서, 하나님이 그를 통해 영감을 불어넣어 즉석에서 말씀을 전하게 하시고, 그분이 의도하시는 대로 사람들의 마음을 감동시키고 움직이신다.[54]

설교자의 주된 임무는 그리스도 안에 있는 하나님의 말씀에 철저하고도 사랑 어린 관심으로 귀 기울이는 것이다. 성령께서는 그리스도를 통해 인류를 하나님의 형상으로 새롭게 하시기 때문이다. 아우구스티누스는 아름답고, 장엄하며, 매력적인 것들에 주목했다. 그는 성경 전체를 관통하는 선율을 따라가면서, 그리스도를 통해 드러난 하나님 사랑의 아름다움을 찬양했다.[55] 그의 설교는 성경의 말씀, 이미지, 정서를 다양하게 변주함으로써 이 세상에서 구체적으로 드러나는 기독교 신앙과 삶의 아름다움을 보여 주었다.

성경은 아우구스티누스의 설교 미학의 주된 영감의 원천이었다. 그는 성경 전체의 맥락 안에서 가장 작은 세부 사항들까지 주의를 기울이는 영감받은 강해를 통해 "하나님의 성경 합창곡에 숨겨진 선율들을 찾아내고자" 했다.[56] 이러한 설교 미학은 본질적으로 목회적이었으며, 예배하는 실제 회중과 함께 이루어졌다. 아우구스티누스의 설교는 청중이 참여하는 방식이었다. 설교자들이 찬양과 사랑의 행위로 성경을 새롭게 풀어낼 때, 청중은 말씀하시는 그리스도께 반응하며 함성을 지르고, 박수를 치고, 탄식하고, 회개의 눈물을 흘렸다.[57] 바이어시는 다음과 같이 설명한다. "아우구스티누스의 성경 주해 작업에서 하나님의 아름다움, 인간의 갈망, 그리고 그 갈망이 하나님의 아름다움을 향해 자라나는 과정이라는 이 주제의 중요성은 아무리 강조해도 지나치지 않을 것이다. 성경 해석의 궁극적인 목적은 예배에 참여하는 사람들이 하나님을 사랑하도록 움직이는 것이다. 여기서 "움직이다"라는 능동적 동사가 특히 중요하다. 예배에 참석한 모든 이가 모두 어딘가를 향해 가는 순례자들이며, 그 여정에는 도움이 필요하기 때문이다."[58]

함리스는 이를 "살아 있는" 신학, 즉 그리스도의 아름다움으로부터 영감을 받은 대화이며, 교회의 신앙고백과 기도와 찬양의 근원이자 내용이며 형식이라고 설명한다. 아우구스티누스는 이러한 예배의 맥락을 깊이 이해하고 있었다. 감정은 지성을 가르치는 말, 사상, 개념만큼이나 중요하다. 이런 것들만으로는 마음에 기쁨을 주거나, 하나님을 사랑하게 하거나, 그리스도 안에서 드러난 하나님 뜻의 아름다움을 갈망하도록 마음을 움직일 수 없기 때문이다.[59] "그리스도의 구원 사역이 그러한 특별한 방식으로 이루어진 것은 우리의 감정을 변화시키고, 우리가 사랑하고 두려워하는 것들을 바꾸며, 우리를 하나님의 아름다움으로 이끌기 위해서였다."[60]

아우구스티누스의 설교에는 창조 세계와 성경과 교회 안에서 발견되는 그리스도의 아름다움을 향한 깊은 사랑과 기쁨으로 가득하다. 이러한 설교들은 곧 모든 것을 사랑으로 질서 정연하게 하시는 하나님의 지혜를 향한 찬양의 봉헌이었다.[61] 사랑은 그의 설교에서 일관되게 반복되는 후렴구와 같다. 이 사랑은 기독교의 삶과 신앙의 중심이며, 하나님과 세상의 핵심이고, 성경의 영광이며, 교회의 아름다움이다. 아우구스티누스는 그리스도 안에서 울려 퍼지는 하나님의 선율을 향한 갈망과 기쁨을 일으키시는, 하나님 사랑의 영광에 대해 깊은 감사함으로 이야기했다.[62] 이러한 설교 방식은 빛나고, 밝으며, 깊은 감동이 있는 것이었다. 하늘의 아름다움과 인간의 애정이 조화롭게 결합되어, 교회와 세상을 향해 부어진 하나님 사랑의 영광을 드러내면서 경외감과 경이로움을 자아내는 것이었다.[63]

아우구스티누스는 성공적인 설교를 위한 단계별 "방법"이나 공식을 제시하지 않는다. 그 대신 우리에게 설교의 지혜에 대한 비전을 제시하는데, 이는 곧 하나님을 알고, 찬양하고, 사랑함으로써 최종 완성을 향해 순례하는 교회를 섬기는 것이다. 성경의 중심이신 그리스도께 우리가 주목할 때, 설교자로서 우리의 삶과 말씀 선포는 올바른 방향으로 나아가게 된다. 이를 통해 우리는 구체적인 시간, 장소, 상황 속에서 하나님의 정의와 사랑을 기뻐하도록 교회를 세우는 데 필요한 것이 무엇인지 분별할 수 있게 된다.

  이처럼 아우구스티누스는 설교를 통해 교회의 종말론적 상상력을 형성하고자 성경을 "사용"했다. 이는 현재 속에서 이미 펼쳐지고 있는 미래를 향해 성도들의 마음과 생각을 인도하기 위함이었다. 그의 설교 미학은 우리에게 본받을 만한 모범을 제시하는데, 이는 "육신이 되신 말씀"이신 그리스도의 복음적 아름다움을 묵상하는 것에서 시작하여, 그것에 의해 인도되며, 그것을 향해 나아간다.

The Beauty of Preaching

The Beauty of Preaching

{ 05 }

단순한 아름다움

설교의 아름다움에 대한 나의 관심은 "웨슬리안"이라 불리는 전통 속에서 이루어진 삼위일체 신앙의 실천으로부터 부분적으로 영감을 받았다. 존 웨슬리에게 설교란 성령의 능력 안에서 아들을 보내신 아버지로부터 시작된다. 성령께서는 구체적인 시간, 장소, 상황 속에서 청중의 마음에 거룩한 사랑의 아름다움을 불어넣으신다. "적절한 사람에게, 적절한 분량으로, 적절한 시기에, 적절한 목적을 가지고, 적절한 방식으로 … 하나님과 사람을 향한 사랑이 내 마음을 채울 뿐 아니라, 나누는 모든 대화를 통해 빛나게 되는 것이다."[1]

복음의 메시지는 그 자체의 전달 방식을 만들어 낸다. 즉, 자신들의 삶과 말을 통해 그리스도의 겸손한 수용성과 관대한 자기희생을 드러내는 증인들을 부르고 형성한다. 그리스도는 아버지의 성육신하신 말씀이며, 참된 기독교 설교의 근원이자 목적이 되신다.[2] 토머스 랭퍼드 (Thomas Langford)가 분명히 설명하는 것처럼, "기독교의 거룩함은 무엇보다 먼저 복음이며, 그다음에야 삶의 특성이다."³⁾ 설교자는 거룩하고도 기쁜 임무로 부르심을 받았는데, 이는 곧 십자가에 못 박히고 부활하신 주님을 선포하는 것이다. 우리의 마음과 영혼과 생각과 힘이 하나님의 사랑과 우리가 말씀을 전해야 할 이웃을 향한 사랑으로 채워질 때, 그리스도의 아름다움이 우리 존재를 통해 울려 퍼진다.⁴⁾

웨슬리는 하나님이 감리교 설교자들을 세우신 목적이 "나라 전체와 특히 교회를 개혁하고, 성경이 가르치는 참된 거룩함을 온 땅에 전파하는 것"이라고 말했다.⁵⁾ 교회의 예배와 복음 증거를 통해 드러나는 성경적인 거룩함의 도덕적 아름다움에는 강력한 매력이 있었다.⁶⁾ 그러나 웨슬리안의 복음 전도 사역은 하나님의 더 큰 목적에 참여함으로써 맺어진 열매였다. 그것은 곧 성령의 사랑으로 능력을 얻어 그리스도를 믿는 신앙을 통해 나타나는 창조, 칭의, 성화의 은혜 안에서 복음을 선포하고 실천하는 것이었다.⁷⁾ 찰스 웨슬리는 초기 감리교 운동의 기도, 찬양, 설교에 담긴 영적 열망과 헌신, 그리고 나아갈 방향을 자신의 찬송을 통해 표현했다.

> 모든 사랑 위에 뛰어난 거룩한 사랑이시여
>   천국의 기쁨을 이 땅에 부어 주소서
> 우리를 주님의 겸손한 거처로 삼으시고
>   당신의 신실한 자비로 우리를 채우소서
> 예수님, 당신은 완전한 긍휼이시며
>   순수하고 무한한 사랑이시니
> 구원하시는 은혜로 우리를 찾아오사

떨리는 우리 마음속에 임하여 주소서[8]

그리스도 안에 나타난 세상을 향한 하나님의 사랑의 복음을 설교하고, 찬양하며, 함께 기뻐하는 일은 교회의 성례전적 삶 속에서 성경 말씀과 기독교 전통, 그리고 성도의 삶을 기도하는 마음으로 주의 깊게 살핌으로써 맺어진 열매였다.[9] 설교와 찬송은 성령의 능력으로 아들을 보내심으로써 이 세상에서 거룩한 백성을 부르시고 창조하시는 하나님 아버지의 풍성한 사랑에 대한 응답으로서, 공동체가 함께 드리는 찬양의 선포였다.[10]

제이슨 비커스(Jason Vickers)가 연구한 18세기 영국 개신교 신학은 웨슬리 형제의 사역이 지닌 중요성을 명확하게 보여 준다. 그들은 기도, 예배, 설교, 성례전을 통해 사람들이 하나님을 알아 가고 사랑하도록 가르치고 도왔다. 그는 삼위일체가 초기 감리교에서 단순한 추상적 교리가 아니었음을 보여 준다. 오히려 그것은 성부, 성자, 성령의 구원 사역에 대해 기도와 찬양으로 올바르게 응답하기 위해 사람들이 반드시 알아야 할 하나님의 이름이었다. 이를 위해 웨슬리안의 설교와 찬송은 하나님께 영광을 돌리는 데 삼위일체적 언어가 지닌 본질적인 위치를 일깨우는 살아 있는 증거가 되었다. 이는 "교회가 예수 그리스도와 성령의 오심을 통해 처음 만났고, 지금도 예배 생활 속에서 계속 만나고 있는 하나님을 부르고, 예배하고, 찬양하는 일에 참여하는 것"을 의미했다.[11]

많은 현대 웨슬리안이 생각하는 것과 달리, 수적 성장이나 사회적 변화 자체가 주된 목적이나 목표는 아니었다. 이런 것은 오히려 개인과 사회 안에서 이루어진 거룩함의 가시적인 증거였고, 사랑으로 역사하시는 그리스도를 향한 신앙을 통해 이 땅에 임하시는 하나님의 통치가 은혜로 이루어 낸 표징이었다.[12] 찰스 웨슬리는 아래의 찬송을 통해 그리스도를 선포하는 일의 순수한 아름다움을 우아하게 표현했다.

> 하나님의 종들이여, 주님을 선포하고
>   그의 놀라운 이름을 세상에 널리 전하라.
> 승리의 이름 예수를 찬양하라
>   영광스러운 그의 나라 만물을 다스리시네.[13]

존 웨슬리는 설교를 선지자적, 제사장적, 왕적 직분 안에서 "그리스도를 제시하는 것"으로 규정했다. 이를 통해 죄인은 자신의 죄를 깨닫고, 죄를 용서받으며, 하나님의 선하심을 향한 능력이 회복된다.[14] 설교자는 그리스도의 거룩함 속에서 드러난 하나님의 아름다움을 결코 놓쳐서는 안 된다. 이는 곧 성경의 완전하고 조화로운 메시지를 확신 있고 명확한 언어로 신중하게 선포해야 함을 의미한다. 웨슬리는 율법과 복음의 밀접한 관계를 보여 주는 구절에서 그리스도를 전하는 과업을 다음과 같이 요약한다.

> 부끄러울 것 없는 일꾼으로서 그리스도를 전파하는 것은 그분의 모든 직분을 온전히 선포하는 것이다. 그분은 "하나님께 속한" 위대한 "대제사장"으로서, "그분의 피로 우리를 하나님과 화목하게 하시고" "항상 우리를 위해 중보하신다." 또한 주의 선지자로서 "하

나님께로부터 우리의 지혜가 되셨고", 그의 말씀과 성령으로 "항상 우리와 함께 계시며" "모든 진리로 우리를 인도하신다." 나아가 영원한 왕으로서 자신의 피로 사신 모든 이에게 법을 주시고, 은혜로 받아들이신 이들을 하나님의 형상으로 회복시키시며, "모든 것을 자신에게 복종시키실" 때까지 모든 죄를 완전히 제거하시고, "영원한 의를 이루실" 때까지 모든 믿는 이의 마음속에서 다스리신다.[15]

복음을 설교한다는 것은 하나님에 대한 이야기를 전하는 것이다. 복음은 곧 하나님이 세상을 창조하시고 구속하신 이야기이며, 은혜로 말미암아 능력을 받아 거룩한 삶을 사는 백성을 통해 하나님의 거룩하심을 드러내는 것이 그 목적이다. 웨슬리의 설교는 모든 사람이 성령의 사역을 통해 하나님의 사랑의 아름다움으로 단장될 수 있다는 뜨거운 확신으로 불타올랐다. 이때 하나님의 생명은 "영혼을 향한 하나님의 지속적인 행위이며, 동시에 하나님을 향한 영혼의 반응으로 나타난다. 사랑과 용서의 하나님이 끊임없이 우리 마음에 임재하시며, 우리는 이를 믿음으로 느낀다. 이에 대한 응답으로 우리는 끊임없이 사랑과 찬양과 기도를 드리는데, 이는 우리 마음의 모든 생각, 입술의 모든 말, 손의 모든 행위, 우리의 몸과 영혼과 영을 그리스도 예수 안에서 하나님이 기쁘게 받으실 거룩한 제물로 드리는 것이다."[16]

웨슬리는 "개신교의 아시시의 프란체스코"라고 불렸다. 그의 설교가 지닌 단순한 아름다움은 유창하고 정교하고 흥미로운 말솜씨에 있지 않았다. 오히려 아름다움은 18세기의 석탄 광부들, 노동자들, 방직공들, 청소부들, 죄수들, 군인들 그리고 수많은 일반 서민에게까지 미친 그의 "대중적인"(*ad populum*) 폭넓은 영향력에서 찾을 수 있다.[17] 웨슬리는 복음의 아름다움을 단순하면서도 확신과 긍휼을 가지고 선포했다. 그가 전한 메시지는 믿음으로 말미암아 의롭게 됨과 삶의 성화, 새로운 탄생, 그리고 삼위일체 하나님과의 교제 안에서 경험하는 충만한 구원의 확신이었다.[18]

이 같은 설교의 단순성을 위해서는 성경의 언어를 깊이 통달해야 할 뿐 아니라, 겸손과 사랑으로 성경의 이미지들을 "신선하고 생생하고 사람들의 주목을 끄는" 방식으로 조심스럽게 전달할 수 있는 실천적 지혜도 필요하다.[19] 찰스 웨슬리가 지은 "성경을 읽기 전에"라는 찬송은 하나님의 말씀을 읽고 설교할 때, 말씀을 깨닫게 하시는 성령의 임재를 시적으로 간구하는 노래다. 성령의 변화시키는 역사는 하나님의 생명과 사랑의 아름다움을 발산한다. 이것이 바로 웨슬리안 미학의 근간을 이루는 것이다.

> 오소서, 성령이여, 우리의 마음을 감동시키사,
> 　　주님의 역사하심을 증명하게 하소서.
> 옛 선지자들의 불 같은 영감의 근원이요
> 　　생명과 사랑의 샘이시여,
> 오소서, 성령이여(당신의 감동으로
> 　　선지자들이 기록하고 말씀했습니다)
> 진리를 여시되, 당신이 열쇠가 되셔서
> 　　거룩한 말씀을 열어 주소서.
> 하늘의 비둘기여, 당신의 날개를 펼치사,

우리 본성의 어두운 밤을 품으시고
우리의 무질서한 영을 새롭게 하셔서
이제 밝은 빛을 비추소서.
주님이 우리 안에 빛나실 때
우리가 하나님을 바로 알리니
이 땅의 모든 성도와 함께 노래하리라
하나님 사랑의 깊이를.[20]

설교의 목적: 하나님 안에서 누리는 거룩과 행복

웨슬리는 목적론적 사상가였다. 그는 인간의 진정한 모든 열망이 하나님의 선하심을 닮아 감으로써 거룩함과 행복을 이루는 삶을 향해 나아간다고 보았다.[21] 이러한 채울 수 없는 갈망은 오직 새로운 창조의 아름다움을 완벽하게 보여 주신 예수 그리스도의 길을 따를 때만 진정으로 만족될 수 있다.[22] 진정한 행복은 하나님의 은혜로운 임재를 누리는 데서 찾을 수 있다. 이는 그리스도 안에서 자신을 내어 주신 하나님의 선물에 대한 응답으로 일어나는 사랑의 갈망과 그로부터 흘러나오는 애정이 우리를 움직일 때, 우리의 가장 깊은 존재를 하나님께 돌려 드리는 것을 통해 경험된다. 데버라 슈거는 설교에서 감정(affections)이 담당하는 역할에 대해 이렇게 말한다. "우리가 무엇을 사랑하는지가 우리의 정체성을 결정한다."[23] 이것은 우리 마음의 정결함을 요구한다. 우리는 자신의 열정과 편견을 다스려야 하는데, 이는 예수 그리스도를 통해 드러난 하나님의 진리와 선하심과 아름다움을 선명하게 볼 수 있기 위해서다.

감리교 설교의 목표는 성도들에게 거룩함과 행복을 전파하는 것이었다. 현세와 내세에서 모두 하나님과의 교제를 통해 거룩한 삶과 죽음의 공동체에 참여하게 하는 데 목적이 있었다. 이것이 "참된 종교"의 본질이다. 즉, 하나님을 알고 사랑하는 것이야말로 예수 그리스도의 가르침의 핵심이다. 웨슬리는 마가복음 1장 15절을 바탕으로 한 "천국으로 가는 길"(The Way to the Kingdom)이라는 설교에서 기독교적 삶의 아름다움을 보여 준다. 그는 서두에서 참된 신앙은 "성령 안에서의 의와 평강과 희락"이라고 강조한다. 그러나 무엇이 참된 신앙이 아닌지도 분명히 할 필요가 있다. 참된 신앙은 예배 형식, 종교 의식, 각종 예식과 같은 단순한 외형적 행위에 그치지 않는다. 참된 신앙은 단순히 악을 피하고 굶주린 이들을 먹이며 헐벗은 이들에게 옷을 주는 등의 선행을 하는 것에 그치지 않는다. 또한 참된 신앙은 단순히 정통 교리를 따르고 성육신과 삼위일체를 올바로 이해하고, 사도신경과 니케아 신경과 아타나시우스 신경을 받아들이는 것만으로도 충분하지 않다.[24]

참된 신앙이란 사도 바울이 로마서 14장 17절에서 밝힌 것처럼, 하나님께 온 마음을 드리는 것이다. 이것은 곧 "성령 안에 있는 의와 평강과 희락"을 의미한다. 웨슬리는 이 위대한 계명이 "두 개의 큰 줄기"를 가진다고 보았다. 하나는 우리의 모든 것을 다해 하나님을 사랑하는 것이고, 다른 하나는 우리 자신을 사랑하듯 이웃을 사랑하는 것이다. 하나님을 사랑하는 것에 대해 웨슬리는 이렇게 단언한다. "당신은 주 하나님 안에서 기쁨을 누리게 될 것입니다. 그분 안에서 모든 행복을 찾고 얻을 것입니다. … '내 아들아, 네 마음을 내게 다오'라고 하시는 그분의 말씀을 듣고 순종하게 될 것입니다. 당신의 마음과 가장 깊은 영혼을 하나님께 드려서 그분만이 다스리게 할 때, 당신은 충만한 마음으로 '오 주님, 나의 힘이 되신 주님을 사랑하겠나이다. 주님은 나의 든든한 반석이요 나를 지키시는 분입니다. 나의 구원자, 나의 하나님, 내가 신뢰하는 나의 힘, 나의 방패, 나의 구원의 뿔, 나의 피난처이십니다'라고 외치게 될 것입니다."[25]

이웃 사랑에 대해서도 웨슬리는 많은 가르침을 남겼다. "당신은 사랑해야 합니다. 가장 따뜻한 선의와 가장 진지하고 진심 어린 애정으로, 모든 악을 막거나 없애고 그들에게 가능한 한 모든 좋은 것을 베풀려는 가장 뜨거운 열망으로 품어야 합니다." 이어서 그는 "네 이웃"이 구체적으로 누구인지 설명한다. 우리의 이웃은 친구, 가족, 지인에게만 국한되지 않는다. 또한 덕망 있는 사람과 우호적인 사람, 우리를 사랑하는 사람, 우리의 친절에 보답하는 사람만을 의미하지도 않는다. 우리의 이웃은 모든 인간, 하나님이 창조하신 모든 영혼이다. 이웃을 사랑한다는 것은 우리가 한 번도 만난 적 없는 이들, 우리가 외모나 이름으로 알지 못하는 이들을 배제하지 않고 포함시킨다는 것을 의미한다. 또한 우리가 악하고 배은망덕하다고 여기는 사람, 심지어 우리를 이용하고 박해하는 사람까지도 제외하지 않는 것을 의미한다. 웨슬리는 이렇게 결론을 내린다. "당신은 그를 '당신 자신을 사랑하듯' 사랑해야 합니다. 그의 모든 행복을 바라는 한결같은 갈망으로, 그의 영혼이나 육체에 상처나 아픔을 줄 수 있는 모든 것으로부터 그를 보호하려는 지치지 않는 관심으로 그를 사랑해야 합니다."[26]

하나님을 사랑하고 이웃을 사랑함으로 올바르게 정돈된 마음의 참된 신앙은 하나님 안에서 거룩함과 행복을 모두 누리게 한다.[27] 우리가 성령과 함께 그리스도 안에서 보여 주신 하나님의 자기희생적 사랑의 임재를 선포하는 기쁨에 사로잡힐 때, 그리고 그 사랑이 믿음이라는 선물과 함께 자유롭게 받아들여질 때, 설교는 거룩하고 행복한 활동이 된다. 앨버트 아우틀러(Albert Outler)의 설명에 따르면, 웨슬리에게 "신앙은 사랑을 이루기 위한 수단이다. 이는 마치 사랑이 선함을 이루기 위한 것이고, 선함이 행복을 이루기 위한 것과 같다. 이것이 바로 하나님이 이 세상과 다음 세상에서 우리를 만드신 목적이다."[28]

웨슬리는 고대 도덕 철학을 바탕으로 발전한 초기 기독교 도덕 사상의 전통에서 지혜를 이끌어 냈다. 그것은 모방, 덕성, 내적 품성, 인격, 그리고 하나님의 형상과 모양을 닮아 가는 변화를 특징으로 한다. 초기 교회는 이러한 전통을 배척하지 않았다. 오히려 그 틀은 유지되었고, 그리스도 안에 나타난 삼위일체 하나님의 자기 계시의 진리와 선함과 아름다움에 맞게 조정되었다. 이를 위해 산상수훈은 "하늘에 계신 너희 아버지의 온전하심과 같이 너희도 온전하라"(마 5:48)는 말씀처럼, 거룩해지라는 근본적인 소명을 제시했다.[29]

그리스도인들은 성령의 능력으로 그리스도를 통해 이루어질 하나님의 약속의 완성이라는 관점에서 자신들의 삶을 이해했다. 그리스도인들의 말과 행동은 다른 어떤 것보다도 가장 높은 찬사를 받을 만한 목적, 곧 최고선이신 삼위일체 하나님의 생명에 동참함으로써 이루어지는 인간 삶의 풍성한 번영을 지향할 때 그 가치가 평가되고 판단되었

다. 이러한 선은 다른 목적들을 위한 수단이 되지 않는다.[30]

　이러한 비전의 궁극적인 목적은 사람들을 하나님 안에서 선하고 행복한 삶으로 인도하는 것이었다. 이는 하나님이 지으신 인간으로서 우리가 가진 가장 진실되고 근본적인 소망과 정확히 일치한다. 바로 그런 점에서 예수님이 산상수훈을 "복이 있나니" 또는 "복되도다"는 말씀으로 시작하신 것은 매우 중요한 의미를 지닌다. 이를 통해 우리는 예수님을 하나님의 지혜를 가르치시는 스승으로 받아들이게 되고, 그분이 하나님 안에서 인간 삶의 목표인 행복과 거룩함으로 우리를 인도하시는 길을 따르게 되는 것이다. 따라서 팔복은 우리가 추구해야 할 궁극적 목표에 도달하기 위한 인격적 성품과 지혜를 모두 보여 주는 것으로 이해되었다. 하나님은 인간 삶의 최고선이시기 때문에, 하나님의 형상대로 지음받은 우리 인간에게는 그 어떤 것으로도 하나님을 대신할 수 없다. 지식과 사랑과 기쁨으로 이루어진 하나님과의 친밀한 교제만이 인간의 삶을 진정으로 완성시킬 수 있다.

　더 나아가, 하나님의 은혜의 역사하심으로 우리가 하나님께 돌아올 때, 우리는 다른 이들과의 교제 속으로 들어가고 비로소 진정한 행복을 경험한다. 윌컨이 지적했듯이, 초기 그리스도인들에게 거룩함과 행복은 분리될 수 없는 하나였다. "그리스도인들에게 도덕적 삶과 신앙적 삶은 상호 보완적인 관계였다. 도덕적 삶에 대한 사고가 그리스와 로마의 도덕 철학자들에게서 물려받은 개념적 틀을 따른 것이기는 했지만, 기독교 사상가들은 이를 크게 변화시켰다. 그들은 살아 계신 하나님과의 교제를 궁극적인 목적으로 제시함으로써 선의 개념을 새롭게 정의했고, 인간이 하나님의 형상대로 창조되었다는 가르침을 도입

함으로써 시작점을 바꾸었으며, 죄의 고질적이고 불가피한 특성에 대한 논의를 추가함으로써 그 과정을 한층 더 깊이 있게 다루었다."[31]

거룩과 행복은 인간이 본질적으로 추구하는 "그 이상의" 가치이며, 삼위일체 하나님의 계시적 행위를 통해 우리에게 선물로 주어진다. 그리스도인의 삶 자체가 삼위일체적 특성을 지니고 있기에 선함과 행복은 그리스도 안에서 소유되고, 교회 공동체 안에서 우리에게 새로운 정체성을 부여하시는 성령을 통해 우리에게 주어진다.

거룩한 설교, 거룩한 삶

웨슬리는 기독교 전통의 지혜에 굳건히 뿌리를 두어서, 믿음과 소망과 사랑의 삶이 얼마나 어렵고, 신비롭고, 말로 표현할 수 없을 정도로 위대한지를 깊이 깨닫고 있었다. 동시에 그는 하나님을 알고 사랑하는 기쁨을 전달할 때 단순하면서도 열정적인 말로 그리스도를 선포할 수 있도록 설교자들을 가르치고 훈련시키는 데 온 힘을 기울였다. 그는 설교자들이 하나님의 형상대로 창조된 인간의 본성을 잘 이해하고, 나아가 그들이 그리스도 안에서 인간의 진정한 행복과 선한 삶으로 이끄는 덕목, 성령의 열매, 은혜의 방편에 대해서도 깊이 이해하기를 기대했다.

이것은 곧 설교자들이 교회 환경 위에서 엄격히 훈련받아야 함을 의미했다. 훈련은 교리와 경건과 치리를 통해 이루어졌으며, 이를 통해 설교자들은 말씀 사역에서 건전한 판단력과 지혜로운 분별력, 균형 잡힌 안목을 가질 수 있도록 자신의 생각과 말과 감정을 다듬을 수 있었다. 비키 톨라 버턴(Vicki Tolar Burton)은 웨슬리가 설교자들을 어떻게 양성했는지를 다음과 같이 요약한다. "웨슬리는 단순하면서도 복음에 충실하고 마음을 움직이는 설교를 발전시켰다. 이런 설교는 열정적이고 명확한 언어로 복음을 전하는 남성들을 통해 전달되었으며, … 똑같이 열정적이고 명확한 언어로 복음을 전하는 여성들을 통해서도 이루어졌다."[32]

설교의 아름다움, 곧 지혜롭고 선한 기독교적 언어는 "잘 표현된 사랑"과 유사하다. 지식과 감정이 하나로 어우러진 설교의 지혜는 예수 그리스도의 전체 이야기를 통해 나타나는 하나님의 거룩하신 아름다움을 향한 온전한 헌신을 통해 형성된다.[33] 웨슬리가 설명하는 것처럼, "지혜는 바로 최선의 수단으로 최선의 목적을 추구하는 것이다. 피조물이 추구할 수 있는 가장 최선의 목적은 하나님 안에서 누리는 행복이다. 타락한 피조물이 추구할 수 있는 최선의 목적은 생명보다 더 귀한 하나님의 은혜와 그분의 형상을 회복하는 것이다. 이는 하나님의 독생자를 믿는 신앙의 의를 통해서만 가능하다."[34] 웨슬리는 하나님을 알고 사랑하며 하나님께 영광을 돌리고자 하는 이 간구를 통해 이 진리가 아름답게 표현되었다고 보았다. "성령의 감동으로 우리 마음의 생각들을 정결케 하사, 우리가 당신을 온전히 사랑하고, 주님의 거룩하신 이름을 합당하게 찬양하게 하소서."[35] 여기서 웨인라이트가 웨슬리의 거룩한 사랑의 해석학을 요약한 것은 메시지와 그 전달자 사이의 깊은 연관성을 이해하는 데 도움이 된다. "성령의 감동으로 기록된 성경을 동일한 성령 안에서 연구할 때, 우리는 성육신하신 그리스도를 만난다. 이를 통해 그분을 보내신 아버지를 알고, 그 아버지를 사랑하며, 결과적으로 아들을 본받으며 성령께서 주시는 거룩함을 누리게 된다."[36]

웨슬리는 우리가 설교하는 방식과 거룩한 삶을 사는 것 사이에 깊은 관련이 있음을 알았다. 동시에 그는 설교자의 거룩함이 성부와 성자의 사랑 안에서 성령을 통해 은혜의 방편으로 세워진 거룩한 백성의 삶과 분리될 수 없음을 깨달았다. 결국 "거룩한 설교"란 성경의 지혜에 충실할 뿐 아니라, 회개하라는 부르심을 받고 완전한 사랑을 통해 하나님을 향해 성장해 가는 공동체들에게 적합해야 한다.[37] 여기서 주목할 점은 웨슬리의 하나님에 대한 교리와 기독교적 완전에 대한 교리가 서로 밀접하게 연결되어 있다는 것이다. 케네스 로이어(Kenneth Loyer)의 설명은 이 깊은 연관성을 이해하는 데, 그리고 설교의 아름다움과 그 아름다움을 통한 설교자의 영적 성장을 이해하는 데 매우 중요한 통찰을 제공한다. 우리는 성령의 역사를 통해 참여하지 않는 것을 설교할 수 없다. "웨슬리가 말하는 완전한 사랑의 개념은 본질적으로 삼위일체적이다. 이는 세상 안에서, 그리고 세상을 위한 하나님의 구원 사역에 깊이 뿌리를 두고 있기 때문이다. … 그리스도인이 영적 감각으로 하나님을 경험할 때, 그들은 하나님을 더욱 깊이 알게 되고, 하나님과 이웃을 향한 사랑이 더욱 깊어지며, 궁극적으로는 하나님의 은혜로 이를 수 있는 완전한 경지에까지 도달하게 된다. 달리 말하면, 성령의 역사를 통해 그리스도인은 하나님의 형상으로 새롭게 되며, "가장 본질적인 속성"이 사랑인 삼위일체 하나님, 곧 성부, 성자, 성령의 생명에 점점 더 깊이 참여하게 된다."[38]

이처럼 인간이 진정으로 번성하려면 교회의 문화가 충분한 역량을 갖추어야 한다. 이는 우리 삶의 근원이자 목적이신 삼위일체 하나님을 볼 수 있게 하는 거룩함을 불어넣을 수 있을 만큼의 역량을 의미한다. 이러한 목적을 지향할 때, 거룩한 설교는 교회로 하여금 성경이 증언하는 위대한 이야기 속에 깊이 잠기게 한다. 이 이야기는 하나님의 창조와 구원의 역사를 담고 있으며, 그리스도를 알고 사랑함으로써 그 완성에 이르게 된다.[39] 로버트 월(Robert Wall)이 설명하는 것처럼, "웨슬리의 설교는 구원의 서정이라는 위대한 주제를 중심으로 이루어졌으며, 하나님의 구원이 청중의 실제적인 삶과 어떻게 연결되는지를 신학적으로 해설해 주었다."[40]

거룩한 설교는 성령의 은혜로운 역사를 통해 우리를 구원에 직접 참여하는 비전으로 인도해 준다. 그리고 하나님의 은혜로 "하나님은 우리를 화목하게 하시고, 거룩하게 하시며, 더 나아가 우리를 완전히 변화시키기 위해 우리 가운데 거하신다."[41] 데브라 머피의 설명이 이 진리를 밝혀 준다. "그리스도께서는 우리를 삼위일체 하나님의 아름다움 속으로 이끄시고, 우리 안에 이미 있는 것을 밖으로 표현하게 하신다. 즉, 우리는 이미 하나님의 본성에 참여하는 자들이다. 웨슬리에게 하나님과 이웃을 사랑하는 것은 기독교적 온전함의 핵심이었다. 그는 이를 다음과 같이 명확하게 설명한다. '내가 말하는 온전함이란, 우리의 성품과 말과 행동을 다스리는, 하나님과 이웃을 향한 겸손하고 온유하고 인내하는 사랑을 의미한다.'"[42] 웨슬리안 전통의 설교는 그리스도의 죽음과 부활에서 하나님의 아름다움의 승리를 선포하지만, 그 안에는 추한 모습의 기독교적 "승리주의"가 들어설 자리는 없다.

설교의 아름다움과 가난한 자들

교회는 그 자체로는 외적 아름다움을 지니지 않으므로 우리는 은혜의 방편을 기억해야 한다. 특히 그리스도의 겸손에 동참하는 경건의 행위와 자비의 행위가 서로 깊이 연결되어 있음을 기억해야 한다.[43] 웨슬리는 이런 행위들이 성화, 즉 완전한 구원의 실현과 하나님과 이웃을 향한 자기희생적 사랑의 행위를 통해 그리스도의 아름다움을 드러내는 거룩함을 위해 반드시 필요하다고 보았다. 예를 들어, 가난한 자들을 위한 설교와 섬김이라는 자비의 행위는 단순히 사회 운동이나 도덕적 의무의 문제가 아닌 것이다. 하나님은 이 사역을 특별한 방식으로 세우셨다. 그리스도의 사랑과 선하심을 나누며 서로 기쁨을 주고받는 경험하는 사람들 사이에서, 이 사역은 그들을 하나로 통합하고 더 나아가 그들을 "아름답게 변화시키는" 효과를 가져왔다.[44]

찰스 웨슬리가 쓴 찬송가는 우리로 하여금 가난한 자들이 그리스도께 사랑받는 존재라는 중요한 의미를 깨닫게 한다.

> 가난한 자들은 예수님의 가장 가까운 벗이니
>   주님은 마지막까지 그들을 돌보시고
> 주님의 뒤를 따르는 모든 이에게 부탁하시어
>   우리 손으로 그들을 돌보길 원하시네.
> 우리는 가난한 이들을 가장 소중한 관심사로 삼고
>   더 높은 복을 갈망하며
> 그들의 구주를 생각하며 그들을 소중히 여기고

주님의 사랑과 같은 사랑으로 사랑하네.[45]

　가난한 자들은 그리스도와 깊은 관계를 맺고 있으며, 복음을 선포하고 실천하는 데 핵심 위치를 차지한다. 기독교적 삶이 궁극적으로 그리스도의 마음을 본받는 것을 목표로 하기 때문이다. 그리고 이는 주님이 보여 주신 자기를 비우는 사랑의 방식에 동참하는 것을 의미한다. 초기 감리교 운동의 독특한 역사를 보면, 복음은 주로 겸손한 사람들에 의해 전해지고 들려졌다. 이들은 그리스도를 향한 사랑으로 살면서 섬겼고, 그분이 주신 풍성한 은혜와 선하심을 선물로 받아 기뻐했다.[46] 그들은 그리스도께서 성육신하신 하나님의 아들로서 행하신 가난한 자들을 위한 사역이, 주님의 설교를 포함하여 육체적 필요와 영적인 필요를 모두 채우시는 것이었음을 이해했다.[47] 설교자로서 찰스 웨슬리는 자신의 찬송가를 통해 복음을 전하는 것과 가난한 이들을 섬기는 것이 서로 깊이 연결되어 있음을 노래했다. 그는 이 두 가지가 그리스도의 사명에 동참하여 누리는 기쁨의 척도가 된다고 보았다.

오 그리스도여, 당신의 사명을 우리에게 나타내 보이시고,
　치유하실 온전한 권능을 보여 주소서.
우리 마음의 눈먼 것들을 걷어 내시고,
　우리의 연약한 의지를 강건케 하시며
믿음의 귀를 열어 순종케 하시고
　우리의 더럽고 병든 본성을 고치사
가난한 이들에게 온전함을 전하게 하소서.[48]

경건의 행위, 곧 기도, 성경 읽기, 설교, 예배, 성례전과 같은 신앙 활동은 자비의 행위와 하나로 연결된다. 이러한 행위에는 가난한 자, 병든 자, 빈곤한 자, 감옥에 있는 자, 과부, 고아를 위한 섬김이 포함된다. 웨슬리 형제는 자비를 베푸는 행위를 단순한 선행이 아닌, 은혜의 방편으로 이해했다. 서로를 향한 사랑과 섬김으로 자신을 내어 줄 때, 자비를 베푸는 자나 받는 자 모두 이를 통해 영적인 덕성과 경건을 자라게 하는 수단이 된다는 것이다.

그러므로 가난하고 도움이 필요한 이들을 사랑하는 것은 단순히 봉사 활동이라는 기능적 효과가 아닌 계시적 차원의 효과를 갖는다. 왜냐하면 이러한 섬김을 통해 우리는 인류를 위해 자신을 내어 주신 주님의 사랑에 동참하게 되고, 그 과정에서 부활하신 주님을 만나게 되기 때문이다.[49] 찰스 웨슬리는 이것을 다음의 시적 형식으로 아름답게 표현했다.

구주여, 주님의 대사인 가난한 자들에게
    하나님이 넘치도록 부어 주신 모든 것을
우리가 기쁜 마음으로 회복시킬 때
    이처럼 우리를 천국에 합당하게 하소서
하나님은 그의 아들을 따르는 자로서
    겸손한 가난한 자들을 택하셨으니
그들은 믿음이 풍성하고, 영광을 확신하여
    하늘의 면류관을 얻게 되리라[50]

자기를 비우는 사랑의 길을 걸으면서 심령이 가난한 자가 되는 것은, 가난한 이들과 함께 계시고 그들 가운데 거하시는 그리스도의 겸손하신 모습으로 시선을 이끈다. 이것이야말로 복음을 전하고 복음을 살아내는 삶이 지닌 소박한 아름다움의 본질이라 할 수 있다. 가난한 자들은 그리스도의 은혜와 자비를 받는 자들이면서 그 은혜와 자비를 보여 주는 형상이므로 우리 신앙의 중심을 차지한다. 성령께서 우리의 마음을 새롭게 하실 때, 우리는 그들을 통해 하나님을 더 깊이 알고 사랑하게 되며, 그리스도 안에서 나타난 하나님의 영광을 보고 선포하게 된다.[51]

설교자들은 가난한 자들의 겸손함 가운데 드러나는 그리스도의 거룩하신 모범을 따름으로써 다른 이들을 인도할 수 있다. 이 모범은 심령의 가난함, 마음의 낮아짐과 분리될 수 없다. 존 웨슬리에게 진정한 기독교적 겸손이란 "그리스도 예수 안에서 우리와 화목하신 하나님의 사랑을 깊이 깨달음으로부터 흘러나옵니다. … 이는 하나님의 모든 선한 생각과 말과 행위가 전적으로 하나님께 달려 있음을 끊임없이 인식하는 것과 같습니다."[52] 여기서 우리가 꼭 기억해야 할 것은, 예수님의 사역에도 그 중심에는 겸손과 자기 부인의 길이 있었다는 것이다. 예수님은 이를 통해 가난한 이들이 하나님의 완전한 사랑을 받는 자들임을 보여 주고자 하셨다. 즉, 예수님의 겸손과 자기 부인은 하나님의 통치를 선포하고 실현하는 예수님의 전체 사역의 중심이었던 것이다. 찰스 웨슬리의 찬송은 하나님께 새롭게 하시는 성령의 사랑을 풍성히 부어 주시기를 간구하는데, 이는 하나님 안에서 다른 이들을 사랑하고 섬기는 일에 우리 자신을 열어 둘 때 받는 것이다.

오소서, 거룩하고 참되신 하나님!
　　오셔서 내 마음을 온전히 새롭게 하소서.
지금 나를 받으시고, 온전히 소유해 주소서.
　　내 영혼 속에 구주의 형상을 심으소서.
내 마음에 주의 이름을 새기시고,
　　성령의 인으로 나를 인 치시며
나의 본성을 주님의 것으로 바꾸사
　　내 안에 주님의 온전한 형상을 비추소서.
한량없는 끝없는 사랑,
　　온 인류를 향한 사랑이여![53]

　진정으로 아름다운 설교는 그리스도 안에서 드러난 하나님 사랑의 두 가지 특성, 곧 그 광대하심과 겸손하심을 기쁨으로 받아들인다. 이는 하나님이 가난하고 낮은 자들 가운데 거하기 위해 몸을 낮추신 그 놀라운 사랑의 신비를 온전히 받아들이고 이를 전하는 것을 의미한다. 성령은 그의 은사와 은혜와 열매를 통해 우리를 그리스도의 도덕적 탁월함을 닮아 가게 하신다. 이를 통해 우리는 믿음 안에서 성숙해지고, 소망 안에서 더욱 자라나며, "아름다움과 사랑과 거룩함"을 우리의 삶에서 보여 주게 된다.[54] 웨슬리는 설교가 무엇인지 적절하게 설명해 주었다. 그는 복음을 전할 때 드러나는 그리스도의 겸손한 사랑에 담긴 소박한 아름다움에 주목했다. 그리고 그 아름다움을 강조하는 것이야말로 진정한 설교의 본질이라고 보았다. "말씀만 전하는 설교자가 아니라 그 말씀대로 살아가는 설교자의 말씀을 듣는 것은 매우 큰 특권입니다. 그런 설교자는 성령께서 우리 마음속에 일으키시는 믿음을 통해 현재 누릴 수 있는 구원의 진정한 기쁜 소식을 전합니다. 또 지금 당장 값없이 주시는 완전한 칭의를 선포하고, 우리의 내면과 외적인 행동 모두가 거룩해져야 함을 강조합니다." 이런 메시지는 누구나 쉽게 이해할 수 있는 가장 명확하고 단순하고 꾸밈없는 언어로 전달되며, 전하는 내용의 중요성만큼이나 진지하게, 그리고 성령의 역사하심이 드러나는 방식으로 전해진다."[55] 버턴이 언급한 것처럼, 이는 "일반 대중을 위한 수사법"이다.[56]

이를 위해 웨슬리는 설교자들에게 매일 기도하고 성경을 연구하는 습관을 가지라고 했다. 이는 성경에 담긴 구원의 지혜를 깊이 묵상하고, 그 진리를 사랑과 세심한 마음으로 전달할 수 있도록 하기 위해서였다. 이러한 배움의 목적은 설교자로서 거룩한 삶을 살기 위해서다. 이는 하나님께 감사하며 기쁨으로 헌신하고, 모든 사람을 차별하지 않고 너그럽게 사랑하는 설교자가 되는 것을 의미한다.[57] 이러한 설교자의 좋은 모델로 새뮤얼 브래드번(Samuel Bradburn)을 들 수 있다. 웨슬리보다 젊은 세대의 감리교 목사였던 그는 설교할 때 하나님의 인도하심을 구하고자 공부하기 전에 토마스 아퀴나스의 기도문을 사용했다.

> 말로 표현할 수 없이 지혜롭고 선하신 창조주시여, 모든 영광의 근원이시며 참된 빛과 지혜의 샘이시여, 당신의 밝은 빛을 제 마음에 비추어 주셔서, 제가 태어날 때부터 지닌 죄와 무지라는 두 가지 어둠에서 벗어나게 하소서. … 어린아이도 능숙하게 말하게 하시는 주님, 간구하오니 제 혀도 마찬가지로 그렇게 되게 가르쳐 주시고, 당

신의 축복의 은혜를 제 입술에 부어 주소서. 잘 이해할 수 있도록 민첩함을 주시고, 기억하는 능력도 주시고, 말씀을 기쁘게 풀어내고 쉽게 배우며 충만하게 전하는 능력을 허락해 주소서. 배움의 첫걸음을 잘 준비하게 하시고, 그 여정에서 저를 인도하시며, 우리 주 예수 그리스도를 통하여 그 열매가 온전히 맺어지게 하소서. 아멘.[58]

이러한 종류의 배움은 예수 그리스도의 복음을 선포할 때 기도, 사랑, 감사의 원천으로서 성령의 증언하심에 우리의 마음과 생각을 맞추도록 해 준다. 웨슬리는 이를 통해 우리의 감정과 관점이 새롭게 정돈된다고 보았다. 그 결과 하나님을 더 깊이 알고 하나님 안에서 더 큰 기쁨을 누리게 된다는 것이다. 웨슬리는 "겸손하게 기뻐하고, 거룩하게 즐거워하며, 순종하는 마음으로 하나님을 사랑하고 그 안에서 기뻐하는 사람이 바로 하나님의 자녀"라고 말한다.[59]

1746년에 열린 감리교 설교자 회의 기록을 보면, 자신이 성령의 인도로 설교자로 부름받았다고 여기는 사람들을 검증하기 위한 질문들이 남아 있다. 이것은 설교자의 신앙, 사랑, 헌신의 정도뿐 아니라 설교자의 역할을 잘 감당하고 청중의 영적, 도덕적 상태를 잘 파악할 수 있을 만큼 지식과 분별력을 갖추었는지도 점검하는 내용을 담고 있다.

이를 위해 설교자는 지혜와 덕을 길러야 한다. 그래야 그리스도 안에서 이루어진 하나님의 과거와 현재와 미래의 일하심의 관점에서 세상을 "보고" 해석할 수 있기 때문이다. 웨슬리안이 설교자의 소명과 "적합성"을 분별하는 이런 검증 과정은 한 사람의 삶과 말이 얼마나 거룩한가와 깊이 관련 있는 설교의 아름다움이 어떤 것인지를 잘 보여 준다. 이는 또한 신학 교육의 목적, 특히 설교자 양성의 목적에 관한 중요한 질문들을 제기한다.

그들은 자신이 믿는 분이 누구이신지 확실히 아는가? 그들의 마음속에 하나님의 사랑이 자리 잡고 있는가? 그들은 오직 하나님만 갈망하고 추구하는가? 그들이 나누는 모든 대화에서 거룩함이 드러나는가? 그들에게는 분명한 이해력이 있는가? 그들은 하나님의 일들을 올바로 분별할 수 있는가? 그들은 믿음으로 얻는 구원에 대해 올바른 이해를 가지고 있는가? 하나님이 그들에게 말씀을 전할 만한 능력을 주셨는가? 그들은 정확하고 유창하고 분명하게 말할 수 있는가? 그들의 설교는 사람들의 마음에 확신이나 감동을 주는 데 그치지 않고, 그들의 설교를 통해 누군가가 죄 사함을 받았는가? 그들의 설교를 통해 사람들이 하나님의 사랑에 대한 분명하고 지속적인 감각을 얻었는가? 이런 모든 증거가 한 사람에게서 분명히 나타난다면, 우리는 그 사람이 하나님께 부름받아 설교한다고 인정한다. 이러한 증거들이 있다면 그가 성령의 감동으로 움직이고 있다는 충분한 증거라고 여길 수 있다.[60]

거룩함의 아름다움 속에서 설교하다

성령께서 증언하실 때 우리 안에 거룩한 열망이 생겨나 우리의 생각과 말과 행동이 복음의 아름다움으로 빛나게 된다. 웨슬리는 이를 성령의 인도하심을 따를 때 일어나는 마음의 변화라고 설명한다. 나아가 그는 교회에서 설교하고 목회하도록 부르심을 받은 사람들이 어떤 모습이어야 하는지를 아름답게 보여 준다.

> "성령의 인도하심을 따르는" 사람들은 성령께서 이끄시는 대로 거룩한 대화를 나눕니다. 그들의 말은 "항상 은혜롭고, 소금의 맛을 내며" "하나님을 사랑하고 경외하는 마음"이 담겨 있습니다. "그들의 입에서는 나쁜 말이 나오지 않고, 오직 선한 말", "덕을 세우는 말", "듣는 이들에게 은혜가 되는 말"만 나옵니다. 그들은 밤낮으로 하나님을 기쁘시게 하는 일만 하고자 애쓰며, 모든 행동에서 "우리에게 본을 보여 그 발자취를 따르게 하신" 주님을 본받으려 합니다. 이웃을 대할 때는 언제나 공의롭고 자비로우며 진실하게 대하고, 삶의 모든 순간에 "무슨 일을 하든지" "오직 하나님의 영광을 위해" 행합니다.[61]

웨슬리의 설교적 지혜의 핵심은 산상수훈에 관한 열세 편의 강해에 잘 담겨 있다. 이 일련의 강해는 그리스도를 통해, 또 그리스도 안에서 전해지는 하나님을 아는 것과 사랑하는 것이 얼마나 아름다운지를 보여 준다. 이 강해들이 특별히 중요한 이유는, 하나님의 지혜로 오신 그리스도께서 선포하신 기독교 신앙과 삶이 지닌 아름다움을 풍성하게 보여 주기 때문이다. 웨슬리의 해설은 우리로 하여금 그리스도와 그분의 가르침이 지닌 본질적 의미를 총체적으로 바라보게 하고, 그분 안에서 드러난 하나님의 모습을 보도록 이끌어 준다. 이를 위해서는 우리의 전 존재를 드려서 "세상의 모든 것을 아름답게 보고, 도덕적으로 분별하며, 영적으로 깊이 있게 받아들일 수 있는 마음"을 가져야 한다.[62]

웨슬리는 그리스도의 가르침에 담긴 아름다움, 완전함, 균형미를 보았다. 가르침의 모든 부분이 서로 조화를 이루며 균형 있게 하나로 어우러져 있음을 발견한 것이다. 그는 산상수훈의 가르침이 그 거룩함에서는 사랑스럽고, 그 형식에서는 진실하고, 그 선함에서는 바람직하다고 보았다. 하나님은 그리스도를 통해 자신의 사랑을 나타내셔서, 우리가 그 아름다움을 경험하고 또 증언하게 하신다. 웨슬리는 이를 분명하게 말한다. **"하나님의 형상을 따라 새로워진 내면의 거룩함이 지닌 아름다움은, 하나님이 눈을 열어 주신 모든 사람과 깨우침을 받은 모든 이의 마음에 깊이 와닿지 않을 수 없습니다."**[63]

거룩함의 아름다움은 아버지의 사랑의 광채로 빛난다. 이 빛은 아들을 통해 드러났다. 그분은 하나님의 참모습이시며 신성의 영광이 인간의 모습으로 거하시는 분이다. 웨슬리는 다음과 같이 기록했다. "그분은 모든 아름다움과 사랑의 근원이시며, 모든 탁월함과 완전함의 원천이신 하나님의 성품을 그대로 담고 계신 분이고, 살아 있는 모습 그 자체이십니다."[64] 결국 그리스도의 영광스러운 사랑의 빛이 우리 마음의 "눈"을 밝혀 준다. 이로써 우리는 인간의 모습으로 오셔서 우리가 본받을 수 있도록 우리 가운데 거하시는 하나님을 본다.[65]

웨슬리는 그리스도의 가르침이 지닌 부분과 전체의 아름다운 조화를 보고 기쁨을 얻었다. "여기에 나타난 참된 행복이 얼마나 귀하며, 얼마나 경이로운가! 이 거룩함이 얼마나 사랑스러운가!" 그리스도께서 말씀하신 복[팔복]은 "우리가 우리를 부르신 그분처럼 거룩한 자"가 될 때까지 우리 마음속에 새겨진다.[66] 성육신하신 예수님의 삶과 가르침에서 흘러나오는 아름다움은 그분의 진리와 선하심이 하나 된 것이며, 이는 성경 전체를 통해 빛을 발한다. 여기서 웨슬리는 성경의 정교한 구성에 대해 다음과 같이 설명한다. "이 그림의 주된 윤곽이 구약의 여러 곳에 아름답게 그려져 있습니다. 신약에서 그 그림이 채워지고, 하나님의 완벽한 솜씨로 마무리되어 완성됩니다."[67]

바이어시는 설교에서 성경에 이렇게 접근하는 방식은 "본문에 적힌 말들과의 일치성, 적합성, 아름다움, 인간 삶의 번영, 그리고 성령에 의해 이끌린 그리스도의 몸 안에서 우리와 함께 아버지의 아름다움을 비추시는 아들의 아름다움을 보이고자 하는 것"이라고 말한다.[68] 이는 그리스도의 의로운 삶을 통해 밝게 비추는 아버지의 사랑의 빛 안에서, 우리가 어떻게 하나님을 인식하고 우리 자신과 이웃을 바라볼 것인지를 발견하는 참여적 앎의 방식이라 할 수 있다. 웨슬리는 "성경적 기독교"(Scriptural Christianity)라는 설교에서 이를 다음과 같이 정리한다. "그리스도의 마음을 품어 성령의 거룩한 열매가 우리 안에 맺어지면, 사랑과 기쁨과 평화, 오래 참음과 자비와 선함이 우리를 채웁니다. 또한 믿음과 온유와 절제를 주셔서 모든 정욕과 욕망을 십자가에 못 박게 하시고, 이러한 내면의 변화로 말미암아 겉으로도 의로운 삶을 살게 되어 그리스도께서 사신 것처럼 살며, 믿음의 일과 소망의 인내와 사랑의 수고를 실천하게 됩니다."[69]

이러한 실제적 지혜는 그리스도의 선하심에 동참할 때 생겨난다. 즉 "그리스도의 마음"을 가질 때, 우리의 생각과 감정과 말이 그분 안에서 받은 진리에 맞춰 새롭게 정돈되는 것이다.[70] 따라서 실제적 지혜는 설교자의 지성과 감정과 의지를 이끌어, 복음에 충실하면서도 공동체를 믿음과 소망과 사랑의 덕으로, 그리고 성령의 열매로 세워 가는 데 알맞은 설교를 하게 한다.[71]

이러한 변화는 우리의 영적 감각이 깨어날 때 일어난다. 그때 우리는 하나님과 세상과 자신을 전혀 다르게 보게 된다. 웨슬리는 이를 성령으로 말미암아 "하나님을 느낄 수 있게" 되는 것이라고 말한다. 성령께서 "영적 호흡"과 "영적 생명"을 주시는데, 이는 그리스도를 믿는 믿음으로 받게 된다. 우리의 "영적인 눈"이 열려서 그리스도를 통해 드러난 하나님의 영광과 위엄을 인식하고, "영적인 귀"가 열려서 그리스도 안에서 하나님의 음성을 듣고 순종하게 된다. 웨슬리는 이러한 영적 각성을 휘장이 걷히면서 하나님의 빛과 음성, 그리스도 안에 있는 하나님의 지식과 사랑이 우리에게 전해지는 것이며, 이는 생명을 주시는 하나님의 호흡이신 성령을 통해 이뤄지고, 우리는 이에 응답하여 끊임없이 하나님을 사랑하고 기도하고 찬양하게 되는 일이라고 요약한다.[72]

더욱이 그리스도의 아름다움은 단순히 머리로 이해하는 것으로는 결코 알 수 없다. 하나님이 우리의 영적인 눈을 정결하게 해 주셔야 하고, 사랑으로 깊이 느끼는 정서적 인식이 필요하다. 볼 수 있는 눈은 성령의 변화시키는 역사를 통해 주어지는데, 성령은 우리를 그리스도 안에서 본래 창조된 모습, 즉 아름답고 건강하고 행복한 상태로 회복시켜 주신다.[73] 웨슬리는 "마음의 할례"(The Circumcision of the Heart)라는 설교에서, 삼위일체 하나님의 성품을 설명한다. 이는 설교자의 마음에 열정을 불러일으키고, 그들의 소망과 말과 행동이 하나님을 향하게 해준다. 그리하여 지금 이 순간, 그리고 만물이 하나님 안에서 완성되는 마지막 날, 하나님을 기뻐하며 영광 돌리게 된다.

> 오직 한 분 완전하신 하나님이 여러분의 최종 목적지가 되어야 합니다. 오직 한 가지만을 순수하게 사모하십시오. 그것은 바로 만유의 전부이신 하나님을 누리는 것입니다. 여러분의 영혼이 추구할 행복도 하나뿐입니다. 곧 우리를 창조하신 분과 하나 되는 것, 성부와 성자와 교제하는 것, "주님과 한 성령" 안에서 연합되는 것입니다. 끝 날까지 추구할 목표도 하나뿐입니다. 지금 이 순간 그리고 영원히 하나님을 즐거워하는 것입니다. 다른 모든 것은 이 목표를 이루는 데 도움이 될 때만 구하십시오. 피조물을 사랑하되 그것이 창조주께로 이끄는 한에서만 사랑하십시오. 여러분이 내딛는 걸음마다 이 영광스러운 목적이 여러분의 방향이 되게 하십시오. 모든 사랑과 생각과 말과 행동이 이 목적을 향하게 하십시오. 여러분이 무엇을 바라거나 두려워하든, 무엇을 찾거나 피하든, 무엇을 생각하고 말하고 행하든, 그 모든 것이 하나님 안에서 누리는 행복을 위한 것이 되게 하십시오. 하나님만이 우리 존재의 유일한 목적이요 근원이시기 때문입니다.[74]

윌리엄 에이브러햄(William Abraham)은 웨슬리의 설교가 영성 훈련을 통한 신학적 실험이었다고 설명했다. 그의 설교는 기독교의 지혜를 사랑하고 훈련하는 것이었으며, 이것이 설교라는 예술의 형태로 전달되어 방향을 잃고 어둠 속에 있던 영혼들이 하나님을 알아 가고 사랑하며 치유를 경험하게 되었다는 것이다.[75]

나는 한 가지를 덧붙이고 싶은데, 이를 위해서는 설교가 지닌 고유한 아름다움이 필요하다는 것이다. 이 아름다움은 설교자와 청중 모두의 마음을 성령의 사랑에 맞춰 주어, 우리 모두가 그리스도의 복음이 지닌 아름다움을 함께 누리게 한다.[76] 웨슬리 자신이 직접 분명하게 말한 것처럼, 성령께서 설교자의 마음을 움직이셔서 "하나님의 비밀을 맡은 청지기가 되고, 그리스도께서 자신의 죽음을 통해 구원하신 영혼들의 목자가 되는 것"을 기쁘게 여기게 하신다. 그렇게 함으로써 "하나님을 향한 특별한 사랑과 모든 형제자매를 향한 깊은 사랑을 부어 주시는 것"이다.[77]

복음 선포는 거룩한 부르심이다. 이는 크나큰 아름다움을 지닌 일로서, 모든 것의 시작이요 마지막이 되시는 무한한 사랑의 하나님, 모든 것의 진정한 주체이시며 목적이 되시는 분의 영광을 드러내는 것이다. 우리의 언어는 성부 하나님께 올려 드리는 경배와 찬양의 제물이 될 때 아름다워진다. 이는 성자를 통해, 성령 안에서 이뤄지며 거룩한 삼위일체는 다른 목적을 위한 수단이 아닌 그분 자체를 위하여 알고, 사랑하고, 즐거워하게 된다.[78] 설교는 하나님의 영으로부터 영감을 받아 수행되는 일종의 예술과 같다. 성령은 우리의 전 존재를 하나님 사랑의 아름다움으로 가득 채우시고, 그리하여 우리의 마음과 생각과 의지가 하나님을 향하게 하시며, 그리스도 안에서 모든 피조물을 구원하려는 하나님의 목적을 이루게 하신다. 데브라 머피는 하나님의 아름다움이 사랑을 통해 드러나는 삶에 대한 웨슬리의 비전을 탁월하게 요약한다. "그러므로 아름다운 삶을 산다는 것은 하나님이 우리를 사랑하시는 그대로 사랑하는 것입니다. 아무 조건과 제약 없이 자유롭게, 계산하거나 비교하지 않고 넘치도록 풍성하게, 기쁨으로 가득 차 모든 것을 아낌없이 쏟아붓듯 사랑하는 것입니다. 그것은 우리가 하나님의 위대한 사랑의 드라마에 완전히 사로잡힘을 의미합니다. 그 안에서 우리는 하나님과 깊은 교제를 나누고, 서로를 향한 사랑을 주고받으며, 한없이 부어지는 하나님의 은혜를 누리게 됩니다."[79]

아름다운 설교는 그리스도의 사역을 통해 하나님께 기도와 찬양으로 자신을 드리는 교회 안에서 성령에 사로잡힌 설교자들의 믿음과 사랑으로부터 솟아난다. 설교는 단순히 감정을 위한 감정을 불러일으키려고 하지 않는다. 오히려 우리 마음이 진정으로 사랑해야 할 대상을 향한 거룩한 기쁨으로 움직이게 한다. 그 대상은 바로 "거룩함의 아름다움" 가운데 예배받으시는 하나님이다.

설교의 미학

이것이 바로 설교의 미학인데, 이는 하나님을 설교의 유일한 주제로 삼고 하나님을 예배하는 가운데 형성되는 설교자의 마음과 감정이 지닌 특별한 성품을 바탕으로 한다.[80] 웨슬리가 말한 것처럼, "영과 진리로 하나님을 예배한다는 것은 온전히 하나님을 사랑하고, 그분 안에서 기뻐하며, 우리의 모든 마음과 생각과 영혼과 힘을 다해 그분을 갈망하는 것이다. 또한 우리가 사랑하는 그분이 순결하신 것처럼 우리도 순결해져서 그분을 닮아 가는 것이며, 우리가 사랑하고 믿는 그분께 우리의 생각과 말과 행동으로 순종하는 것이다."[81] 웨슬리는 또 다른 곳에서 "하나님을 섬긴다는 것은 곧 하나님을 닮아 가는 것"이라고 언급한다. 또한 그는 아우구스티누스의 말을 인용하면서, "우리가 경배하는 그분을 닮아 가는 것이야말로 하나님을 예배하고 섬기는 가장 좋은 방법"이라고 했다.[82]

여기서 우리는 웨슬리가 하나님을 예배하는 과정을 어떻게 설명하는지 거기에 주목할 필요가 있다. 그는 먼저 하나님을 사랑하고 사모하고 기뻐하는 것에서 시작해, 그다음 하나님을 본받고 순종하는 단계로 나아간다. 마지막으로 신앙을 확립하고 고백하는 것으로 마무리한다. 이는 아름다움, 선함, 진리의 순서를 따른 것이다. 우리가 인식하고 행동하고 생각하는 모든 것은 우리 자신을 온전히 드리는 과정이 된다. 이는 자신을 비우신 그리스도의 놀라운 사랑을 받아들이는 과정이기도 하다.

말씀을 향한 뜨거운 열정은 성령으로부터 온다. 성령은 우리의 생각과 감정과 말을 그리스도 안에서 일하시는 하나님의 은혜로운 일하심과 연결시키셔서, 청중이 영적으로 유익을 얻게 하신다. 버턴은 그러한 설교의 중요한 요소를 짚어 내는데, 그것은 감리교 설교의 많은 수사적 특징이 웨슬리의 이 고백에서 비롯되었다는 점이다. "가장 좋은 소식은 하나님이 우리와 함께 계신다는 것입니다." 그녀는 계속해서 설명을 이어 간다. "감리교에서 소외된 남성들과 여성들이 말씀을 전하고 글을 쓴 것은 그들의 성별이나 사회적 지위가 그들에게 자격을 주어서도 아니었고, 비록 그들의 재능이 많았지만 그들의 재능 때문도 아니었습니다. 또한 그들이 대중 연설 교육을 받아서도 아니었습니다. 사실 그런 교육을 받은 사람은 거의 없었습니다. 그들이 말씀을 전하고 글을 쓴 것은 하나님이 그들을 일상에서 불러내어 말하게 하셨다는 믿음 때문이었습니다. 그리고 그들의 동료 감리교인들이 그들의 말을 듣고, 글을 읽고, 그것을 믿음으로써 그들의 소명을 인정해 주었기 때문이었습니다. 이들이 말씀을 전할 힘을 얻은 것은 바로 하나님이 자신과 함께 계시다는 믿음 때문이었습니다."[83]

  말씀의 아름다움은 설교자를 통해 울려 퍼진다. 이들은 그리스도의 삶과 죽음과 부활을 통해 보여 주신 하나님의 한없는 사랑에 완전히 매료된 사람들이다. 웨슬리는 이 놀라운 현실 앞에서 감탄한다. "그리스도 예수 안에서 보여 주신 하나님의 사랑이 우리를 놀라게 하고, 티끌처럼 겸손하게 만듭니다."[84] 하나님의 은혜로 우리의 설교는 성례가 될 수 있다. 이를 통해 "그리스도의 몸 된 교회가 거룩한 말씀을 깊이 받아들이고, 우리 마음속에서 활발하게 역사하시는 성령의 임재를 새롭게 체험하게" 되는 것이다.[85] 그러한 설교는 거룩한 갈망으로 유지된다. 그 갈망이란 창조주 안에서 모든 피조물이 완전히 회복되고 변화되어 그 아름다움 속에 하나님의 영광이 드러나는 것을 보고자 하는 것이다. 찰스 웨슬리는 이런 거룩한 소망을 기도와 찬양이 담긴 아름다운 시로 이렇게 표현했다.

  주님, 당신의 새로운 창조를 완성하시고
     우리를 순수하고 흠 없게 하소서
  주님 안에서 온전히 회복된

그 크신 구원을 보게 하소서
영광에서 영광으로 변화되어
　우리가 하늘에서 우리의 자리를 얻을 때까지
　우리가 주님 앞에 면류관을 내려놓고
　경이와 사랑과 찬양에 잠기게 하소서[86]

지금까지 웨슬리의 가르침을 통해 설교의 미학을 깊이 살펴보았다. 설교의 미학은 결국 성령의 일하심에 근거한다. 성령은 깨어지고 상한 우리의 삶을 새롭게 빚어 그리스도 안에서 드러난 하나님 형상의 아름다움을 회복시키신다. 이를 위해 우리에게 필요한 것은 그 아름다움을 겸손히 받아들이고, 넉넉한 마음으로 자신을 내어 주는 습관을 형성하는 것이다. 이것이 바로 내가 말하는 설교의 본질이다. 설교는 성령의 영감으로 이루어지는 지성적이면서도 경배가 담긴 찬양의 행위다. 성령께서는 죄로 일그러진 우리를 변화시키셔서, 우리로 하여금 이 세상에서 그리스도의 거룩한 사랑과 기쁨이 넘치는 순종의 아름다움을 보여 주는 존재가 되게 하신다.[87]

이것이 바로 설교자들을 위한 아름다움의 신학으로서, 그 중심에는 "타락한 인류를 구원하시고, 속량하시고, 회복시키시는 성부와 성자와 성령의 순수한 은혜와 한없는 자비"를 감사한 마음으로 받아들이는 수용성이 있다.[88] 그리스도 안에서 우리의 모든 삶은 우리의 마음이 거치는 순례의 여정이다. 이 여정에서 성령은 우리 안에 아름다운 열매들을 맺게 하신다. "사랑, 희락, 화평, 오래 참음, 자비, 양선, 충성, 온유, 절제, 그리고 아름답고 칭찬받을 만한 모든 것"을 맺게 하시는 것이다. 이것이 바로 거룩함의 아름다움이며, 이는 "우리의 구주이신 하나님의 복음을 모든 면에서 아름답게 드러내는" 사람들을 통해 나타난다.[89]

요한계시록 21장 5절을 설교하면서, 웨슬리는 우리의 시선을 한곳으로 향하게 한다. 그곳은 거룩함의 아름다움이 완전한 영광에 이르는 곳이며, 성삼위 하나님과 영원한 기쁨 가운데 교제하는 곳이다. "그리고 이 모든 것을 완성하는 것은 하나님과 누리는 깊고 친밀하며 끊어지지 않는 연합이다. 성령을 통해 성부 하나님과 그의 아들 예수 그리스도와 끊임없이 교제하게 될 것이다. 삼위일체 하나님과, 그분 안에 있는 모든 피조물과 함께 영원한 기쁨을 누리게 될 것이다."[90]

The Beauty of Preaching

The Beauty of Preaching

{ 06 }

낯선 아름다움

 마르틴 루터에게 복음 선포는 하늘과 땅의 주님이시며 십자가에 못 박히고 부활하신 예수 그리스도의 아름다움으로 빛을 발한다. 복음은 "아름다우신 구세주"가 추한 모습이 되심으로써 죄로 인해 추하게 된 죄인들이 하나님의 은혜로 아름다운 존재가 될 수 있다는 것이다.[1] 이 "낯선 아름다움"[2]은 설교를 통해 우리에게 주어지는데, 이는 마치 넘치도록 풍성하지만 세상의 기준으로는 "쓸모없어 보이는" 선물과도 같다. 이 선물은 성령의 능력으로 성자 안에서 이루신 구원의 역사에 대해 성부 아버지께 찬양을 드리는 설교를 통해 전해진다. "종교개혁은 말씀 중심의 찬양, 특히 예언자적 설교의 형태로 큰 부흥을 가져왔다. 이러한 설교의 가장 큰 목적은 하나님이 하신 일을 선포해 하나님께 영광을 돌리는 것이었다. 그리고 이에 대한 가장 훌륭한 응답은 감사와 찬양이 가득한 삶을 사는 것이었다."[3]
 한 예로 루터는 이사야 52장을 해석하면서, 복음을 전하라고 하나님이 보내신 설교자들을 통해 울려 퍼지는 하나님 나라의 아름다움을 보며 크게 기뻐했다.

> 여기서 선지자는 말하는 자가 어떤 말을 할 것인지를 우리에게 보여 줍니다. 그것은 슬픔의 외침이 아니라 부드럽고 찬양이 가득한 말씀입니다. 보십시오, 평화의 소식을 전하는 자의 발걸음이 얼마나 아름답고 즐겁습니까. … 선지자는 비유적으로 사도들이 산들을 넘어가는 모습을 그립니다. 그 산들은 왕들, 통치자들, 백성, 나라들, 모든 족속을 뜻합니다. 이 모든 것 위로 복음이 전해집니다. … 기쁜 소식은 즐거움, 행복, 그리고 성령의 열매를 의미합니다. … "네 하나님이 다스리신다." 이것이 바로 복음의 음성입니다. 이는 "너희의 왕을 맞이하라"는 말과 같습니다. 어떤 왕이십니까? "너희를 돌보시는 하나님"입니다. 이제 이 왕이신 그리스도께로 나아가십시오. 그분은 참하나님이시며 참인간이신 분입니다. 그리스도 자신이 직접 설교하시고 가르치시는 분이기 때문입니다.[4]

"그것은 … 부드러우면서도 하나님을 찬양하는 것입니다. 기쁜 소식을 전하는 자의 발걸음이 얼마나 아름답고 즐거운지 보십시오." 매슈 볼턴(Matthew Boulton)은 루터가 교회 예배의 개혁과 갱신을 갈망하며 찬양의 언어를 사용했다고 설명한다.[5] 루터는 당시의 예전적 의식, 의례, 예배 시간과 장소가 "십자가의 신학"이 아닌 "영광의 신학"으로 흐르기 쉽다고 비판했다(81-82).

루터는 죄가 우리의 일상적인 말과 생각과 행동과 분리할 수 없는 종교적, 영적, 예전적 모습으로도 나타날 수 있다고 보았다. 심지어 말씀과 성례전을 통해 교회에 생명을 주시는 하나님을 예배하는 일조차도 과도한 사리사욕의 대상이 될 수 있다. 그래서 "기독교의 거룩한 것들"이 하나님 아닌 다른 낮은 목적을 위해 이용될 수 있다는 것이다. 루터는 이것이 자신을 향해 굽어진 인간의 본성이라고 보았다. 즉, 하나님을 섬기기보다는 자신의 이익을 위해 하나님과 하나님의 선물을 이용하려는 죄의 영향인 것이다. 그래서 그리스도인의 삶과 사역도 "하나님과 이웃을 섬기는 선물"보다는 자기 이익을 추구하는 방향으로 흐를 수 있다(83–85).

루터는 이러한 자기 사랑이 매우 심각한 결과를 가져온다고 보았고, 이는 반드시 "정통" 가르침으로 다뤄져야 한다고 믿었다. 볼턴의 설명에 따르면, 루터는 "정통성" 또는 "올바른 찬양"에 깊이 헌신했다. 이는 "하나님의 자녀이자 순례자로서 살아가는 전 생애 동안 인간이 가져야 할 올바른 자세와 태도"다. 이것이 바로 하나님을 향해서는 신실한 찬양으로, 이웃을 향해서는 사랑의 섬김과 돌봄으로 살아가는 믿음의 삶인 것이다. 볼턴은 하나님 앞에 선 인간에 대한 루터의 관점을 "호모 라우단스"(*homo laudans*), 즉 "찬양하는 인간"이라고 잘 정리했다. 이는 사랑으로 나타나는 믿음의 기쁨이며, 자신이 아닌 하나님을 향해 사는 삶이다(88–89). 루터는 이를 찬양의 언어로 이렇게 표현했다. "인간은 하나님의 자비가 얼마나 선한지 깨달을 때 하나님을 찬양하고 영화롭게 하고 사랑하게 됩니다. 자기 의로움에 빠져 자신을 자랑하지 않게 됩니다. 스스로 의롭다 하는 자들은 … 하나님을 찬양하지 않고, 오히려 자신을 찬양합니다(88)."

교회 안에서 그리고 교회를 통해 일하시는 하나님의 역사로 새롭게 빚어진 인간이 되는 것은, 우리의 삶이 다른 이들을 향하도록 정돈되는 것을 의미한다. 이렇게 밖을 향하는 외향적 전환은 그리스도 안에서 자신을 내어 주신 하나님으로 인해 넘치는 기쁨으로 자유롭게 감사하고 찬양하는 모습으로 표현된다. 볼턴은 이를 "예전 인류학"(liturgical anthropology)이라고 부르는데, 이는 하나님을 찬양하고 이웃을 사랑함으로써 진정한 자아를 발견하게 되는 인간의 모습을 보여 준다. 이것이 바로 참된 그리스도인의 삶이다. 바로 그리스도의 모습을 닮아 가는 믿음과 사랑의 삶을 사는 것, 일상의 모든 순간을 그리스도 안에서 살아가는 것, 그리하여 다른 이들에게 그리스도의 사랑을 전하는 통로가 되는 것이다(89-90).

나아가 "찬양하는 삶을 사는" 그리스도인은 설교의 내용과 형식을 모두 빚어낸다. 하나님을 찬양할 때, 우리 신앙의 언어는 하나님이 내내 일하심에 참여하면서 다듬어지고 새로워진다. 성경과 예배로 이루어진 찬양은 살아 있는 말의 형태다. 이는 "담대하면서도 겸손하고, 열정적이면서도 절제되며, 자유로우면서도 긍휼이 있고 … 누구에게도 매이지 않으면서 모두를 섬기는 특징을 지닌다"(91). 브라이언 브록(Brian Brock)의 말처럼, "찬양은 [하나님의] 선물을 하나님의 사랑의 형태로, 그 모든 영광스러운 특수성 속에서 드러나게 한다."[6] 따라서 찬양은 우리가 하나님을 만나는 자리다. 하나님은 그리스도 안에서 자신을 내어 주시며, 이를 통해 이 세상에서 새로워진 인류가 어떤 모습일지를 보여 주시고 그것을 이루실 것을 약속하신다.[7]

창조와 구원의 역사를 감사하며 찬양할 때 우리의 감정이 새롭게 빚어지는 것은, 복음이 우리의 생각, 인식, 행동, 말까지 어떻게 새롭게 하는지를 이해하는 루터의 관점에서 중요한 요소다.[8] 미카 안틸라(Miikka E. Anttila)는 루터가 이해한 신학적 아름다움을 다음과 같이 설명한다. "그리스도의 십자가에는 가장 끔찍한 추함 아래에 최고의 아름다움이 감추어져 있다. 하지만 하나님 안에는 추함이 없다. 십자가의 추함은 우리의 것이지만, 그 아름다움은 하나님의 것이다. 하나님은 단순히 우리와 비교해서 아름다우신 것이 아니다. 오히려 하나님은 우리를 아름답게 하실 때—즉, 그분의 아름다움을 우리에게 나누어 주실 때—가장 아름다우심이 증명된다. 이것이 바로 칭의 교리를 아름다움의 관점에서 표현한 것이다."[9]

결국 사랑과 기쁨과 즐거움은 루터가 이해한 기독교의 신앙, 사고, 감정, 말에서 매우 중요한 자리를 차지한다. 복음은 교회가 하나님 안에서 참된 기쁨을 누리는 원천이 되며, 이는 우리가 복음을 기쁘게 축하하고 노래하고 기도하고 선포할 때 이루어진다. 나아가 복음을 선포하는 기쁨은 우리 마음 깊은 곳에서 울려 퍼져서, 창조하시고 구속하시는 하나님 안에서 참된 즐거움을 느끼게 한다.[10] 마테스의 말처럼, "우리는 그리스도를 통해 하나님이 진실하고 아름답고 선하신 분임을 경험한다."[11]

그리스도는 자신의 아름다움으로 하나님 말씀을 빛나게 장식하신다. 우리는 바로 그 말씀을 통해 하나님이 은혜롭고 우리에게 참기쁨을 주시는 분임을 알게 된다. 또한 말씀을 믿을 때, 우리는 그리스도 안에서 우리의 참된 모습을 발견하는데, 이는 그리스도께서 자신의 의로움과 사랑으로 우리를 아름답게 꾸며 주시기 때문이다. 마테스는 루터의 아름다움의 신학을 이렇게 설명한다. "그러므로 복음 안에서 우리는 창조와 구원이라는 선물을 통해 보이신 그 선하심에 근거해 하나님을 아름다우신 분으로 인식할 수 있다."[12] 마테스의 중요한 연구는 루터의 신학에서 아름다움과 믿음이 지닌 심미적 본질이 얼마나 중요한지를 잘 보여 준다. 이는 설교의 아름다움을 이해하는 데 직접적인 도움을 준다. 그의 설명은 자세히 살펴볼 가치가 있다.

> 말씀이 육신이 되신 것은 우리의 사역에도 깊은 의미를 준다. 이는 믿음의 본질이 근본적으로 심미적임을 보여 주기 때문이다. 이 믿음은 우리의 감각을 일깨우고, 마음을 열고, 경이로움을 불러일으키고, 감사가 흘러넘치게 한다. … 하나님의 고유한 일하심은 참으로 아름답다. 그분이 예수 그리스도를 선물 또는 성례전으로 주시는 그 고유한 일은, 믿는 이들을 새롭게 하고 그들의 감각을 새롭게 해 하나님이 창조하신 세상의 아름다움을 더 깊이 보고 경험하게 한다. … 하나님은 죄인의 모습을 아름답게 보지 않으신다. 대신 복음 안에서, 예수님을 위해 죄인을 매력적이고 아름다운 존재로 만드신다. … 속죄에 대한 성경의 관점에서 "모양도 아름다움도 없어 보이는" 종의 모습과, 무력하고 어리석어 보이는 십자가 속에서 오히려 아름다움이 발견된다.[13]

이 "낯선 아름다움"은 오히려 그리스도의 추함 속에서 인식되는데, 하나님은 그리스도를 통해 죄의 모든 추함을 취하시고, 대신 자신의 아름다움을 죄인들에게 나누어 주신다. "하나님은 죄인들이 아름다워서 사랑하시는 것이 아니라, 그들을 사랑하심으로써 아름답게 만드신 다."[14] 이러한 복된 교환을 통해 하나님의 자비가 역사하여 우리의 마음과 감정이 새로워진다. 이로써 죄로 인해 일그러지고 손상된 인간의 삶이 회복되는 것이다.[15]

더 나아가, 그리스도의 추함 속에서도 자신의 아름다움을 겸손히 보여 주시는 하나님을 믿는 신앙이야말로 창조 세계의 아름다움 속에 담긴 선함을 발견하는 열쇠가 된다. "하나님을 찬양하고 그분을 믿는 것은 이 세상에 아름다움이 존재한다는 사실 자체를 기뻐하는 것을 의미한다. … 믿음은 인간의 마음을 열어 모든 것 속에서 하나님의 선하심을 보고 감사할 수 있게 한다. 따라서 믿음은 세상을 아름답게 바라보게 하는 가장 깊이 있는 방식인 것이다."[16] 이를 통해 우리는 하나님을 향한 찬양의 한 형태로서의 예언적 설교의 아름다움을 생각하게 된다. 하나님은 "죄인을 자신의 아름다움과 의로움으로 옷 입히기를 원하시는데 … 바로 이 아름다움을 전하는 것이야말로 설교의 고유한 사명이라 할 수 있다."[17]

예언적 아름다움

루터는 당대 많은 사람으로부터 예언자로 인식되었다.[18] 그는 구약 성경에서 보듯 하나님이 보내신 메신저로 여겨졌고, 그의 설교에 담긴 복음의 메시지는 교회 역사에서 새롭게 떠오르는 것에 대한 중요한 기여로 간주되었다. 그는 표징과 상징, 성례전, 그리고 언어를 통해 외적으로 드러나는 성령의 역사를 특히 강조했다. 이에 따라 그는 외적 말씀이 인간이 자신의 감정이나 견해를 하나님의 음성으로 오해하는 경향을 바로잡아 주는 역할을 한다고 보았다. 루터는 하나님이 인간의 마음에 말씀하시는 것이 예언자들과 사도들을 통해 전해진 하나님의 말씀과 동일하다고 믿었다(81–82).

성령의 내적 음성을 통해 하나님으로부터 "메시지"를 받았다고 주장하는 설교자들과 달리 루터는 성경을 통해 전달되는 하나님의 음성에 귀를 기울였고, 이러한 그의 헌신은 성경 해석자, 설교자, 교사로서의 그의 삶 전체를 이끌었다. 성경에는 현실을 변화시키는 능력을 지닌 이미지, 이야기, 말씀이 담겨 있으며, 이는 성경적 증언의 목소리를 통해 들려오는 하나님 말씀의 효력이다. 하나님은 말씀하시는 하나님이시므로, 성경의 말씀들은 단순히 현실을 묘사하는 것을 넘어선다. 성경의 말씀들은 현실을 창조하고 변화시키는 강력한 힘을 지닌다(83–84).

말씀하시는 하나님에 대한 믿음은 루터로 하여금 목회 사역을 하나님의 말씀을 선포하는 예언자적 소명의 차원에서 이해하도록 이끌었다. 그는 예언자가 성경 말씀을 통해 전달되는 살아 있는 말씀을 전하는 자라는 의미로 이해되는 한, 예언자라는 호칭을 받아들이는 것에도 기꺼이 동의했다(85).

말씀의 외적 실재에 대한 루터의 헌신은 그리스도를 선포하는 사역에서 성경 연구에 대한 새로운 관심을 불러일으켰다. 또한 말씀 선포를 중시했던 종교개혁의 정신은 세례를 통해 예언자적 사명을 부여받은 예언자로서의 그리스도에 대한 루터의 깊은 이해에도 중요한 영향을 미쳤다. 나아가, 예언적 말씀에 대한 이러한 기독론적 관점은 개신교 예배에서 설교가 중심적 위치를 차지하는 데 크게 기여했다. 스타인메츠의 결론처럼, "개신교 종교개혁은 후기 중세 가톨릭교회 안에서 일어난 하나의 예언자적 운동으로 설명될 수 있다"(89-90).

루터는 교회의 생명이 말씀 선포와 성례전의 집례를 통해 받아들여지는 성령으로부터 비롯된다고 믿었다. 따라서 하나님은 "외적 말씀"과 성령의 결합 그리고 교회의 예배 행위를 통해 계시적 표징으로 자신을 나타내신다고 보았다.[19] 이러한 관점은 루터가 회중 기도와 찬양 가운데 일어나는 하나님과 인간의 결정적인 만남을 강조할 수 있게 했다. 그는 이러한 이해를 설교로 확장하여, 그리스도 안에서 자신을 드러내시는 하나님의 선물로서의 말씀을 기쁘게 받아들이는 믿음 속에서 설교학 이론과 실천을 하나로 통합했다.[20]

따라서 말씀의 설교자가 된다는 것은 기도하고, 경청하고, 예수 그리스도의 길을 따라 인도함을 받는 것을 배우는 것이라 할 수 있다. 루터는 거짓 예언자들이 하나님의 말씀보다 자신들의 의견과 판단을 더 중요하게 내세우려 한다는 점을 지적했다. 그는 또한 말씀을 찬사, 이익, 명예를 얻는 수단으로 사용하고자 하는 유혹이 있음을 잘 알았다. 하지만 그는 이런 방식이 복음의 향기가 아닌 악취를 풍기는 일이기에 일시적일 수밖에 없다고 보았다. 반면에, 하나님을 찬양하기 위해 말하고 살아가는 사람들은 하나님의 이름으로 장식되고 하나님의 영광으로 단장되어, 그리스도께서 직접 그 믿음의 사람 안에 구현된다고 보았다.[21] 시편 147편을 해석하면서, 루터는 그리스도인들이 자랑할 수 있는 것은 오직 하나님의 말씀을 받았기 때문이라고 강조했다. "누가 이 선물의 위대함을 온전히 표현할 수 있겠는가? 누가 하나님 말씀의 모든 덕과 능력을 다 설명할 수 있겠는가? 성경과 설교들과 모든 기독교 서적은 오직 하나님의 말씀을 찬양할 뿐이다. 우리도 매일 읽고, 쓰고, 설교하고, 노래하고, 시를 짓고, 그림을 그리면서 동일하게 행하고 있다."[22]

그는 그리스도 안에서 나타난 하나님 사역의 찬란한 아름다움을 주목하는 것이 얼마나 중요한지에 대해 다음과 같은 지혜로운 조언을 남겼다. "이제 하나님의 모든 사역 중에서 특히 이것을 기쁨으로 연구해야 한다. … 우리는 그리스도께서 우리를 죄와 사망과 마귀로부터 구원하신 것이 얼마나 영광스럽고 아름다운 사역인지를 깊이 묵상하고, 진지하게 바라보며, 깊이 생각해야 한다. 우리는 이 놀라운 사역이 우리를 위해 이루어지지 않았다면 우리의 처지가 어떻게 되었을지를 생각해 보아야 한다. … 이 모든 것이 참으로 위대하고 경이롭다!"[23]

예언자적 설교는 성령의 사역이다. 성령께서는 설교자들의 음성을 통해 성경 말씀의 아름다움을 드러내심으로써 교회를 믿음과 사랑 안에서 새롭게 하신다. 루터가 말한 것처럼, 하나님 사역의 위대함과 아름다움과 탁월함을 보고, 감탄하며 찬양할 수 있는 이들은 바로 정직한 자들이다.[24] "[그리스도인들은] 성령께서 그들에게 주셨고 날마다 주시는 이 영광과 아름다움을 깨닫고 바라본다. … 모든 덕과 더불어, 참된 하늘의 지혜와 이해력과 능력의 풍성하고 아름다운 선물들을 말이다."[25]

"예언서 서문"(Preface to the Prophets)에서 루터는 거짓 예배의 문제를 다루면서, 설교자들이 단순히 "나는 하나님을 높여 드리기 위해 이 일을 합니다. 나는 참하나님을 갈망합니다. 그리고 나는 한 분 하나님을 예배하기를 원합니다"라고 말하는 것만으로는 충분치 않다고 주장했다.[26] 그는 모든 우상 숭배자도 똑같은 말을 하며 그런 의도를 가지고 있고, 단순히 생각하거나 의도하는 것은 중요한 것이 아니라고 지적한다. 만약 의도만으로 충분하다면, 사도들을 죽음으로 내몬 박해자들조차 하나님을 섬기려는 의도가 있었기에 그들도 하나님의 종이라 불릴 수 있었을 것이다. 하지만 하나님을 예배하고 이웃을 섬기는 일은 우리의 경건한 생각이나 선한 의도에서 시작되는 것이 아니라, 하나님의 말씀에서 비롯되어야 한다. "하나님의 명령과 말씀 없이 우리 자신의 선택과 생각대로 예배를 드리라고 하시는 그런 하나님은 이 세상 어디에도 존재하지 않는다."[27]

루터는 불경건한 자들의 길도 나름대로 매력이 있어서 그들의 조언과 판단에도 어느 정도 권위가 있다는 점을 인정했다. 하지만 그는 하나님이 비록 이 불경건한 자들을 알고 계시지만, 그들을 결코 인정하지 않으신다고 덧붙였다. 불경건한 자들의 길이 한때 번성하고 영원할 것처럼 보일 수 있지만, 그것은 이 세상의 어리석음을 반영하는 거짓 아름다움을 지니고 있기에 결국에는 사라질 것이다. 이러한 거짓 아름다움에 맞서기 위해서는 십자가의 지혜가 필요하며, 믿음의 눈으로 바라볼 때 비로소 그리스도의 참된 아름다움을 볼 수 있게 된다. "그것은 의로운 자들에게조차 감춰져 있다. … 왜냐하면 하나님의 오른손이 그들을 이토록 놀라운 방식으로 인도하시기 때문이다." 따라서 믿음이란 어둠 속에서도 보이지 않는 것을 볼 수 있게 하는 특별한 앎의 방식이다.[28]

"그리스도인의 자유"(The Freedom of a Christian)에서 루터는 그리스도의 아름다움을 감추면서도 동시에 드러내는 믿음의 **형식**에 대해 다음과 같이 기록했다. "그리스도인들은 자신을 위해 사는 것이 아니라, 그리스도와 이웃을 위해 살아간다. 만약 그렇지 않다면 그들은 진정한 그리스도인이라 할 수 없다. 그들은 믿음으로 그리스도 안에서 살아가고, 사랑으로 이웃 안에서 산다. 믿음을 통해 그들은 자신을 뛰어넘어 하나님께로 들어 올려진다."29) 그리스도인이 그리스도의 풍성함과 그분의 선하심을 깨달을 때, 그들의 믿음은 이웃을 축복하고 섬기는 사랑으로 자연스럽게 흘러넘치게 된다.

따라서 그리스도 안에서 하나님의 말씀을 선포하는 것은 "생명과 진리, 평화와 의로움, 구원과 기쁨, 자유와 지혜, 능력과 은혜, 영광과 그 밖의 모든 축복"이 가득한 일이 된다(491). 더욱이 그리스도 안에 있는 하나님의 약속은 "거룩함과 진리, 의로움과 자유, 평화와 선함이 넘치기 때문에" 굳건한 믿음으로 이 약속을 붙드는 영혼은 그 약속과 연합되고, 그 능력에 동참하며, 그것에 "흠뻑 젖고 취하게" 된다. 마치 불과 하나 되어 불처럼 빛나는 달궈진 쇠같이, 하나님의 말씀은 영혼에 말씀의 특성을 전해 준다(496-97).

따라서 믿음은 그리스도를 전하고 또한 그리스도께서 전하시는 말씀의 "구원하고 효력 있는" 사용을 통해 드러나는 특별한 아름다움을 지닌다. 이러한 루터의 통찰은 우리 시대의 설교자들이 숙고할 가치가 있다.

이제 분명한 것은, 오늘날 가장 뛰어난 설교자들조차 그리스도의 사역, 생애, 말씀을 단순히 하나의 이야기나 역사적 업적으로만 설교하는 것은 (비록 이것이 우리의 삶의 본보기로 삼기에는 충분할지 모르나) 부족할 뿐 아니라, 진정한 기독교적 설교라 할 수 없다는 것이다. … 더욱이 어떤 이들은 그리스도에 대한 연민을 자아내거나 유대인들에 대한 분노를 불러일으키는 등 인간의 감정을 자극하려는 목적으로 그리스도를 설교하고 그분에 관한 이야기를 전하기도 한다. … 그러나 진정한 설교는 그리스도에 대한 믿음을 증진시키는 것을 목표로 해야 한다. 그럴 때 그분은 단순히 "그리스도"가 아닌 "당신과 나를 위한 그리스도"가 되며, 우리가 그분에 대해 말하고 그분을 부르는 모든 것이 우리의 삶에 실제적인 영향을 미치게 되는 것이다. 이러한 믿음은 그리스도께서 왜 오셨는지, 무엇을 가져오시고 주셨는지, 그분을 영접할 때 어떤 필요가 채워지고 어떤 열매가 맺어지는지를 설교함으로써 생겨나고 유지된다. 이와 같은 설교는 그리스도로부터 얻는 그리스도인의 자유, 곧 우리 모든 그리스도인을 왕과 제사장으로 만드는 그 자유가 올바르게 가르쳐질 때 이루어진다. 이 자유 안에서 우리는 모든 것의 주인이 되며, 우리가 행하는 모든 것이 하나님 보시기에 기쁘시고 받으실 만한 것이라고 확신하게 된다(508).

그리스도의 말씀을 들음으로써 오는 믿음을 통해, 우리는 어떤 이득이나 보상을 바라지 않고도 하나님을 사모하고, 사랑하고, 섬길 수 있는 자유를 얻게 된다. 루터는 이에 대해 "이것이야말로 진정한 그리스도인의 삶이다. 바로 여기서 '믿음이 사랑을 통해 참된 효력을 발휘하는 것'이라고 말한다. 즉, [믿음은] 기쁨과 사랑의 모습으로 가장 자유로운 섬김 가운데 자신을 드러낸다. 이는 자신의 믿음의 충만함과 풍성함으로 가득 찬 한 사람이 다른 이를 자유롭고 자발적으로 섬기는 것과 같다"(521).

그리스도는 그분 자신이 믿음의 본질적인 형태이면서, 동시에 종의 모습으로 오신 하나님의 형상이시다. 우리가 하는 모든 행위와 말은 그리스도 안에서 받은 은사를 나누는 것인데, 그 결과를 염려하지 않고 행한다. 성령은 "자신 안으로 굽어 있는" 우리의 마음을 끌어내어, 그리스도의 빛 안에서 이웃을 바라보게 하신다. 그리스도께서는 종의 형체로 오셔서 "다른 인간들처럼 사시고, 일하시고, 고통받으시고, 죽으심을 겪으셨다." 그리스도인들은 행위의 의무로부터 자유로워졌기 때문에, 자발적으로 종의 모습을 취하여 자신을 낮출 수 있는 자유를 얻었다. 이로써 하나님이 그리스도 안에서 우리에게 행하신 것처럼, 우리도 이웃을 위해 모든 것을 돕고 섬길 자유를 누린다(521-22).

루터에게, 그리스도를 믿는 믿음으로 받은 하나님의 풍성한 선하심은 그리스도인의 믿음, 삶, 말하는 방식의 근본적인 틀을 제공한다. 그리스도인은 계산적인 삶과 말로부터, 자기 보존의 집착으로부터, 영웅적 계획과 노력의 부담으로부터 자유를 얻었다. 그리스도와 그분의 선한 것들을 풍성한 믿음으로 선포하고 받아들일 때, 우리의 삶은 더 이상 필요, 결핍, 부족함에 지배되지 않는다. 따라서 그리스도인의 말과 행동은 하나님의 넘치는 사랑의 아름다움으로 측정된다. 이 사랑은 그리스도를 통해 표현되며 하나님을 기쁘시게 한다(524-25). 루터는 살아 있는 믿음의 본질에 대해 매우 깊은 통찰을 보여 준다. "[그리스도인은]

믿음으로 그리스도 안에서 살고, 사랑으로 이웃 안에서 산다. 믿음으로 그들은 자신을 넘어 하나님 안으로 들려 올라가고, 사랑으로 그들은 자신을 낮추어 이웃 안으로 내려간다"(530).

새뮤얼 토번드(Samuel Torvend)는 기독교 예배와 그리스도인의 자유, 그리고 세상에서의 섬김을 루터가 분명하게 연결시켰음을 밝혔다. 말씀 선포와 성례전의 집례가 기독교 공동체를 형성하므로, 그리스도인은 무엇보다 먼저 하나님의 선행하는 은혜를 받는 수혜자라 할 수 있다. "이러한 신학적이고 기독론적인 중심으로부터, 사람들의 말과 행동을 통해 성례전적으로 전달되어, 사회의 경제적, 정치적, 사회적 구조 속에서 그리스도인의 존재를 드러내는 말과 행동이 자연스럽게 흘러나오게 되었다."[30] 루터는 이웃을 사랑으로 섬기는 것이 그리스도인의 생각과 말과 행동의 방향을 정해 준다고 보았다. 이는 "감사나 배은망덕, 칭찬과 비난, 이익이나 손실을 따지지 않고 … 친구와 원수를 구별하지 않으면서 … 대신 자유롭고 기쁜 마음으로 자신을 내어 주는" 방식으로 이루어진다(524). 루터는 이미 이전 저작에서 이런 관점을 신학적 언어로 표현한 바 있다.

첫 번째 부분이 분명한 이유는, 인간 안에 거하시는 하나님의 사랑이 죄인, 악한 자, 어리석은 자, 연약한 자를 의롭고 선하고 지혜롭고 강한 자로 변화시키기 위해 그들을 사랑하시기 때문이다. 하나님의 사랑은 자신의 유익을 구하지 않고 오히려 흘러넘쳐 선을 베푸신다. 따라서 죄인은 사랑스럽기 때문에 사랑받는 것이 아니라, 사랑받기 때문에 사랑스러워지는 것이다. … 이것이 그리스도께서

"내가 의인을 부르러 온 것이 아니요, 죄인을 부르러 왔노라"고 말씀하신 이유다. 이것이 바로 십자가의 사랑이다. 이 사랑은 자신이 즐길 만한 선을 찾아가는 것이 아니라, 악한 자와 궁핍한 자에게 선을 베풀 수 있는 곳을 향해 나아간다. 사도가 예수님의 말씀을 받아 "받는 것보다 주는 것이 더 복되다"고 말했고, 시편 41편 1절도 "가난한 자를 돌보는 자가 복이 있다"고 말한다.[31]

루터에 의하면, 하나님이 우리에게 주시는 모든 좋은 것이 진정한 자유의 척도가 된다. "그리스도 안에서 우리에게 부어진, 그리고 지금도 부어 주시는 이 모든 좋은 것은 그리스도께서 우리의 모습을 입으시고 우리를 대신하여 행하심으로써, 마치 그분 자신이 우리와 같은 존재가 되신 것처럼 우리에게 주어진 것이다. 이제 이러한 좋은 것들은 우리를 통해 그것을 필요로 하는 이들에게로 흘러간다. … 이는 그리스도께서 우리를 위해 행하신 바로 그 일이기 때문이다. 이것이야말로 진정한 사랑이며 그리스도인의 참된 삶의 규범이다."[32] 복음의 기쁨과 즐거움은 그리스도 안에서 이루어진 하나님의 기쁜 소식을 전파하고 찬양하고 기념하는 모든 이의 믿음을 통해 흘러나온다." 루터는 "신약 서문"(Preface to the New Testament)에서 교회 안에서 이루어지는 기독교적 자유의 모습을 아름답게 묘사하는데, 이는 설교, 믿음, 복음 안에서 기뻐하는 과정을 통해 나타난다.

이처럼 하나님의 복음, 또는 신약은 사도들을 통해 온 세상에 울려 퍼진 좋은 소식이다. 진정한 다윗이신 분이 죄와 죽음과 마귀와 싸워 승리하셨고, 그로 인해 죄에 속박되고 죽음의 고통 속에서 마귀의 권세 아래 있던 모든 이를 자유롭게 하셨다는 소식이다. 그들 자신의 어떠한 공로나 노력 없이, 그분이 그들을 의롭게 하시고 생명을 주시고 그들을 구원하셨다. 그들은 평화를 얻고 하나님께로 돌아왔다. 이에 그들은 찬양하며 하나님께 감사와 영광을 돌리고 영원한 기쁨을 누리게 되었으니 이는 그들이 굳게 믿고 믿음 안에 견고히 머물러 있을 때 이루어지는 것이다.[33]

설교의 아름다움은 "사랑스러운 예배의 수단", 즉 말씀과 성례전이라는 거룩한 선물을 통해 그리스도 안에서 주시는 하나님의 선물이다. 선한 행실과 말은 자신의 영광이 아닌 하나님의 영광을 향해 새로워진 사랑과 갈망으로 변화된 마음으로부터 자연스럽게 흘러나온다. 루터는 말씀 안에서의 믿음의 능력에 대해 다음과 같이 말했다. "그리스도인의 삶과 의로움과 자유를 위해서는 오직 한 가지만이 필요한데, 이는 지극히 거룩한 하나님의 말씀, 곧 그리스도의 복음뿐이다."[34] 따라서 믿음에는 그리스도의 형상이 자신의 아름다움으로 말씀을 장식하는 것을 인지하는 미적인 감수성이 있다. 베른트 바넨베치(Bernd Wannenwetsch)는 인간의 감정이 새롭게 되는 과정을 이렇게 잘 요약한다. "성령의 권능으로 믿음이 마음을 새롭게 하고, 이렇게 새로워진 마음은 새로운 감정으로 채워지며, 이를 통해 선한 행위가 가능해진다."[35]

시적 아름다움

　루터는 시편을 깊이 사랑했으며, 시편을 통해 기도하고 연구하고 가르치고 설교했을 뿐 아니라, 시편의 말씀대로 살아갔다. 루터가 시편을 읽은 목적은 하나님을 찬양하기 위해서였다. 이는 하나님과 그분의 뜻에 대한 인식을 변화시키는 창조와 구원의 역사에 대해 기도하고 찬양하는 행위였다. "찬양시와 감사시에서보다 더 아름다운 기쁨의 언어를 어디서 찾을 수 있겠는가? … 거기서 우리는 하나님의 축복으로 말미암아, 하나님을 향한 아름답고 기쁜 생각으로부터 피어나는 마음의 아름답고 즐거운 꽃들을 보게 되는 것이다."[36] 브룩은 루터의 성경 읽기 방식에 대해 이렇게 설명한다. "기도와 찬양은 믿음의 인간적 행위이면서, 우리를 향한 하나님의 역사하심의 결과이고, 하나님이 우리에게 말씀하실 수 있도록 우리가 길을 예비하는 행위다."[37]

　이를 잘 보여 주는 좋은 예는 루터가 시편 51편을 해석한 주석에서 찾을 수 있다. 루터는 이 시편을 통해 구원은 전적으로 하나님이 의롭다 하시는 은혜의 선물임을 강조했다.[38] 하나님의 사랑과 구원은 인간의 마음속에서 하나님을 향한 찬양의 말들을 이끌어 내는데, 이 찬양은 자신의 죄를 고백하고 하나님이 우리를 아름답게 변화시키는 역사에 우리 자신을 온전히 의탁하는 형태로 표현된다. 루터는 여기서 하나의 역설을 지적한다. "하나님의 눈에 가장 아름다운 사람은 [그 자신의 눈에] 가장 추한 사람이며, 가장 추한 사람이 실제로는 가장 아름다운 사람이다."

　그러나 이 아름다움은 우리가 원래 가지고 있었거나 노력으로 얻어서 하나님께 바칠 수 있는 것이 아니다. 오히려 우리가 자신의 죄를 고백할 때 하나님이 우리를 아름답게 만드시는 것이며, 우리는 이 진리를 오직 하나님의 거룩하고 영광스러운 빛 아래에서만 깨달을 수 있다. 고백과 찬양은 그 자체로 아름답다. 이는 하나님의 자비하심을 겸손히 인정함으로써 그리스도인들을 아름답게 장식하고 또한 하나님이 의롭게 하시는 일을 드러내는 것이다. "따라서 하나님 보시기에 가장 매력적인 사람은 자신을 가장 겸손하다고 여기는 사람이 아니라, 오히려 자신을 가장 불결하고 타락한 존재로 바라보는 사람이다."[39] 죄의 추함 아래 숨겨진 낯선 아름다움은 복음을 전하는 설교를 통해 그리스도 안에서 밝게 빛나는 하나님을 찬양할 때 비로소 드러난다.

루터는 시편으로부터 얻은 신앙과 사랑의 놀라운 풍성함에 크게 감동받았다. 그는 "가장 위대하고 최고의 시인"이신 성령께서 이 "귀중한" 시편을 저술하셨다고 믿었다.[40] 그는 시편이 우리의 마음을 행복과 감사로 채우고, 우리 마음속에 "깊은 이해와 따뜻한 애정의 풍성한 보물 창고"를 만들어 주는 "마음의 훈련 학교"라는 점에서 깊은 감동을 받았다.[41] 루터는 시편 118편 16–18절에 대한 주석에서 신앙을 미적이며 송영적인 용어로 규정했다. 그에게 신앙이란 하나님의 일하심을 찬양하고, 생명과 구원이라는 선물을 주신 하나님께 영광을 돌리는 것이었다. "그들은 먼저 하나님의 말씀을 통해 하나님 백성이 되지 않고서는 하나님을 찬양할 수 없었다." 그러므로 루터에게 "노래하기"는 단순히 곡조를 붙여 부르거나 큰 소리로 외치는 것 이상을 의미했다. 노래하기에는 "하나님의 일하심, 권고, 은혜, 도움, 위로, 승리, 구원을 세상에 선포하고 영광 돌리는" 모든 형태의 설교와 신앙고백이 포함된다.[42] 브룩의 설명처럼, "모든 기독교적 행위는 이런 대화 안에서 이루어지며, 이 대화의 형태를 변화시키고 하나님의 행하심에 대한 감사의 응답으로 만들어 간다."[43]

복음은 말씀으로 선포되고 노래로 표현되어야 하는 살아 있는 음성이다. 예를 들어, 루터가 1524년 오순절을 위해 쓴 찬송에서는 성령께서 믿는 이들의 마음과 생각과 소망을 선하심과 사랑과 하나님을 향한 찬양으로 가득 채워 주시기를 간구한다.

> 오소서, 성령 주 하나님이여
> 신실한 자들의 마음, 생각, 소망을
> 당신의 선하심으로 채워 주소서
> 그들 안에 당신의 사랑의 불을 밝혀 주소서
> 오 주님, 당신의 빛나는 섬광으로
> 온 세상 모든 민족과 방언의 백성을
> 믿음 안으로 모으셨습니다
> 이 찬양을 우리 하나님께 드립니다
> 할렐루야, 할렐루야[44]

루터가 복음을 어떻게 듣고 믿고 전파했는지 이해하는 데는 음악과 음악적 비유가 매우 중요하다. 그의 모든 저작에는 아름다움에 대한 언어가 가득 퍼져 있으며, 이는 그리스도를 향한 믿음을 통해 인식되는 실재의 미적 차원을 보여 준다. 음악은 하나님으로부터 우리에게, 또 우리로부터 하나님께 전해지는 메신저로서, 영적 실재를 담아내는 물리적이고 외형적인 것이다. 이는 말씀의 신학과 깊은 관련이 있다. 말씀이 선포되어 들릴 때, 하나님 앞에서 인간의 전인격을 붙드는 방식으로 우리의 지성과 마음에 영향을 미친다.[45] 마테스가 지적한 것처럼, 음악은 단순히 하나님을 찬양하는 것을 넘어서 복음의 아름다움을 선포한다.

루터에게 음악은 아름다움의 표현이다. 음악에 참여할 때 우리는 아름다움을 담는 그릇이 되는데, 루터에게 이 아름다움은 어떤 면에서 복음 그 자체와 같은 의미를 지녔다. 음악의 진정한 의미는 오직 은혜로, 오직 믿음으로 말미암은 칭의 교리와 연관지어 이해될 때 가장 잘 드러난다. 죄와 그에 따르는 율법의 정죄로부터 자유를 얻은 죄인이 자신의 목소리와 입술로 감사와 기쁨을 표현하는 것 외에 다른 어떤 것도 할 수 없기 때문이다. … [음악은] 그리스도 안에서 얻은 새 생명을 보여 주는 하나의 은유이기도 하다. 복음의 말씀으로 살아가는 그리스도인은 정결한 마음을 가지고 있으며, 하나님과 이웃을 향한 사랑을 자발적으로 표현하고자 한다.[46]

루터는 시편이나 성경 전체에서 찬송, 노래, 시편이 언급될 때마다 이를 성령께서 노래를 가리키는 것이라고 이해했다. 시편 118편 14절에서 선포하는 것과 같다.

주님의 나의 힘이요 나의 노래이시니
    그가 나의 구원이 되셨도다

하나님은 자신의 일과 놀라운 역사를 인정받고 찬양받기를 기뻐하신다. 따라서 살아 있는 신앙은 결코 침묵할 수 없다. 신앙은 자유롭게 말하고 노래한다. 신앙은 하나님에 대해 믿고 알게 된 것을 기쁨으로 소리 내어 표현한다. 신앙은 온 인류를 대표하여 열정적으로 하나님께 영광과 존귀를 돌린다. 루터는 시편 116편 10절, "내가 믿었으므로 말하였다"는 구절에 주목했다.[47]

시편 118편에 대한 루터의 묵상은 찬양과 감사의 형태로 표현되는 설교 미학, 즉 "아름다운 노래"를 보여 준다. 그는 힘과 노래와 구원이라는 개념을 신뢰, 고백, 구원하심과 연결 지어 설명한다. 하나님이 먼저 말씀하시며, 루터가 설명한 것처럼, "시편 기자가 노래하고 … 그는 하나님에 대한 자신의 믿음을 설교하고, 고백하고, 선포한다. 신앙은 이외의 다른 방식으로 존재할 수 없다. 신앙은 언제나 믿는 바를 고백하게 되어 있다(롬 10:10)." 이처럼 신앙은 성도가 한목소리로 부르는 노래에 동참하는 것이다. "이것이 바로 모세와 이스라엘 백성이 했던 것이며(출 15:1), 드보라(삿 5:1 이하)와 한나(삼상 2:1 이하), 그리고 다른 모든 이가 했던 것이다. 이는 만장일치의 이야기이며, 모두가 동일한 것이다."[48]

노래 자체와 노래하는 행위 모두는 그리스도 안에서 주어진 은혜와 말씀과 능력을 믿는 신앙을 통해 가능해진다. 죄 용서를 받고 슬픔, 오류, 거짓, 기만, 어둠으로부터 해방된 설교자들의 설교는 찬양의 노래가 된다. 더욱이, 하나님을 향한 갈망이 가장 큰 설교자들은 은혜, 의로움, 진리, 이해력, 위로, 지혜를 기쁨으로 받아들이는 자들이다. 루터는 이를 다음과 같이 아름답게 정리했다. "우리는 우리 자신 안에서

사는 것이 아니라 그분 안에서 살며, 그분이 우리 안에서 모든 것을 행하시고 말씀하신다."⁴⁹⁾

루터는 교회의 삶을 그리스도가 중심 주제인 "설교와 노래"의 아름다운 찬양 선율로 이해했다. 진정한 성도들은 "그들을 죄와 죽음으로부터, 곧 육체와 영혼의 모든 악으로부터 구원하시는" 하나님 안에서 참된 기쁨을 누린다. 이러한 순수한 기쁨으로 인해 그들은 자신들의 노래를 끊임없이 부르게 되는 것이다. 그러한 노래하기는 "자신을 잊는 기술"이다. 이를 통해 그리스도인은 하나님께 찬양을 드리는 과정에서 하나님의 뜻을 분별하게 된다.⁵⁰⁾ "시편 서문"(Preface to the Psalter)에서 루터는 시편의 아름다움에 대한 자신의 큰 기쁨을 다음과 같이 표현했다.

시편은 우리에게 귀중하고 사랑받는 책이 되어야 한다. 이는 시편이 그리스도의 죽음과 부활을 아주 명확하게 예언하고 있을 뿐 아니라, 그리스도의 왕국과 전체 기독교계의 상태와 본질을 생생하게 묘사하고 있어서 "작은 성경"이라고 불릴 만큼 가치가 있기 때문이다. 시편은 성경 전체의 내용을 가장 아름답고 간결한 방식으로 담아낸다. 이는 참으로 뛰어난 지침서요 안내서다. 실제로, 성령께서는 마치 축소판 성경을 만드시고, 기독교 전체 또는 모든 성도를 위한 모범 사례집을 만드시려 한 듯하다. 이는 전체 성경을 읽을 수 없는 사람이라도 이 작은 한 권의 책을 통해 성경 전체의 거의 모든 내용을 요약해서 접할 수 있게 하시려 한 것처럼 보인다.⁵¹⁾

루터는 시편을 하나님의 말씀을 향한 사랑과 기쁨을 더해 주는 기도와 찬양의 책으로 이해했다. 비록 이런 접근이 시편의 모든 것을 완벽하게 이해하게 하지는 않지만, 다음과 같은 진리를 확인시켜 준다. "성령께서는 우리가 언제나 그분의 제자로 남을 수 있도록 많은 것을 의도적으로 남겨 두신다. 그분이 많은 것을 계시하시는 것은 우리를 더 깊은 진리로 이끌기 위함이며, 그분이 주시는 것들은 우리를 깨우고 일으키기 위함이다. … 우리의 삶은 완성이 아닌, 시작과 성장의 여정이다."[52]

루터는 시편과 성경의 다른 책들 사이에 차이가 있음을 보았다. 다른 책들이 인간의 행동을 위한 교훈과 본보기를 제시한다면, 시편은 이런 교훈과 본보기가 그리스도의 기도와 하나 되는 가운데 실천되는 방식을 제시한다는 것이다. 성령의 가르치심을 통해, 율법을 지키는 순종은 그리스도의 기도에 동참함으로써 아름다운 찬양의 헌신으로 승화한다.[53]

율법을 사모하는 마음은 거룩하고 의롭고 선한 것인데, 이는 그리스도를 향한 믿음에서 비롯되어 이웃 사랑으로 표현된다. 루터는 시편 1편에 나오는 "복 있는 사람"의 약속을 그리스도와 그의 백성이 하나 된 모습으로 보았으며, 이를 삶의 거울이자 목표로 이해했다. 사랑은 말씀을 듣는 모든 이 안에서 믿음을 통해 역사하는 하나 되게 하는 힘이며, 이는 하나님의 선하심과 달콤하심, 능력과 거룩하심을 기뻐하게 한다. "하나님의 말씀이 얼마나 놀라운가. … 사랑하는 사람들의 공통된 특징과 본성은 자신이 사랑하는 것에 대해 자유롭게 이야기하고 노래하고 감사하고 창작하고 기뻐하며, 그것에 대해 듣기를 즐기는 것이다."⁵⁴⁾ 그러므로 말씀의 아름다움은 그것을 사랑하는 이들의 입술과 마음과 귀에 기쁘게 받아들여진다. 루터는 이 진리를 다음과 같이 확장한다.

> 이러한 말씀이 어떤 한 사람에게 기쁨이 되고 그 사람의 상황에 들어맞을 때, 이는 정말 좋은 것이다. 이때 그 사람은 자신이 성도의 교제 안에 있음을 확신하게 되는데, 이는 모든 성도가 경험했던 일을 자신도 동일하게 경험하고 있으며, 그들 모두가 자신과 함께 같은 노래를 부르고 있기 때문이다. … 한마디로, 만약 당신이 거룩한 기독교 교회의 모습을 생생한 색채와 형태로 그려진 하나의 작은 그림으로 보고 싶다면, 시편을 펼치라. 거기에서 당신은 기독교가 무엇인지를 보여 주는 아름답고, 빛나며, 순수한 거울을 발견할 것이다. 참으로 당신은 그 안에서 자신의 모습과 참된 [자기 인식]을 발견할 뿐 아니라, 하나님 그분과 모든 피조물의 모습도 발견하게 될 것이다.⁵⁵⁾

시편 1편의 지혜는 하나님의 말씀을 주의 깊게 받아들임으로써 영적 절제와 미적 감수성이 함께 자라나는 설교자의 길을 밝혀 준다. 이러한 예는 주님의 율법을 즐거워하는 것에 대해 말하는 시편 1편 2절에 대한 루터의 묵상에서 잘 나타난다. 우리의 사랑과 갈망이 변화되기 위해서는 "반드시 하늘로부터 오는" 기쁨이 필요하며, 또한 그러한 기쁨으로 이어진다. 이러한 갈망은 그리스도를 통한 하나님에 대한 믿음에서 비롯되는데, 이는 율법의 약속이나 위협이 아닌, 율법 안에 담긴 거룩하고 의롭고 선한 것을 말하기를 기뻐하게 만든다. 루터는 율법의 약속과 위협에만 집중하는 접근 방식을 "용병적이고 거짓된" 것으로 보았다.[56]

성경을 묵상하는 것은 설교자들에게 기쁨이 되는 활동이다. 루터는 시편 37편 30절 "의인의 입은 지혜를 말하느니라"를 인용하면서, 아우구스티누스가 "지혜를 말하다"를 "수다 떨다"로 해석한 것을 언급한다. 그는 "수다 떠는 것은 새들의 행위"라고 말하는데, 이는 우리의 온 존재와 사랑, 그리고 갈망을 다해 하나님의 말씀을 묵상하는 것을 의미한다. 이런 생각은 루터로 하여금 설교의 기쁨에 대해 깊이 생각하게 했다. "따라서 무언가를 이야기하는 것이 본연의 임무인 사람의 직분은 주님의 율법을 깊이 있게 다루는 것이다. … 이 말씀이 지닌 힘과 아름다움을 온전히 설명하는 것은 불가능하다. 이런 묵상은 우선 율법의 말씀을 자세히 살피는 것에서 시작되며, 이어서 성경의 여러 부분을 서로 연결하는 것으로 이어진다. 이는 마치 즐거운 사냥과도 같고, 주님이 사슴들을 깨우시고 숲을 열어 보이시는(시 29:9) 것처럼 숲속에서 뛰노는 사슴들의 놀이와도 같은 것이다(296).

하나님 안에서 참된 행복을 누리는 길은 율법을 묵상하며 느끼는 기쁨이다. 이는 창조 세계 안에 이미 존재하는 하늘의 갈망으로서, 사랑하는 자와 사랑받는 자를 하나로 묶어 준다. 더 나아가 이런 갈망은 마음의 애정을 통해 설교자를 하나님의 말씀과 하나 되게 해 준다. 루터가 조언하는 것처럼, "설교자는 반드시 하나님의 말씀이 얼마나 선하고 달콤하고 순수하고 거룩하고 놀라운지를 직접 맛보아야 한다"(297).

루터는 너무 많은 말을 하고, 과도하게 거짓된 모습을 보이고, 너무 많이 따지고 재며, 정작 말하는 내용에 대한 사랑은 부족한 거짓된 수다를 경계했다. "자신의 혀든 손이든 의견이든 매력이든 그것이 주의 율법에 있는 사람이 복이 있다. 사람들은 이러한 것들을 통해 자신을 교만하게 부풀리고 달래니, 마치 자신이 이미 거룩하고 의로운 것처럼 행동한다." 이것은 거짓된 아름다움이다. 하나님 말씀의 참된 아름다움은 사랑을 통해 배우게 되는데, 이는 율법이 하늘로부터 내려오기를 간절히 바라는 그리스도 안에서의 겸손한 믿음을 통해서다. 이처럼 하나님이 주신 갈망은 설교자의 존재 방식, 삶의 모습, 말하는 방식을 형성하는 모든 것을 사로잡는 열정이 된다. "사랑이 향하는 곳이라면 어디든, 우리의 마음과 몸이 그곳을 따라가게 된다"(297).

설교는 하나님의 뜻 안에서 시작된다. 곧 다른 이들에게 유익을 주는 말을 낳는, 말씀을 향한 거룩한 갈망과 함께 시작된다. 루터는 이것을 사랑의 작용으로 보았다. "이것을 잘 기억하라. 이는 사랑하는 모든 사람의 공통된 특징이자 본성인데, 그들이 사랑하는 것에 대해 자유롭게 이야기하고 노래하고 감사하고 창작하고 즐거워하며, 그것에 대해 듣는 것을 즐거워하는 것이다." 그러므로 설교자는 하나님의 말씀을 사랑하는 자로서 그 말씀을 듣고, 묵상하며, 전하는 사람이라고 가장 잘 표현할 수 있을 것이다. "하나님께 속한 사람은 하나님의 말씀을 듣는다." 하지만 설교자가 "돼지에게 주는 껍질을 먹는 것"과 같이, 자신의 의견과 생각들을 끊임없이 떠들어 대며, 그로 인해 권력과 부와 특권으로 이루어진 거짓된 아름다움만을 추구하는 것도 가능하다(시편 1편, 297-98).

설교와 삶의 진리는 하나님을 예배하는 가운데 받게 된다. "우리가 하나님의 율법을 이루거나 그리스도를 본받는 것은 우리 자신의 노력으로 되는 것이 아니기 때문이다. 대신 우리는 그 율법을 이루고 그분을 본받을 수 있게 되기를 기도하고 소망해야 한다. 그리고 우리가 그렇게 할 때, 우리는 찬양하며 감사를 드려야 한다." 말씀을 듣고 그 안에서 기쁨을 찾는 것이 교회를 그리스도의 형상으로 빚어 가는데, 이는 그 말씀이 아들을 통해 교회에 말씀하시는 아버지의 영에 의해 가르쳐지기 때문이다. 루터는 이렇게 결론 맺는다. "내가 설교할 때, 비록 그것이 내 혀로 전하는 나의 말이지만, 실상 나는 단지 듣는 귀일 뿐이지 말하는 혀가 아니다"(303).

시편 111편에 대한 루터의 묵상은 하나님의 일하심의 위대함과 놀라움을 깊이 생각할 때 자연스럽게 흘러나오는 찬양의 표현이다. 그는 성경을 읽는 방법으로 묵상을 실천했는데, 그것은 우리의 마음을 경탄, 즐거움, 기쁨으로 가득 채우는 것이었다. 이는 "성령의 예술"로서, 그 증언하는 바가 마음에서 우러나오며, 깊이 있고 진실한 것이다. 또한 묵상은 정직하고 의로운 말로 열매를 맺는데, 이는 한 사람의 마음과 삶의 온전함, 그리고 그 사람의 언어와 하나님을 향한 사랑의 진실성을 보여 준다. 그러므로 설교는 "그리스도께서 우리를 죄와 죽음과 악마로부터 구원하신 일이 얼마나 영광스럽고 아름다운 일인지"를 깊이 묵상하는 것에서 시작된다."[57]

루터는 설교자들이 죄와 고통으로 가득 찬 세상의 어둠, 절망, 쓰라림 속에서도 말씀을 전해야 할 부름을 받았다고 덧붙인다. 그러나 그들은 하나님의 이름이 지닌 아름다움을 기억함으로써 이 일을 감당할 수 있다. "혀와 펜을 가진 사람은 누구든 그것을 가지고 오라. 노래하고 외칠 수 있는 사람은 누구든 그렇게 하라. '주님은 은혜로우시며 자비로우시다'는 이 말씀의 의미를 조금이나마 제대로 전달하도록 함께 노력하자. 나는 하나님이 성경 어디에서도 이보다 더 아름다운 이름으로 불리기를 허락하신 적이 있는지 모르겠다. 그분은 우리가 진정으로 기쁨과 사랑으로, 감사와 찬양으로 그분을 기억하는 것을 받아들이고 소중히 여기기를 간절히 바라시면서, 이토록 달콤한 말씀으로 우리 마음에 깊이 새기고자 하신다."[58] 설교의 지혜는 "듣는 마음"에서 흘러나오는데, 이는 말씀을 향한 지성적이고 감성적인 사랑으로 계속해서 새로워진다. 루터는 이 지혜가 하나님을 경외하는 것에서 시작되며, 반대로 하나님을 경멸하는 것은 어리석음으로 이어질 것이라고 지적한다. 설교자들은 하나님의 말씀을 깊이 묵상하는 신앙과, 이런 갈망을 일으키고 그 갈망을 사랑의 언어로 열매 맺게 하는 하나님의 은혜를 통해 하나님의 지혜 안에서 "아름답게 교육된다."[59] 이러한 교육의 모습은 루터가 마리아의 찬가, 마그니피카트(Magnificat)를 해석하는 방식에서 아름답게 증명된다.[60]

마그니피카트: 마리아의 찬양이 지닌 아름다움

마그니피카트에 대한 루터의 해석은 언어의 시적 능력을 통해 성경의 세계를 생생하게 살아나게 하는 "미적 동일시"의 실천을 보여 준다. 마리아의 이야기를 직관적으로 이해하려고 노력하면서, 루터는 단순한 형태 속에 드러난 위대한 진리들을 발견했다.[61] 루터는 마리아의

"거룩한 찬양의 노래"에 경탄했는데, 이는 성령의 가르치심과 조명하심의 열매로서, 하나님의 말씀에 대한 경험되고, 시험받고, 느껴진 이해를 표현한 것이기 때문이다(316). 하나님은 겸손한 자들의 하나님이시며 그들에게 은혜를 베푸시는데, 이 은혜야말로 하나님을 향한 사랑과 찬양의 근원이 된다. 우리는 먼저 하나님을 사랑함으로써 하나님을 찬양하게 되며, 우리가 하나님을 사랑하게 되는 것은 하나님이 자신을 사랑스럽고 친밀한 방식으로 우리에게 알려 주시기 때문이다. 따라서 하나님은 그분이 우리 안에 드러내시는, 그리고 우리가 직접 느끼고 경험하는 일들을 통해 알려지신다. 이러한 경험적 지식의 기준은 "그분이 깊은 곳을 살피시며 오직 가난하고, 멸시받고, 고통받고, 비참하고, 버림받은 아무것도 아닌 자들만을 도우시는 하나님이시며, 바로 이러한 이들의 마음속에서 하나님을 향한 진정한 사랑이 싹트게 된다"는 것이다(318).

마리아의 찬양은 "하나님 안에서 발견한 큰 기쁨으로 인해 뛰놀며 춤추는" 즐거움으로 가득 찬 마음에서 흘러나온다. 그녀가 이러한 지식과 기쁨을 성령을 통해 받았기 때문에, 그녀의 모범과 말씀들은 하나님을 알고, 사랑하며, 찬양하도록 부름받은 그리스도인들에게 귀중한 가르침이 된다(318-19). 마리아는 하나님의 가쁨과 선물들을 받았다고 해서 자신을 높이지 않았으며, 오히려 굳건한 마음을 지켰고, 하나님이 그분의 뜻을 이루시도록 허락하며, 그로부터 깊은 위로와 기쁨과 신뢰를 얻었다. 루터는 여기에 덧붙인다. "우리도 또한 이렇게 해야 한다. 그것이 마리아 찬가를 부르는 진정한 방식이 될 것이다"(327).

루터는 또한 마리아의 찬양에 나타난 절제와 절도에 깊은 감동을 받앉다. "그토록 엄청난 축복들의 한가운데 있으면서도, 그녀는 그것들에 집착하거나 그것들 안에서 자신의 만족을 찾으려 하지 않았다. 대신 하나님의 순수한 선하심을 사랑하고 찬양하는 데 자신의 영을 순수하게 지켰으며, 설령 하나님이 이 모든 것을 거두어 가시고 그녀의 영을 가난하고 헐벗은 채로 궁핍하게 남겨 두신다 해도 기꺼이 받아들일 준비가 되어 있었다"(330).[62] 따라서 루터는 마리아가 하나님의 위대한 일하심 속에서 발견한 선하심을 찬양하는 그 아름다움에 큰 기쁨을 느꼈다. "마리아는 먼저 순수하고 있는 그대로의 영으로 그녀의 하나님과 구원자를 찬양하고, 하나님의 선물을 자랑하지 않음으로써 진정으로 그분의 선하심을 찬양했다. 그런 다음에야 하나님의 어머니인 그녀는 그분의 일하심과 선물을 찬양하는 데로 나아간다. 우리가 살펴본 것처럼, 우리는 하나님의 좋은 선물에 집착하거나 그것들을 자랑해서는 안 된다. 대신 그 선물을 통과하여 하나님께로 나아가, 오직 그분만을 굳게 붙들고 그분의 선하심을 가장 귀하게 여겨야 한다"(337).

송영, 또는 "올바른 찬양"은 하나님의 선하심에 감사하며 하나님의 아름다움을 선포하기에 가장 적합한 설교의 미학을 만들어 낸다. 루터는 마리아의 찬양의 노래인 "내 영혼이 하나님, 주를 찬양합니다"를 이렇게 설명한다. "이 말씀은 그녀의 온 마음과 생명이 성령 안에서 내적으로 고양되는 강렬한 열정과 넘치는 기쁨을 표현한다"(320).

이는 설교자의 전 존재와 생명을 사로잡는 찬양의 형태다. 따라서 마리아의 말씀에 대한 루터의 풀이는 설교자의 소명이 무엇인지를 인상적으로 보여 준다. "나의 생명과 모든 감각이 하나님을 사랑하고 찬양하는 일과 지고한 기쁨 속으로 솟아오르니, 나는 더 이상 나 자신을 억제할 수 없다. 내가 스스로를 높이는 것이 아니라, 주님을 찬양하기 위해 내가 더욱 높여지는 것이다." 그는 그러한 찬양과 기쁨이 인간의 행위가 아니라 "기쁨으로 겪는 고난이며 하나님의 일"이라고 말하면서, 이는 "하나님의 달콤하심과 성령으로 너무나 가득 차서, 자신이 느끼는 것을 표현할 말조차 찾을 수 없는" 사람들의 경험이라고 설명한다(320).

마그니피카트에 대한 루터의 해석은 기도하는 마음으로 주의를 기울이고 말씀을 겸손히 받아들임으로써 길러지는 영적 절제와 미적 감수성을 모두 보여 준다. 이러한 것들은 성령의 학교에서 배워야 하며 반드시 깊이 경험하고, 시험하고, 느껴야 한다. 성령의 가르치심이 없다면 그것은 단지 "공허한 말과 잡담"에 불과할 것이기 때문이다. 마리아는 자신의 보잘것없음, 비천함, 가난함에도 불구하고 하나님이 자신 안에서 행하시는 위대한 일들을 경험했다. 그녀의 지혜와 통찰력은 성령의 선물이었다. 그녀는 "하나님은 낮은 자들을 높이시고 권세 있는 자들을 그들의 자리에서 내리시는 분이며, 한마디로 온전한 것은 깨뜨리시고 깨어진 것은 온전하게 하시는 그러한 주님"이시라고 고백했다(316-17).

루터는 마리아의 지혜 또는 "맛"을 시편 기자의 말씀 "오, 맛보고 주님이 얼마나 달콤하신지를 보라. 그분을 신뢰하는 자는 복이 있도다"에 비추어 이해했다. 그는 맛보는 것이 보는 것에 선행하듯이, 마리아가 온 마음으로 하나님을 신뢰함으로써 이것을 먼저 경험하고 느꼈다고 설명한다. "그러한 사람은 자기 안에서 하나님의 일하심을 경험할 것이며, 그로 인해 이러한 감각적인 달콤함을 맛보고, 그것을 통해 모든 지식과 이해에 이를 것이다"(320-21).

마리아가 올려 드린 송영의 말씀은 여러 가지 다른 반응을 이끌어 낸다. 루터는 기쁘게 찬양을 드릴 수 없기 때문에, 마그니피카트를 올바로 부를 수 없는 "거짓된 영들"에 대해 말한다. 여기에는 하나님이 자기에게 좋은 일을 행하실 때만 노래하고 찬양하는 사람들이 있고, 하나님의 선물을 받고서 오히려 자신을 자랑하는 사람들도 있다. 또 구원자 되시는 하나님보다 구원 자체를 더 기뻐하는 이들이 있고, 선물을 주시는 분보다 선물 자체를 더 사랑하는 사람들이 있으며, 창조주보다 피조물을 더 즐기는 이들도 있다. 그러나 마리아는 "한결같고 올바른 방식으로" 하나님을 찬양했다. 그녀는 자신의 즐거움과 만족이 아닌, 믿음으로 하나님과 하나님의 선하심을 붙들었다. "'내 영이 하나님 내 구원자 안에서 기뻐하나이다.' 이는 진정 오직 믿음 안에서만 기뻐하는 영이며, 하나님의 좋은 선물들을 기뻐하는 것이 아니다. 그녀는 자신이 느낄 수는 없었지만 오직 믿음으로만 알 수 있었던, 자신의 구원이신 하나님 안에서 기뻐했던 것이다"(326, 330).

예언적 설교의 아름다움은 우리 자신이나 우리의 계획, 목표, 노력, 지위가 아닌 하나님께 영광을 돌리는 데서 나타난다. 루터는 다음과 같이 강조한다. "하나님 앞에서는 누구도 죄와 멸망의 위험 없이 어떤 선한 것도 자랑할 수 없다. 우리는 하나님 앞에서 오직 그분이 합당하지 않은 우리에게 베푸시는 순수한 은혜와 선하심만을 자랑해야 한다. 이는 우리의 사랑과 찬양이 아닌, 오직 그분의 것만이 우리 안에 거하며 우리를 지키게 하기 위함이다"(331-32). 따라서 예언적 설교의 특징은 오직 하나님만이 보시고 아시는 겸손의 영에 있다. "왜냐하면 …

가장 교만한 사람이 아니고서는 누구도 자신이 그러한 겸손을 가지고 있다고 자랑할 수 없기 때문이다"(332).

거짓된 겸손은 추한 것이며 높고 고상한 것들을 추구하지만, 겸손한 믿음의 참된 아름다움은 낮은 것들을 귀하게 여기고, 찾으며, 그것들과 함께하는 데서 발견된다. 우리가 우리 자신의 일이 아닌 하나님의 일하심의 기쁨을 묵상할 때, 우리 마음의 눈이 열려 세상이 가난하고 멸시하는 자들 속에 있는 하나님의 선하심을 보게 된다.[63] 루터는 참된 겸손은 자신의 겸손조차 의식하지 않는다고 말한다. "마치 물이 우물에서 자연스럽게 흘러나오듯이, 이는 당연하고 자연스러운 결과로 나타나 그들은 겸손한 행동, 겸손한 말, 상태, 표정, 옷차림을 갖추게 되고, 가능한 한 크고 높은 것들을 멀리하게 된다"(334-35).

루터는 마리아의 겸손한 믿음 속에서 이러한 역설을 발견한다. 하나님의 넘치는 풍요는 그녀의 가난함과 함께 있고, 하나님의 존귀하심은 그녀의 비천함과 함께 있으며, 하나님의 영광은 그녀가 멸시받는 것과 함께 있고, 하나님의 은혜는 그녀의 보잘것없음과 함께 있으며, 하나님의 선하심은 그녀의 공로 없음과 함께 있고, 하나님의 은총은 그녀의 부적합함과 함께 있다. 루터는 이렇게 결론을 맺는다. "이러한 토대 위에서 하나님을 향한 우리의 사랑과 애정이 완전한 확신을 가지고 자라나고 더욱 깊어질 것이다"(344-45).

루터에 의하면, 하나님은 마리아의 예술이 지닌 아름다움의 원천이 되신다. 그분은 자신의 은혜와 사랑 안에서 자신을 관대히 내어 주시는 모든 선한 선물의 주님이시다. 하나님을 알고 그분의 뜻을 이해하는 것은, 하나님의 일하심을 깊이 묵상하면서 경이로움과 감사로부터 우러나오는 찬양에 온전함과 선명함을 더해 준다. 그래서 마리아의 기도와 한숨, 그리고 그녀 마음속 깊은 탄식은 "인위적으로 꾸미거나 정해진 것이 아닌" 말들로 표현되었다. 성령의 도우심으로, 그녀는 "살아 있고 손과 발이 있는" 말들을 내어놓았다. 실제로 온몸과 생명이 모든 지체와 함께 표현하고자 애쓰고 긴장하는데, 이것이야말로 진정 영과 진리 안에서 드리는 하나님 예배이며, 이러한 말들은 순수한 불과 빛과 생명 그 자체다(345-46)."

이렇게 하나님을 찬양하는 것이 설교의 진정한 아름다움이다. 스스로를 "예언자"라 칭하는 이들이 자신의 지혜와 의견과 선함을 드높이려 할지 모르지만, "[하나님은] 그들 마음의 교만한 상상 속에서 그들을 흩어 버리신다"(364). 반면 마리아는 다시 시작점으로 돌아가 "가장 중요한 것"으로 그녀의 찬양을 마무리하는데, 이는 하나님의 모든 일하심 중 가장 위대한 것이라 할 수 있는 하나님 아들의 성육신이다(374).

마그니피카트에 대한 루터의 묵상은 하나님을 찬양하는 것, 설교하는 것, 그리고 그리스도 안에서 나타난 하나님 자신의 아름다움을 받아들이는 것이 어떻게 말씀을 들음으로써 오는 믿음으로 하나가 되는지를 보여 준다. 루터에게 복음의 아름다움은 지성과 의지를 모두 사용하는 신앙을 통해 선포된다. 더 나아가, 신앙은 그리스도의 고난과 십자가 죽음 속에 감춰져 있으면서도 드러나는 아름다움을 기뻐할 수 있도록 우리의 감정도 새롭게 한다. 루터는 로마서 10장을 해석하면서, 청중의 유익을 위해 복음에 헌신하는 설교자의 모습 속에서 보이고 들리는 설교의 아름다움을 기뻐한다.

복음의 평화를 전하는 이들의 발이 얼마나 아름다운가! 우선 그들이 "아름답다"고 불리는 것은 그들이 개인의 이익이나 헛된 영광을 위해 복음을 전하지 않기 때문이다. … 오직 하나님께 순종함으로 청중의 구원을 위해서만 전하기 때문이다. … "아름답다"는 말은 … 더욱이 사람들이 바라고 소망하는 것, 은혜를 받고 사랑과 애정을 받을 만한 가치가 있는 것을 의미한다. … "그의 말씀이 빠르게 달린다"(시 147:15). 달리는 모든 것에는 발이 있다. 말씀이 달리니, 말씀에도 발이 있으며, 이는 말씀이 발음되고 들리는 소리다.[64]

루터는 우리 설교자들을 초대하여 복음의 아름다움을 인간의 성취가 아닌 하나님의 선물로 바라보게 한다. 그리스도 안에 있는 하나님의 살아 있는 말씀으로 인해, 우리가 바로 복음 안에서 듣는 그 선한 것들이 된다. 교회가 설교자들의 사역을 통해 말씀에 발을 붙여 주듯이, 그리스도께서는 설교자들의 말 속에서 선포될 때 그 말씀을 아름답게 꾸며 주신다. 하나님의 자비하심으로, 설교자들의 말은 그리스도의 "선한 것들"을 육체적으로 선포하는 것이 되고, 이는 믿음으로 말미암아 사랑스럽고, 사모할 만하며, 아름다운 것으로 받아들여져서, 은혜와 죄 사함을 이루며, 병을 고치고, 생명과 구원을 키워 낸다.

The Beauty of Preaching

The Beauty of Preaching

{ 결론 }

아름다움, 현재와 과거

 설교의 아름다움은 삼위일체 하나님의 선물이다. 아우구스티누스는 그분께 기도와 찬양의 언어로 이렇게 고백했다. "이제서야 당신을 사랑하게 되었습니다. 그토록 오래되고도 그토록 새로운 아름다움이여." 나는 이 연구를 통해 신학적 미학이 우리의 인식과 언어를 그리스도의 성육신적 아름다움과 조화를 이루도록 하는 데 적합하다는 것을 보여 주고자 했다. 그리스도야말로 인간의 형태로 나타난 하나님 영광의 형상이요 표현이시기 때문이다(히 1장; 골 1장).
 그리스도 안에서, 이스라엘에게 인간성으로 이해되었던 하나님의 형상과, 이스라엘에게 하나님 자신으로 여겨졌던 하나님의 영광이 놀랍게 하나로 통합된다. 이는 성육신하신 말씀, 성경의 말씀, 예배하는 교회 안에서 선포되는 말씀 속에서 드러난다. "나의 복음과 예수 그리스도를 전파함은 영세 전부터 감추어졌다가 이제는 나타내신 바 되었으며 영원하신 하나님의 명을 따라 선지자들의 글로 말미암아 모든 민족이 믿어 순종하게 하시려고 알게 하신 바 그 신비의 계시를 따라 된 것이니 이 복음으로 너희를 능히 견고하게 하실 지혜로우신 하나님께 예수 그리스도로 말미암아 영광이 세세무궁하도록 있을지어다 아멘"(롬 16:25-27).

설교를 위해 설교자가 갖추어야 할 신학적, 미학적, 금욕적 감수성은 아름다움이 선함과 영광과 갖는 관계와 깊은 연관성을 지닌다. 이러한 감수성은 우리가 눈에 보이는 것들을 판단하고 인식하고 감지할 때, 그리고 무엇이 실재이고 허상인지를 파악할 때 적극적으로 작용한다.[1] 설교자로서 성숙해지는 데 필수적인 영적 지혜와 도덕적 지혜는 단순히 인지적 지식이나 기술적 능력의 문제가 아니라, 사랑과 상상력과 깊은 통찰력의 문제이기도 하다.

우리는 아름답다고 "인식하는" 것을 향한 갈망과 기쁨에 이끌리게 된다. 아름다운 형태로 구현된 진리는 상상력을 깨우고 그 실재를 인식하도록 우리의 감정을 자극한다. 매킨토시는 기독교적 삶이 참되고, 선하고, 아름다운 언어를 위한 미적 시각의 훈련을 필요로 한다고 말하는데, 이는 "생성된 깊이, 신선함, 생동감"을 지닌 것이어야 한다. 이는 또한 우리의 설교학적 상상력과 갈망을 제한하는 통제되고, 관리되고, 단순화된 진리에 대한 시각들로부터 자유로워지는 것을 필요로 한다. 매킨토시는 이러한 자유를 "사랑의 주목"(loving attention)이라고 정의하는데, 이는 세상 속에서 빛나고 있는 하나님의 진리의 아름다움을 포착하는 것을 의미한다. "이는 어떤 면에서 가장 어려운 분별의 행위다. 즉, 우리가 그토록 이해하고, 아름다움으로 표현하고, 보여 주고 싶어 하는 위대한 진리가, 실제로는 타인을 향한 우리의 새로운 태도

속에서, 생명에 대한 경외심 속에서, 고난과 죽음 앞에서 보여 주는 우리의 용기와 사랑의 인내 속에서 더욱 분명히 느껴지리라는 것을 인식하는 일이다."[2]

미적 시각은 사랑 안에서, 사랑을 통해, 사랑을 위해 형성된다. 하지만 동시에 우리를 깨워 하나님의 자기 나눔의 찬란함을 바라보도록 이끄는 이해 가능한 아름다움을 분별하기 위해서는 금욕적 훈련도 필요하다. "모든 것이 순수한 선물이라는 것을 깨닫는 순간, 우리는 신적 생명으로 인해 빛나는 우주의 광채와 영광을 보기 시작한다. 이 신적 생명이야말로 우주에 존재를 부여하는 것이다."[3]

이것이 바로 교회가 선포하는 "복음적 아름다움"이다. 교회는 세상으로 하여금 세상의 참된 모습을 보게 한다. 창조주께서 알고 계시며, 사랑하시고, 기뻐하시는 창조 세계라는 사실을 말이다. 그리스도의 자기희생적 사랑의 지혜로 조명받은 교회는 "존재하는 모든 것을 하나님의 생명인 주고받음의 흐름, 찬양과 기쁨의 흐름 속으로 끌어올리는" 것을 통해 세상을 새롭게 상상할 수 있는 자유를 얻는다.[4] 그리스도 안에서 하나님과 인간과 세상에 대한 진리를 말하는 것은 참으로 "아름다운 일"이다.

이러한 설교의 아름다움은 주의 깊고 열린 마음으로 듣는 자세에서 비롯되는데, 이는 들음으로써 말미암는 믿음을 통해서이며 결국 사랑으로 표현되는 것이다. "우리가 모든 것을 찬양으로 들어올릴 때, 우리의 마음은 그 모든 것을 그들의 본래 언어로, 즉 순수한 주고받음의 언어로 다시 번역할 수 있게 된다. 이러한 과정을 통해 신자들은 이 모든 것을 선물로 받아들이고, 그것들의 가장 깊은 진리를 알게 되며, 이

것들을 즐기도록 창조하신 하나님을 기쁘시게 한다."⁵⁾

설교의 아름다움은 삼위일체 사랑의 하나님, 즉 모든 것의 근원이시며 목적이신 분을 기뻐하는 것을 복된 의무이자 열망으로 여기는 백성을 통해 세상 속의 아름다움으로 구현된다. 설교는 송영적 언어의 표현으로서, 성령의 사랑이 교회를 깨워 그리스도 안에서 주어진 창조와 구원이라는 하나님의 선물을 기뻐하게 한다. 우리는 세례를 통해 그리스도와 연합되는데, 이는 성령으로 말미암아 아버지께 드리는 그리스도의 자기 봉헌에 동참하는 것이며, 성령께서는 하나님의 영광을 찬양하기 위해 우리의 삶과 언어를 거룩하게 하신다.⁶⁾ 디트리히 본회퍼(Dietrich Bonhoeffer)는 말씀이 교회가 되는 아름다움을 다음과 같이 우아하게 묘사했는데, 이는 복음에 대한 강력한 증거가 되며 하나님께 찬양의 제물로 자신을 드리는 것이다.

> 우리는 이것을 마음에 깊이 새겨야 한다. 성경에서 발견되고, 복음 선포를 통해 우리에게 울려 퍼지는 하나님의 말씀은 어떠한 장식도 필요로 하지 않는다. 그것은 그 자체로 장식이며, 그 자체로 영광이고, 그 자체로 아름답다. 이는 분명한 사실이다. 하지만 특별히 인간의 아름다움에서 볼 수 있듯이, 하나님의 말씀은 말씀을 사랑하는 이들의 장식으로부터 스스로를 분리할 수 없다. 진정으로 아름다운 장식이 그러하듯이, 하나님의 말씀을 장식하는 것은 오직 그 내적 아름다움을 더욱 영광스럽게 빛나게 하는 것으로만 구성될 수 있다. 여기에는 말씀과 동떨어진 것도, 거짓된 것도, 인위적인 것도, 값싼 장신구나 화장품도 들어설 자리가 없다. 말씀 자체의 아름

다움을 가리는 것이 아니라, 오직 그 아름다움을 드러내고 빛나게 하는 것이어야 한다. 이천 년 동안 울려 퍼져 온 이 하나님의 말씀을 사랑하는 사람들은 그들이 할 수 있는 가장 아름다운 것을 장식으로 드리는 것을 주저하지 않았다. 그리고 그들의 가장 아름다운 일은 보이지 않는 것, 즉 순종하는 마음일 수밖에 없었다. 이 순종하는 마음으로부터 눈으로 볼 수 있는 일이, 하나님과 예수 그리스도를 향한 찬양의 노래가 자연스럽게 흘러나오게 된다.[7]

하나님의 영광을 찬양하는 설교

에베소서는 장엄한 송영으로 시작하는데, 이는 세상을 위한 하나님의 구원의 아름다움에 교회가 어떻게 참여하고 그것을 증언해야 하는지에 대한 비전을 보여 준다. 우리가 하나님을 찬양할 때, 우리의 전인격—지성과 의지, 상상력과 정서—이 하나님의 영광을 바라보고 그분께 영광을 돌리는 방향으로 정렬된다. "찬양은 복음을 전달하는 가장 근본적인 형태로, '특별한 목적이 없을 때조차도' 하나님 앞에서 복음을 순수하게 즐기고 감사하는 것이다."[8]

십자가의 "어리석은 연약함"은 들음으로 오는 믿음을 통해 하나님이 어떤 분이며, 세상에서 어떻게 행하시는지를 분별할 수 있는 새로운 기준을 제시한다. 따라서 말씀이 선포될 때, 우리의 시각은 성령으로 말미암아 순수해져서 하나님의 놀라운 사랑을 보게 되는데, 이 하나님은 교회를 창조하시고 신적 은혜의 아름다움으로 축복하신다.[9]

찬송하리로다 하나님 곧 우리 주 예수 그리스도의 아버지께서 그리스도 안에서 하늘에 속한 모든 신령한 복을 우리에게 주시되 곧 창세 전에 그리스도 안에서 우리를 택하사 우리로 사랑 안에서 그 앞에 거룩하고 흠이 없게 하시려고 그 기쁘신 뜻대로 우리를 예정하사 예수 그리스도로 말미암아 자기의 아들들이 되게 하셨으니 이는 그가 사랑하시는 자 안에서 우리에게 거저 주시는 바 그의 은혜의 영광을 찬송하게 하려는 것이라 우리는 그리스도 안에서 그의 은혜의 풍성함을 따라 그의 피로 말미암아 속량 곧 죄 사함을 받았느니라 이는 그가 모든 지혜와 총명을 우리에게 넘치게 하사 그 뜻의 비밀을 우리에게 알리신 것이요 그의 기뻐하심을 따라 그리스도 안에서 때가 찬 경륜을 위하여 예정하신 것이니 하늘에 있는 것이나 땅에 있는 것이 다 그리스도 안에서 통일되게 하려 하심이라(엡 1:3-10)

신적 사랑의 아름다움이 가장 찬란하게 빛나는 순간은 우리의 인간적 존재와 삶이 새롭게 창조되어 하나님의 창조와 구속 사역을 올바르게 찬양하게 될 때다. 송영적 감사의 삶으로 부름받은 교회는 성령으로 말미암아 그리스도의 아름다움 속으로 이끌린다. 그리스도는 우리의 연약함과 취약성을 자신의 것으로 짊어짐으로써 불완전하고 결핍된 세상 속에서 하나님의 영광을 드러내신다. 다니엘루는 이것을 다음과 같이 아름답게 요약한다. "우리는 우리를 은혜의 수혜자로 삼은 어떤 것의 경이로운 증인이 되었다. 그러나 다른 이들 역시 이 은혜의 수혜자가 될 수 있다. 우리는 구원에 대해 그 어떤 독점권도 없으며, 그것은 조금도 우리의 것이 아니다. 구원은 우리가 오직 감사할 수 있을 뿐인 완전히 값없는 선물이며, 이는 다른 모든 이에게도 동일하게 제공된다. 이것이 바로 그리스도인이 예수 그리스도를 증언할 때 오만이나 과시가 없는 이유다."[10]

이것이 바로 "이상하고 연약한" 하나님의 영광이다. 하나님은 그리스도의 "전혀 영광스럽지 않은" 십자가를 통해 구원하시고 거룩하게 하신다. 그 안에서 인간의 삶과 언어가 성령으로 말미암아 완성된다.[11] 브라이언 스톤(Bryan Stone)이 기록한 것처럼, "기독교적 아름다움은 그리스도에게 고정되어 있으며 따라서 십자가의 형태를 지닌다." 그는 이 중요한 점을 자세히 설명한다. "교회를 향한 그리스도의 목적은 교회로부터 아름다움을 이끌어 내어, '영광스러운 교회로 세우사 티나 주름잡힌 것이나 이런 것들이 없이 거룩하고 흠이 없게 하려 하심'(엡 5:27)이다."[12]

설교는 우리로 하여금 다음과 같은 질문을 깊이 생각하게 한다. 즉, 말씀의 아름다움에 매료된 설교자로서, 우리는 어떻게 하나님과 세상, 그리고 하나님과 세상과의 관계 속에서 교회의 정체성과 존재를 규정하게 되는가? 리옹의 이레네우스(주후 207년 사망)가 이를 아름답게 표현했다. "하나님의 영광은 살아 있는 [인간]이며, [인류]의 생명은 하나님을 바라보는 데 있다. 창조를 통한 하나님의 나타나심이 땅의 모든 생명체에게 생명을 준다면, 말씀을 통해 드러나는 아버지의 계시는 하나님을 보는 이들에게 훨씬 더 큰 생명을 준다."[13] 이레네우스는 성령의 기쁨이 인류로 하여금 하나님을 보고 하나님의 영광을 받을 수 있도록 준비시키는 것이라고 말하는데, 이는 그리스도 안에서 하나님의 선하심을 알고 누리는 것이다.[14]

설교의 궁극적 목적은 교회가 성령의 능력으로 자신이 선포하는 바로 그 복음이 되는 것이며, 성령은 그리스도의 아름다움으로 교회의 삶을 장식하신다.

> 모든 일을 그의 뜻의 결정대로 일하시는 이의 계획을 따라 우리가 예정을 입어 그 안에서 기업이 되었으니 이는 우리가 그리스도 안에서 전부터 바라던 그의 영광의 찬송이 되게 하려 하심이라 그 안에서 너희도 진리의 말씀 곧 너희의 구원의 복음을 듣고 그 안에서 또한 믿어 약속의 성령으로 인치심을 받았으니 이는 우리 기업의 보증이 되사 그 얻으신 것을 속량하시고 그의 영광을 찬송하게 하려 하심이라(엡 1:11-14)

설교의 기쁨은 성령의 은혜로 그리스도 안에서 드러난 하나님의 구원의 아름다움 이야기를 선포하는 데서 찾을 수 있다. 스티븐 거스리(Steven Guthrie)는 아름다움이 그리스도와 성령과 어떻게 연관되는지를 설명한다. "새 창조의 아름다움은 예수 그리스도의 아름다움이다. 이는 예수께서 종말론적인 존재이시기 때문이다. 그분은 새 창조이시며, 하나님이 모든 창조물을 위해 의도하신, 죽은 자들로부터의 부활을 처음으로 이루신 분이다. 그리고 성령의 종말론적 사역은 '아름답게 만드는 것'이라고 할 수 있는데, 이는 성령의 사역이 우리를 그리스도의 완전하고 아름다운 인성을 닮도록 다시 만드는 것이기 때문이다."[15]

우리 마음의 갈망은 우리가 무엇을 알고 행해야 하는지에 관한 선언보다는, 우리가 사랑하고 즐기고 경배하는 것으로 인해 가장 자유롭게 움직이고 스스로를 움직인다.[16] 설교자로서 우리에게 있는 습관—즉 전인격체로서 우리가 생각하고, 느끼고, 행동하고, 말하는 방식—은 우리와 청중이 죽음의 어둠을 이기신 십자가에 못 박히신 예수의 부활 생명에서 발산되는 영광을 향하게 하거나 그것으로부터 멀어지게 한다.[17]

> 우리 주 예수 그리스도의 하나님, 영광의 아버지께서 지혜와 계시의 영을 너희에게 주사 하나님을 알게 하시고 너희 마음의 눈을 밝히사 그의 부르심의 소망이 무엇이며 성도 안에서 그 기업의 영광의 풍성함이 무엇이며 그의 힘의 위력으로 역사하심을 따라 믿는 우리에게 베푸신 능력의 지극히 크심이 어떠한 것을 너희로 알게 하시기를 구하노라 그의 능력이 그리스도 안에서 역사하사 죽은 자들 가운데서 다시 살리시고 하늘에서 자기의 오른편에 앉히사 모든 통치와 권세와 능력과 주권과 이 세상뿐 아니라 오는 세상에 일컫는 모든 이름 위에 뛰어나게 하시고(엡 1:17-21)

설교의 미학

설교의 미학은 우리의 기쁨을 특별한 방향으로 인도하는데, 그것은 우리가 고백하고, 선포하며, 기쁘게 순종하는 말씀의 아름다움을 향한 것이다. 설교에서 이루어지는 성경 해석은 그 자체가 하나의 찬양이 되며, 우리의 시선을 그리스도 안에서 "우리와 함께하시는 하나님"

의 실재를 향하도록 인도한다. 포드와 하디는 성경을 찬양의 관점에서 읽는 것에 대해 이렇게 말한다. "하나님을 찬양하는 행위는 성경의 핵심에 이르는 특별히 좋은 방법이다. 이는 찬양 속에서 공동체에게 가장 근본적인 것—즉 하나님과 하나님의 활동—을 하나님께 인정하려는 최고의 시도가 있었기 때문이다. … 찬양은 하나님과 가장 직접적으로 만나는 순간이었으며, 하나님의 임재와 성품을 가장 적극적으로 인식하는 시간이었다."[18] "은혜의 수단"인 설교 가운데, 성령은 찬양 받기에 합당한 모든 것에 대해 아들을 통하여 아버지께 영광 돌리도록 교회를 감동시키는 것을 기뻐하신다. 사도 바울은 빌립보서에서 이를 아름답게 표현했다. "끝으로 형제들아 무엇에든지 참되며 무엇에든지 경건하며 무엇에든지 옳으며 무엇에든지 정결하며 무엇에든지 사랑 받을 만하며 무엇에든지 칭찬 받을 만하며 무슨 덕이 있든지 무슨 기림이 있든지 이것들을 생각하라"(빌 4:8).

빌립보서의 마지막 권면은 서신서 전체에서 다루어진 이전 주제들을 요약하고 있다. 이는 그리스도 안에서 교회의 하나 됨, 또는 우리를 동시에 고귀하게 하고 겸손하게 하는 그리스도의 "마음"을 소유하는 것에 대한 내용이다. 바울은 그리스도의 제자들이 그분의 마음을 함께 나눌 때 그리스도 안에서 생각과 마음을 지키는 하나님의 평화를 언급하며, 아버지를 향한 사랑의 순종으로서 그분의 삶의 모범에 주의를 기울인다. "이는 진리와 선함과 아름다움에 대한 묵상을 의미하는데, 특히 아름다움의 기쁨 속에서 진리와 선함을 받아들이고, 우리의 감사와 존경과 찬양의 능력을 키우는 데 도움이 되는 것들에 초점을 맞춘다."[19]

이 서신은 기독교 공동체 고유의 바람직한 덕목과 생각하고, 느끼고, 행동하고, 말하는 방식을 구체적으로 제시한다. "이는 찬양으로 살아가는 마음의 활동이 어떠한지를 보여 준다. 주 안에서 기뻐하고 그분의 영광을 인식하는 것이야말로 온전하고 자유로운 지성적, 정서적 삶을 위한 유일하게 안전한 토대가 된다."[20] 바울은 복음 설교를 공적 진리, 즉 모든 민족과 모든 사람을 위한 진리로 이해했기에, 그의 마지막 격려는 다른 이들에게 본질적으로 유익한 것을 담고 있다. "그리스도 안에서의 도덕적 탁월성은 주변 세상의 거짓되거나 피상적인 탁월성을 폭로하면서, 그에 대한 대안이 된다. 일반적인 관습에 따라 단순히 뛰어나 보이는 것이 아닌, 하나님의 관점에서 진정으로 탁월한 것이 무엇인지 분별하는 법을 배우는 것은 기독교적 담론을 형성하는 데 매우 중요한 과제다."[21]

바울은 "도덕적 탁월함과 찬사가 될 만한 모든 것"을 권장하는데, 이는 덕과 모범이 그리스도께서 이끌어 내시고 모범을 보이신 신앙의 삶에 중요하기 때문이다.[22] 여기에는 진리(그리스도 안에 있는 하나님의 진리로서 세상의 실제 모습 또는 있어야 할 모습을 보여 주는 것), 고귀함(존경받을 만한 성실한 삶), 정의(하나님 앞과 타인과의 관계에서 의로운 것), 순결(도덕적 올바름을 가리키는 것), 기쁨을 주는 것(창조와 인간의 삶에서 아름다운 것에 대한 미적 인식), 감탄할 만한 것(평판이 좋은 삶이면서 말이 듣기 좋고, 매력적이고, 아름다운 것)이 포함된다.[23]

사도는 일상의 구체적인 상황 속에서 그리스도의 마음을 분별하도록 부름받은 설교자들에게 실천적 지혜를 제공한다. 그의 말씀은 우리로 하여금 일반적 관습과 문화적 규범, 기대를 뛰어넘고 그리스도의 영광스러운 자기 비움의 사랑과 조화를 이루는 신실한 삶의 방식들을 발견하도록 격려한다.[24] 여기에는 특별한 은혜와 아름다움이 있다. 창조 세계의 언어가 설교자들에 의해 채택되어, 그리스도의 지혜와 선하심으로 변화되고 충만해짐으로써, 진정으로 고귀하고, 탁월하고, 사랑스럽고, 정직하고, 건전하고, 매력적이며, 우리의 주의와 감탄을 받을 만한 것들을 가리키게 되는 것이다.[25] "하나님의 아름다움에 주의를 기울이고 하나님의 영감을 받은 눈과 귀로 보고 듣는 법을 배우는 것은 우리 안에 가장 강력한 형태의 감정과 사고와 행동 양식을 이끌어 낸다. … 이는 하나님의 탁월함으로 형성되고, 성령의 능력 안에서 우리가 부름받은 그리스도 안에서 새로운 생명으로 양육되는 탁월함이다."[26]

서신의 앞부분에 나타난 찬양의 언어는 그리스도인들이 "겉으로 좋아 보이는 것과 실제로 좋은 것 속에서, 사람과 사물과 행동 중에 참되고 선하고 아름다운 것"을 분별할 수 있게 하는 종말론적 비전에 주목하게 한다."[27] 따라서 기독교적 지혜의 아름다움은 하늘의 시민들을 통해 드러나는데, 이들은 하나님의 선한 창조물인 이 세상을 향한 하나님의 변함없는 사랑에 함께 참여하는 이들이다.[28] 세상의 선한 것들은 십자가의 관점에서 "사용"되고 해석되어야 하며, 그리스도의 십자가가 보여 주는 순종하는 사랑으로 형성된 삶의 방식과 말하는 방식에 "적합하게" 되어야 한다.

바울은 복음의 진리뿐 아니라 그 진리가 기독교 공동체의 예배와 섬김의 구체적인 삶의 방식 속에서 얼마나 아름답게 표현되는지도 관심을 가진다.[29] 그레고리 존스(Gregory Jones)와 케빈 암스트롱(Kevin Armstrong)은 다음과 같이 말한다.

아름다운 사역은 우리가 줄 수 있는 최선의 것을 이끌어 내고 또한 요구한다. 이는 우리의 존재와 행위의 모든 측면에서 탁월함을 요구하는 것이다. 빌립보서는 풍성한 은혜를 보여 주는 동시에, 성령의 능력 안에서 그리스도를 신실하게 따르는 것이 얼마나 중요한 일인지에 대한 인식을 담고 있다. 그것은 곧 복음에 합당하게 살라는 하나님의 높은 부르심, 복음을 위해 열망을 가지라는 격려, 우리의 감정과 사고와 행동의 패턴이 그리스도 예수 안에서 보이는 것과 같아지라는 명령, 그리고 우리가 놓인 구체적 상황 속에서 그리스도를 본받는 유비적 삶의 방식들을 개발하라는 도전이다.[30]

바울은 실제적인 점을 지적하며 마무리한다. 이 모든 것은 다른 이들로부터 보고, 듣고, 전수받는 것이다. 도덕적 탁월함과 아름다운 언어는 덕스럽고, 감동적이고, 칭찬받을 만한 생각과 감정과 말의 전통을 통해 세대를 거쳐 전해진다.[31] 지혜는 실천을 통해 배워진다. 이 실천을 통해 성령은 하나님의 평화인 교제의 아름다움을 만들어 내신다. 복음의 아름다움은 그리스도의 자기희생적 사랑의 찬란한 빛 아래서 드러나는 모든 선하고, 진실하고, 유익한 것을 깊이 감사하고 이해할 때 비로소 인식된다.[32]

복음을 선포하는 것은 아들의 낮아지심 속에서 하나님의 영광을 드러내는 것이며, 이는 그리스도의 형상 안에서 발견된다. 존스와 암스트롱은 이러한 방식의 목회 사역에는 용기의 덕이 필요하다고 말하는데, 이 용기는 "하나님의 아름다움, 이 세상의 아름다움, 회중이 함께 나누는 삶의 아름다움을 볼 수 있는 눈과 들을 수 있는 귀를 가지도록 지혜와 기술을 함양해 온 사람들이 공유하는 것이다. 이러한 지혜와 기술은 기독교적 삶의 친밀한 교제와 실천 속에서 배우고 살아내는 것이다. 왜냐하면 우리가 보고 들으라고 부름받은 아름다움은 문화적으로 규정되는 것이 아니라, 우리와 세상을 향한 삼위일체 하나님의 풍성하고, 은혜롭고, 사랑이 가득한 관계 맺으심을 통해 형성되기 때문이다."[33]

설교의 복된 무용성

설교는 우리의 상상력을 길러 하나님의 영광을 "보게" 하며, 이를 통해 우리가 찬양이 가득한 삶의 방식을 살도록 영감을 준다. 여기에는 신학적 전제가 있다. 교회의 중심은 예배이며, 찬양을 향한 근본적 갈망은 성경 전체가 이야기하는 하나님과 창조의 화해라는 종말론적 비전으로부터 영감을 받는다는 것이다.[34] 웨인라이트의 말처럼, "예배는 교회의 가장 종말론적인 활동이다."[35]

당장의 유용성이나 효율성에 대한 요구로 인해 종말론적 비전이 왜곡되면, 기독교적 삶과 언어가 지닌 찬양의 특성도 왜곡되고 약화된다. 그러면 설교를 포함한 교회의 예배는 더 이상 "인간 역사 속에 성육신했으면서도 동시에 모든 피조물을 초월하는 영광 속에 있는 거룩함의 아름다움과 조화" 이루지 못하게 된다.[36] 찬양의 언어로서, 설교는 예배의 종말론적 활동 속에서 자신의 진정한 자리를 발견한다. "이는 … 종말론적 관점에서 바라본 거룩함의 아름다움이며, 이것이 진정한 예전적 참여의 핵심이 된다. 모든 노래, 모든 말씀, 모든 기도, 함께하는 모든 씻음과 먹고 마시는 행위는 종말론적이다. 즉, 하나님은 이 모든 것이 미래의 완성을 향해 가리키기를 의도하신다."[37]

현재의 "세상의 시대"에는 찬양을 거부하는 많은 요소가 있다. 참된 예배를 부정하고, 모든 인간 활동의 목적으로서 하나님께 영광을 돌리는 소명을 대적하고 왜곡하는 언어와 삶의 형태들이 그것이다. 샐리어스가 지적한 것처럼, "하나님의 영광은 신뢰와 경이로움으로 그를 따르는 이들의 삶에 반영된다. … [하지만] 개인적이고 공동체적인 감사가 없다면, 우리는 아무것도 볼 수 없다."[38] 우리 시선의 중심은 그리스도이시다. 그를 통해 만물이 창조되었고, 그 안에서 모든 것이 하나님의 영광을 찬양하기 위해 연합되었다.[39] 아우구스티누스는 요한일서를 설교하면서 언젠가 그리스도를 그의 온전한 모습으로 보고자 하는 교회의 종말론적인 깊은 열망을 드러낸다.

참된 그리스도인의 모든 삶은 거룩한 갈망으로 이루어져 있습니다. 당신이 간절히 바라는 것은 아직 보이지 않지만, 그 갈망이 당신 안에 자리를 마련하고, 때가 되어 당신이 보게 될 것으로 그 자리가 채워질 것입니다. 큰 선물을 담을 지갑을 준비할 때, 당신은 그 크기를 알기에 천이나 가죽을 넉넉히 펼쳐 놓습니다. 많은 것을 담아야 한다는 것을 알기에, 작은 지갑이라도 그 안에 공간을 만들기 위해 당신은 지갑을 늘리는 것입니다. 형제자매 여러분, 이처럼 우리도 채워질 것이기에 간절히 사모합시다. … 그분을 향해 우리 자신을 뻗어 나가게 합시다. 그분이 오실 때 우리를 완전히 채우실 수 있도록 말입니다. 왜냐하면 "우리가 그분과 같이 될 것이며, 그분을 있는 그대로 보게 될 것이기 때문입니다."[40]

설교자로서 우리가 직면하는 가장 중요한 도전이자 기쁨 중 하나는 이 비전을 회복하는 것이다. 하나님은 세상과 멀리 동떨어지거나 분리되어 계시지 않는다. 오히려 그리스도 안에서 보여 주신 자기희생적 사랑으로 우리에게 오셔서, 지금도 역사와 창조 속에서 섭리적으로 일하고 계신다. 이런 진리를 "보는" 능력이 우리에게 필요하다.[41] 그래서 설교자로서 우리는 창조와 이스라엘, 성육신과 성경, 교회의 거룩함 속에 나타난 하나님의 "성례전적 아름다움"(sacramental beauty)을 기뻐할 수 있도록 우리의 상상력을 올바르게 길러야 한다.

하나님과 교회와 세상을 올바르게 보기 위해서는 찬양을 중심으로 하는 삶의 자세, 곧 사랑의 훈련이 필요하다. 하나님의 사랑은 "우리 마음의 생각들"을 깨끗하게 하고 변화시켜, 역사와 세상의 참된 모습을 보게 한다. 이를 통해 우리는 모든 것이 선하신 하나님으로부터 온 귀한 선물이며, 그분의 창조물임을 깨닫게 된다. 더욱이 이러한 훈련된 삶의 방식은 사랑의 미학이라는 열매를 맺는다. 우리의 삶과 모든 시간과 역사를 교회가 통제해야 할 대상이 아니라, 사랑으로 이해하고 하나님의 풍성한 선하심과 기쁨을 나타내는 표징이자 표현, 즉 "말씀"으로 섬길 수 있는 것으로 보는 것이다.[42] 코르봉은 이렇게 말한다. "우리의 시선이 만물 속에 감춰진 아름다움을 드러내려면, 먼저 그 시선이 아름다움을 발산하시는 [하나님]의 빛 속에서 정화되어야 합니다. 우리가 언어를 통해 하나님 말씀의 교향곡을 표현하려면, 먼저 그 말씀의 침묵과 조화 속에 깊이 잠겨야 합니다. 우리의 손이 창조의 거룩한 모습을 빚으려면, 우리의 육체를 아버지의 영광과 하나 되게 하시는 그분께 우리 자신이 빚어지도록 맡겨야 합니다."[43]

설교가 예배 가운데 올바르게 자리 잡을 때, 즉 성령의 은혜로 아들과 함께 아버지께 드리는 제물이 될 때, 그 설교는 창조의 본래 목적이자, 하나님 안에서의 완성인 찬양의 노래에 동참하게 된다. 우리가 성경을 해석하고 설교하는 것은 훈련된 사랑의 길을 따르면서 형성된다. 이를 통해 우리의 시야가 맑아져서 세상을 참되게 보고, 바르게 행동하며, 그리스도에 대한 성경의 증거가 보여 주는 신앙과 소망과 사랑의 순례 여정을 아름답게 전할 수 있게 된다.[44]

찰스 매슈스(Charles Mathewes)는 성경을 읽고 설교하는 것이 "성경의 틀로 바라보고 성경의 빛으로 조명된 세상을 탐구하는 지속적인 공동체적 활동에 다른 이들을 더욱 깊이 참여하도록 보여 주고 초대하는 시도"라고 말한다. 하나님은 현대인들이 집착하는 "종교적"이고 "영적"인 관심사들에 그리 관심이 없으시다. 하나님이 사랑하고 기뻐하시는 것은 바로 이 세상인 것이다. 이 죽어 가는 낡은 세상, 곧 우리의 진정한 영원한 목적인 찬양의 기쁨 속에서 영광스럽게 새로워지기를 간절히 바라고 기다리고 계신다. 이것이 바로 하나님 사랑을 노래하는 우리의 이야기다.[45]

우리는 이것을 더 깊은 근원을 재발견할 수 있는 소중한 초대로 받아들일 수 있다. 특히 설교의 실천 면에서 이는 매우 중요하다. 윌리엄 다이르네스(William Dyrness)는 이를 위해 새로워진 "갈망의 신학"(theology of desire)이 필요하다고 말한다. 우리는 은혜롭고 영광스러우며, 우리의 일상적인 삶의 방식을 뒤흔드는 어떤 것 혹은 어떤 분을 향한 깊은 갈망이 필요하다. 이러한 갈망은 우리의 상상력을 일깨우고 우리 안에 진정한 사랑과 갈망을 불러일으킨다.[46) 이는 자아 속으로 더 깊이 빠져드는 것이 아니라, 일종의 참되고 선한 기쁨, 즐거움, 환희다. 우리는 하나님이 자신을 나누시는 은혜를 경이로움과 감사함으로 겸손히 받아들인다. 이것이 바로 '일상의 시'와 같은 것이다.[47)

인간 피조물로서 우리에게 가장 절실한 것은 하나님의 신적 사랑의 놀라운 능력을 깨닫는 것이다. 이 사랑은 우리 마음의 "눈"을 밝혀 하나님의 작품들 속에 담긴 진리와 아름다움과 선함을 보게 한다. 하나님의 "타자성"(otherness)을 인정하고 주목하는 것은 우리를 세상으로부터 분리시키지 않는다. 오히려 이를 통해 교회는 하나의 사회적 실재가 되어, 비록 불완전하지만 창조에 대한 하나님의 삼위일체적 목적을 드러내는 독특한 사회적 공간과 역사적 여정 속에 자리잡게 된다. "교회는 '모든 민족의 소망'을 눈으로 볼 수 있도록 실제적인 방식으로 드러나야 합니다. 이는 단지 현대인의 갈망을 충족시키기 위해서가 아니라, 그렇게 할 때 삼위일체 하나님을 가장 잘 나타낼 수 있기 때문입니다."[48)

아우구스티누스는 『하나님의 도성』을 마무리하면서, 이 소망을 확증한다. 그는 지금 이 세상에서 우리의 예배와 사역을 비추시는 하나님의 영원한 영광의 찬란함을 가리키며 이렇게 말한다. "그곳에서 우리는 고요히 머물며 하나님을 볼 것입니다. 바라보며 사랑할 것이며, 사랑하고 찬양할 것입니다. 보십시오! 끝이 없는 그 영원한 순간에 우리가 누릴 것들을!"[49)

순례자들을 위한 설교의 미학

나는 아우구스티누스로 다시 돌아가려고 한다. 그는 설교가 어떻게 하나님과 이웃을 향한 사랑의 법칙에 인도받는 성경 읽기에서 생겨나는지 "아름다운 것"으로서 이해하도록 도와준다. 그는 성경이 하나님을 향한 사랑에서 비롯되는 우리의 감정과 욕망을 올바르게 정돈하도록 가르친다고 보았다. 성경은 "그리스도인을 위한 필수 교육 과정"이었다.[50] 설교는 신학적이고 목회적인 지혜의 한 표현으로서, 하나님의 진리 안에서 기쁨을 찾고자 하는 인간의 근본적인 필요에 응답한다. 하나님은 인간의 선함과 아름다움과 행복의 근원이자 궁극적 목표이기 때문이다.

아우구스티누스는 설교가 청중의 감정과 마음의 애정을 움직이는 데 기쁨이 얼마나 중요한 역할을 하는지 강조했다.

> 청중은 설교자가 호감 가는 방식으로 말할 때 기쁨을 느끼는 것처럼 설교자가 약속하는 것에 사랑을 느끼고, 경고하는 것에 두려움을 느끼며, 책망하는 것에 반감을 갖고, 권면하는 것을 수용하며, 슬퍼해야 한다고 강조하는 것에 함께 슬퍼하게 됩니다. 청중은 설교자가 기쁘게 선포하는 것에 함께 기뻐하고, 설교자의 말이 생생하게 묘사하여 눈앞에 보이게 하는 이들에게 깊은 연민을 느끼며, 설교자가 두려운 어조로 경계하라고 말하는 것들을 멀리합니다. 또한 청중의 마음을 움직이기 위해 웅변으로 할 수 있는 모든 일은, 그들에게 무엇을 해야 할지 알려 주기 위해서가 아니라, 그들이 이

미 마음으로 알고 있는 것을 실제 행동으로 옮기도록 하기 위해서 입니다.[51]

해리슨은 설교에서 성경을 "사용"하는 것에 관한 아우구스티누스의 이해를 다음과 같이 설명합니다. "기독교적 관점에서 볼 때, 형식과 내용, 말과 의미, 상징과 의미 작용 사이에는 분리가 존재하지 않는다. 왜냐하면 전자는 후자를 드러내는 성례적 표현이기 때문이다. 따라서 형식이나 말씀 자체가 궁극적 목적이 될 수 없으며, 그것들은 더 깊은 진리를 경험하고 즐길 수 있도록 '사용'되어야 한다."[52]

"신적 웅변"의 선물로서, 성경의 목소리는 살아 있고 활동적이다. "성경은 인간을 깊이 돌보며, 교만한 이에게는 두려움을, 무관심한 이에게는 깨우침을, 진리를 찾는 이에게는 훈련을, 깊이 이해하는 이에게는 영적 양식을 주기 위해 특별한 언어를 사용한다. 그러나 성경이 먼저 자신을 낮추어 우리의 수준으로 내려오지 않았다면, 이 모든 역할을 감당할 수 없었을 것이다."[53] "아우구스티누스는 하나님이 성경 안에서, 그리고 성경을 통해 말씀하셨고 지금도 계속 말씀하신다는 사실을 깊이 확신했다. 아우구스티누스의 기독교 신앙은 '말씀하시는' 하나님을 믿었을 뿐 아니라, 인간이 그 말씀하시는 하나님을 이해하는 데 인간의 언어와 기록된 본문 같은 물질적 수단이 중요한 역할을 한다는 사실도 분명히 인정했다."[54]

아우구스티누스가 성경에 접근하는 방식은 그리스도 안에서 나타난 하나님의 뜻과 그리스도의 몸인 교회를 선포하려는 설교자들에게 지식과 사랑과 기쁨이 얼마나 밀접하게 연결되어 있는지 보여 준다.[55]

월컨이 초기 기독교 사상에 대해 연구한 내용은 아우구스티누스가 설교를 위해 어떻게 성경을 읽고 활용했는지 이해하는 데 도움이 된다. "그리스도인들은 이스라엘과 예수 그리스도의 역사, 기독교 예배 경험, 그리고 성경을 바탕으로 사고했다. 다시 말해, 역사와 의식과 본문을 통해 진리를 이해했다. 기독교적 사고방식[그리고 이에 따른 말하기]은 교회의 삶에 깊이 뿌리내리고, 시편을 매일 읽고 묵상하는 것과 같은 경건한 실천에 의해 지탱되며, 특히 정기적인 성찬식을 포함한 예배 의식을 통해 풍성하게 양육된다."[56]

복음은 단순한 원리나 아이디어, 개념이나 인생 교훈이 아니다. 오히려 "실제 시간과 공간 속에서 일어난 한 인물과 사건들에 관한 실제 이야기다."[57] 하나님에 대한 지식은 하나님이 예수 그리스도를 통해 인간에게 가까이 다가오심으로 시작된다. 월컨은 초기 기독교 사상가들이 특별히 "보는 것"이라는 은유를 중요하게 여겼다고 지적한다. 그래서 "마음이 청결한 자는 복이 있나니 그들이 하나님을 볼 것임이요"(마 5:8)라는 말씀은 아우구스티누스가 특별히 사랑했던 성경 구절이었다.

하나님에 대한 지식은 그리스도 안에 성육신하신 보이지 않는 하나님의 형상을 바라봄으로써 받게 되는 신적 계시의 선물이다. 더욱이, 아름다움은 하나님의 자기 계시를 볼 때 자연스럽게 경험하는 결과다. "영광", "광채", "빛", "형상", "얼굴"과 같은 단어들은 모두 시각적 기쁨과 깊이 연관되어 있다. 눈이 얻는 가장 큰 기쁨과 즐거움, 그리고 향유는 바로 아름다움을 바라보는 데서 비롯된다. "하나님의 계시는 그 진리와 선함뿐 아니라, 말로는 다 표현할 수 없는 놀라운 아름다움의 관점에서도 바라볼 수 있다. … 성경에서 하나님은 위대한 드라마의 주인공이시며, 그 드라마 속에서 하나님은 행동하시고 인간은 응답한다. … 사랑이 없다면 하나님에 대한 진정한 지식도 있을 수 없다."[58] 오늘날 많은 설교자가 성경을 다루는 방식과 달리, 초기 기독교 설교자들에게 "성경 이야기는 결코 단순한 개념이나 원리의 모음으로 축소되지 않았다. 어떤 추상적인 체계도 복음의 생생한 역사적 이야기를 대체할 수 없었다."[59]

성경을 읽고 설교하는 활동은 삼위일체 하나님이 먼저 시작하신 대화에 우리가 참여하는 것이다. 이를 통해 우리는 비록 완전하지는 않아도, "하나님이 인간이 되심으로 겸손하게 행동하셨다는 놀라운 진리의 합리성과 아름다움"을 인식할 수 있게 된다.[60] 아우구스티누스가 『고백록』에서 말한 것처럼, 이러한 대화에 참여하기 위해서는 "주님의 언어 방식"을 배우고 연습하는 과정이 필요하다.[61] 주님의 언어 방식을 배우는 일은 말씀, 곧 그리스도 자신을 아름답게 설교하는 데 필수적인 지적 겸손을 요구한다. 그리스도는 성경의 아름다움이시며, 설교자의 생각과 말을 진리와 선함으로 비추고 형성하신다. 그리고 이 진리와 선함의 중심에는 그리스도와 그분의 사랑으로 변화된 백성이 있다.[62] 윌컨은 이렇게 말한다. "해석의 과정을 통해, 기독교 해석자들은 성경의 말씀과 이미지들, 하나님이 주신 표징들을 발견했다. 이것들은 그들이 교회의 예배에서 기념하고, 설교에서 듣고, 교리 교육에서 배우며, 신조를 통해 고백하는 바로 그것이다."[63]

성경은 교회가 하나님의 존재와 진리, 아름다움과 선하심을 직접 만나는 참여적 방식으로 읽히고, 선포되고, 들린다.[64] "[아우구스티누스는]

성경에 나타난 다양한 수사적 표현이 하나님의 정의를 인간의 마음에 계시하는 데 필수적인 요소라고 강조한다. 그는 그리스도인들이 성육신의 신비를 받아들일 때 보여 주는 것과 같은 신앙과 겸손이, 성경의 성례[하나님의 은혜로 전해지는 성경의 예시들]와 신비들을 해석할 때도 똑같이 필요하다고 주장한다. 이러한 성경의 표현들을 통해 우리는 참된 덕에 대한 깊은 이해에 도달할 수 있기 때문이다."[65] 그리스도를 중심으로 하는 성경 해석과 설교는 신앙의 내용뿐 아니라 형식까지도 함께 다룬다. 이를 통해 우리는 "이 세상을 지나가는 여정에서 어떻게 그리스도의 몸인 교회로서 함께 살아갈 것인가"에 대한 구체적인 가르침과 안내를 받게 된다.[66]

사랑의 길을 선포하다

아우구스티누스는 『기독교 교리론』에서 사도 바울의 "지식은 교만하게 하고 사랑은 세워 준다"는 말씀을 인용하며, 성경을 지혜롭게 읽으려면 그리스도의 온유한 멍에에 기꺼이 순종하는 겸손한 마음이 필수임을 강조한다. 그는 에베소서 3장 17-19절에 나타난 하나님 사랑의 넓이와 길이와 높이와 깊이를 해석하면서, 이 사랑이 이스라엘 백성을 애굽에서 구출하신 사건부터 그리스도의 죽음과 부활에 이르기까지 모든 것을 포함한다고 설명한다. 하나님의 강력한 구원 행위에 대한 이야기를 기억하는 것은, 그리스도의 십자가 사랑을 알고, 본받고, 그 사랑으로 변화되는 삶의 방식을 키운다. "이 십자가의 표징은 그리스도인의 모든 활동을 포함합니다. 그리스도 안에서 선한 일을 행하고 끝까지 그분께 충실히 붙어 있는 것, 하늘의 것을 소망하며 성례전의 거룩함을 지키는 것입니다. 이러한 삶을 통해 우리의 마음이 정결해질 때, 우리는 모든 지식을 초월하는 그리스도의 사랑을 깨달을 능력을 얻게 됩니다. 이 사랑 안에서 모든 만물을 창조하신 그분은 하나님 아버지와 동등하시며, 우리는 하나님의 모든 충만함으로 가득 채워지게 됩니다."[67]

아우구스티누스는 자기 사랑에서 비롯된 욕망을 충족시키기 위한 수단으로 하나님과 자신, 타인, 그리고 세상의 것들을 이용하려는 유혹이 얼마나 강력한지 깊이 이해하고 있었다. 그러나 참된 욕망이란 인간의 깊은 갈망을 유일하게 만족시킬 수 있는 사랑의 하나님을 알기 위해 방향을 재설정한 인간의 사랑이다. 그는 다음과 같이 말한다.

> 그러므로 우리의 모든 생각과 삶과 지성은 우리가 그분께 드리는 바로 그것들을 우리에게 허락하신 분께 초점을 맞춰야 합니다. **하나님이 네 마음을 다하고 목숨을 다하고 뜻을 다하라**고 말씀하셨을 때, 이는 우리 삶의 어떤 부분도 남겨 두지 말라는 의미입니다. 즉, 다른 무언가를 즐기기 위한 공간을 남겨 두지 말라는 것입니다. … 그리고 하나님이 어떤 사람보다도 더 사랑받으셔야 한다면, 우리 모두는 자신보다 하나님을 더 사랑해야 합니다.[68]

기독교 설교의 핵심에는 하나님의 넘치는 자기희생적 사랑에 대한 진실된 고백이 있다. 이러한 고백은 "우리가 우리의 삶을 사랑의 하나님으로부터 받은 선물로 인식하고 그렇게 살아가도록 돕기 위해서다. 우리 삶이라는 선물에 대한 응답으로 하나님이 우리에게 가장 원하시는 것은, 우리가 창조 세계를 창조 세계 그대로, 즉 순수한 은혜의 선물로 기쁘게 사랑하고 누리는 거룩한 '일'에 함께 참여하는 것이다."[69] 중재자이신 그리스도는 하나님의 웅변적인 말씀 자체이시다. 그는 자신을 낮추심으로써 죄와 죽음의 추방 상태에서 벗어나 사랑의 겸손한 길을 따르는 인류가 걸어갈 수 있는 길이 되셨다.[70] 아우구스티누스는 이를 다음과 같이 아름답게 표현했다. "더욱이 우리는 여전히 여정 중에 있습니다. 그러나 이는 물리적인 장소에서 다른 장소로 이동하는 여정이 아니라, 우리의 애정으로 여행하는 길입니다. 이 길은 마치 가시덤불로 만든 장벽처럼 우리의 과거 죄악으로 인해 가로막혀 있었습니다. 그런데 주님이 의도적으로 그분 자신을 우리가 집으로 돌아갈 수 있는 길바닥으로 내어 주셨습니다. 주님은 우리가 그분께 돌아섰을 때 모든 죄를 용서해 주시고, 십자가에 못 박히심으로써 우리의 귀환을 가로막던 단단한 장벽을 완전히 제거해 주셨습니다. 이보다 더 큰 관대함과 자비로움이 어디 있겠습니까!"[71]

애정으로 여행하는 이 여정에서, 우리의 마음은 자신과 피조물에 대한 지나친 집착에서 자유로워지고, 결국 우리는 그리스도의 길로 돌아가게 된다. 그리스도는 하나님 사랑의 아름다움을 완벽하게 보여 주시고, 그 사랑을 우리에게 전해 주시는 분이다.[72] 카바디니가 말한 것처럼, "이 길은 하나님의 말씀의 아름다움인 그리스도에 의해 우리를 위해 마련되었습니다. 그리스도는 믿음과 소망과 사랑 안에서 우리 마음의 감정이 담아야 할 내용과 형식이 되십니다."[73]

설교는 우리의 마음이 거짓된 사랑과 욕망과 기쁨에 대한 집착에서 풀려나도록 매력적이고 설득력이 있어야 한다. 설교는 하나님과 하나님의 것들을 사모하게 만드는 그리스도의 달콤함과 기쁨으로 청중을 즐겁게 할 수 있어야 한다. 역설적이게도, 하나님의 기쁨은 "설교의 어리석은 지혜"를 통해 표현된다. 즉, 자신을 낮추심으로써 신앙의 목표이자 길이 되신 그리스도의 "약한 힘"을 통해 드러난다.[74] 들음으로써 오는 믿음은 단순히 진리를 아는 것과 선한 것에 순종하는 것을 넘어선다. 따라서 믿음은 그리스도 안에 계시된 진리와 선함의 아름다움을 사랑하고 기뻐하며, 우리의 의지를 하나님께로 향하게 하고 연결시킨다. 이는 우리 마음의 욕망과 애정이 하나님께로 새롭게 정렬되는 것을 의미한다. 윌리엄스는 이렇게 말한다. "아우구스티누스에게 두 도성에서의 삶의 문제는 신학자[그리고 설교자]에게 주어지는 다른 모든 질문과 마찬가지로, 욕망에 의해 움직이는 피조물, 즉 결핍과 굶주림이 특징인 존재, 잊을 수 없는 중심의 부재—결핍과 굶주림—에 의해 그렇게 되도록 만들어진 존재라는 근본적인 문제와 깊이 연결되어 있다."[75]

인간의 자유는 하나님이 명령하시지만 강요하지 않으시는 것을 기쁘게 순종함으로써 회복된다. 이렇게 우리의 감정이 치유되고, 인간의 사랑이 하나님을 향한 우리 본연의 갈망과 욕망에 맞도록 다시 정렬된다.[76] 이러한 치유는 성령의 역사이며, 성령은 우리 마음의 눈을 밝혀 하나님의 명령에 기쁘게 순종하는 것이 원래 그렇게 창조된 인간 삶의 참된 만족임을 깨닫게 해 주신다. "아우구스티누스가 그리스도의 몸인 교회가 어떻게 살아가는지에 깊은 관심을 보이는 이유는, 그가 단순히 '국가'보다 '교회'에 더 관심이 있어서도, 개인적인 덕과 공적인 덕이 분리되어 있다고 생각해서도 아니다. 오히려 그는 하나님의 행위에 대한 화해의 신학, 그리고 그 행위에 참여하는 것만이 진정한 정의를 가져올 수 있다고 확신했기 때문이다."[77]

아우구스티누스는 인간의 정서에 초점을 맞추어 욕망과 두려움, 기쁨과 슬픔이라는 깊은 감정을 그리스도의 정의의 도구로 참여시키고 올바른 방향으로 이끌고자 했다. 이 정의란 하나님과 화해되어 삶의 모든 영역에서 하나님을 예배하는 기쁨을 의미한다.[78] 참된 정의를 설교한다는 것은 마음이 올바르게 형성되도록 돌보는 일이다. 이는 그리스도의 겸손한 순종을 통해 전해지는 하나님에 대한 지식과 사랑을 향한 갈망과 기쁨을 키우는 일이다.[79] 윌리엄스는 이를 "교회의 설교와 예배의 교육적 역할"이라고 표현한다. 이는 "그리스도가 정의의 근원으로서 갖는 중요성"을 의미한다. 그리스도는 진리의 구현체이자, 하나님 아버지와의 참된 관계의 모범이며, 자기를 잊는 연민과 육체적 삶의 한계를 겸손히 받아들이시는 분이다. 이 모든 요소가 완전히 화해된 사회적 존재의 비전 안에서 하나로 통합된다."[80]

따라서 창조 세계와 피조물의 아름다움, 인간의 말과 행동은 하나님이 깊이 관여하시고 이미 그들과 소통하고 계신 방식으로서 진지하게 받아들여져야 한다. 피조물들이 그 자체로는 궁극적인 만족을 주지 못하지만, 성경 이야기와 교회의 신앙이라는 렌즈로 바라볼 때, "이것들은 하나님이 창조 세계 안에 지속적으로 임재하시고, 그리스도와 성령을 통해 구속 사역을 행하시므로 하나님이 활동하시고, 양육하시고, 부르시며, 사람들—그리고 모든 창조물—을 자신이 의도하신 완전함으로 이끄시는 거룩한 장소가 된다."[81]

그러므로 "참된" 종교의 표징, 다시 말해서 참된 정의의 표징은 창조주와 피조물을 올바르게 구별하는 것이다. 이러한 분별은 한 분 참되신 하나님의 말씀과 행위를 기억하는 데서 시작된다. 아우구스티누스는 하나님이 모든 창조물에 부어 주신 축복이 하나님의 위대한 사랑을 아름답게 증명한다고 설명한다. 그러나 이러한 특별한 특권은 믿음을 가지고 이 인생의 순례 여정의 목표로서 하나님을 찾는 사람들에게 주어진다.[82]

성경의 진리를 선포하는 목적은 하나님을 향한 사랑을 불러일으키는 것이다. 하나님은 우리의 마음을 정화하셔서 철학자보다는 시인이나 예술가에 가까운 방식으로 말씀을 이해할 수 있게 하신다.[83] 그리스도 안에 표현된 말씀은 웅변과 지혜를 담고 있어서, 우리의 귀와 눈에 찬란한 광채와 우아한 아름다움을 전달한다. 이것은 사랑 그 자체를 사랑하도록 우리 마음을 불타오르게 하고 이끌어 낸다.[84] 성경과 설교는 "하늘 도성을 향해 순례의 길을 가는 청중의 마음이 변화되도록 하나님의 아름다움을 새롭게 보여 주는" 사랑 안에서 하나로 통합된다.[85] 아우구스티누스는 다음과 같이 설명한다.

> 하나님은 자신이 명령하는 것을 영혼에게 주시기 위해, 그리고 성령을 통해 그분의 은혜의 달콤함을 불어넣으심으로써, 영혼이 그분의 가르침에 반대되는 것보다 그 가르침에 더 기뻐하도록 하신다. 이렇게 하여 그분의 달콤함의 큰 풍요로움—곧 믿음의 법이자 우리 마음에 부어진 그분의 사랑—이 그분을 소망하는 이들 안에서 완전

해진다. 그 결과 영혼은 처벌에 대한 두려움이 아니라 정의에 대한 사랑으로 치유되어 선한 일을 행하게 된다.[86]

아우구스티누스의 설교적 지혜는 우리의 시선을 하나님의 말씀으로 이끈다. 이 말씀은 우리가 지성으로 알고, 마음으로 기뻐하며, 의지로 갈망하는 대상이다. 우리 마음에 개념이 없고 혀에 표현할 말이 없다면, 우리는 알지 못하는 것을 말할 수 없을 것이다. 그러나 그 말씀이 가리키는 하나님을 사랑하지 않는다면, 우리는 진정으로 이해할 수 없다.[87]

성례전적 아름다움

애버릴 캐머런(Averil Cameron)은 기독교 담론이 혁명적인 새로움보다는 친숙한 것을 활용해 작업하여, 이미 잘 알려진 것에서 시작해 알려지지 않은 것으로 사람들을 이끌어 내어 더 넓고 큰 후기 고대 사회 가운데로 어떻게 나아갈 수 있었는지를 보여 준다.[88] "그리스도께서 말씀이셨듯, 기독교는 그 말씀의 담론이자 담론들이었다"(31-32). 이는 주로 기독교 담론이 단순히 설득 자체를 목적으로 한 것이 아니라 상징적이었기 때문이다. 즉, 그것은 더 깊은 의미를 지니고 있었다. "은유는 기독교 언어의 핵심이다"(58). 캐머런은 이렇게 덧붙인다. "아우구스티누스는 **언어, 특히 성경의 언어가 실재를 가리키고 표현한다**는 관점을 굳게 믿었다"(45, 강조 추가).

캐머런은 기독교 담론의 비유적이고 증명적인 측면, 그리고 그것의 수행적이고 선언적인 특성, 즉 "마음의 습관들"(28, 50-51)에 주목한다. 설교의 수행이나 증명은 단순히 논쟁을 제시하는 것이 아니라 "보여 주는 것"이었으며, "말로 된 그림들"을 통해 기독교 진리를 표현하는 것(63-54)이었다. 설교는 유비를 통해 소통하기 위해 성경의 인물들, 은유, 이야기, 이미지들의 풍부한 배열을 활용했다. 이는 인간의 언어로 하나님의 말씀을, 즉 "표현할 수 없는 것을 표현하기 위한" 시도였다(58-59). 캐머런은 다음과 같이 설명한다. "그리스도인은 유대인으로부터 신앙을 설교하는 실천을 배웠다. … 그리고 그들 스스로 공개적인 연설, 열광적인 청중, 구두 담론, 대중적 환호의 배경 속에서 설교에 참여했습니다. 기독교 설교는 물론 다른 메시지를 전했지만, 그 형식과 표현, 그리고 전달은 유대적 관습만큼이나 더 넓은 사회의 수사학적 실천과 깊이 연결되어 있었다"(84).

기독교 설교는 고전 로마 작가들에게는 열려 있지 않았던 계급 장벽을 가로질러 이동할 수 있었다(111-12). 기독교 설교자들은 그들의 말을 친숙한 담론 형태에 맞추어 청중에게 접근할 수 있게 했으며, 특별한 매력과 바람직함으로 상상력을 사로잡는 방식을 통해 과거 역사를 주장했다. 이미지들은 거룩한 사람들의 이야기, 그들의 비유적 특성을 통해 말하는 성경적 예시들을 전하는 데 사용되었다(121-58). "따라서 설교는 대부분의 그리스도인에게 성경의 해석, 구약과 예수의 관계, 그리고 모든 것에 대한 하나님의 섭리에 대해 듣고 그것을 정기적으로 상기시켜 주는 매체가 되었다"(79).

이는 지적, 도덕적, 감정적 차원에서 기존 문화를 전면적으로 수용하고 재해석한 것이라 할 수 있다(120-25). 캐머런은 아우구스티누스를 설교적 아름다움의 대표적인 예로 보면서, 그가 언어를 통해 모든 계층의 사람들과 사회 전체에 다가갈 수 있는 완전한 능력을 지녔다고 강조한다. 아우구스티누스 설교의 아름다움은 구체적인 언어를 통한 호소력 있는 표현에 있었다. 이를 통해 다양한 배경을 가진 모든 청중이 복음의 메시지를 이해하고 받아들일 수 있었던 것이다. 그의 설교는 은유, 이미지, 역설, 이야기를 효과적으로 활용한 것이 특징이었다(67-69).

아우구스티누스는 교회의 예배 가운데 설교하면서, 신비에 대한 강조를 통해 사람들의 정서를 자극했고, 욕망과 기쁨의 언어로 청중의 상상력에 호소했다(15-21). 그의 목표는 인간의 마음을 하나님의 지식과 사랑으로 이끌고, 하나님과 이웃과의 관계 속에서 인간 삶의 참된 선함에 대한 인식과 참여를 이끌어 내는 것이었다(45-51). 이와 관련하여 마크 클래비어(Mark Clavier)가 요약한 아우구스티누스의 설교 비전은 전체를 인용할 가치가 있다.

따라서 기독교 연설가는 가르치고 기쁨을 주고 설득하는, 기도하는 사람이다. 그(또는 그녀)는 하나님의 위대한 연설에 동참하여 악마의 파괴적 언어에 맞서고, 사람들을 그리스도 안에 있는 참된 자유로 이끄는 하나님의 수사적 활동에 참여한다. 이 역할은 일종의 수사적 성례라고 볼 수 있다. 이를 통해 하나님의 웅변적 지혜가 감각적으로 구현되기 때문이다. 연설가의 마음과 목소리를 통해 하나님은 자신의 지혜와 웅변을 전달하신다. 연설가의 기도와 사랑을 통해 사람들은 자신의 정체성을 새롭게 하고 오직 하나님과 이웃에 대한 사랑을 통해서만 얻을 수 있는 자유를 부여하는 영적 기쁨을 경험한다. 이 모든 과정에서 하나님의 은혜가 연설가와 청중 모두를 강화하고, 격려하고, 지탱하며, 변화시킨다. 그리고 아우구스티누스가 특별히 강조하듯이, 모든 이를 함께 더 큰 기쁨으로 이끌어 간다.[89]

좋은 사례를 시편 44(45)편에 대한 해설에서 찾을 수 있는데, 여기서 아우구스티누스는 그리스도와 교회의 연합에 나타난 하나님의 아름다움을 웅변적으로 표현했다.[90] 해리슨은 이렇게 설명한다. "지상에서 계시된 하나님의 아름다움으로부터 영감받은 믿음, 소망, 사랑이 [인류를] 정화하고, 치유하고, 개혁함으로써 하나님의 최고의 아름다움을 볼 수 있게 한다."[91] 아우구스티누스는 성경의 말씀, 이미지, 인물들을 상상력 넘치게 사용함으로써 청중이 그리스도, 곧 "육신이 된 말씀" 안에 있는 하나님의 정의의 광채를 바라보도록 초대한다.

이는 아우구스티누스가 설교의 의미를 말씀의 빛 안에서 성찰하도록 이끌었다. 그는 우리가 가장 깊은 마음에서 우러나온 말을 하듯이, 하나님도 자신의 마음에서 말씀을 내어놓으신다고 말한다. 이는 영원한 말씀이다. 하나님은 선지자들, 사도들, 그리고 성도들을 통해 말씀해 오셨다. 그러나 하나님은 그분의 말씀을 통해 단 한 번 말씀하셨는데, 그 말씀 안에 하나님의 모든 말씀이 담겨 있다. "이 말씀을 이해하는 사람은 누구든지 말하시는 이의 말을 듣고, 아버지와 그의 영원한 말씀을 바라보라! 이 말씀 안에는 미래에 있을 모든 것이 존재하며, 이미 지나간 모든 것도 여전히 존재한다."[92]

그리스도는 자신의 입술에 은혜의 달콤함을 지니고 오신다. 그는 우리를 아무 대가 없이 창조하셨고, 우리가 죄 가운데 파멸에 이르렀을 때 우리를 찾고, 발견하고, 다시 불러 주셨다. 이 모든 것 역시 은혜다. 따라서 그는 모든 인류 앞에서 아름다우시고 사랑스러우며, 우리 기쁨의 근원이 되신다. "내 마음이 좋은 말로 넘칩니다." 시편 기자는 하나님의 아름다움을 기뻐하고 감사함으로 그분을 찬양한다. 이것이 바로 우리의 선한 행위와 선한 말들을 하나님께 드리는 큰 기쁨이다.[93]

아우구스티누스는 시편을 해석하면서, 교회를 그리스도의 향기로 기름 부음받아 달콤한 향기를 널리 퍼뜨리는 백성으로 비유한다.[94] 성도들은 그리스도의 옷과 같고, 그분이 자신을 위해 합당하고 아름답게 만드시는 전체 교회로서, 어떤 얼룩이나 주름 없이 온전하다. 여기서 아우구스티누스가 사용한 이미지는 고린도후서 2장 15절에서 바울이 한 말에서 영감을 받았다. "우리는 구원받는 자들에게나 망하는 자들에게나 하나님 앞에서 그리스도의 향기다."

아우구스티누스에 따르면, 바울은 자신의 설교에서 영광스러운 모습을 보였다. 그는 그 안에 있는 그리스도를 사랑하는 모든 이에게 사랑받았으며, 특히 그리스도의 아름다운 향기, 즉 하나님의 은혜의 아름다움을 열정적으로 쫓아가는 모습으로 인해 사랑받았다. 아우구스티누스는 "아가서에서 신부가 '우리가 당신의 기름의 향기를 좇아 달려가리라'[아 1:3]고 말한 것"을 언급한다. 하나님은 불경건한 자를 의롭게 하시고 아름다운 피조물로 새 생명을 주신다. "그분에 의해 아름답게 장식되고, 그분에 의해 구속되며, 그분에 의해 치유된다. 당신이 그분을 기쁘게 할 수 있는 모든 것은 그분이 주신 선물로 받은 것이다."[95]

하나님의 자녀들의 아름다움은 내면에서 빛나는 아름다움, 양심의 아름다움이다. "당신을 보시는 분은 내면에서 당신을 사랑하시며, 당신의 내적 아름다움을 빚어 가신다." 참된 보상은 다른 사람들의 칭찬이 아니라 자신의 마음과 소망과 의도(intent)의 아름다움에서 발견된다. 비록 아름다움은 마음과 소망 안에 있지만, 가르침은 외적으로 그리고 공개적으로 말해지고 보인다. 아우구스티누스는 교회를 하나님의 신실한 자들이라는 돌들로 지어진 살아 있는 성전으로 본다. 이 돌들은 그곳에 거하는 이들의 사랑으로 단단히 결합되어 있다. 그리스도의 아름다움은 믿음으로 살며, 사랑으로 하나 되고, 소망을 하나님께 두는 백성 안에 거한다. "이 도성을 향해 모든 백성이 영원히 찬양으로 고백할 것이며, 이 도성에 대해 시편은 노래한다. '영광스러운 것들이 너에 대해 말해진다. 하나님의 도성이여!'(시 86[87]:4)" 그때 하나님의 영광이 완전하고 명확하게 드러날 것이다. "그때 모든 이의 마음이 완전해진 사랑으로 빛나며 투명하고 분명하게 드러날 것이기 때문이다."[96]

아우구스티누스는 설교에서 성경을 사용할 때 나타나는 성례전적 아름다움을 인식했다. 이는 창조와 역사를 하나님의 지혜로 아름답게 질서 지어진 것으로 '읽음'으로써 경험되는 것이었다. 이러한 성례전적 아름다움은 창조와 성육신과 성경, 그리고 시간을 통해 순례하는 교회의 삶 속에서 드러나는 하나님의 시간적 계시 안에서 발견된다. "모든 시간적 경륜은 우리의 구원을 위해 하나님의 섭리로 마련되었다. 우리는 이것을 영원히 붙들어야 할 것으로서가 아니라, 잠시 거쳐 가는 사랑과 기쁨으로 사용해야 한다. 이로써 우리는 우리가 궁극적으로 향하는 목적지를 위해 우리를 그곳으로 인도하는 것들을 올바르게 사랑하게 된다."[97]

모든 창조 세계는 우리가 창조주를 바라볼 수 있는 "거울"이며, 창조주는 우리의 참되고 궁극적인 목적이시다. 이 창조 세계는 하나님을 감추면서도 동시에 모든 것의 참된 근원이자 실체이신 하나님을 드러내는 성례와 같다. 이는 우리의 감정이 새롭게 정렬되는 과정을 필요로 하며, 이 과정에서 성령은 그리스도의 연약한 육신 안에서 나타난 하나님과 하나님의 일하심의 성육신적 아름다움을 인식하는 우리의 능력을 확장한다.[98]

이러한 변화는 교회가 기도와 찬양 가운데 자신이 아닌 말씀을 바라볼 때 일어난다. 이 말씀은 창조를 이루신 분이며, 인류 안에 하나님의 형상을 새기신 분이고, 성육신하신 주님으로서 그리스도의 의에 참여함으로써 인간 피조물의 아름다움을 회복시키시는 분이다.[99] 요한일서 4장에 관한 설교에서, 아우구스티누스는 그리스도 안에서 이루어진 하나님의 구원 사역을 다음과 같이 멋지게 묘사한다. 이 구원 사역은 우리를 하나님의 삼위일체적 생명의 아름다움으로 이끌어 우리의 불완전함을 변화시킨다.

이 어떠한 사랑인가, 사랑하는 자를 아름다움으로 변화시키는 사랑이여! 하나님은 영원히 아름다우시며, 결코 추하지 않으시고, 결코 변하지 않으십니다. 영원히 아름다우신 그분이 먼저 우리를 사랑하셨습니다. 추하고 형태가 일그러진 우리를 사랑하셨습니다. 그러나 이 사랑의 목적은 우리를 추한 상태로 두는 것이 아니라, 우리를 변화시켜 불완전함 대신 아름다움을 창조하는 것이었습니다. 그렇다면 우리가 어떻게 이 아름다움을 얻을 수 있을까요? 영원히 아름다우신 그분을 사랑함으로써 가능합니다! 여러분 안의 아름다움은 사랑이 성장함에 따라 함께 자랍니다. 왜냐하면 사랑 자체가 영혼의 아름다움이기 때문입니다. "우리는 사랑해야 합니다, 그분이 먼저 우리를 사랑하셨기 때문입니다."[100]

기독교 설교는 이러한 풍요와 넘침으로 가득하다. 이는 우리의 사랑과 두려움이 그리스도의 죽음과 영광스러운 부활의 지혜에 따라 성령의 역사로 변화될 때, 성경을 읽음으로써 솟아나는 찬양의 넘치는 기쁨이다.[101]

이러한 설교 방식은 금욕적이면서도 미학적인 감수성을 모두 필요로 한다. 이는 성경의 이야기, 인물, 은유, 이미지, 단어에서 만나는 하나님 말씀에 대한 경외심과 연약한 수용성 속에서 길러진다. 무엇보다 중요한 것은, 이러한 설교 방식이 우리 마음의 생각들을 정화하고 변화시키는 능력을 지니고 있다는 점이다. 이를 통해 우리는 세상을 우리가 원하는 대로가 아니라, 하나님 아버지께서 주신 선물로서 더 참되게 보고, 이름 짓고, 그 안에서 살아갈 수 있게 된다.[102] **이것이 바로 설교의 참된 아름다움이다.**

전능하신 하나님, 모든 마음을 꿰뚫어 보시고, 모든 소망을 아시며, 어떤 비밀도 숨길 수 없는 주님, 주의 성령의 감화로 우리 마음의 생각을 깨끗하게 하사, 우리가 주님을 온전히 사랑하고, 주의 거룩한 이름을 합당하게 높이게 하소서. 예수 그리스도 이름으로 기도합니다. 아멘.

"성만찬: 제1예식",
『성공회 기도서』(*The Book of Common Prayer*)에서

주

머리말

1) Catherine Mowry LaCugna, *God for Us: The Trinity and Christian Life* (San Francisco: HarperSanFrancisco, 1991), 16; 나는 송영에 대한 Geoffrey Wainwright의 설명이 설교를 완전히 새로운 관점, 즉 하나님을 찬양한다는 시각에서 바라보도록 하는 매력적인 초대라고 생각한다. 이는 송영이 우리가 인간으로 존재하는 근본적인 이유이며, 하나님에 대한 찬양은 우리의 사고와 언어, 감정, 그리고 행동을 예수 그리스도와 성령 안에서 하나님 자신을 영화롭게 하심으로 하나로 통합시키기 때문이다. "나는 기독교의 예배와 교리, 그리고 삶이 하나님을 향한, 그리고 인간의 구원을 포함하는 그분의 목적 성취를 향한 공통의 '위로' 그리고 '앞으로'의 방향성으로 함께 연결되어 있다고 본다. 이들은 모두 하나님을 찬양하기 위한 것이다. 그분의 영광은 이미 우리와 함께, 우리 안에 계시면서 우리가 그분의 형상으로 변화되도록 하신다는 것이며, 이는 곧 그분 자신과 그분의 왕국에 참여하는 것을 의미한다." Geoffrey Wainwright, *Doxology: The Praise of God in Worship, Doctrine, and Life* (Oxford: Oxford University Press, 1980), 9.
2) 여기서 나는 Jonathan King의 신적 아름다움과 인간적 아름다움에 관한 탁월한 신학적 해설을 추천한다. *The Beauty of the Lord: Theology as Aesthetics* (Bellingham, WA: Lexham Press, 2018).
3) Edward T. Oakes, SJ, "The Apologetics of Beauty," in *The Beauty of God: Theology and the Arts*, ed. Daniel J. Treier, Mark Husbands, and Roger Lundin (Downers Grove, IL: IVP Academic, 2007), 214–15.
4) Jason Byassee, *Praise Seeking Understanding: Beading the Psalms with Augustine* (Grand Rapids: Eerdmans, 2007), 142.
5) Mark McIntosh, "Faith, Reason, and the Mind of Christ," in *Reason and the Reasons of Faith*, ed. Paul J. Griffiths and Reinhard Hütter (London: T&T Clark, 2005), 139.
6) 여기서 나는 Miroslav Volf와 Matthew Croasmun의 저서, *For the Life of the World: Theology That Makes a Difference* (Grand Rapids: Brazos, 2019), 11의 내용을 참고했다. 나는 그들이 제시한 신학의 목적에 관한 정의를 설교에 적용해 보았다. 이렇게 한 이유는 현대 신학에 대한 그들의 평가가 현대 설교 상황에도 정확히 들어맞는다고 생각하기 때문이다. "기독교 신학[설교]은 그 본래의 목적을 소홀히 했기 때문에 방향을 잃었다"(II). 그러면서도 나는 설교가 그 고유한 주제, 즉 예수 그리스도 안에서 이루어진 하나님의 자기 계시로 인해 본질적으로 신학적 활동이라고 계속해서 믿고 있다. 나는 이러한 관점을 나의 저서 *Christian Preaching: A Trinitarian Theology of Proclamation* (Grand Rapids: Baker Academic, 2007; reprint, Eugene, OR: Wipf & Stock, 201)과 *Dietrich: Bonhoeffer and a Theology of the Preaching Life* (Waco, TX: Baylor University Press, 2017)에서 보여 주고자 했다.
7) Augustine, "Exposition of Psalm 99 (100)," in *Expositions of the Psalms*, vol. 5 (Pss. 99–120), vol. III/19 in the *Works of Saint Augustine: A Translation for the 21st Century* (Hyde

Park, NY: New City Press, 2003), 18.
8) Jean Corbon, OP, *The Wellspring of Worship*, trans. Matthew J. O'Connell (San Franscisco: Ignatius, 1988), 32.
9) Don E. Saliers, *Worship as Theology: Foretaste of Glory Divine* (Nashville: Abingdon, 1994), 40.
10) Saliers, *Worship as Theology*, 41-42.
11) Saliers, *Worship as Theology*, 43.
12) Saliers, *Worship as Theology*, 47.
13) Saliers, *Worship as Theology*, 45.
14) David H. Kelsey, *Eccentric Existence: A Theological Anthropology*, 2 vols. (Louisville: Westminster John Knox, 2009), 1:340-45. "송영은 하나님 자신 안에 있는 하나님의 영광에 대한 적절한 반응이다. 더 정확히 말하자면, 삼위일체 하나님의 영광이 가진 환대적 관대함 그 자체에 대한 적절한 반응이라 할 수 있다. 이는 우리 삶의 사건들 속에서 하나님이 우리를 위해 행하셨거나, 행하시거나, 행하실 일들에 대한 찬양이 아니며, 창조에 대한 하나님의 섭리적 통치에 대한 찬양도 아니다. 오히려, 이는 창조의 궁극적 맥락 자체에 대한 찬양이다"(344). 여기서 Kelsey의 성찰은 로마서 15장에 대한 Rowan Williams의 해석과 유사하다. 교회는 열방에 하나님의 영광을 선포함으로써 열방이 하나님을 하나님 자체로 영화롭게 하는 기쁨을 공유하게 되는데, 이는 하나님이 그들을 향해 은혜롭게 대하심에 대해 하나님을 찬양하는 것보다 더욱 중요한 일이다. *On Christian Theology* (Oxford: Blackwell, 2000), 255-56. 이러한 방식으로 하나님께 영광 돌리는 것은 "탈중심적 존재 방식"이다.
15) Kelsey, *Eccentric Existence*, 1:311, 313-14; 아울러 James E. Beitler의 통찰력 있는 연구도 참고하라. 그는 교회의 예배와 언어, 그리고 삶이 가진 설득력 있는 본질, 즉 기독교적 증거의 "수사학"을 회복해야 한다고 주장한다. James E. Beitler Ⅲ, *Seasoned Speech: Rhetoric in the Life of the Church* (Downers Grove, IL: IVP Academic, 2019).
16) Saliers, *Worship as Theology*, 196.
17) Saliers, *Worship as Theology*, 45.
18) Saliers, *Worship as Theology*, 196, 198.
19) Kelsey, *Eccentric Existence*, 1:140-41. Kelsey는 이러한 방식으로 성경을 읽고 말씀을 전하기 위해 필요한 성향과 능력, 즉 덕목들을 다음과 같이 설명한다. 좋은 판단력, 상상력, 그리고 설교와 같은 실천이 구현되기 위해 특정 시간과 장소, 상황에서 발휘되는 실용적인 "방법적 지식"인 훈련된 인식 능력이다. 여기에 더해 그는 믿음, 소망, 사랑; 하나님의 방식을 기뻐하는 마음의 자세; 하나님께 감사드리는 태도; 하나님에 대한 충실함; 그리고 기독교 공동체의 구성원들에 대한 헌신(이는 신뢰, 존중, 돌봄, 감사, 화해를 향한 열망, 다른 이들과 함께 사역의 일을 나누는 것을 포함함); 그리고 기독교 공동체의 헌신된 구성원들과 함께하는 훈련된 연구를 추가한다(142-43). 나는 이러한 능력들이 설교의 "예술"을 구성하는 핵심 요소라고 생각한다.
20) 다음의 자료들을 함께 보라. "Holy Preaching: Ethical Interpretation and the Practical Imagination," in Ellen F. Davis, *Preaching the Luminous Word: Biblical Sermons and Homiletical Essays*, with Austin McIver Dennis, foreword by Stanley Hauerwas (Grand Rapids: Eerdmans, 2016), 89-105.
21) Don E. Saliers, *Worship Come to Its Senses* (Nashville: Abingdon, 1996), 42 (강조 추가).
22) Kelsey, *Eccentric Existence*, 1:313.

23) 내가 참고한 학자들이 이 주제의 모든 가능성을 다 탐구한 것은 아니다. 이 책의 후속 판에서는 Irenaeus, Ambrose, Gregory of Nyssa, Aquinas, Bonaventure, Hildegard, Erasmus, Calvin, Andrewes, Donne, Newman, Edwards, Barth, Bonhoeffer, 그리고 King 등과 같은 모범적 인물들의 저작을 더 깊이 살펴볼 수 있을 것이다. 또한 Hans Urs von Balthasar의 방대한 7권짜리 저서 *The Glory of the Lord: A Theological Aesthetics* (San Francisco: Ignatius, 1981-1989)에 실린 신학적 미학에 관한 권위 있는 개관도 참고하기 바란다.
24) Eucharist Prayer B, in *The Book of Common prayer and Administration of the Sacraments and Other Rites and Ceremonies of the Church: Together with the Psalter or Psalms of David, according to the use of the Episcopal Church* (1979), 368.

서론 I 아름다움 되찾기

1) Rowan Williams, *Why Study the Past? The Quest for the Historical Church* (Grand Rapids: Eerdmans, 2005), 93.
2) Rowan Williams, *On Christian Theology* (Oxford: Blackwell, 2000), 146-47.
3) Bryan Stone, *Evangelism after Christendom: The Theology and Practice of Christian Witness* (Grand Rapids: Brazos, 2007), 100-103; Stone의 최근 저작, 특히 *Evangelism after Pluralism: The Ethics of Christian Witness* (Grand Rapids: Baker Academic, 2008)의 마지막 장인 "Evangelism and Beauty"(117-134)를 참고하라. 이 책에서 제시된 설교에 관한 논의는 예술과 표현, 그리고 상상력을 통합하는 기독교적 증거로서의 "미학적 전도"에 대한 Stone의 탁월한 묘사와 매우 유사한 방식으로 전개된다.
4) Michael Welker, *God the Spirit*, trans. John F. Hoffmeyer (Minneapolis: Fortress, 1994), 230. Willie Jennings의 통찰은 여기서 다시 언급할 가치가 있다. "만약 이것이 최초의 기독교 설교라면, 우리는 그 여러 측면에 주목해야 합니다. 첫째, 이 설교는 오직 성령 안에서만 존재합니다. 오직 성령이 임한 후에야 비로소 시작됩니다. 이는 하나님에 의해 찬양의 말들이 주어진 후의 두 번째 말씀입니다. 성령이 임하기 전, 베드로는 거의 할 말이 없었습니다. 그의 말은 이제 그리고 영원히 성령이 행하고 계신 일과 하나님이 예수 안에서 우리를 위해 행하신 일에 대한 해설에 불과합니다. 둘째, 그는 혼자 서 있지 않습니다. 그가 서 있을 때, 다른 제자들도 함께 서 있습니다. 그가 서서 말할 때, 이스라엘의 선지자들이 그의 말 속에 울려 퍼집니다. 혼자 설교한다고 믿는 것은 생명력을 고갈시키는 기만입니다. 물론, 한 목소리가 설교에서 말하지만, 연설자가 말하는 모든 순간마다 과거와 현재의 수많은 설교자가 함께 말하고 있습니다. 설교자는 언제나 설교자들의 공동체인 것입니다." Willie James Jennings, *Acts* (Louisville: Westminster John Knox, 2017), 34.
5) William H. Willimon, *Acts: A Biblical Commentary for Teaching and Preaching* (Atlanta: John Knox, 1988), 28-33.
6) C. Kavin Rowe, *World Upside Down: Reading Acts in the Graeco-Roman Age* (Oxford: Oxford University Press, 2009), 91-138을 보라.
7) Stone은 다음과 같이 통찰력 있게 지적한다. "교회는 시민 사회 내의 또 하나의 사회 조직이 아니라 … 종말론적 표징, 즉 시간의 끝이 도래했음을 보여 주는 살아 있는 증거다. 교회의 존재 자체가 예수의 부활을 증언하고 있으며, 이는 성도들이 이제 세상 앞에서 마치 종말이 이미 임한 것처럼 함께 살아가야 함을 의미한다." Stone, *Evangelism after Christendom*, 104.
8) Russel Mitman은 다음과 같이 기록한다. "해석자의 접근 방식은 성경의 본문들이 주도권

을 갖도록 허용하는 종의 자세다. 이는 성령의 역사하심을 통해, 성경 본문과의 이러한 만남들이 그리스도 안에서 하나님의 임재를 경험하는 공동체적 체험이 될 수 있게 하기 위함이다. … 공동체와 공동체의 대화를 구성하는 근본 요소는 예배 행위 속에서 일어나는 성경과의 대화를 통해 그리스도의 몸 안에 육화되는 한 말씀, 곧 예수 그리스도다." F. Russell Mitman, *Worship in the Shape of Scripture* (Cleveland: Pilgrim, 2001), 26.

9) Luke Timothy Johnson, *Prophetic Jesus, Prophetic Church: The Challenge of Luke-Acts to Contemporary Christians* (Grand Rapids: Eerdmans, 2011), 87-89.

10) Gerhard Lohfink, *Jesus of Nazareth: What He Wanted, Who He Was*, trans. Linda M. Maloney (Collegeville, MN: Liturgical Press, 2012), 306.

11) Jean Danielou, *Prayer: The Mission of the Church*, trans. David Louis Schindler Jr. (Grand Rapids: Eerdmans, 1996), 97.

12) "설교는 우리에게 하나님이 어떤 분인지 그분이 무엇을 행하시는지 알려 준다. 설교는 하나님에 관한 것이다. … 우리에 관한 설교는 복음 설교가 아니다. 사실, 그것은 전혀 설교라고 할 수 없다. 그것은 복음이 아니라, 불행한 소식일 뿐이다." Eugene Peterson, *The Jesus Way: A Conversation on the Ways That Jesus Is the Way* (Grand Rapids: Eerdmans, 2007), 163-64; 조금 더 구체적인 다음의 논의들을 살펴보라. James K. A. Smith, *Desiring the Kingdom: Worship, Worldview, and Cultural Formation*, Cultural Liturgies 1 (Grand Rapids: Baker Academic, 2009). "우리의 사랑이 지향하는 궁극적 목적(텔로스)은 단순한 아이디어나 명제, 교리의 목록이 아니다. 그것은 추상적이고 실체가 없는 개념이나 가치들의 나열이 아니다. 좋은 삶의 비전이 우리를 움직이는 이유는 그것이 좋은 삶이 실제로 어떤 모습인지에 대한 보다 감성적이고, 감각적이며, 심지어 미학적인 그림을 제시하기 때문이다. 좋은 삶의 비전은 규칙이나 이상의 집합을 단순 나열함으로써가 아니라, 우리가 번창하고 풍요롭게 사는 모습이 어떤 것인지에 대한 생생한 그림을 그려 줌으로써 우리의 마음과 상상력을 사로잡는 것이다"(53).

13) Lohfink, *Jesus of Nazareth*, 21.

14) Eugene H. Peterson, *Practice Resurrection: A Conversation on Growing Up in Christ* (Grand Rapids: Eerdmans, 2010), 8.

15) Lohfink, *Jesus of Nazareth*, 22.

16) Lesslie Newbigin, *Foolishness to the Greeks: The Gospel and Western Culture* (Grand Rapids: Eerdmans, 1986), 149.

17) "어떤 의미에서, 강력한 예언적 설교는 언제나 우리에게 깨어나 방향을 전환하라고 촉구한다. 그것은 결코 진부한 위로의 말이나 값싼 도덕주의, 혹은 일시적으로 기분 좋게 만드는 프로젝트와 활동으로 우리를 쉽게 위로하지 않는다. 오히려 그것은 완전히 새로운 세계를 선포하고, 우리의 낡은 방식과 세계관을 과감히 내려놓고 예수 그리스도 안에서 시작된 새로운 창조 세계로 회개하며 들어가도록 우리에게 도전한다." Anthony B. Robinson and Robert W. Wall, *Called to Be Church: The Book of Acts for a New Day* (Grand Rapids: Eerdmans, 2006), 66.

18) Ford와 Hardy는 오순절에 수렴되는 세 가지 역동적 흐름을 발견한다. 하나님을 향한 찬양의 넘침; 성령 안에서 공유하는 공동체 속에서 사랑의 넘침으로 모든 것을 드리는 것; 그리고 세상을 향한 선교로의 넘침이다. 이로써, "교회는 본래 의도된 그 모습이 된다. 즉, 예수 그리스도 안에서 나타난 하나님의 사랑을 증언하는 것이 소명인 예언적 공동체다." David F. Ford and Daniel W. Hardy, *Living in Praise: Worshiping and Knowing God* (Grand Rapids: Baker Academic, 2005), 185. 다음 논의도 참고하라. Matthew L. Skinner,

Intrusive God, Disruptive Gospel: Encountering the Divine in the Book of Acts (Grand Rapids: Brazos, 2015), 9–22.

19) Bryan D. Spinks, *The Worship Mall: Contemporary Responses to Contemporary Culture* (New York: Church Publishing, 2010), 216.

20) 이 부분에서 나는 Mark A. McIntosh의 저서 *Divine Teaching: An Introduction to Christian Theology* (Oxford: Blackwell, 2008) 187에 담긴 통찰에서 많은 도움을 얻었다. 또한 Jennings의 유익한 설명을 참고하라. "여기서 핵심은 모든 소유물을 한꺼번에 포기하는 것이 아니라, 성령이 인도하시고 예수의 사역이 요구할 때마다 하나씩 내어 드리는 것이었다. 따라서 그들이 가진 것 중에서 사람들이 성육신하신 삶을 보고 듣도록 이끄는 데 사용될 수 있는 것들, 사람들을 공동체적 삶과 생명 자체로 이끌고 죽음으로부터 벗어나게 하며, 빈곤과 기아, 그리고 절망의 지배를 종식시키는 데 사용될 수 있는 것들은 하나님께 드려질 수 있었다. 이러한 드림은 성령과 함께하는 교제의 유대 안에서 아들을 통한 아버지의 사랑의 통치를 선포하는 단 하나의 목적을 위한 것이다." Jennings, *Acts*, 40–41.

21) Augustine, *The City of God*, ed. David Knowles, trans. Henry Bettenson (New York: Pelican, 1972). 다음의 탁월한 논의들도 참고하라. Carol Harrison, *Beauty and Revelation in the Thought of Saint Augustine* (Oxford: Clarendon, 1992), 239–69.

22) Hans W. Frei, *The Eclipse of Biblical Narrative: A Study in Eighteenth and Nineteenth Century Hermeneutics* (New Haven: Yale University Press, 1974), 1.

23) Gerard J. P. O'Daly, *Augustine's City of God: A Reader's Guide* (Oxford: Oxford University Press, 1999), 160.

24) O'Daly, *Augustine's City of God*, 2.

25) Augustine, *City of God* 22.9 (강조 추가)

26) 창조와 역사를 나타내는 "세상의 시간"이라는 개념에 관해서는 Charles Mathewes의 저서 *A Theology of Public Life* (Cambridge: Cambridge University Press, 2007)에서 중요한 통찰을 얻었다.

27) Robert L. Wilken, "Augustine's City of God Today", in *The Two Cities of God: The Church's Responsibility for the Earthly City*, ed. Carl E. Braaten and Robert W. Jenson (Grand Rapids: Eerdmans, 1997), 35; Francis Mannion은 다음과 같은 통찰력 있는 견해를 제시한다. "송영과 종말론의 회복은 그동안 소홀히 여겨져 왔던 아름다움이라는 요소가 서구 예배 전통 안에서 새로운 신학적, 실천적 중요성을 되찾을 수 있게 할 것이다." M. Francis Mannion, *Masterworks of God: Essays in Liturgical Theory and Practice* (Chicago and Mundelein IL: Hillenbrand Books, 2004), 152.

28) Wilken, "Augustine's City of God Today," 35. 또한 Nicholas M. Healy, *Church, World, and the Christian Life: Practical-Prophetic Life* (Cambridge: Cambridge University Press, 2000), 54–56의 논의를 참고하라.

29) Peter Brown, *Augustine of Hippo: A Biography* (Berkeley: University of California Press, 2000), 324.

30) Augustine, *City of God* 1.1.

31) Rowan Williams, *On Augustine* (London: Bloomsbury, 2016), 112.

32) Robert Wilken, *The Spirit of Early Christian Thought: Seeking the Face of God* (New Haven: Yale University Press, 2003), 210; Mathewes는 *A Theology of Public Life*에서 다음과 같이 기록한다. "역사 자체의 의미는 그리스도 안에서 결정되며, 그리스도는 이미 오셨지만, 그의 첫 번째 오심은 단지 종말의 시대를 시작했을 뿐이며, 역사의 결정적인 방향성

을 열었을 뿐이다. 따라서 우리는 두 번째 오심, 즉 재림을 기다린다. 이 재림은 우리 삶의 역사와 하나님의 목적에 대한 의미와 중요성을 궁극적으로 계시하고 결정하는 사건이 될 것이다"(308).
33) 다음에 나오는 『하나님의 도성』에 대한 논의를 참고하라. Wilken, *The Spirit of Early Christian Thought*, 186-211.
34) Augustine, *City of God* 19.23.
35) Augustine, *City of God* 5.19. Robert Dodaro, *Christ and the Just Society in the Thought of Augustine* (Cambridge: Cambridge University Press, 2004), 50-53을 보라.
36) Brown, *Augustine of Hippo*, 326.
37) Dodaro, *Christ and the Just Society*, 6-26; Mathewes, *A Theology of Public Life*, 214-40; Mathewes, *The Republic of Grace: Augustinian Thoughts for Dark Times* (Grand Rapids: Eerdmans, 2010), 80-81.
38) 아우구스티누스의 로마 비판에 대한 Mathewes의 논의를 참고하라. *A Theology of Public Life*, 230-36.
39) Augustine, *City of God* 5. 12.
40) John Cavadini, "The Anatomy of Wonder: An Augustinian Taxonomy," *Augustinian Studies* 42, no. 2(2011):162.
41) Rowan Williams는 다음과 같이 기록한다. "『하나님의 도성』은 통상적 의미의 정치 이론서가 아니라, 신학적 인간학과 공동체적 영성에 관한 윤곽을 그린 저작이다. 이 작품에서 정치적 영역과 영적 영역은 서로 분리된 관심사가 아니다." Williams, *On Augustine*, III.
42) Augustine, *City of God* 6, pref.
43) Augustine, *City of God* 6.19.
44) Augustine, *Essential Sermons*, in *The Works of Saint Augustine: A Translation for the 21st Century* (Hyde Park, NY: New City Press, 2007), 106.
45) Augustine, *City of God* 14.25.
46) Augustine, *City of God* 19.19.
47) Healy, *Church, World, and the Christian Life*, 56.
48) 인식론적 겸손함과 "증언의 순례 여정"에 관해서는, Rodney Clapp, *Border Crossings: Christian Trespasses on Popular Culture and Public Affairs* (Grand Rapids: Brazos, 2000), 19-32을 보라.
49) Wilken, *The Spirit of Early Christian Thought*, 209-10.
50) Augustine, *City of God* 11.2.
51) Augustine, *City of God* 11.2.
52) Augustine, *City of God* 11.3. Wilken은 다음과 같이 기록한다. "아우구스티누스의 사고는 고대의 다른 그리스도인들과 마찬가지로, 계시의 사실들, 즉 성경에 서술된 그리스도 안에서의 하나님의 자기 계시로부터 출발했다. … 역사적 지식은 증인들을 필요로 하며, 증인은 믿음을 요청한다. 다시 말해 증언하는 이의 말에 대한 신뢰를 불러일으킨다. … 아우구스티누스의 관점에서 권위는 강요하거나 강제하는 것이 아니라, 계몽하는 것이다. 그것은 의지가 아닌 이해에 호소하는 것이다." Wilken, *The Spirit of Early Christian Thought*, 170-74.
53) Catherine Mowry LaCugna, *God for Us: The Trinity and Christian Life* (San Francisco: HarperSanFrancisco, 1991), 342, 357.
54) "도덕 치료적 이신론"에 대해서는, Christian Smith and Melinda Lundquist Denton, *Soul Searching: The Religious and Spiritual Lives of American Teenagers* (Oxford: Oxford

University Press, 2005)를 보라.
55) *The Correspondence of Erasmus: Letters 298 to 445, 1514 to 1516*, vol. 3 of *The Collected Works of Erasmus*, trans. James M. Eates et al., ed. Douglas F. S. Thomson (Toronto: University of Toronto Press, 1976), 221–22.
56) John Webster, *The Culture of Theology*, ed. Ivor J. Davidson and Alden C. McCray (Grand Rapids: Baker Academic, 2019), 90–92.
57) Pope Francis, *The Joy of the Gospel (Evangelii Gaudium): Apostolic Exhortation* (Vatican City: Libreria Editrice Vaticana, 2013), 6.
58) 여기서 나는 Veli-Matti Kärkkäinen, *Christ and Reconciliation*, A Constructive Theology for the Pluralistic World, vol. 1 (Grand Rapids: Eerdmans, 2013), 368–72의 논점을 따른다.
59) "무장 해제하는 하나님의 아름다움"에 대해서는, Julian Carron, *Disarming Beauty: Essays on Faith, Truth, and Freedom* (Notre Dame: University of Notre Dame Press, 2017)을 보라.

01 | 구원하는 아름다움

1) David F. Ford and Daniel W. Hardy, *Living in Praise: Worshiping and Knowing God* (Grand Rapids: Baker Academic, 2005), 19.
2) Walter Brueggemann은 다음과 같은 증언을 제공한다. "그러한 찬양은 진정으로 우리의 의무이자 기쁨이며, 인간 공동체의 궁극적인 소명이고, 실로 모든 창조물의 소명이다. 그렇다. 모든 삶은 하나님을 향해 있으며 궁극적으로 하나님을 위해 존재한다. 찬양은 우리가 속한 그분에게 신뢰와 감사 속에서 자신을 내어 주고, 복종하고, 버리는 우리의 능력을 표현하고 구현한다. 찬양은 인간의 요구이자 필요일 뿐 아니라, 또한 인간의 기쁨이다. 우리는 자아를 넘어서 우리의 에너지와 가치를 그것을 허락하신 분에게 돌려보내는 것에 대한 끊임없는 갈망을 가지고 있다. 그분에게 돌아갈 때, 우리는 가장 깊은 기쁨을 발견한다. 그것이 '하나님을 영화롭게 하고 하나님을 영원히 즐거워하는' 것의 의미다." Walter Brueggemann, *Israel's Praise: Doxology against Idolatry and Ideology* (Philadelphia: Fortress, 1988), 160. Brueggemann은 이스라엘과 교회의 예배에 대해 설명하고 있지만, 나는 이것이 설교의 본질과 목적을 이해하는 데 매우 유용한 관점이라고 생각한다.
3) 이 장의 첫 부분에서 내가 Brueggemann의 작업에 빚지고 있음이 분명히 드러날 것이다. 설교에 대한 그의 헌신은 잘 알려져 있으며, 특히 이스라엘의 신앙과 예언적 전통에서 이사야 52장의 중요성에 관한 그의 통찰력이 그렇다. 이 장을 위해 나는 Brueggemann의 저작에서 많은 영감을 얻었다. Brueggemann, *Israel's Praise*; Brueggemann, *Cadences of Home: Preaching among Exiles* (Louisville: Westminster John Knox, 1997); and Brueggemann, *The Practice of Prophetic Imagination: Preaching an Emancipating Word* (Minneapolis: Fortress, 2012). Brueggemann이 제시한 세 가지 주장은 나의 연구에 특별히 중요한 의미를 갖는다. ① 송영은 하나님을 찬양하는 동시에 우상 숭배와 이데올로기에 대항하는 언어다. ② 진정으로 "복음적인" 설교는 시적 대안으로서, 하나님의 놀라운 역사하심의 결과인 새로운 백성, 새로운 공동체, 새로운 창조를 향한 희망과 가능성을 제시한다. ③ 선포는 여호와—세상의 창조자, 이스라엘의 구원자, 그리스도인들이 성부, 성자, 성령으로 고백하는 우리 주 예수 그리스도의 아버지—가 이 세상에서 실제적 존재이며 효과적으로 역사하는 주체인 것처럼 세상을 상상하게 한다.
4) Abraham Heschel은 다음과 같이 언급한다. "그것은 인간의 눈물로 절제된 예언이며, 모

든 상처를 치유하는 기쁨과 혼합되어, 현재의 어려움에도 불구하고 미래를 이해할 수 있는 길을 열어 준다. 병든 세상이 울부짖을 때, 이보다 더 깊은 위로를 제공한 말은 없었다." Abraham J. Heschel, *The Prophets: An Introduction*, vol. 1 (New York: Harper & Row, 1962), 145.

5) Brueggemann, *Israel's Praise*, 48, cf. 45-53.
6) Heschel은 다음과 같이 논평한다. "선지자의 열렬한 기도(51:9)에 대한 응답으로 주님은 모든 민족이 보는 앞에서 그의 팔, 즉 그의 능력을 드러내실 것이다." Heschel, *The Prophets*, 149.
7) Ford and Hardy, *Living in Praise*, 13.
8) 여기서 나는 Ford와 Hardy의 *Living in Praise*의 관점을 따르고 있다. 문제, 질문, 정치적 이슈, 사회적 악, 그리고 이미 과도한 관심을 받고 있는 좋은 것의 변질에서 시작하는 대신, Ford와 Hardy는 하나님에서부터 시작할 것을 제안한다. "이들에 대항해 가할 수 있는 가장 큰 타격은 기쁨의 하나님께 더 많은 관심을 기울이는 것이다. 하나님은 최고로 흥미로운 실재이며, 다른 어떤 것보다 훨씬 더 경이롭다. 그리고 하나님과의 관계로부터 악의 궁극적인 무의미함, 비참함, 지루한 공허함을 명확히 볼 수 있는 관점을 얻게 된다"(176). Brueggemann은 이렇게 기록한다. "'여호와가 통치하신다'라는 선언이 소식, 메시지라는 사실은 결정적이고 극적인 인식을 불러일으킨다. … 여호와의 새로운 미래의 실재는 이 소식이 선포되는 바로 그 순간에 효력이 발생한다." *Israel's Praise*, 35-36, passim.
9) Eugene H. Peterson, *The Jesus Way: A Conversation on the Ways That Jesus Is the Way* (Grand Rapids: Eerdmans, 2007), 181.
10) Brueggemann은 이것을 명쾌하게 표현한다. "선포와 축하의 극적인 순간을 함께 경험하는 모든 이는 이 새로운 세계에서 그 신선한 가능성 속에서 살아갈 힘을 얻는다. 이것이야말로 진정한 복음 전도의 일이다. 말씀 선포, 세계 창조, 개입의 순간에 모든 것을 새롭게 하시는 이분의 통치 아래에서, 그리고 그분께 응답해 상상력으로 바치는 삶의 일이다. … 이스라엘의 예배 생활에서 가장 중요한 지점은 다른 신들이 패배하고, 여호와께서 통치하시며, 따라서 세계는 하나님의 창조물이라는 자신의 참된 본질을 행동으로 표현할 수 있다는 놀라운 주장을 계속해서 재확인하는 것이다." *Israel's Praise*, 38.
11) Peterson, *The Jesus Way*, 181.
12) Peterson, *The Jesus Way*, 181-82.
13) Ellen Davis는 성경적 예언의 시적 언어에 대해 다음과 같이 통찰력 있게 설명한다. "모든 전통의 훌륭한 시인들처럼, 성경의 예언적 시인들은 마음의 눈에 무언가를 시각화할 수 있도록 날카로운 이미지들을 정교하게 만들어 낸다. 이러한 이미지들은 주로 특정 시공간적 위치에서 보이지만, 동시에 청중과 시인이 함께 거주하는 전체 세계의 일부로 상상된다. 시인으로서, 그들은 충실함에 헌신해야 한다. 즉, 세계가 실제로 존재하는 그대로를 성실하게 표현해야 하는 것이다. 이는 그들이 청중으로 하여금 하나님이 그들 자신의 시간과 장소에서 근본적으로 새로운 일을 행하실 수 있다고 상상할 수 있도록 하면서도 그렇다. 따라서 예언적 시의 형태는 그 본질적 내용과 조화를 이룬다. 말들이 진실하게 울려 퍼지도록 시인이 언어를 구성하는 것은 그 자체가 세계에 대한 하나님 자신의 신실하심이 울려 퍼지는 메아리인 것이다." Ellen F. Davis, *Biblical Prophecy: Perspectives on Cristian Theology, Discipleship, and Ministry* (Louisville: Westminster John Knox, 2014), 8.
14) Stanley Hauerwas는 다음과 같이 기록한다. "목회자의 임무는 공동체 앞에 그 존재를 결정하고 가능하게 하는 이야기를 제시하는 것이다. 이는 목회자가 예언자가 되기 위함이 아니라, 공동체가 자신의 소명을 이루도록 하기 위함이다. 목회 임무는 예언적이다. 교회의

사역에 고유한 수단들이 공동체로 하여금 그들을 예언적으로 만드는 이야기를 상기시키는 데 도움을 주는 한에서 그렇다. 말씀의 설교와 성찬의 봉사보다 더 예언적인 임무는 없다. 왜냐하면 이를 통해 교회가 하나님을 알지 못하는 세상에서 하나님의 백성으로 세워지기 때문이다." *Christian Existence Today: Essays on Church, World, and Living in Between* (Durham, NC: Labyrinth, 1988), 165.

15) Ford and Hardy, *Living in Praise*, Ⅱ, 173. "선지자는 전형적으로 예배와 그 안에서 하나님이 주시는 비전에 깊이 사로잡혀, 백성에게는 하나님의 대변인으로, 하나님께는 백성의 대변인으로 행동하는 사람이다"(53).

16) Ford와 Hardy는 서구 사회에서 "일반화된 통념"은 하나님이 더 이상 삶의 근본 기초가 아니라는 것이며, 그 결과 인간은 마치 자급자족하고 스스로를 규제할 수 있는 존재인 듯 살아간다고 결론 내린다. 그들의 논리를 따라 내가 제안하는 것은 하나님을 찬양하는 기쁨에 찬 대안이다. "만약 하나님이 계시다면, 하나님은 존재의 모든 생태계 안에서 적절하고 감사한 마음으로 인정받아야 한다. 하나님의 진리, 선함, 아름다움은 이러한 과정을 통해서만 진정으로 명확해질 수 있다. 무엇보다도, 하나님의 기쁨은 우주의 중심적이고 모든 것을 포괄하는 실재로 축하되어야 하며, 다른 모든 것은 이 빛 안에서 바라보아야 한다." Ford and Hardy, *Living in Praise*, 17.

17) Ford and Hardy, *Living in Praise*, 174.

18) Ford and Hardy, *Living in Praise*, 173.

19) Paul Minear는 다음과 같이 기록한다. "[하나님의] 나라는 단순히 다른 날들 중 하나가 아니며, 날들의 끝에서 순차적으로 오는 것이 아니다. 그분의 나라는 악한 시간을 구속하고 그것을 결실 있게 만드는 영원한 날이다. 새로운 날에 대한 권능은 [인류]가 아닌 오직 하나님께 있다. 이날은 인간이 정한 여러 조건들이 충족될 때까지 기다리지 않는다. 왜냐하면 그것은 [인류의] 현재 욕망을 미래에 투영한 것이 아니기 때문이다. 오히려 하나님은 그분의 미래를 현재 속으로 진입시킴으로써 그날을 앞당기신다." Paul S. Minear, *The Kingdom and the Power: An Exposition of the New Testament Gospel* (Louisville: Westminster John Knox, 2004), 124.

20) Ford and Hardy, *Living in Praise*, 186-87.

21) Ford and Hardy, *Living in Praise*, 175-76.

22) Gerhard Lohfink, *Jesus of Nazareth: What He Wanted, Who He Was*, trans. Linda M. Maloney (Collegeville, MN: Liturgical Press, 2012), 46.

23) Brueggemann, *Israel's Praise*, 34-35. Smart는 다음과 같이 논평한다. "이스라엘의 하나님만이 유일한 하나님이시므로, 그분의 주권 확립은 그 주장이나 혜택이 이스라엘에만 국한될 수 없다. 이스라엘의 해방은 포로 된 인류 전체의 해방으로 이어진다. 산을 뛰어넘어 오는 평화와 축복의 전령은 먼저 시온에 도착한다. 이스라엘의 하나님이 온 땅 위에 그의 왕국을 세우셨다는 메시지를 가지고 … 모든 민족의 눈이 하나님의 구원을 목격한다." J. D. Smart, *History and Theology in Second Isaiah* (Philadelphia: Westminster, 1965), 190.

24) Paul D. Hanson, *Isaiah 40-66*, Interpretation: A Bible Commentary for Teaching and Preaching (Louisville: John Knox, 1995), 148-49.

25) Lohfink, *Jesus of Nazareth*, 170-75.

26) Richard Hays는 다음과 같이 기록한다. "하나님이 강력하게 모든 것을 바로 세우신다는 선포는 예수 자신의 종말론적 메시지의 핵심이며, 마가복음은 이를 '하나님의 복음'이라고 묘사한다. '때가 찼고 하나님의 나라가 가까이 왔다'(막 1:14b-15a). 마가는 이스라엘의 역사적 이야기가 예수 안에서 하나님이 정하신 절정에 마침내 도달했음을 선언하고 있는 것

이다." Richard B. Hays, *Echoes of Scripture in the Gospels* (Waco, TX: Baylor University Press, 2016), 19, passim.

27) Hays는 다음과 같이 통찰력 있게 분석한다. "이사야가 포로에서 귀환하는 것을 '새로운 출애굽'으로 묘사한 시적 이미지는 마가복음의 중심적 구성 이미지가 된다. 이사야가 초기의 출애굽 이미지를 활용하여 하나님이 이스라엘을 후기 바벨론 포로에서 구출하심을 묘사했던 것처럼, 마가는 출애굽기 23:20과 이사야 40:3, 즉 이스라엘을 향한 하나님의 이러한 과거 구원 행위들을 모두 상기시키는 본문들을 끌어와, 예수를 통한 하나님의 권능으로의 재림을 소개한다. 이 이미지는 종말론적 성격을 지니며, 세상 속으로 침투해 들어오는 하나님의 구원의 권능을 강조한다." Hays, *Echoes of Scripture in the Gospels*, 23.

28) Gerhard Lohfink, *Does God Need the Church? Toward a Theology of the People of God*, trans. Linda M. Maloney (Collegeville, MN: Liturgical Press, 1999), 153: "예수는 단지 말씀만 하시는 것이 아니다. 그의 말씀은 역사하고, 현실을 드러내며, 따라서 그의 선포는 강력한 행동으로 가득 차 있고 그 행동을 동반한다."

29) Lohfink, *Jesus of Nazareth*, 174.

30) Lohfink, *Jesus of Nazareth*, 101.

31) Ford and Hardy, *Living in Praise*, 107.

32) Lohfink, *Jesus of Nazareth*, 239.

33) Hays는 다음과 같이 논평한다. "이스라엘의 하나님의 신비로운 구현인 예수의 정체성은 십자가에 못 박힌 자라는 그의 정체성과 결코 분리될 수 없다. 그리고 그 안에는 더 깊은 차원의 신비가 있다. 만약 예수가 이스라엘의 하나님의 구현이고, 이스라엘의 성경에 대한 이러한 상징적 상응관계가 실현되는 몸이 결국 십자가에 못 박히게 된다면, 그것은 하나님의 정체성에 관해 우리에게 무엇을 말해 주는 것일까?" Hays, *Echoes of Scripture in the Gospels*, 104.

34) Lohfink, *Jesus of Nazareth*, 235.

35) 여기서 Hays의 경고는 주목할 가치가 있다. "마가는 예수가 선포한 하나님 나라가 그 충만함으로 도래했다는 환상을 가지고 있지 않다. 모든 복음서 저자들 중에서, 마가는 성취의 주장에 대해 가장 말을 아끼며 종말론적 변증법의 '아직 아닌' 측면에 가장 민감하다. 확실히 그것이 그가 예수의 부활 현현을 전혀 서술하지 않기로 한 놀라운 결정의 이유들 중 하나다. 이야기를 부활 선언으로 끝내지만 부활하신 주님의 등장을 서술하지 않음으로써, 마가는 그의 독자 공동체가 13장의 종말론적 담화의 결론에서 명령된 것과 같은 기대에 찬 기다림의 자세로 남아 있음을 암시한다. 그곳에서 제자들에 대한 예수의 말씀은 복음서의 모든 독자를 향한 일반적인 훈계가 된다. '그리고 내가 너희에게 말하는 것을 나는 모든 이에게 말한다, 깨어 있으라!'" Hays, *Echoes of Scripture in the Gospels*, 23.

36) Lohfink, *Jesus of Nazareth*, 30-31.

37) Lohfink, *Jesus of Nazareth*, 33.

38) Rowan Williams, *Christ on Trial: How the Gospel Unsettles Our Judgement* (Grand Rapids: Eerdmans, 2000), 9.

39) Williams, *Christ on Trial*, 11.

40) Williams, *Christ on Trial*, 16-17.

41) Williams, *Christ on Trial*, 21-22. 여기서 Paul Minear의 견해는 매우 적절하다. "하나님의 나라는 그의 영광과 권능과 분리될 수 없다. 하나가 있는 곳에 다른 것들도 함께 있다. 그것이 하나님의 적이 인간의 마음에 영광의 거짓 이미지와 권능의 거짓 개념을 심으려 하는 이유다. 인간의 제도가 이러한 환상에 기여하는 한, 그것은 맹목의 왕국의 요새가 된다. 세상

의 권위들이 참된 영광과 권능을 증언하는 한, 그들은 하나님 나라의 이정표가 된다. … 하나님의 영광이 예수의 인격 안에서 나타나기 때문에, 그 영광은 세속적 웅장함의 과시가 아니며, [인류]가 그들의 상급자들을 찬미하는 명예의 스펙트럼의 모든 놀라운 색채들의 조합도 아니다. 하나님은 화려함과 의식 속에서 즐거워하지 않으시고, 조용히 자신의 보이지 않는 영광으로 모든 창조물을 채우신다. 그분의 영광은 나눔을 요구한다. 그것이 교회와 [다른 이들]과 더 많이 공유될수록 더욱 풍성해진다." Minear, *Kingdom and the Power*, 224-25.

42) 여기서 나는 Lohfink, *Jesus of Nazareth*, 219-21의 논의를 따른다.
43) Lohfink, *Jesus of Nazareth*, 219.
44) Lohfink, *Jesus of Nazareth*, 220.
45) Lohfink, *Does God Need the Church?*, 188.
46) Lohfink, *Jesus of Nazareth*, 220.
47) Lohfink, *Jesus of Nazareth*, 220.
48) Lohfink, *Jesus of Nazareth*, 99.
49) Lohfink, *Does God Need the Church?*, 279.
50) Hans Urs von Balthasar, *The Glory of the Lord: A Theological esthetics*, vol. 7, *Theology: The New Covenant*, ed. John Riches, trans. Brian McNeil, CRV (San Francisco: Ignatius, 1989), 132, 429.
51) Lohfink, *Jesus of Nazareth*, 221.
52) Ford and Hardy, *Living in Praise*, 97.
53) Minear는 다음과 같이 기록한다. "분명히 예수의 복음은 세상이 추구하는 것과 같은 세계 질서 문제에 대한 즉각적인 해결책이 아니다. 예수는 단순히 세상이 스스로를 구원할 수 있는 도구가 되기 위해 죽으신 것이 아니다. 기독교는 특정 문명을 붕괴로부터 구원하기 위한 수단으로 자신을 내세우지 않는다. 오히려 그것은 모든 인류와 국가가 직면한 불과 같은 심판을 선포하는 것으로 시작한다. 십자가의 복음은 죄와 죽음의 몸에 대한 하나님의 진노의 계시를 선포한다. 사회의 사고방식과 제도들은 자신을 하나님의 진리 앞에서 정당화해야 하며, 결코 그 반대가 아니다. 하나님의 전략은 우선 원하는 안전을 얻기 위해 권력의 사회적 구조에 급진적인 수정을 요구하지 않는다. 대신 먼저 새로운 마음을 가진 아들들과 딸들을 창조하고 하늘로부터 권세와 권력들을 내쫓는다. 그것은 하나님의 나라를 인류에게 가까이 가져와 영생이 지금 받아들여질 수 있게 한다. 심지어 세계 평화가 가장 요원해 보이고 모든 이상향이 불가능해 보이는 그 순간에도 그렇다." Minear, *Kingdom and the Power*, 243.
54) Ford and Hardy, *Living in Praise*, 42-43.
55) Lohfink, *Does God Need the Church?*, 279.
56) Rowan Williams, *On Christian Theology* (Oxford: Blackwell, 2000), 233-34.
57) Lohfink, *Jesus of Nazareth*, 235.
58) Charles L. Campbell and John H. Cilliers, *Preaching Fools: The Gospel as a Rhetoric of Folly* (Waco, TX: Baylor University Press, 2012), 6.
59) Hays는 다음과 같이 통찰력 있게 제시한다. "그렇다면, 우리가 마가의 관점으로 성경을 읽으려 한다면, 우리는 무엇을 발견하게 되는가? 우리는 우리의 기존 범주를 깨뜨리고 우리의 이해를 뛰어넘는 역설적인 계시를 묵상하도록 이끌릴 것이다. 우리는 침묵 속에서 신비 앞에 서는 법을, 우리 이해의 한계를 겸손히 인정하는 법을, 그리고 경이로움을 느끼는 법을 배우게 될 것이다. 예수의 정체성에 관한 마가의 묘사가 담고 있는 '의미'는 단순한 명제

적 언어로 올바르게 표현될 수 없다. 대신 그것은 오직 서사의 형태로, 이스라엘의 이야기라는 배경 위에 예수의 이야기를 투영하는 미묘한 암시와 암호들을 통해서만 점진적으로 드러날 수 있다." Hays, *Echoes of Scripture in the Gospels*, 103.

60) Stanley Hauerwas, *Performing the Faith: Bonhoeffer and the Practice of Nonviolence* (Grand Rapids: Brazos, 2004), 163.

61) Bryan Stone은 다음과 같이 기록한다. "교회가 세상에 제공하는 복음은 항상 공적이다. 솔직히 말해서, 그것은 몸이기 때문이다. 복음은 이런저런 맥락에서 이해될 수 있도록 먼저 해독되고 다시 부호화되어야 하는 신념이나 교리의 모음이 아니다. 복음은 그리스도 자신이며, 그리스도는 몸을 가지고 있다. 몸은 정확히 그것이 현존하기 때문에 공적이다. 이것이 바로 그리스도의 몸인 교회가 하나님으로부터 주어진 예배, 습관, 봉사를 통해 육체적인 방식으로 거룩하게 되는 것이 매우 중요한 이유다. 그리스도의 몸으로서 교회는 자신의 영광이 아닌 하나님의 영광의 공적 표징이기 때문이다." Bryan Stone, *Evangelism after Christendom: The Theology and Practice of Christian Witness* (Grand Rapids: Brazos, 2007), 211.

62) Rebecca Konyndyk DeYoung, *Vainglory: The Forgotten Vice* (Grand Rapids: Eerdmans, 2014), 19.

63) Jürgen Moltmann, *The Way of Jesus Christ: Christology in Messianic Dimensions*, trans. Margaret Kohl (Minneapolis: Fortress, 1990), 95.

64) Moltmann, *The Way of Jesus Christ*, 95-96.

65) "영광의 나라는 하나님의 주권 안에서의 새로운 창조와 동일하다. 그 효력은 이미 이 불의와 죽음의 역사 속에 존재하며, 따라서 하나님의 새롭게 창조하시는, 생명을 부여하는 활동으로 이해되어야 한다." Moltmann, *The Way of Jesus Christ*, 98.

66) Moltmann, *The Way of Jesus Christ*, 195.

67) A Katherine Grieb, *The Story of Romans: A Narrative Defense of God's Righteousness* (Louisville: Westminster John Knox, 2002), xxi.

68) Stephen D. Long, *The Goodness of God: Theology, the Church, and Social Order* (Grand Rapids: Brazos, 2001), 165.

69) Grieb, *The Story of Romans*, 100.

70) Grieb, *The Story of Romans*, 102.

71) Grieb, *The Story of Romans*, 105.

72) Hays, *Echoes of Scripture in the Letters of Paul* (New Haven: Yale University Press, 1989), 81-82. Bryan Stone은 다음과 같이 지적한다. "만약 사도들의 이야기가 무언가를 보여 준다면, 그것은 예수의 죽음과 부활로 인해 일어나고 메시아적 예언의 성취와 권세들에 대한 하나님의 승리로 해석된 하나님의 구원 역사에 대한 그들의 이해 변화가 결코 예수의 하나님 나라에 대한 초점에서 벗어난 것이 아니라는 점이다. … 오히려, 그것은 예수라는 인물 안에서 하나님의 통치가 가까이 왔기 때문에, 세상은 결코 이전과 같을 수 없으며, 완전히 새로운 삶의 방식이 필요하고 또한 가능하다는 주장을 포함한다." *Evangelism after Christendom*, 109.

73) Hauerwas, *Performing the Faith*, 145.

74) Hauerwas, *Performing the Faith*, 139-41.

75) Hauerwas, *Performing the Faith*, 92.

76) Richard B. Hays, *The Conversion of the Imagination: Paul as Interpreter of Israel's Scripture* (Grand Rapids: Eerdmans, 2005), xv-xvi. Hays는 바울의 성경 읽기가 다음과 같은 네 가

지 특성을 지닌다고 결론짓는다. ① 목회적이며, 공동체를 형성하는 활동이다. ② 시적이며, 풍부한 이미지와 은유로 가득하다. ③ 서사적이며, 이스라엘의 역사적 이야기라는 맥락에서 해석된다. ④ 종말론적이며, 모든 인류에 대한 하나님의 심판을 인식하는 동시에 하나님께서 궁극적으로 모든 것을 화해시키실 것을 바라본다.

77) Hays, *Echoes of Scripture in the Letters of Paul*, 184.
78) Hays, *Echoes of Scripture in the Letters of Paul*, 185. Hays는 성령이 마음과 정신을 비추어 성경에 미리 예표된 파격적 은혜의 아름다움을 볼 수 있게 한다고 언급한다. 이는 그리스도의 자기 비움을 통해 나타난 은혜에 의해 성경이 놀랍게 변모되는 것을 인식하는 과정이다.
79) Niebuhr의 고전적인 진술을 살펴보라. H. Richard Niebuhr, *The Meaning of Revelation* (New York: Macmillan, 1960). Eugene Peterson은 정보보다 형성에 대한 교회의 필요성을 탁월하게 표현한다. "정보를 제공하기보다는 형성하는 것이 바로 언어의 본질이다. 언어가 개인적일 때, 그것이 가장 훌륭할 때, 그것은 계시한다. 그리고 계시는 항상 형성적이다―우리는 더 많이 알게 되는 것이 아니라, 더 많이 되어 간다. 우리의 최고의 언어 사용자들, 시인들과 연인들과 아이들과 성인들은 단어를 사용하여 무언가를 만든다―친밀함을 만들고, 인격을 만들고, 아름다움을 만들고, 선함을 만들고, 진리를 만든다." Eugene H. Peterson, *Eat This Book: A Conversation in the Art of Spiritual Reading* (Grand Rapids: Eerdmans, 2006), 24. 또한 Pierre Hadot의 중요한 연구도 참고하라. 그의 연구는 고대 철학과 초기 기독교의 실천에서 영감을 얻어 지성, 상상력, 정서, 의지를 변화시키는 형성적 독서의 본질을 보여 준다. 해석은 지혜롭고 풍요롭게 사는 기술 면에서 한 사람의 전체적인 존재 방식을 포함하는 "영적 훈련"과 같다. Pierre Hadot, *Philosophy as a Way of Life*, ed. Arnold I. Davidson, trans. Michael Chase (Oxford: Blackwell, 1995), 47-144.
80) Williams, *On Christian Theology*, 254-58. Grieb는 로마서의 결론 부분에 대해 다음과 같이 통찰력 있게 기록한다. "여기서 가르침의 본질은 희망을 불러일으키는 것이며, 이는 유대인과 이방인의 종말론적 연합을 향해 나아간다. 하나님의 완전성은 기독교 윤리의 근거이기도 하다. 이는 예수 이야기와 이스라엘의 성경 사이의 상응 관계가 하나님의 신뢰성과 진실성을 명확히 드러내기 때문이다. 이 인내와 격려의 하나님은 성경의 인내와 격려를 통하여 희망에 관해 말씀하신다. 바울은 그의 결론의 이 부분(롬 15:1-6)을 의미심장한 기도로 마무리한다. 즉, 희망의 하나님께서 로마의 그리스도인 공동체를, 강한 자와 약한 자 모두를 함께, 메시아의 모범을 따라 연합시키셔서, 장차 올 유대인과 이방인의 종말론적 연합 공동체의 표징이 되게 하시기를 바라는 기도다." Grieb, *The Story of Romans*, 131.
81) John M. G. Barclay, *Paul and the Gift* (Grand Rapids: Eerdmans, 2015), 567. 이후 이 저서에서 인용하는 부분은 본문 속 괄호 안에 표시하겠다.
82) Williams, *On Christian Theology*, 255.
83) Barclay, *Paul and the Gift*, 504-5. Barclay는 Pierre Bourdieu의 연구를 활용하여 바울의 기독교 공동체 윤리가 단순한 규범과 규칙보다 훨씬 더 깊은 차원에서 작용함을 보여 준다. 이는 오히려 하나의 문화, 즉 아비투스(*habitus*)를 형성하는 것으로, 실천을 통해 생성되고 또 실천을 지배하는 성향, 감수성, 인식을 포함하며 가장 적절하게는 체화된 습관으로 이해될 수 있다. Barclay는 특히 바울의 선물의 언어를 강조한다. 로마의 그리스도인들은 "무조건적인 환영에 의해 구성된 공동체"이므로, 영예와 가치와 영광이 추구되거나 경쟁의 대상이 될 필요가 없다. 이러한 가치들은 이미 하나님에 의해 주어졌으며 앞으로도 계속 주어질 것이기 때문이다(508-12). 삶의 방식으로서의 송영에 대한 탁월한 논의는 다음 자료를 참고하라. Catherine Mowry LaCugna, *God for Us: The Trinity and Christian Life* (San Francisco: HarperSanFrancisco, 1991), 342-57.

84) Ford와 Hardy는 이스라엘과 교회가 실천해 온, 하나님에 대한 찬양을 중심으로 하는 성경 읽기와 해석 방식에 대해 논의한다. "찬양이라는 행위는 성경의 핵심에 접근하는 특별히 유용한 방법이다. 왜냐하면 찬양 속에서 공동체는 자신들에게 가장 근본적인 것, 즉 하나님과 하나님의 활동을 하나님께 인정하고 고백하려는 최고의 시도를 행했기 때문이다." *Living in Praise*, 31.
85) Williams, *On Christian Theology*, 255-56.
86) Williams, *On Christian Theology*, 254-55.
87) Williams, *On Christian Theology*, 255.
88) Williams, *On Christian Theology*, 255-56. Ford와 Hardy는 *Living in Praise*, 31에서 다음과 같이 기록한다. "모든 기독교적 소통은 찬양 중심적이 되는 것이 가장 중요하다. … 선교와 전도의 본질은 하나님의 본질적 가치와 아름다움과 사랑, 그리고 하나님을 알고 신뢰하는 데서 오는 깊은 기쁨에 있다."
89) Williams, *On Christian Theology*, 255.
90) Williams, *On Christian Theology*, 255.
91) 여기서 하나님의 영광을 발견하고 드러내는 교회의 사명에 관한 Grieb의 통찰이 큰 도움이 된다. "이웃 사랑은 로마 교회 공동체의 삶에도 중요한 의미를 지닌다. 하나님과 그리스도께서 먼저 그들을 용납하셨기에, 그들도 서로를 기꺼이 받아들여야 한다. 바울은 이웃을 '하나님의 작품'이자 '그리스도께서 그들을 위해 목숨을 바치신 형제자매'로 새롭게 정의하는 관계적 표현을 사용한다. 이렇게 함으로써 십자가에서 이루어진 구원 사역에 대한 하나님과 그리스도께 감사하는 마음이 자연스럽게 같은 은혜와 자비를 받은 이웃을 섬기는 행동으로 이어진다. 궁극적으로 이웃 사랑은 이방인들에게 희망이 되시는 메시아의 본을 따라 이방인들을 향한 선교에 동참하는 것을 의미한다." Grieb, *The Story of Romans*, 133.
92) Barclay, *Paul and the Gift*, 519.

02 I 아름다움을 바라보다

1) Richard B. Hays, *Echoes of Scripture in the Gospel* (Waco, TX: Baylor University Press, 2016), 97; Oliver O'Donovan은 깨어 있음의 명령에 관해 설명하는데, 이는 설교자와 말씀의 사역에 적용된다. "따라서 깨어나라는 명령은 신약성경에서 주로 교회를 향하고 있다. 교회는 어떤 대상보다도 이미 깨어 있어야 할 주체인데도 말이다. 이것은 교회를 위기의 순간에 놓이게 하며, 이미 성취된 과거를 그리스도의 재림이라는 미래와 즉각적인 주의와 행동이 필요한 현재에 연결함으로써 시험대에 오르게 한다. 깨어 있음은 결코 우리가 당연시할 수 있는 안정 상태가 아니다. 마치 우리가 일상을 위해 깨어 있다고 흔히 가정하는 것과는 다르다. 이는 우리를 당면한 과제, 즉 해야 할 행동과 살아야 할 삶으로 예리하게 되돌려 놓는다. 깨어남은 우리에게 강제로 주어지는 것이며, 우리가 의식적으로 고려하는 것이 아니다. 그렇기 때문에 이것은 단순히 도덕적 경험을 위한 여러 비유 중 하나가 아니라, 새롭게 갱신된 도덕적 책임의 탄생을 지키는 파수꾼인 것이다." Oliver O'Donovan, *Self World, and Time: Ethics as Theology, Volume 1; An Induction* (Grand Rapids: Eerdmans, 2013), 9.
2) Rowan Williams, *On Christian Theology* (Oxford: Blackwell, 2000), 231.
3) Peter Brunner, *Worship in the Name of Jesus*, trans. M. H. Bertram (St. Louis: Concordia, 1968), 64.
4) Gerhard Lohfink, *Does God Need the Church? Toward a Theology of the People of God*, trans. Linda M. Maloney (Collegeville, MN: Liturgical Press, 1999), 146-49, 150.

5) *The Song of Song: Interpreted by Early Christian and Medieval Commentators*, trans. And ed. Richard Norris Jr., Church's Bible (Grand Rapids: Eerdmans, 2003), 82-83.
6) Robert W. Jenson, *Song of Songs*, Interpretation: A Bible Commentary for Teaching and Preaching (Louisville: Westminster John Knox, 2005), 46.
7) David F. Ford and Daniel W. Hardy, *Living in Praise: Worshiping and Knowing God* (Grand Rapids: Baker Academic, 2005), 43.
8) Stanley Hauerwas, *Matthew*, Brazos Theological Commentary on the Bible (Grand Rapids: Brazos, 2006), 184.
9) David H. Kelsey, *Eccentric Existence: A Theological Anthropology*, vol. 2 (Louisville: Westminster John Knox, 2009), 1037.
10) Mark A. McIntosh, *Divine Teaching: An Introduction to Christian Theology* (Oxford: Blackwell, 2008), 234.
11) Gerhard Lohfink, *Jesus of Nazareth: What He Wanted, Who He Was*, trans. Linda M. Maloney (Collegeville, MN: Liturgical Press, 2012), 235.
12) Josef Pieper, *Leisure: The Basis of Culture*, trans. Gerald Malsbary, introduction by Roger Scruton (South Bend, IN: St. Augustine's, 1998), 68.
13) Alan Kreider and Eleanor Kreider, *Worship and Mission after Christendom* (Scottdale, PA: Herald, 2011), 152.
14) Cited in Marc Nicholas, *Jean Danielou's Doxological Humanism: Trinitarian Contemplation and Humanity's True Vocation* (Eugene, OR: Pickwick, 2012), 161.
15) Pope Francis, *The Joy of the Gospel (Evangelii Gaudium): Apostolic Exhortation* (Vatican City: Libreria Editrice Vaticana, 2013), 99-100.
16) Lohfink, *Does God Need the Church?*, 82-84의 논의를 참고하라.
17) Ford and Hardy, *Living in Praise*, 12-13.
18) Williams, *On Christian Theology*, 269.
19) Lohfink, *Does God Need the Church?*, 140.
20) Kelsey, *Eccentric Existence*, 2:1032.
21) Hans Urs von Balthasar, *The Glory of the Lord: A Theological Aesthetics*, vol. 7, *Theology: The New Covenant*, ed. John Riches, trans. Brian McNeil, CRV (San Francisco: Ignatius, 1989), 391.
22) Samuel Wells, *God's Companions: Reimagining Christian Ethics* (Malden, MA: Blackwell, 2006), 8.
23) Craig Dykstra, "Keys to Excellence," in L. Gregory Jones and Kevin R. Armstrong, *Resurrecting Excellence: Shaping Faithful Christian Ministry* (Grand Rapids: Eerdmans, 2006), 125.
24) Kelsey는 십자가에 못 박히신 예수의 부활을 통해 지금 암시되는 종말론적 완성이 하나님에 의해 미래에 실현될 것이지만, '아직 오지 않았다'는 현실에 대응하여 소망을 표현하는 실천들에 관해 설명한다. "이러한 실천들은 각자의 구체적인 상황 속에서 미래 지향적이고 해방을 가져오는 삼위일체 하나님의 선교에 동참함으로써 그에 응답하는 것을 목표로 한다. 이는 하나님의 종말론적 통치를 인간이 스스로 이루거나 건설하려는 실천들이 아니다. 또한 현실적 분석을 통해 특정 상황이 미래에 변혁적 정의 공동체의 혁명적 발전을 가능케 할 자원과 동력을 갖추고 있다고 판단함으로써 생기는 낙관적 실천도 아니다. 오히려 이는 하나님이 이미 약속된 종말론적 축복의 성취를 시작하셨다는 사실에 적절히 반응하고자 하

는 실천들인 것이다." *Eccentric Existence*, 2:1030. Lohfink의 저서에서 논의된 내용을 참고하라. 그는 예수님이 사람들과 식사를 나누시고 많은 무리를 먹이신 사건들에서 나타난 하나님 나라의 놀라운 풍요로움과 영광에 대해 중요한 통찰을 제공한다. Lohfink, *Does God Need the church?*, 143-50.

25) Lohfink, *Does God Need the Church?*, 148.
26) Hays의 이 저서를 참고하라. Hays, *Echoes of Scripture in the Gospels*, 81-83; 또한 성전과 예수님의 사역에 대한 Lohfink의 논의를 살펴보라. Lohfink, *Does God Need the Church?*, 187-94.
27) Ford and Hardy, *Living in Praise*, 14.
28) L. Roger Owens, *The Shape of Participation: A Theology of Church Practices* (Eugene, OR: Cascade, 2010), 15. Owens는 노스캐롤라이나주 더럼에 있는 마운트 레벨 침례교회(Mt. Level Baptist Church)를 섬기는 William C. Turner 목사의 성찰에 대해 논평한다.
29) Rowan Williams, "Theology in the Face of Christ," in *Glory Descending: Michael Ramsey and His Writings*, ed. Douglas Dales et al. (Grand Rapids: Eerdmans, 2005), 182-83.
30) James Alison, *Raising Abel: The Recovery of Eschatological Imagination* (New York: Crossroad Herder, 1996), 55.
31) Brian Brock, *Christian Ethics in a Technological Age* (Grand Rapids: Eerdmans, 2010), 174.
32) Ford and Hardy, *Living in Praise*, 17.
33) Gordon W. Lathrop, *The Four Gospels on Sunday: The New Testament and the Reform of Christian Worship* (Minneapolis: Fortress, 2012), 182.
34) Brunner, *Worship in the Name of Jesus*, 278.
35) Norman Wirzba, *Living the Sabbath: Discovering the Rhythms of Rest and Delight* (Grand Rapids: Brazos, 2008), 62.
36) Thomas W. Currie III, "The Splendid Embarrassment: Theology's Home and the Practice of Ministry," in *The Power to Comprehend with All the Saints: The Formation and Practice of a Pastor-Theologian*, ed. Wallace M. Alston Jr. and Cynthia A. Jarvis (Grand Rapids: Eerdmans, 2009), 380.
37) Daniel M. Bell Jr., *The Economy of Desire: Christianity and Capitalism in a Postmodern World* (Grand Rapids: Baker Academic, 2012), 159-60.
38) Jean-Pierre Torrell, OP, *Saint Thomas Aquinas: Spiritual Master*, trans. Robert Royal (Washington, DC: Catholic University Press, 2003), 2:166-67.
39) Don E. Saliers, *Worship Come to Its Senses* (Nashville: Abingdon, 1996), 40.
40) Ben Witherington III, *Women in the Earliest Churches* (Cambridge: Cambridge University Press, 1988), 160.
41) Balthasar, *The Glory of the Lord*, 7:367.
42) Jonathan Tran, *Foucault and Theology* (London: T&T Clark, 2011), 121.
43) Lathrop, *The Four Gospels on Sunday*, 170.
44) Lathrop, *The Four Gospels on Sunday*, 162.
45) Wells, *God's Companions*, 24.
46) Graham Ward, "The Beauty of God," in *Theological Perspectives on God and Beauty*, ed. John Milbank, Graham Ward, and Edith Wyschogrod (Harrisburg, PA: Trinity Press International, 2005), 57.

47) Williams, *On Christian Theology*, 234.
48) Lohfink, *Does God Need the Church?*, 149.
49) Geoffrey Wainwright, *For Our Salvation: Two Approaches to the Works of Christ* (Grand Rapids: Eerdmans/SPCK, 1997), 18.
50) Jean Danielou, *Prayer: The Mission of the Church*, trans. David Louis Schindler Jr. (Grand Rapids: Eerdmans, 1996), 97. "성도는 언제나 하나님의 위대하심을 깊이 느끼고, 하나님 안에서 참된 기쁨을 발견하며, 그분의 사랑으로 충만해져서 그것을 나누고 전하고자 하는 사람이다. 이는 마치 우리가 마음에 가득 찬 것에 대해 자연스럽게 이야기하고 싶어 하는 것과 같다. 만약 우리가 하나님에 대해 충분히 말하지 않는다면, 그것은 단지 우리 마음이 아직 그분으로 충분히 채워지지 않았기 때문이다. 하나님으로 가득 찬 마음은 어떤 노력 없이도 자연스럽게 하나님을 이야기하게 된다"(97).
51) "An Ancient Christian Sermon (2 Clement)," in *The Apostolic Fathers*, trans. J. B. Lightfoot and J. R. Harmer, ed. and rev. Michael W. Holmes, 2nd ed. (Grand Rapids: Baker Books, 1989), I. 3.4.
52) 여기서 나는 Ford와 Hardy의 저서 *Living in Praise*의 도움을 받았다.
53) Daniel W. Hardy and David F. Ford, *Praising and Knowing God* (Philadelphia: Westminster, 1985), 149–50.
54) Don E. Saliers, *Worship as Theology: Foretaste of Glory Divine* (Nashville: Abingdon, 1994), 210–11.
55) 여기서 나는 Mark A. McIntosh, *Mystical Theology: The Integrity of Spirituality in Theology* (Oxford: Blackwell, 1998)의 논의로부터 도움을 받았다.
56) McIntosh, *Mystical Theology*, 47–53의 탁월한 논의를 참고하라.
57) Wells, *God's Companions*, 18.

03 | 회심시키는 아름다움

1) Bruno Forte, *The Portal of Beauty: Towards a Theology of Aesthetics*, trans. David Glenday and Paul McPartlan (Grand Rapids: Eerdmans, 2008), 2. 또한 Aidan Nichols, OP, *Redeeming Beauty: Soundings in Sacral Aesthetics* (Aldershot, UK: Ashgate, 2007), 3–18을 보라; Hans Urs von Balthasar, *The Glory of the Lord: A Theological Aesthetics, vol. 2, Studies in Theological Style: Clerical Styles*, ed. John Riches, trans. Andrew Louth, Francis McDonagh, and Brian McNeil, CRV (San Francisco: Ignatius, 1984), 95–143. "아우구스티누스는 분명 세상의 아름다움과 질서를 통해 영원한 아름다움으로 올라갈 것이다. 하지만 그는 하나님의 아름다움의 빛 안에서, 하나님을 사랑하는 사람에게 자신을 드러내는 세상의 아름다움을 보는 것을 훨씬 더 선호한다"(100).
2) Augustine, *Teaching Christianity (De doctrina Christiana)*, vol. I/ii in *The Works of Saint Augustine: A Translation for the 21st Century* (Hyde Park, NY: New City Press, 1996), 4.27.59.
3) Oliver Davies, *A Theology of Compassion: Metaphysics of Difference and the Renewal of Tradition* (Grand Rapids: Eerdmans, 2003), 81.
4) Rowan Williams, *On Augustine* (London: Bloomsbury, 2016), 76.
5) 여기서 나는 Michael Hanby, *Augustine and Modernity* (New York: Routledge, 2003), 90–106의 아우구스티누스 해석을 따른다.

6) Augustine, *Confessions*, vol. I/I in *The Works of Saint Augustine: A Translation for the 21st Century* (Hyde Park, NY: New City Press, 1997), I, I, I.
7) Debra Dean Murphy, *Teaching That Transforms: Worship as the Heart of Christian Education* (Grand Rapids: Brazos, 2004), 112.
8) William Mallard, *Language and Love: Introducing Augustine's Religious Thought through the Confessions Story* (University Park: Pennsylvania State University Press, 1994); 또한 Ellen T. Charry, *By the Renewing of Your Minds: The Pastoral Function of Christian Doctrine* (Oxford: Oxford University Press, 1997), 120-52을 보라. Peter Brown은 다음과 같이 말한다. "『고백록』은 본질적으로 자신의 과거 전체를 현재 주교직을 위한 준비 과정으로 재해석하게 된 사람의 이야기다. 이 때문에 아우구스티누스는 히포의 새 주교로서 자신의 정체성을 명확히 보여 주는 사건들과 고민들을 특별히 중요하게 선택하여 기록한다. 그는 성경을 깊이 이해하고 올바르게 해석하는 일이야말로 주교의 삶의 핵심이자 본질이라는 확신에 이르렀던 것이다." Peter Brown, *Augustine of Hippo: A Biography* (Berkeley: University of California Press, 2000), 155.
9) Augustine, *Confessions* I. 20. 31.
10) 이와 관련하여 Rowan Williams의 "Wisdom in Person: Augustine's Christology"와 "Sapientia: Wisdom and the Trinitarian Relations," in Williams, *On Augustine*, 141-54, 171-90을 보라.
11) Augustine, *Teaching Christianity* I.12-14.
12) Augustine, *Confessions* 10.22.32. 이후 이 저서에서 인용하는 부분은 본문 속 괄호 안에 표시하겠다.
13) *Dorothy Day: Selected Writings*, edited and introduction by Robert Ellsberg (Maryknoll, NY: Orbis, 2011), 13.
14) Augustine, *Confessions: Revisions* II, 6. 32.
15) Brown, *Augustine of Hippo*, 168.
16) Murphy, *Teaching That Transforms*, 112. Williams는 이렇게 설명한다. "따라서 아우구스티누스에게 가장 영적인 성경 읽기란 언제나 우리를 가장 직접적으로 겸손으로 이끄는 것이다. 문자주의적 해석이 배척되어야 하는 이유는, 그것이 우리에게 소유 가능한 고정된 지식의 대상을 제시함으로써 하나님의 더 깊은 충만함을 향한 갈망을 일으키지 못하기 때문이다. 여기에 아우구스티누스 해석학의 역설적인 면이 있다. 우리를 현실의 모든 측면에서 지상적 경험 속에 가장 확실히 위치시키는 것이 오히려 더 깊은 의미를 가장 많이 열어 주게 된다. 왜냐하면 그것이 하나님을 향한 열망을 가장 강하게 불러일으키기 때문이다." Williams, *On Augustine*, 33. 여기서 『고백록』을 찬양, 미완성, 다름의 노래로 읽는 것에 대한 통찰력 있는 논평을 살펴보라. 이러한 읽기는 독자로 하여금 하나님을 찬양하고 하나님 앞에서 자신의 삶을 성찰하는 아우구스티누스의 열망에 동참하게 한다. Catherine Conybeare, "Reading the *Confessions*", in *A Companion to Augustine*, ed. Mark Vessey, with the assistance of Shelley Reid (Oxford: Wiley-Blackwell, 2015), 99-110.
17) Williams, *On Augustine*, II.
18) John Cavadini, "The Anatomy of Wonder: An Augustinian Taxonomy," *Augustinian Studies* 42, no. 2 (2011): 161,166.
19) Williams는 이렇게 설명한다. "『고백록』에서 '하나님의 진리 안에' 존재한다는 것은 무엇보다 환상이 아닌 실재 속에서 살아가는 것, 그리고 그 결과로 일관성 있는 삶을 사는 것을 의미한다. 다시 말해, 세계가 하나님의 근원적 실재를 투명하게 드러내는 것은 사물들이 활발

하게 존재하면서 우리가 어떤 방식으로든 추적하고 이해할 수 있는 상호작용의 패턴을 유지하고 있음을 인식할 때다. 이 상호작용의 패턴은 최종적인 자아의 파편화나 일상적 사건들의 무질서를 허용하지 않는다. 이러한 질서 정연함이 바로 우리가 아름다움이라 부르는 것의 본질이다. 그리고 아름다움에 대한 판단을 내리는 우리의 능력, 이상적 조화의 기준을 본능적으로 추구하는 경향은 아우구스티누스가 인간의 정신 속에 선천적인 하나님 지향성이 있다고 주장할 때 가장 자주 제시하는 근거 중 하나다." Williams, *On Augustine*, 62.

20) Catherine Mowry LaCugna, *God for Us: The Trinity and Christian Life* (San Francisco: Harper San Francisco, 1991), 344.
21) Frances M. Young, *God's Presence: A Contemporary Recapitulation of Early Christianity* (Cambridge: Cambridge University Press, 2013), 46. 이후 이 저서에서 인용하는 부분은 본문 속 괄호 안에 표시하겠다.
22) Augustine, *Teaching Christianity* 1.35.39.
23) Augustine, *Expositions of the Psalms*, vol. 5 (Pss. 99-120), vol. III/19 in *The Works of Saint Augustine: A Translation for the 21st Century* (Hyde Park, NY: New City Press, 2003). 이후 이 저서에서 인용하는 부분은 본문 속 괄호 안에 표시하겠다.
24) Cavadini, "The Anatomy of Wonder," 170-71. 삶의 방식으로서의 송영에 대해서는 LaCugna, *God for Us*의 탁월한 논의를 참조하라.
25) Mallard, *Language and Love*, 231-33.
26) Daniel W. Hardy and David F. Ford, *Praising and Knowing God* (Philadelphia: Westminster, 1985), 120.
27) Mallard, *Language and Love*, 133-36.
28) Williams, *On Christian Theology*, 78.
29) Mallard, *Language and Love*, 87, 219-21.
30) Mallard, *Language and Love*, 94.
31) Mallard, *Language and Love*, 162.
32) Peter Brown, *Through the Eye of a Needle: Wealth, the Fall of Rome, and the Making of Christianity in the West, 350-550 AD* (Princeton: Princeton University Press, 2012), 308-84.
33) Augustine, *Sermons on the Liturgical Seasons*, vol. III/6 in *The Works of Saint Augustine: A Translation for the 21st Century* (New Rochelle, NY: New City Press, 1993). 이후 이 저서에서 인용하는 부분은 본문 속 괄호 안에 표시하겠다.

04 Ⅰ 말씀 가운데 드러난 아름다움

1) Aidan Nichols, OP, *Redeeming Beauty: Soundings in Sacral Aesthetics* (Aldershot, UK: Ashgate, 2007), 4.
2) Augustine, *Expositions of the Psalms*, vol. 2 (Pss. 33-50), vol. III/16 in *The Works of Saint Augustine: A Translation for the 21st Century* (Hyde Park, NY: New City Press, 2000), 283.
3) William Harmless, SJ, *Augustine and the Catechumenate* (Collegeville, MN: Liturgical Press, 1996), 349-50.
4) Rowan Williams, *On Augustine* (London: Bloomsbury, 2016), 75-76.
5) Carol Harrison, "The Rhetoric of Scripture and Preaching: Classical Decadence or Christian Aesthetic?" in *Augustine and His Critics: Essays in Honor of Gerald Bonner*, ed.

Robert Dodaro and George Lawless (London: Routledge, 2000), 216.
6) Harmless는 *Augustine and the Catechumenate*에서 아우구스티누스의 경험을 통해 현대 상황을 성찰한다. "정치적이든 종교적이든 사고방식이 TV의 무의미한 소음으로 축소될 위험이 있는 오늘날, 이러한 경향을 과소평가해서는 안 된다. 현대 사회의 환경을 고려할 때, [설교자]는 자신의 수사학적 능력이 어떠하든, 충분한 지식을 갖추고 학문이 제공하는 최고의 통찰력을 언제든 활용할 수 있어야 한다는 것이 더욱 절실해졌다"(358). 또한 아우구스티누스의 설교를 "영혼의 인도 또는 영혼의 치유"이자 "정서의 치유"로 분석한 연구로는 Paul R. Kolbet, *Augustine and the Cure of Souls: Revising a Classical Ideal* (Notre Dame: University of Notre Dame Press, 2010), 167–209을 보라.
7) Peter Brown, *Augustine of Hippo: A Biography* (Berkeley: University of California Press, 2000), 253.
8) Harrison, "The Rhetoric of Scripture and Preaching," 216, 222.
9) Augustine, *Teaching Christianity (De doctrina Christiana)*, vol. I/11 in *The Works of Saint Augustine: A Translation for the 21st Century* (Hyde Park, NY: New City Press, 1996), 4.7.21.
10) Harrison, "The Rhetoric of Scripture and Preaching," 223.
11) 이와 관련하여 Harrison, "The Rhetoric of Scripture and Preaching," 223–27; Harrison, *Augustine: Christian Truth and Fractured Humanity* (Oxford: Oxford University Press, 2000), 75–76에 나오는 탁월한 논의도 참고하라.
12) Augustine, *Teaching Christianity* 1.35.39.
13) Harrison, "The Rhetoric of Scripture and Preaching," 224.
14) Harrison, *Augustine*, 76.
15) Harrison, "The Rhetoric of Scripture and Preaching," 226–28. 또한 초기 교회에서의 성경 사용에 관한 훌륭한 입문서로 Robert Wilken, *The Spirit of Early Christian Thought: Seeking the Face of God* (New Haven: Yale University Press, 2003), xiv–xvii, 3, 24를 참고하라. "설교에서 설교자는 단순히 말씀을 설명하는 것에 그치지 않고, 언어를 통해 회중이 그 현실 자체, 즉 그리스도의 신비 안으로 들어가도록 초대했다"(43–44). 하나님의 자기 소통의 겸손한 형태로서의 성육신에 관한 탁월한 논의는 Williams, *On Augustine*, 48–49를 참고하라.
16) 다음 부분에서는 Michael Hanby의 저서, *Augustine and Modernity* (New York: Routledge, 2003)의 내용을 바탕으로 논의를 전개하려고 한다. 이후 이 저서에서 인용하는 부분은 본문 속 괄호 안에 표시하겠다.
17) Augustine, *Instructing Beginners in Faith (De catechizandis rudibus)*, The Augustine Series, vol. 5 (Hyde Park, NY: New City Press, 2006). 이와 관련하여 Harmless의 저서에 나오는 통찰력 있는 논의를 참고하라. Harmless, *Augustine and the Catechumenate*, 106–54.
18) Pope Francis, *The Joy of the Gospel (Evangelii Gaudium): Apostolic Exhortation* (Vatican City: Libreria Editrice Vaticana, 2013), 84.
19) Pope Francis, *Joy of the Gospel*, 76.
20) Augustine, *Instructing Beginners in Faith*, introduction, prologue, 1.1. 이후 이 저서에서 인용하는 부분은 본문 속 괄호 안에 표시하겠다.
21) Harmless, *Augustine and the Catechumenate*, 153–54.
22) Harrison, "The Rhetoric of Scripture and Preaching," 228.

23) David F. Ford and Daniel W. Hardy, *Living in Praise: Worshiping and Knowing God* (Grand Rapids: Baker Academic, 2005), 15.
24) Ford and Hardy, *Living in Praise*, 2.
25) Ford and Hardy, *Living in Praise*, 13. Harrison의 *Augustine*, 65-78에 나오는 "사랑의 언어" 부분을 참고하라. 해리슨은 이후 사랑에 의한 지성과 의지의 변화를 "열정적 지성"이라고 표현한다(93).
26) Augustine, *The Spirit and the Letter*, in *Augustine: Later Works*, selected and translated with introductions by John Burnaby, Library of Christian Classics 8 (Philadelphia: Westminster, 1965), 195-250.
27) Augustine, *Spirit and the Letter*, 198.
28) Wilken, *The Spirit of Early Christian Thought*, 288.
29) Williams, *On Augustine*, 160-61.
30) Williams, *On Augustine*, 140.
31) Augustine, *Spirit and the Letter*, 197-98.
32) Augustine, *Spirit and the Letter*, 198.
33) Augustine, *Spirit and the Letter*, 222.
34) Williams, *On Augustine*, 182-83.
35) Augustine, *Spirit and the Letter*, 226.
36) Augustine, *Spirit and the Letter*, 247.
37) Augustine, *Spirit and the Letter*, 247.
38) Harrison, *Augustine*, 44.
39) 이 주장은 Augustine, *Essential Sermons*, vol. III/25 in *The Works of Saint Augustine: A Translation for the 21st Century* (Hyde Park, NY: New City Press, 2007), 242-53에서 참고했다. 이후 이 저서에서 인용하는 부분은 본문 속 괄호 안에 표시하겠다.
40) Erich Auerbach, *Literary Language and Its Public in Late Antiquity and in the Middle Ages*, trans. Ralph Manheim (New York: Bollingen, 1965), 31-66.
41) 겸손한 설교에 대한 통찰력 있는 논의는 John N. King, *English Reformation Literature: The Tudor Origins of the Protestant Tradition* (Prince ton: Princeton University Press, 1982), 319-39를 참고하라.
42) Auerbach, *Literary Language*, 39-47; Peter Auski의 탁월한 주장들을 살펴보라. Peter Auski, *Christian Plain Style: The Evolution of a Spiritual Ideal* (Montreal: McGill-Queen's University Press, 1995), 13-67, 232-66.
43) Williams, *On Augustine*, 32, 34.
44) Jason Byassee, *Praise Seeking Understanding: Reading the Psalms with Augustine* (Grand Rapids: Eerdmans, 2007), 152-53; "조화로움"에 대해서는 Jonathan King의 다음 저서를 참고하라. *The Beauty of the Lord: Theology as Aesthetics* (Bellingham, WA: Lexham, 2018), 9-12.
45) Auerbach, *Literacy Language*, 48-60.
46) William Mallard, *Language and Love: Introducing Augustine's Religious Thought through the Confessions Story* (University Park: Pennsylvania State University Press, 1994), 165.
47) Debora K. Shuger, *Sacred Rhetoric: The Christian Grand Style in the English Renaissance* (Princeton: Princeton University Press, 1988), 42.
48) Shuger, *Sacred Rhetoric*, 42-43.

49) Williams, *On Augustine*, 56.
50) William Harmless, SJ, "A Love Supreme: Augustine's 'Jazz' of Theology," *Augustinian Studies* 43, no. 1-2(2012):150. 아우구스티누스의 설교에 관한 다음 몇 단락을 구성하는 데 Harmless의 탁월한 에세이에 많은 도움을 받았다.
51) Shinji Kayama, "Augustine and Preaching: A Christian Moral Pedagogy," in *The Authority of the Gospel: Explorations in Moral and Political Theology in Honor of Oliver O'Donovan*, ed. Robert Son and Brent Waters (Grand Rapids: Eerdmans, 2015), 102.
52) Harmless, "A Love Supreme," 151.
53) 즉흥 연주에 대해서는 Samuel Wells의 다음 저서를 참고하라. *Improvisation: The Drama of Christian Ethics* (Grand Rapids: Brazos, 2004): "성경은 교회가 단순히 배워서 공연하는 대본이라기보다, 공동체의 습관과 실천을 형성하는 훈련 학교와 같다. 이 공동체는 올바른 것을 자연스럽게 받아들이는 법을 배우고, 이런 충실함을 바탕으로 자신의 전통 내에서 창의적으로 대응할 수 있다고 믿게 된다. 여기서 말하는 창의적 대응이란, 올바른 습관 속에서 형성된 공동체가 새롭고 도전적인 상황에서도 자신의 전통을 진정성 있게 구현할 수 있다고 신뢰하는 것을 의미한다. 그리고 이것이 바로 교회가 부름받은 사명이다(12). 나아가 아우구스티누스의 『하나님의 도성』은 시간과 역사 속에서 복음이 어떻게 창의적으로 실천되어 왔는지를 보여 주며, 성경을 읽고 설교하고 살아냄으로써 형성된 충실함의 습관들을 생생하게 묘사하고 있다. 아우구스티누스는 과거의 이야기를 통해 현재 우리가 걸어가야 할 그리스도의 겸손한 길을 비추는 하나님의 약속된 미래에 대한 희망을 고취시키려고 한다."
54) Harmless, "A Love Supreme," 152-53.
55) Harmless, "A Love Supreme," 156.
56) Harmless, "A Love Supreme," 157.
57) Harmless, "A Love Supreme," 158.
58) Byassee, *Praise Seeking Understanding*, 125.
59) Harmless, "A Love Supreme," 161.
60) Byassee, *Praise Seeking Understanding*, 141. Hildegund Muller는 아우구스티누스의 설교에 나타난 "구체적인 지형학적 요소"에 주목한다. Muller는 아우구스티누스의 설교에서 빈번하게 등장하는 "움직임"의 은유와 반복되는 이동의 이미지를 강조한다. "이는 천상의 도시를 향해 순례하는 우리의 여정을 보여 주는 이미지다. 그리스도인으로서 우리의 삶 전체는 이 여정에 의해 규정되며, 이것은 '우리는 길 위에 있다'라는 표현의 다양한 변주에서 잘 드러난다. 많은 경우, 한 주제에서 다른 주제로의 전환은 실제로 역사를 통한 구원 서사의 여정을 그려 내며, 이를 통해 교회가 그 궁극적 완성을 향해 나아가는 경로를 보여 준다." Hildegund Muller, "Preacher: Augustine and His Congregation," in *A Companion to Augustine*, ed. Mark Vessey, with the assistance of Shelley Reid (Oxford: Blackwell, 2012), 307. 여기서 나는 『하나님의 도성』이 시간을 통해 순례하는 교회의 신학적이고 목회적인 실천으로서의 설교의 "지형학"을 위한 더 넓은 성경적 틀을 제공한다고 생각한다.
61) 창조의 아름다움을 하나님의 "고유한 스타일"로 바라보는 관점에 대해서는 Paul J. Griffiths, *Intellectual Appetite: A Theological Grammar* (Washington, DC: Catholic University of America Press, 2009)을 보라.
62) Harmless, "A Love Supreme," 167.
63) Harmless, "A Love Supreme," 167.

05 | 단순한 아름다움

1) John Wesley, "An Address to the Clergy," in *The Works of John Wesley*, 3rd ed. (Grand Rapids: Baker Books, 1978), 485, 499.
2) David Hempton의 유익한 설명을 참고하라. David Hempton, *Methodism: Empire of the Spirit* (New Haven: Yale University Press, 2005), 53–85.
3) Thomas A. Langford, *Practical Divinity: Theology in the Wesleyan Tradition*, vol. 1, rev. ed. (Nashville: Abingdon, 1998), 35.
4) Albert C. Outler, *Evangelism and Theology in the Wesleyan Spirit* (Nashville: Discipleship Resources, 2004), 104.
5) *The Works of John Wesley*, bicentennial ed., 32 vols. (Nashville: Abingdon, 1984–), 10:854. 이후 이어지는 주에서 *WJW*로 표기하며, 설교 인용 시에는 설교 제목, 권수, 쪽수를 함께 표기한다.
6) 기독교적인 평범한 화법과 영적 아름다움에 대한 논의는 Peter Auski, *Christian Plain Style: The Evolution of a Spiritual Ideal* (Montreal: McGill–Queen's University Press, 1995), 309–10을 보라.
7) 성화의 교회적 의미에 대해서는, Randy Maddox, *Responsible Grace: John Wesley's Practical Theology* (Nashville: Kingswood Books, 1994)를 보라.
8) Charles Wesley, "Love Divine, All Loves Excelling," in *The United Methodist Hymnal: Book of United Methodist Worship* (Nashville: United Methodist Publishing House, 2002), 384.
9) Ryan Danker의 논의를 참고하라. 그는 웨슬리가 초기 감리교인들도 자신처럼 기존 영국 국교회와 그 예전적, 성례전적 전통을 사랑하기를 기대했으며, 넓은 가톨릭적 환경 속에서 하나의 "복음적 질서"로 기능하기를 바랐다고 설명한다. Danker의 연구는 아이러니하게도 웨슬리의 복음적 열정과 전략이 오히려 그가 바라던 감리교의 모습, 즉 영국 국교회 내의 갱신 운동이 되고자 했던 그의 본래 의도에 반하는 결과를 가져왔음을 보여 준다. Ryan Nicholas Danker, *Wesley and the Anglicans: Political Division in Early Evangelicalism* (Downers Grove, IL: IVP Academic, 2016), 98–110.
10) Kenneth Wilson, *Methodist Theology* (London: T&T Clark, 2011), 19–38.
11) Jason E. Vickers, *Invocation and Assent: The Making and Remaking of Trinitarian Theology* (Grand Rapids: Eerdmans, 2008), 169–70.
12) L. Faye Short와 Kathryn D. Kiser는 다음과 같이 주장한다. "개인적 성결과 사회적 성결은 서로 시너지를 내며 협력적 관계로 작동한다. 이 둘은 서로의 효과를 배가하기 위해 함께 움직인다. 성결과 관련해 개인의 내적 성장은 외적인 선한 행위와 자연스럽게 연결된다. 또한 외적인 선행에 대한 열정과 이를 실천하는 행위가 늘어날수록, 은혜와 성결 안에서 내적으로 성장하는 개인적 경험에 대한 갈망과 열정도 함께 커진다." L. Faye Short and Kathryn D. Kiser, *Reclaiming the Wesleyan Social Witness: Offering Christ* (Franklin, TN: Providence House Publishers, 2008), 11.
13) Charles Wesley, "Ye Servants of God," in *The United Methodist Hymnal*, 181.
14) 웨슬리의 설교 "The Law Established by Faith I and II," in *WJW*, 2:37–38을 참고하라.
15) John Wesley, "The Law Established by Faith II," in *WJW*, 2:37–38.
16) John Wesley, "The Great Privilege of Those That Are Born of God," in *WJW*, 1:442.
17) Hughes Oliphant Old, *Moderation, Pietism, and Awakening*, vol. 5 in *The Reading and Preaching of the Scripture in the Worship of the Christian Church* (Grand Rapids: Eerdmans,

2004), Ⅲ.
18) 웨슬리는 일반 대중을 위해 쉽고 평이한 설교 방식을 강조했지만, 그의 더 깊은 목적은 영국 국교회를 "생명력 있는 신앙"의 비전으로 회복시키는 것이었다. Danker의 설명에 따르면, 이 비전은 "고교회 성공회주의 전통과 17세기 캐롤라인 신학자들의 관점을 통해 해석된 초기 교회 교부들의 가르침"에 근거한 것이었다. 이 맥락에서 웨슬리의 사역과 신학을 이해할 필요가 있다. Danker, *Wesley and the Anglicans*, 249.
19) Old, *Moderation, Pietism, and Awakening*, 131; Debora Shuger는 중세 시대에 일반 대중을 위한 평이하면서도 열정적인 설교 스타일이 존재했음을 밝히고 있다. 이 스타일은 설교자의 인격과 덕성, 기도와 철저한 준비, 복음적 목적을 특별히 강조했다. 당시 설교는 의도적으로 단순했는데, 이는 언어적 화려함이 "마음을 움직이는 말씀"을 통해 청중의 영적 유익을 추구하는 긴급한 사명으로부터 주의를 분산시킬 수 있다고 여겼기 때문이다. Shuger는 다음과 같은 결론을 내린다. "설교의 진정한 열정은 설교자 자신의 내면의 열의와 성령의 역사로부터 비롯된다. 성령은 설교자의 마음을 감동시키고, 그의 말에 실제적인 효력을 부여한다." Debora K. Shuger, *Sacred Rhetoric: The Christian Grand Style in the English Renaissance* (Princeton: Princeton University Press, 1988), 51–53.
20) Charles Wesley, "Before Reading the Scripture," in *A Collection of Hymns for the Use of the People Called Methodists*, ed. Franz Hildebrandt and Oliver A. Beckerlegge (Nashville: Abingdon, 1983), 7:185.
21) 이후의 내용은 D. Stephen Long의 저서인 *John Wesley's Moral Theology: The Quest for God and Goodness* (Nashville: Abingdon, 2005)의 도움을 받았다.
22) John Wesley, "The Great Privilege of Those That Are Born of God" in *WJW*, 1:442.
23) Shuger, *Sacred Rhetoric*, 254.
24) John Wesley, "The Way to the Kingdom," in *WJW*, 1:220.
25) John Wesley, "The Way to the Kingdom," in *WJW*, 1:221.
26) John Wesley, "The Way to the Kingdom," in *WJW*, 1:221–22.
27) John Wesley, "The Way to the Kingdom," in *WJW*, 1:219–22.
28) Outler, *Evangelism and Theology in the Wesleyan Spirit*, 130.
29) 웨슬리의 도덕 신학과 관련된 논의들은 Long의 *John Wesley's Moral Theology*, 125–202를 참고하라.
30) Robert L. Wilken, *The Spirit of Early Christian Thought: Seeking the Face of God* (New Haven: Yale University Press, 2003), 262–72; Servais Pinckaers, OP, *The Sources of Christian Ethics*, trans. Sr. Mary Thomas Noble, OP (Washington, DC: Catholic University Press of America, 1995), 1–44.
31) Wilken, *The Spirit of Early Christian Thought*, 275.
32) Vicki Tolar Burton, *Spiritual Literacy in John Wesley's Methodism: Reading, Writing, and Speaking to Believe* (Waco, TX: Baylor University Press, 2008), 149. Shuger의 *Sacred Rhetoric*에 수록된 "열정적이면서도 평이한 설교 스타일"에 관한 탁월한 역사적 개론을 참고하라.
33) Michael S. Sherwin, *By Knowledge and by Love: Charity and Morality in the Moral Theology of St. Thomas Aquinas* (Washington, DC: Catholic University of America Press, 2005), 106–18.
34) John Wesley, "The Righteousness of Faith," in *WJW*, 1:213–14.
35) John Wesley, "On Laying the Foundation of the New Chapel," in *WJW*, 3:586.

36) Geoffrey Wainwright, "The Trinitarian Hermeneutic of John Wesley," in *Reading the Bible in Wesleyan Ways: Some Constructive Proposals*, ed. Barry L. Callen and Richard P. Thompson (Kansas City, MO: Beacon Hill, 2004), 23.
37) Ellen F. David, with Austin McIver Dennis, *Preaching the Luminous Word: Biblical Sermons and Homiletical Essays* (Grand Rapids: Eerdmans, 2016), 90.
38) Kenneth M. Loyer, *God's Love through the Spirit: The Holy Spirit in Thomas Aquinas and John Wesley* (Washington, DC: Catholic University Press of America, 2014), 61.
39) Rowan Williams의 저서에 나오는 탁월한 논의를 참고하라. Rowan Williams, *On Christian Theology* (Oxford: Blackwell, 2000), 142-48.
40) Robert W. Wall, "Toward a Wesleyan Hermeneutic of Scripture," in Callen and Thompson, *Reading the Bible in Wesleyan Ways*, 54.
41) Horton Davies, *Worship and Theology in England*, vol. 2, *From Watts to Wesley to Martineau, 1690-1900* (Grand Rapids: Eerdmans, 1996), 194-97.
42) Debra Dean Murphy, *Happiness, Health, and Beauty: The Christian Life in Everyday Terms*, with Questions for Consideration by Andrew Kinsey (Eugene, OR: Cascade, 2015), 84.
43) 이 책에 나오는 통찰력 있는 에세이들에서 많은 도움을 받았다. Richard P. Heitzenrater, ed., *The Poor and the People Called Methodists, 1729-1999* (Nashville: Abingdon, 2002).
44) Richard Heitzenrater, "The Poor and the People Called Methodists," in Heitzenrater, *The Poor and the People Called Methodists, 1729-1999*, 15-38을 보라. "웨슬리는 자선 활동의 동기를 신학적으로 체계화했다. 이와 관련한 그의 근본적인 목표는 감리교인들이 국가 경제를 개선하는 것이 아니라 그리스도의 삶을 본받도록 하는 것이었다. 그는 최저임금 설정, 국부의 증진, 사회 문제 해결의 차원보다는 하나님 사랑과 이웃 사랑이라는 신학적 관점에서 문제에 접근했다. 웨슬리에게 사회의 모든 계층의 모든 사람은 하나님의 자녀였으며, 그러한 존엄성에 걸맞게 대우받을 자격이 있었다"(36).
45) Ted A. Campbell, "The Image of Christ in the Poor: On the Medieval Roots of the Wesley's Ministry with the Poor," in Heitzenrater, *The Poor and the People Called Methodists, 1729-1999*, 51에서 인용.
46) Hempton, *Methodism*, 85.
47) Randy Maddox, "'Visiting the Poor': John Wesley, the Poor, and the Sanctification of Believers," in Heitzenrater, *The Poor and the People Called Methodists, 1729-1999*, 68: "웨슬리가 자비의 행위와 성화된 삶 사이에 맺은 본질은, 자비의 행위를 단지 수단적 가치로 보는 관점과 그 배경에 깔린 지나치게 영적인 구원관에 대한 그의 근본적인 반대 입장을 명확히 보여 준다."
48) Charles Wesley, *Unpublished Poetry*, 2:100, cited in S. T. Kimbrough, "Perfection Revisited," in Heitzenrater, *The Poor and the People Called Methodists, 1729-1999*, 105.
49) Maddox, "'Visiting the Poor,'" 69-76.
50) Charles Wesley, "Ambitious, covetous, vain," in *Help Us to Help Each Other: Hymns for Life and Ministry with the Poor*, ed. S. T. Kimbrough Jr., music editor, and Carlton R. Young (Madison, NJ: Charles Wesley Society, 2010), 22-23.
51) Campbell, "The Image of Christ in the Poor," 39-58의 논의를 참고하라.
52) John Wesley, "Sermon on the Mount I," in *WJW*, 1:482.
53) Charles Wesley, "Come, Thou Holy God and True," in *Help Us to Help Each Other: Hymns for Life and Ministry with the Poor*, ed. S. T. Kimbrough and Carlton R. Young

(Drew, NJ: Charles Wesley Society, 2010), 44-45.
54) Eugene H. Peterson, *Under the Unpredictable Plant: An Exploration in Vocational Holiness* (Grand Rapids: Eerdmans/Gracewing, 1992), 21.
55) Cited in Karen B. Westerfield Tucker, "Wesley's Emphasis on Worship and the Means of Grace," in *The Cambridge Companion to John Wesley*, ed. Randy L. Maddox and Jason E. Vickers (Cambridge: Cambridge University Press, 2010), 236.
56) Burton, *Spiritual Literacy in John Wesley's Methodism*, 23.
57) 설교자 교육 방법에 대한 웨슬리의 탁월한 논의들은 Burton, *Spiritual Literacy in John Wesley's Methodism*, 105-13을 참고하라.
58) Burton, *Spiritual Literacy in John Wesley's Methodism*, 136에서 인용. Bradburn의 설교 형성과 실천에 관한 더 폭넓은 논의도 참고하라(134-43).
59) John Wesley, "The Witness of the Spirit I," in *WJW*, 1:276.
60) "Doctrines and Discipline in the Minutes of the Annual Conferences, 1744-47," in *John Wesley*, ed. Albert C. Outler (New York: Oxford University Press, 1980), 160-61.
61) John Wesley, "The First fruits of the Spirit," in *WJW*, 1:237.
62) Wilson, *Methodist Theology*, 15.
63) John Wesley, "Sermon on the Mount IV," in *WJW*, 1:531(강조 추가).
64) John Wesley, "Sermon on the Mount IV," in *WJW*, 1:531-32.
65) John Wesley, "Sermon on the Mount III," in *WJW*, 1:530.
66) John Wesley, "Sermon on the Mount III," in *WJW*, 1:530.
67) Scott J. Jones, *John Wesley's Conception and Use of Scripture* (Nashville: Abingdon, 1995), 58에서 인용함.
68) Jason Byassee, *Praise Seeking Understanding: Reading the Psalms with Augustine* (Grand Rapids: Eerdmans, 2007), 146.
69) John Wesley, "Scriptural Christianity," in *WJW*, 1:16061.
70) Long, *John Wesley's Moral Theology*, 171-202.
71) John Wesley, "The Reformation of Manners," in *WJW*, 2:318; Jason E. Vickers, *Minding the Good Ground: A Theology of Church Renewal* (Grand Rapids: Baker Academic, 2011), 99에 나오는 탁월한 논의도 참고하라.
72) John Wesley, "The Great Privilege of Those That Are Born of God," in *WJW*, 1:434-35.
73) Murphy, *Happiness, Health, and Beauty*, 83.
74) John Wesley, "The Circumcision of the Heart," in *WJW*, 1:408.
75) William J. Abraham, "Wesley as Preacher," in Maddox and Vickers, *The Cambridge Companion to John Wesley*, 109-12. "[웨슬리]는 있는 그대로의 모습, 즉 설교와 영적 지도의 역사에서 겸손하면서도 매력적인 인물로 평가받을 자격이 있다. 웨슬리는 설교를 통해 살았으며, 교회 생활에서 독특하고 영속적인 자리를 차지하는 이 실천을 완전히 익히는 데 자신의 모든 것을 바쳤다. 그의 가장 큰 기쁨은 사람들이 스스로 하나님을 발견하는 것을 지켜보는 것이었다. 특히 그가 신앙을 깨우치고 성결을 육성하는 성령의 도구가 되었을 때 더욱 그러했다. 그의 전 생애는 방향을 잃고 상처받은 영혼들에게 지속적인 치유를 가져다 줄 수 있는 영적 예술의 아름다움을 증언하는 살아 있는 증거로 남아 있다"(112).
76) 웨슬리의 미학에 대한 유익한 논의는 Murphy, *Happiness, Health, and Beauty*, 77-83을 참고하라.
77) John Wesley, "Sermon on the Mount II," in *WJW*, 1:486-87.

78) 웨슬리에게 예배가 중심적인 역할을 한다는 점에 대해서는 Tucker, "Wesley's Emphasis on Worship and the Means of Grace"의 논의를 참고하라.
79) Murphy, *Happiness, Health, and Beauty*, 84.
80) Shuger, *Sacred Rhetoric*, 60.
81) John Wesley, "Sermon on the Mount Ⅳ," in *WJW*, 1:544.
82) Geoffrey Wainwright, "Trinitarian Theology and Wesleyan Holiness," in *Orthodox and Wesleyan Spirituality*, ed. S. T. Kimbrough Jr. (Crestwood, NY: St. Vladimir's Seminary Press, 2002), 59에서 인용.
83) Burton, *Spiritual Literacy in John Wesley's Methodism*, 300.
84) John Wesley, "The Sermon on the Mount XIII," in *WJW*, 1:698.
85) Robert W. Wall, "Wesley as Biblical Interpreter," in Maddox and Vickers, *The Cambridge Companion to John Wesley*, 128.
86) Charles Wesley, "Love Divine, All Loves Excelling," 384.
87) 하나님의 아름다움을 드러내는 웨슬리의 미학에 관한 Murphy의 논의에서 많은 영감을 받았다. *Happiness, Health, and Beauty*, 83-85.
88) Jason E. Vickers, *Wesley: A Guide for the Perplexed* (London: T&T Clark, 2009), 105.
89) John Wesley, "The First-Fruits of the Spirit," in *WJW*, 1:237.
90) John Wesley, "The New Creation," in *WJW*, 2:510. 다음의 확장된 논의들도 참고하라. Patrick Sherry, *Spirit and Beauty: An Introduction to Theological Beauty* (London: SCM, 2002). Sherry는 영적이고 도덕적인 아름다움에 관한 논의에서 웨슬리 형제를 언급하지는 않았지만, 사실 조너선 에드워즈를 다룬 부분이나 성령과 삼위일체에 관한 부분, 특히 아름다움, 성화, "완성자"로서의 성령을 다룬 부분에서 웨슬리의 사상을 함께 다루었다면 더욱 적절했을 것이다.

06 ㅣ 낯선 아름다움

1) 나는 "아름다운 구주" 찬송가를 인용하고 있다. 이 찬송가는 *Evangelical Lutheran Worship* (Minneapolis: Augsburg Fortress, 2006), 838에 수록되어 있다. 4절의 가사는 다음과 같다. "아름다운 구주, 모든 민족의 주님, 하나님의 아들이시며 인자이신 주님! 영광과 존귀, 찬양과 경배가 지금부터 영원토록 주님의 것이 되소서!"
2) "낯선 아름다움"에 대한 자세한 설명으로는 Mark C. Mattes, *Martin Luther's Theology of Beauty: A Reappraisal* (Grand Rapids: Baker Academic, 2017)에 큰 도움을 받았다.
3) David F. Ford and Daniel W. Hardy, *Living in Praise: Worshiping and Knowing God* (Grand Rapids: Baker Academic, 2005), 19.
4) Martin Luther, *Lectures on Isaiah (40-66)*, vol. 17 in *Luther's Works*, ed. Jaroslav Pelikan (St. Louis: Concordia, 1972), 232.
5) Matthew Myer Boulton, "Angels of Light: Luther's Liturgical Attack on Christendom," in *Luther Refracted: The Reformer's Ecumenical Legacy*, ed. Piort J. Malysz and Derek R. Nelson (Minneapolis: Fortress, 2015), 77-92. 이후 이 저서에서 인용하는 부분은 본문 속 괄호 안에 표시하겠다.
6) Brian Brock, *Singing the Ethos of God: On the Place of Christian Ethics in Scripture* (Grand Rapids: Eerdmans, 2007), 166.
7) Brock, *Singing the Ethos of God*, 167.

8) 이 부분에서 시편 해석, 하나님을 찬양하는 것, 인간 정서의 변화에 관한 루터의 관점을 다룬 Brock의 연구에 상당한 영감을 받았음을 밝힌다. Cf. "Luther's Ethos of Consoling Doxology," in *Singing the Ethos of God*, 165-240. 루터와 인간 정서에 대해서는 Oswald Bayer, *Theology the Lutheran Way*, ed. and trans. Jeffrey G. Silcock and Mark C. Mattes (Grand Rapids: Eerdmans, 2007), 9-13을 보라.
9) Miikka E. Anttila, "Music," in *Engaging Luther: A (New) Theological Assessment*, ed. Olli-Pekka Vainio (Eugene, OR: Cascade, 2010), 218.
10) Anttila, "Music," 215-17.
11) Mattes, *Martin Luther's Theology of Beauty*, 100.
12) Mattes, *Martin Luther's Theology of Beauty*, 14.
13) Mattes, *Martin Luther's Theology of Beauty*, 3-4.
14) Mattes, *Martin Luther's Theology of Beauty*, 110.
15) Mattes, *Martin Luther's Theology of Beauty*, 14.
16) Anttila, "Music," 219.
17) Mattes, *Martin Luther's Theology of Beauty*, 203-4; Ford와 Hardy는 이렇게 기록한다. "하나님을 찬양하고 아는 것 자체가 예언적 행위다. 이것은 역사와 미래에 관한 가장 포괄적인 진리를 선언하는 것이다. … 예언이란 하나님과 그분의 방식을 분별하고, 그에 따른 실제적 결과를 따르는 것이다. … 하나님은 그 자체로 영광스러우시며, 항상 생동감 넘치시고, 신선한 기쁨과 사랑의 상호 교류를 이루신다. 이것의 예언적 의미는 단순하다. 그것은 기쁨의 하나님과 함께하는 기쁨의 삶에 관한 메시지다. '기쁨의 하나님'이라는 이름은 역사가 이를 조롱하는 듯한 한 세기를 지난 후에 이상하게 들리는 하나님의 이름이다. **하나님 안에서 기뻐하는 것은 예언적 행위로서, 의심과 나쁜 소식, 애매모호하거나 냉소적인 판단으로 가득찬 습관적 세속적 지혜를 날카롭게 찌른다. 또한 많은 '신자들'이 실천하는 사실상의 무신론도 날카롭게 찌른다.**" Ford and Hardy, *Living in Praise*, 173-75 (강조 추가).
18) 여기서 나는 Steinmetz의 논의를 따르고 있다. David C. Steinmetz, "The Domestication of Prophecy in the Early Reformation," in Steinmetz, *Taking the Long View: Christian Theology in Historical Perspective* (Oxford: Oxford University Press, 2011), 81-90. 이후 이 저서에서 인용하는 부분은 본문 속 괄호 안에 표시하겠다.
19) Bernd Wannenwetsch, *Political Worship: Ethics of Christian Citizens*, trans. Margaret Kohl (Oxford: Oxford University Press, 2004), 65-69.
20) Wannenwetsch, *Political Worship*, 198-201.
21) Martin Luther, "Psalm Ⅲ," in *Selected Psalms Ⅱ*, vol. 13 in *Luther's Works*, ed. Jaroslav Pelikan (St. Louis: Concordia, 1956), 387. Ps. Ⅲ in Brock, *Singing the Ethos of God*, 229-32에 나오는 논의들도 함께 살펴보라.
22) Martin Luther, "Psalm 147," in *Selected Psalms Ⅲ*, vol. 14 of Luther's Works, ed. Jaroslav Pelikan (St. Louis: Concordia, 1958), 131.
23) Luther, "Psalm Ⅲ," 373.
24) Luther, "Psalm Ⅲ," 367.
25) Luther, "Psalm Ⅲ," 370.
26) Martin Luther, "Preface to the Prophets 1545 (1532)," in *The Interpretation of Scripture*, vol. 6 of *The Annotated Luther*, ed. Euan K. Cameron (Minneapolis: Fortress, 2017), 319-33.
27) Luther, "Preface to the Prophets 1545 (1532)," 333.

28) Martin Luther, "Psalm I," in *Selected Psalm III*, 309.
29) Martin Luther, "The Freedom of a Christian," in *The Roots of Reform*, vol. 1 in *The Annotated Luther*, ed. Timothy J. Wengert (Minneapolis: Fortress, 2015), 530. 이후 이 저서에서 인용하는 부분은 본문 속 괄호 안에 표시하겠다.
30) Samuel Torvend, *Luther and the Hungry Poor: Gathered Fragments* (Minneapolis: Fortress, 2008), 128.
31) Martin Luther, "Heidelberg Disputation," in *The Roots of Reform*, 104–5.
32) Luther, "The Freedom of a Christina," 530.
33) Martin Luther, "Preface to the New Testament 1546," in *The Interpretation of Scripture*, 418.
34) Luther, "The Freedom of a Christian," 490.
35) Bernd Wennenwetsch, "Luther's Moral Theology," in *The Cambridge Companion to Martin Luther*, ed. Donald K. McKim (Cambridge: Cambridge University Press, 2003), 129.
36) Martin Luther, "Preface to the Psalter 1528 (1545)," in *The Interpretation of Scripture*, 209–10.
37) Brock, *Singing the Ethos of God*, 267.
38) Martin Luther, "Lectures on Psalm 51, 1513–1515," in *The Interpretation of Scripture*, 213–28.
39) Luther, "Lectures on Psalm 51," 221–22.
40) Martin Luther, "Preface to Psalm III," in *Selected Psalms III*, 351.
41) Luther, "Psalm I," 310.
42) Martin Luther, "Psalm 118," in *Selected Psalms III*, 80–81.
43) Brock, *Singing the Ethos of God*, 178–79.
44) Martin Luther, "Selected Hymns," in *Pastoral Writings*, vol. 4 in *The Annotated Luther*, ed. Mary Jane Haeming (Minneapolis: Fortress, 2016), 142.
45) Anttila, "Music," 221.
46) Mattes, *Martin Luther's Theology of Beauty*, 221.
47) Luther, "Psalm 118," 81.
48) Luther, "Psalm 118," 79.
49) Luther, "Psalm 118," 79.
50) Luther, "Psalm 118," 85.
51) Luther, "Preface to the Psalter," 208.
52) Martin Luther, "Preface to Psalm 1," in *Selected Psalms III*, 284–85.
53) Luther, "Preface to Psalm 1," 286.
54) Luther, "Psalm 1," 207–8.
55) Luther, "Preface to the Psalter," 210–11.
56) Luther, "Psalm 1," 295. 이후 이 저서에서 인용하는 부분은 본문 속 괄호 안에 표시하겠다.
57) Luther, "Psalm III," 373.
58) Luther, "Psalm III," 373–74.
59) Luther, "Psalm III," 385–86. 다음의 유익한 논의를 참고하라. Brock, *Singing the Ethos of God*, 187–91.
60) Martin Luther, "The Magnificat," in *Pastoral Writing*. 이후 이 저서에서 인용하는 부분은

본문 속 괄호 안에 표시하겠다.
61) "미적 동일시"와 "직관적 이해"라는 개념에 대해서는, Richard Lischer가 *Faith and Freedom: An Invitation to the Writings of Martin Luther*, ed. John F. Thornton and Susan B. Varenne (New York: Vintage Books, 2002), xxxvi의 서문에서 루터에 관해 탁월하게 논의한 내용을 참고하라.
62) Romanus Cessario, OP, *The Virtues, or the Examined Life* (New York: Continuum, 2002): "절제는 신중함, 정의, 용기와 함께 도덕적 덕목 중 하나다. 신중함이 올바르게 판단하여 잘 행동할 수 있게 하는 방식으로 절제가 가능하게 한다면, 절제는 아름다움을 감상하기 위한 쾌락과 욕망에 관련된 감정들을 적절히 조절한다. 절제는 우리를 지나친 자기애로부터 자유롭게 하여 하나님 앞에서 겸손하게 말하고 행동하게 하며, 창조의 아름다움을 하나님의 선물로 바르게 인식할 수 있게 한다. 또한 절제는 훈련을 필요로 하는데, 이는 올바른 삶과 언어의 도덕적 아름다움을 특징짓는 미적 감각과 긴밀하게 연결된 금욕적 감수성을 말한다"(96).
63) "그리스도의 삶의 완성은 그리스도를 본받는 삶이며, 이는 자기 비움의 사랑을 실천하는 삶을 통해 점진적으로 이루어진다." Cessario, *The Virtues*, 195.
64) Martin Luther, *Lectures on Romans*, Library of Christian Classics 15, ed. and trans. Wilhelm Pauck (Philadelphia: Westminster Press, 1961), 298.

결론 | 아름다움, 현재와 과거

1) Charles Mathewes, *A Theology of Public Life* (Cambridge: Cambridge University Press, 2007), 285-96.
2) Mark A. McIntosh, *Discernment and Truth: The Spirituality and Theology of Knowledge* (New York: Crossroad, 2004), 204-5.
3) McIntosh, *Discernment and Truth*, 245.
4) McIntosh, *Discernment and Truth*, 247.
5) McIntosh, *Discernment and Truth*, 248.
6) Elizabeth Newman, *Untamed Hospitality: Welcoming God and Other Strangers* (Grand Rapids: Brazos, 2006), 60; Brian Brock, *Christian Ethics in a Technological Age* (Grand Rapids: Eerdmans, 2010), 239-45.
7) Dietrich Bonhoeffer, *Reflection on the Bible: Human Word and Word of God*, ed. Manfred Weber, trans. M. Eugene Boring (Peabody, MA: Hendrickson, 2005), 57.
8) David F. Ford and Daniel W. Hardy, *Living in Praise: Worshiping and Knowing* God (Grand Rapids: Baker Academic, 2005), 188; 나는 앞의 두 단락을 구성하는 데 이 탁월한 저서에서 많은 도움을 얻었다.
9) L. Gregory Jones and Kevin R. Armstrong, *Resurrecting Excellence: Shaping Faithful Christian Ministry* (Grand Rapids: Eerdmans, 2006), 23.
10) Jean Danielou, *Prayer: The Mission of the Church*, trans. David Louis Schindler Jr. (Grand Rapids: Eerdmans, 1996), 101.
11) 기독교 신학과 삶의 송영적 본질에 대해서는 다음 자료를 참고하라. Eugene H. Peterson, *Practice Resurrection: A Conversation on Growing Up in Christ* (Grand Rapids: Eerdmans, 2010); Don E. Saliers, *Worship as Theology: Foretaste of Glory Divine* (Nashville: Abingdon, 1994); Hans Urs von Balthasar, *The Glory of the Lord: A Theological Aesthetics*,

vol. 7, *Theology: The New Covenant*, ed. John Riches, trans. Brian McNeil, CRV (San Francisco: Ignatius, 1989).

12) Bryan Stone, *Evangelism after Christendom: The Theology and Practice of Christian Witness* (Grand Rapids: Brazos, 2007), 290, 237; 또한 Steven R. Guthrie, *Creator Spirit: The Holy Spirit and the Art of Becoming Human* (Grand Rapids: Brazos, 2011), 197-215을 보라.
13) Irenaeus of Lyons, *Against Heresies*, ed. Alexander Roberts and James Donaldson, rev. ed. of the English translation, Ante-Nicene Fathers, vol. 1 (Louisville: Ex Fontibus, 2010), 461-62.
14) Irenaeus of Lyons, *Against Heresies*, 460.
15) Guthrie, *Creator Spirit*, 198.
16) 이와 관련된 확장된 논의는 James K. A. Smith, *Desiring the Kingdom: Worship, Worldview, and Cultural Formation*, Cultural Liturgies 1 (Grand Rapids: Baker Academic, 2009)를 참고하라.
17) Bruce Benson은 이렇게 설명한다. "설교에서, 우리는 청중을 하나님께로 이끄는 성상(icon)과 같은 역할을 하고자 한다. 우상은 우리 자신의 모습을 보게 하지만, 반대로 성상은 우리의 시선을 하나님을 향하도록 이끈다. 성상은 우리가 그것을 통해 바라보는 창문과 같은 역할을 한다. 설교의 복잡한 점은 설교자가 항상 하나님을 가리키지만, 인간의 언어는 하나님을 표현하는 데 근본적으로 한계가 있다는 것이다. 그래서 우리는 우리의 이해 능력을 초월하는 대상을 가리키게 된다. 그럼에도 불구하고 우리는 말하도록 부름받았다." Bruce Ellis Benson, *Liturgy as a Way of Lifer Embodying the Arts in Christian Worship* (Grand Rapids: Baker Academic, 2013), 148-49.
18) Ford and Hardy, *Living in Praise*, 31.
19) Ford and Hardy, *Living in Praise*, 39.
20) Ford and Hardy, *Living in Praise*, 39.
21) Stephen E. Fowl, *Philippians*, Two Horizons New Testament Commentary (Grand Rapids: Eerdmans, 2005), 188.
22) Marcus Bockmuehl, *The Epistle to the Philippians*, Black's NT Commentaries (London: A&C Black, 1998), 249.
23) Fowl, *Philippians*, 185-88. "바울은 자신의 권면을 이교도적 덕목의 '공적' 언어로 번역하는 대신, 서신 전체에 걸쳐 빌립보 신자들에게 그리스도 중심적이고 십자가 형태의 공동체적 삶이라는 맥락 속에서 그러한 언어를 효과적으로 사용할 수 있도록 필요한 자원들을 제공해 왔다"(187).
24) Jones and Armstrong, *Resurrecting Excellence*, 18-19.
25) Fowl, *Philippians*, 188.
26) Jones and Armstrong, *Resurrecting Excellence*, 21.
27) Fowl, *Philippians*, 185.
28) Fowl, *Philippians*, 186.
29) Fowl, *Philippians*, 187-88.
30) Jones and Armstrong, *Resurrecting Excellence*, 20.
31) Jones and Armstrong, *Resurrecting Excellence*, 21-22.
32) Jones and Armstrong, *Resurrecting Excellence*, 16-19.
33) Jones and Armstrong, *Resurrecting Excellence*, 8.
34) 이와 관련해 David H. Kelsey, *Eccentric Existence: A Theological Anthropology* (Louisville:

Westminster John Knox, 2009), 1:441-604을 보라.
35) Geoffrey Wainwright, *Worship with One Accord: Where Liturgy and Ecumenism Embrace* (Oxford: Oxford University Press, 1997), 31.
36) Saliers, *Worship as Theology*, 215. Josef Pieper는 이렇게 묻는다. "'우리가 주를 찬양합니다. 우리가 주를 영화롭게 합니다. 우리가 주의 영광으로 인하여 감사드립니다'. … 이러한 고백이 어떻게 실용적 합리성과 효율성의 관점으로 이해될 수 있겠는가? 이는 근본적으로 다른 차원의 것이다." Josef Pieper, *Leisure: The Basis of Culture*, trans. Gerald Malsbary (South Bend, IN: St. Augustine's, 1998), 68.
37) Saliers, *Worship as Theology*, 210-11.
38) Saliers, *Worship as Theology*, 46.
39) Bernd Wannenwetsch는 이렇게 설명한다. "예배하는 공동체에는 그 이상의 더 높은 목적을 부여할 수 없다. 예배 행위 자체가 이를 분명히 보여 주는데, 예배 중에는 종말 자체가 시간 속으로 들어오기 때문이다. 하나님이 그의 백성과 함께 거하시는 것보다 더 높은 가치는 없으며(계 21장), 이것은 해방이나 복지와 같은 어떤 정치적 선과도 교환할 수 없다. 예배에서 경험하는 해방은 그 자체로 이미 정치적 의미를 갖는다. 이는 '하나님의 가족의 구성원이자 성도들과 함께하는 시민'(엡 2:19)이 되는 축복이다." *Political Worship: Ethics for Christian Citizens*, trans. Margaret Kohl (Oxford: Oxford University Press, 2004), 25.
40) Augustine, "Ten Homilies on the First Epistle General of St. John," in *Augustine: Later Works*, trans. John Burnaby, Library of Christian Classics 8 (Philadelphia: Westminster, 1965), 290.
41) Mathewes, *A Theology of Public Life*, 315.
42) 교회와 그 순례 여정에 대한 탁월한 논의에 대해서는 Mathewes, *A Theology of Public Life*, 287-310을 보라.
43) Saliers, *Worship as Theology*, 200에서 인용.
44) Mathewes, *A Theology of Public Life*, 308-21.
45) Mathewes, *A Theology of Public Life*, 100.
46) William A. Dyrness, *Poetic Theology: God and the Poetics of Everyday Life* (Grand Rapids: Eerdmans, 2013), 11-21.
47) Dyrness, *Poetic Theology*, 25.
48) Dyrness, *Poetic Theology*, 243.
49) E. L. Mascall, *Grace and Glory* (New York: Morehouse Barlow, 1961), 87에서 인용. Mascall은 이 세상의 시간과 교회가 취해야 할 태도에 대해 이렇게 설명한다. "이 세상을 하나님의 창조물로 대하라. 하나님의 작품이기에 참으로 선하지만, 하나님 자신이 아니기에 최고의 선은 아니다. 세상이 하나님의 것임을 알지만 동시에 자신의 진정한 고향은 이곳이 아닌 영원 속에 있음을 아는 사람으로서 살아가라. 그러면 세상 그 자체가 단순히 세속적인 사람은 전혀 알지 못하는 기쁨과 찬란함을 당신에게 드러낼 것이다. 그때 당신은 세상의 덧없음과 취약함, 유한함과 만족시키지 못하는 무능함을 삶이 한낱 헛된 농담이며 인간은 그저 무력한 희생자라는 표지로 보지 않게 될 것이다. 오히려 그것들을 영원하신 하나님의 찬란함과 아름다움—그토록 오래되고도 그토록 새로운 아름다움—을 희미하게 비추는 파편이며, 오직 그분 안에서만 인간은 참된 평안과 기쁨을 찾을 수 있음을 보여 주는 징표로 보게 될 것이다"(83).
50) Augustine, *The City of God*, ed. David Knowles, trans. Henry Bettenson (New York: Pelican, 1972), 9.5.

51) Augustine, *Teaching Christianity (De doctrina Christiana)*, vol. I/11 in *The Works of Saint Augustine: A translation for the 21st Century* (Hyde Park, NY: New City Press, 1996), 4.12.27.
52) Carol Harrison, "The Rhetoric of Scripture and Preaching: Classical Decadence or Christian Aesthetic?" in *Augustine and His Critics: Essays in Honor of Gerald Bonner*, ed. Robert Dodaro and George Lawless (London: Routledge, 2000), 226-27.
53) Augustine, *City of God* 11.4.
54) Tarmo Toom, "Augustine on Scripture," in *T&T Clark Companion to Augustine and Modern Theology*, ed. C. C. Pecknold and Tarmo Toom (London: Bloomsbury T&T Clark, 2012), 77; 또한 통찰력 있는 다음의 글들을 살펴보라. Pamela Bright, ed. and trans. *Augustine and the Bible*, Bible through the Ages 2 (Notre Dame: University of Notre Dame Press, 1986).
55) Mathewes, *A Theology of Public Life*, 314.
56) Robert L. Wilken, *The Spirit of Early Christian Thought: Seeking the Face of God* (New Haven: Yale University Press, 2003), xvii-xviii.
57) Wilken, *The Spirit of Early Christian Thought*, 15.
58) Wilken, *The Spirit of Early Christian Thought*, 20.
59) Wilken, *The Spirit of Early Christian Thought*, 24.
60) Robert Dodaro, *Christ and the Just Society in the Thought of Augustine* (Cambridge: Cambridge University Press, 2004), 74.
61) Wilken, *The Spirit of Early Christian Thought*, 71에서 인용.
62) 여기서 나는 다음의 저서에 큰 도움을 받았음을 밝힌다. Markus Bockmuehl, *Seeing the Word: Refocusing New Testament Study* (Grand Rapids: Baker Academic, 2006). "이와 같이 성스러운 텍스트의 의미는 주로 지적 천재성이나 한 번의 완벽한 분석을 통해 파악되는 것이 아니라, 하나님의 선물과 그것을 기쁘게 환영하는 인간의 태도가 서로 어우러지는 과정을 통해 이해되는 것이다"(91).
63) Wilken, *The Spirit of Early Christian Thought*, 74.
64) Dodaro, *Christ and the Just Society*, 72.
65) Dodaro, *Christ and the Just Society*, 116-19.
66) Mathewes, *A Theology of Public Life*, 101.
67) Augustine, *Teaching Christianity* 2.41.62.
68) Augustine, *Teaching Christianity* 1.20.
69) Mathewes, *A Theology of Public Life*, 293.
70) John Cavadini, "The Sweetness of the Word: Salvation and Rhetoric in Augustine's De Doctrina Christiana," in *De Doctrina Christiana: A Classic of Western Culture*, ed. Duane W. H. Arnold and Pamela Bright (Notre Dame: University of Notre Dame Press, 1995), 164.
71) Augustine, *Teaching Christianity* 1.17.16.
72) Cavadini, "The Sweetness of the Word," 170.
73) Cavadini, "The Sweetness of the Word," 169.
74) Cavadini, "The Sweetness of the Word," 166-67.
75) Rowan Williams, *On Augustine* (London: Bloomsbury, 2016), 126.
76) 상상력의 변화와 정서적 읽기에 대해서는 Smith, *Desiring the Kingdom*, 194-97을 보라.
77) Williams, *On Augustine*, 128-29.

78) Augustine, *City of God* 14.10.
79) 갈망에 대해서 다음의 글을 참고하라. Wilken, *The Spirit of Early Christian Thought*, 299-311. "정서 없이는 성숙한 기독교적 삶을 사는 것이 불가능하다. 성인(saints)조차도 감정과 태도와 정서에 의해 행동으로 이끌린다. … 영혼의 움직임은 의지를 선으로 이끄는 활동의 근본적인 원동력이다. 기독교 지성의 전통은 이미 알고 있는 하나님에 대해 생각하고, 사랑하는 그분을 끊임없이 추구하는 과정이다"(304-5, 311).
80) Williams, *On Augustine*, 129.
81) Dyrness, *Poetic Theology*, 5-6.
82) Augustine, *City of God* 7.31.
83) Carol Harrison, *Augustine: Christian Truth and Fractured Humanity* (Oxford: Oxford University Press, 2000), 65, 66-67; 아우구스티누스의 실천에 관한 탁월한 설명은 William Harmless, SJ, *Augustine and the Catechumenate* (Collegeville, MN: Liturgical Press, 1995), chap. 9을 보라.
84) Michael Hanby, *Augustine and Modernity* (London: Routledge, 2003), 61-62.
85) Jason Byassee, *Praise Seeking Understanding: Reading the Psalm with Augustine* (Grand Rapids: Eerdmans, 2007), 152.
86) Hanby, *Augustine and Modernity*, 81에서 인용.
87) Wilken, *The Spirit of Early Christian Thought*, 311; 아우구스티누스의 "기쁨의 수사학"에 대해서 나는 다음의 글을 통해 큰 도움을 받았다. Mark Clavier, *On Consumer Culture, Identity, the Church, and the Rhetorics of Delight* (London: Bloomsbury/T&T Clark, 2019): "아우구스티누스의 기쁨의 신학이 하는 일은 경건하고 영적인 기쁨과 세속적이고 불법적인 기쁨 사이에 일종의 경쟁 구도를 만드는 것이다. … 아우구스티누스는 모든 인류가 죄악 된 기쁨에 정복되었다고 보았다. 타락한 인류는 악마가 원하는 것을 기뻐하며, 결국 자신의 파멸까지도 즐기게 된다. … 우리는 마치 웅변적인 선동가에 완전히 매료된 청중과 같다. 지금 필요한 것은 위대한 연설가, 곧 악마보다 더 뛰어난 웅변가, 죄악 된 기쁨을 참된 기쁨으로 압도할 수 있는 분이다. 그 연설가는 바로 하나님이시며, 성령은 그분의 웅변이시다"(72).
88) Averil Cameron, *Christianity and the Rhetoric of Empire: The Development of Christian Discourse* (Berkeley: University of California Press, 1991). 이후 이 저서에서 인용하는 부분은 본문 속 괄호 안에 표시하겠다.
89) Clavier, *On Consumer Culture*, 136.
90) 아우구스티누스의 시편 44편 해설은 Augustine, *Expositions of the Psalms, vol. 2 (Pss. 33-50), vol. Ⅲ/16 in The Works of Saint Augustine: A Translation for the 21st Century* (Hyde Park, NY: New City Press, 2000), 289-309에 수록되어 있다.
91) Carol Harrison, *Beauty and Revelation in the Thought of Saint Augustine* (Oxford: Clarendon, 1992), 241.
92) Augustine, *Expositions of the Psalms*, 2:286.
93) Augustine, *Expositions of the Psalms*, 2:285-87.
94) 아우구스티누스의 비유적 해석의 방법론에 대해서는 『하나님의 도성』 2권과 3권을 참고하라. 설교에서 드러나는 아우구스티누스의 해석적 지혜에 관한 유용한 입문서로는 James A. Andrews, *Hermeneutics and the Church: In Dialogue with Augustine* (Notre Dame: University of Notre Dame Press, 2012)을 보라.
95) Augustine, *Expositions of the Psalms*, 2:299-300. Mathewes는 이렇게 논평한다. "우리가

우리를 향한 하나님의 목적을 이해하게 되면, 세상을 새롭게 바라볼 수 있게 된다. 그 세상을 더 이상 우리가 '세상'이라고 생각하는 방식으로 보지 않고, 하나님이 계속해서 거저 주시는 창조의 선물의 일부로 보게 된다. 우리는 이 선물 안에서 그것을 통해(그러나 그것으로부터는 아니게) 존재하게 된다. … 우리는 이 세상을 새것으로 변화되기를 기다리는 옛 세상으로 보아야 하며, 우리 자신을—나이 들고 쇠약해진, 지치고 냉소적인 존재라 할지라도—항상 하나님의 은혜로운 보살핌 아래에서 어린아이처럼, 갓난아기처럼 다시 태어나는 존재로 이해해야 한다." Mathewes, *A Theology of Public Life*, 314–15.

96) Augustine, *Expositions of the Psalms*, 2:306–8.
97) Harrison, *Augustine*, 98; Harrison, *Beauty and Revelation in the Thought of St. Augustine*, 266–68.
98) 여기서 시인 웬들 베리의 지혜가 적절하다. "모든 것은 정서에 달려 있다. … '정서'라는 단어와 그 주변에 모이는 용어—사랑, 돌봄, 공감, 자비, 관용, 존중, 경외—는 가치의 문제를 제기하는 역사와 의미를 지니고 있다. 우리는 우리 문화가 반복적으로 경고했듯이 참되고, 정의롭고, 아름다운 것들에 우리의 정서를 주어야 한다. 우리가 파괴적인 것들에 자신을 내어 줄 때, 우리는 잘못된 것이다." Wendell Berry, *It All Turns on Affection: The Jefferson Lecture and Other Essays* (Berkeley, CA: Counterpoint, 2012), 15.
99) Harrison, *Augustine*, 77–78, 96–97; 아우구스티누스의 『하나님의 도성』에 나타나는 개혁 사상에 대한 탁월한 논의는 Gerhart B. Ladner, *The Idea of Reform: Its Impact on Christian Thought and Action in the Age of the Fathers* (Eugene, OR: Wipf & Stock, 2004), 239–83을 참고하라. "아우구스티누스에게 인간의 교정과 개혁은 역사의 악에 대항하는 유일한 치료책이다. 이는 교회 안에서조차 오직 성도만이 진정으로 존재하며, 교회 자체도 오직 성도 안에서만 참된 의미로 존재한다는 것을 의미한다. 이것이 아마도 천사들과 선택받은 자들의 공동체인 아우구스티누스의 『하나님의 도성』이 담고 있는 가장 깊은 의미일 것이다"(179).
100) Augustine, "Ten Homilies on the First Epistle General of St. John," in *Later Works*, 336.
101) "그리스도의 십자가의 아름다움"에 대해서는 Stephen John Wright, *Dogmatic Aesthetics: A Theology of Beauty in Dialogue with Robert W. Jenson* (Minneapolis: Fortress, 2014), 101–42을 보라.
102) 여기서 나는 설교자들에게 "우리는 우리가 사랑하는 것이며, 우리가 숭배하는 대상을 닮아 간다"는 아우구스티누스의 통찰력에 관한 탁월한 입문서를 살펴볼 것을 권장한다. James K. A. Smith, *You Are What You Love: The Spiritual Power of Habit* (Grand Rapids: Brazos, 2016).

참고 문헌

Abraham, William J. "Wesley as Preacher." In *The Cambridge Companion to John Wesley*, edited by Randy L. Maddox and Jason E. Vickers. Cambridge: Cambridge University Press, 2010.

Alison, James. *Raising Abel: The Recovery of Eschatological Imagination*. New York: Crossroad Herder, 1996.

Andrews, James A. *Hermeneutics and the Church: In Dialogue with Augustine*. Notre Dame: University of Notre Dame Press, 2012.

Anttila, Miikka E. "Music." In *Engaging Luther: A (New) Theological Assessment*, edited by Olli-Pekka Vainio. Eugene, OR: Cascade, 2010.

Auerbach, Erich. *Literary Language and Its Public in Late Antiquity and in the Middle Ages*. Translated by Ralph Manheim. New York: Bollingen, 1965.

Augustine. *Augustine: Later Works*. Translated by John Burnaby. Library of Christian Classics 8. Philadelphia: Westminster, 1965.

―――. *The City of God*. Edited by David Knowles. Translated by Henry Bettenson. New York: Pelican, 1972.

―――. *Confessions*. Vol. I/1 in *The Works of Saint Augustine: A Translation for the 21st Century*. Hyde Park, NY: New City Press, 1997.

―――. *Essential Sermons*. Vol. Ⅲ/25 in *The Works of Saint Augustine: A Translation for the 21st Century*, edited by Boniface Ramsey, translated by Edmund P. Hill, OP, introduction and notes by Daniel E. Doyle, OSA. Hyde Park, NY: New City Press, 2007.

―――. *Expositions of the Psalms*, vol. 2 (Psalms 33-50). Vol. Ⅲ/16 in *The Works of Saint Augustine: A Translation for the 21st Century*. Hyde Park, NY: New City Press, 2000.

―――. *Expositions of the Psalms*, vol. 5 (Psalms 99-120). Vol. Ⅲ/19 in *The Works of Saint Augustine: A Translation for the 21st Century*. Hyde Park, NY: New City Press, 2003.

―――. *Instructing Beginners in Faith*. The Augustine Series, vol. 5. Hyde Park, NY: New City Press, 2006.

―――. *Sermons on the Liturgical Seasons*. Vol. Ⅲ/6 in *The Works of Saint Augustine: A Translation for the 21st Century*. New Rochelle, NY: New City Press, 1993.

―――. *The Spirit and the Letter*. In *Augustine: Later Works*. Translated by John Burnaby. Library of Christian Classics 8. Philadelphia: Westminster, 1965.

―――. *Teaching Christianity*. Vol. I/11 in *The Works of Saint Augustine: A Translation for the 21st Century*. Hyde Park, NY: New City Press, 1996.

―――. "Ten Homilies on the First Epistle General of St. John." In *Augustine: Later Works*. Translated by John Burnaby. Library of Christian Classics 8. Philadelphia: Westminster, 1965.

Auski, Peter. *Christian Plain Style: The Evolution of a Spiritual Ideal*. Montreal: McGill-Queen's University Press, 1995.

Ayres, Lewis. *Augustine and the Trinity*. Cambridge: Cambridge University Press, 2010.

Balthasar, Hans Urs von. *The Glory of the Lord: A Theological Aesthetics*. San Francisco: Ignatius, 1981-1989.

Barclay, John M. G. *Paul and the Gift*. Grand Rapids: Eerdmans, 2015.

Barth, Karl. *Church Dogmatics II. The Doctrine of God*. Edinburgh: T&T Clark, 1957.

―――. *Evangelical Theology: An Introduction*. Grand Rapids: Eerdmans, 1985.

Bayer, Oswald. *Theology the Lutheran Way*. Edited and translated by Jeffrey G. Silcock and Mark C. Mattes. Grand Rapids: Eerdmans, 2007.

Beitler, James E., III. *Seasoned Speech: Rhetoric in the Life of the Church*. Downers Grove, IL: IVP Academic, 2019.

Bell, Daniel M., Jr. *The Economy of Desire: Christianity and Capitalism in a Postmodern World*. Grand Rapids: Baker Academic, 2012.

Benson, Bruce Ellis. *Liturgy as a Way of Life: Embodying the Arts in Christian Worship*. Grand Rapids: Baker Academic, 2013.

Bernard of Clairvaux. *The Song of Songs: Interpreted by Early Christian and Medieval Commentators*. Edited and translated by Richard Norris Jr. Grand Rapids: Eerdmans, 2003.

Berry, Wendell. *It All Turns on Affection: The Jefferson Lectures and Other Essays*. Berkeley, CA: Counterpoint, 2012.

Bockmuehl, Marcus. *The Epistle to the Philippians*. Black's New Testament Commentary. London: A&C Black, 1998.

―――. *Seeing the Word: Refocusing New Testament Study*. Grand Rapids: Baker Academic, 2006.

Bonhoeffer, Dietrich. *Reflections on the Bible: Human Word and Word of God*. Edited by Manfred Weber. Translated by M. Eugene Boring. Peabody, MA: Hendrickson, 2005.

Boulton, Matthew Myer. "Angels of Light: Luther's Liturgical Attack on Christendom." In *Luther Refracted: The Reformer's Ecumenical Legacy*, edited by Piotr J. Maylysz and Derek R. Nelson. Minneapolis: Fortress, 2015.

Bright, Pamela, ed. and trans. *Augustine and the Bible*. Bible through the Ages 2. Notre Dame: University of Notre Dame Press, 1986.

Brock, Brian. *Christian Ethics in a Technological Age*. Grand Rapids: Eerdmans, 2010.

———. *Singing the Ethos of God: On the Place of Christian Ethics in Scripture*. Grand Rapids: Eerdmans, 2007.

Brown, Peter. *Augustine of Hippo: A Biography*. Berkeley: University of California Press, 2000.

———. *Through the Eye of a Needle: Wealth, the Fall of Rome, and the Making of Christianity in the West, 350-550 AD*. Princeton: Princeton University Press, 2012.

Brown, William P. *Sacred Sense: Discovering the Wonder of God's Word and World*. Grand Rapids: Eerdmans, 2015.

Brueggemann, Walter. *Cadences of Home: Preaching among Exiles*. Louisville: Westminster John Knox, 1997.

———. *Finally Comes the Poet: Daring Speech for Proclamation*. Minneapolis: Augsburg, 1989.

———. *Israel's Praise: Doxology against Idolatry and Ideology*. Philadelphia: Fortress, 1988.

———. *The Practices of Prophetic Imagination: Preaching an Emancipating Word*. Minneapolis: Fortress, 2012.

Brunner, Peter. *Worship in the Name of Jesus*. Translated by M. H. Bertram. St. Louis: Concordia, 1968.

Buechner, Frederick. *A Room Called Remember: Uncollected Pieces*. San Francisco: Harper & Row, 1992.

Burns, J. Patout. "Delighting the Spirit: Augustine's Practice of Figurative Interpretation." In *De Doctrina Christiana: A Classic of Western Culture*, edited by Duane W. H. Arnold and Pamela Bright, 182–94. Notre Dame: University of Notre Dame Press, 1995.

Burton, Vicki Tolar. *Spiritual Literacy in John Wesley's Methodism: Reading, Writing, and Speaking to Believe*. Waco, TX: Baylor University Press, 2008.

Byassee, Jason. *Praise Seeking Understanding: Reading the Psalms with Augustine*. Grand Rapids: Eerdmans, 2007.

Cameron, Averil. *Christianity and the Rhetoric of Empire: The Development of Christian Discourse*. Berkeley: University of California Press, 1991.

Campbell, Charles L., and Johan H. Cilliers. *Preaching Fools: The Gospel as a Rhetoric of Folly*. Waco, TX: Baylor University Press, 2012.

Campbell, Ted A. "The Image of Christ in the Poor: On the Medieval Roots of the

Wesleys' Ministry with the Poor." In *The Poor and the People Called Methodists, 1729-1999*, edited by Richard P. Heitzenrater. Nashville: Abingdon, 2002.

Carron, Julian. *Disarming Beauty: Essays on Faith, Truth, and Freedom*. Notre Dame: University of Notre Dame Press, 2017.

Casarella, Peter J. "The Expression and Form of the Word: Trinitarian Hermeneutics and the Sacramentality of Language in Hans Urs von Balthasar's Theology." In *Glory, Grace, and Culture*, edited by Ed Block Jr., 37–68. Mahwah, NJ: Paulist, 2005.

Cavadini, John. "The Anatomy of Wonder: An Augustinian Taxonomy." *Augustinian Studies* 42, no. 2 (2011): 153–72.

———. "The Sweetness of the Word: Salvation and Rhetoric in Augustine's De Doctrina Christiana." In *De Doctrina Christiana: A Classic of Western Culture*, edited by Duane W. H. Arnold and Pamela Bright, 164–81. Notre Dame: University of Notre Dame Press, 1995.

Cessario, Romanus, OP. *The Virtues, or the Examined Life*. New York: Continuum, 2002.

Charry, Ellen T. *By the Renewing of Your Minds: The Pastoral Function of Christian Doctrine*. Oxford: Oxford University Press, 1997.

Clapp, Rodney. *Border Crossings: Christian Trespasses on Popular Culture and Public Affairs*. Grand Rapids: Brazos, 2000.

Clavier, Mark. *On Consumer Culture, Identity, the Church, and the Rhetorics of Delight*. London: T&T Clark, 2019.

Conybeare, Catherine. "Reading the Confessions." In *A Companion to Augustine*, edited by Mark Vessey, 99–110. Oxford: Wiley–Blackwell, 2015.

Corbon, Jean, OP. *The Wellspring of Worship*. Translated by Matthew J. O'Connell. San Francisco: Ignatius, 1988.

Currie, Thomas W., III. "The Splendid Embarrassment: Theology's Home and the Practice of Ministry." In *The Power to Comprehend with All the Saints: The Formation and Practice of a Pastor-Theologian*, edited by Wallace M. Alston Jr. and Cynthia A. Jarvis, 272–80. Grand Rapids: Eerdmans, 2009.

Daniélou, Jean. *Prayer: The Mission of the Church*. Translated by David Louis Schindler Jr. Grand Rapids: Eerdmans, 1996.

Danker, Ryan Nicholas. *Wesley and the Anglicans: Political Division in Early Evangelicalism*. Downers Grove, IL: IVP Academic, 2016.

Davies, Horton. *Worship and Theology in England*. Vol. 2, *From Watts to Wesley to Martineau, 1690-1900*. Grand Rapids: Eerdmans, 1996.

Davies, Oliver. *A Theology of Compassion: Metaphysics of Difference and the Renewal of Tradition*. Grand Rapids: Eerdmans, 2003.

Davis, Ellen F. *Biblical Prophecy: Perspectives on Christian Theology, Discipleship, and*

Ministry. Louisville: Westminster John Knox, 2014.

Davis, Ellen F., with Austin McIver Dennis. *Preaching the Luminous Word: Biblical Sermons and Homiletical Essays*. Grand Rapids: Eerdmans, 2016.

Day, Dorothy. *Dorothy Day: Selected Writings*. Edited by Robert Ellsberg. Maryknoll, NY: Orbis, 2011.

DeYoung, Rebecca Konyndyk. V*ainglory: The Forgotten Vice*. Grand Rapids: Eerdmans, 2014.

Dodaro, Robert. *Christ and the Just Society in the Thought of Augustine*. Cambridge: Cambridge University Press, 2004.

Dyrness, William A. *Poetic Theology: God and the Poetics of Everyday Life*. Grand Rapids: Eerdmans, 2013.

Ellingsen, Mark. *The Richness of Augustine: His Contextual and Pastoral Theology*. Louisville: Westminster John Knox, 2005.

Episcopal Church. *The Book of Common Prayer and Administration of the Sacraments and Other Rites and Ceremonies of the Church: Together with the Psalter or Psalms of David, according to the Use of the Episcopal Church*. Mountain View, CA: Wiretap, 1979.

Erasmus, Desiderius. *The Correspondence of Erasmus: Letters 298 to 445, 1514 to 1516*. Vol. 3 of *The Collected Works of Erasmus*. Translated by James M. Estes et al. Edited by Douglas F. S. Thomson. Toronto: University of Toronto Press, 1976.

Fodor, Jim. "Reading the Scriptures: Rehearsing Identity, Practicing Character." In *The Blackwell Companion to Christian Ethics*, edited by Stanley Hauerwas and Samuel Wells, 141–55. Oxford: Blackwell, 2006.

Ford, David F., and Daniel W. Hardy. *Living in Praise: Worshiping and Knowing God*. Grand Rapids: Baker Academic, 2005.

Forte, Bruno. *The Portal of Beauty: Towards a Theology of Aesthetics*. Translated by David Glenday and Paul McPartlan. Grand Rapids: Eerdmans, 2008.

Fowl, Stephen E. *Philippians*. Two Horizons New Testament Commentary. Grand Rapids: Eerdmans, 2005.

Francis (pope). *The Joy of the Gospel (Evangelii Gaudium): Apostolic Exhortation*. Vatican City: Libreria Editrice Vaticana, 2013.

Frei, Hans W. *The Eclipse of Biblical Narrative: A Study in Eighteenth and Nineteenth Century Hermeneutics*. New Haven: Yale University Press, 1974.

Greer, Rowan A. *Broken Lights and Mended Lives: Theology and Common Life in the Early Church*. University Park: Pennsylvania State University Press, 1986.

Grieb, A. Katherine. *The Story of Romans: A Narrative Defense of God's Righteousness*. Louisville: Westminster John Knox, 2002.

Griffiths, Paul J. *Intellectual Appetite: A Theological Grammar*. Washington, DC: Catholic University of America Press, 2009.

Gruchy, John W. de. *Christianity, Art, and Transformation: Theological Aesthetics in the Struggle for Justice*. Cambridge: Cambridge University Press, 2008.

Guthrie, Steven R. *Creator Spirit: The Holy Spirit and the Art of Becoming Human*. Grand Rapids: Brazos, 2011.

Hadot, Pierre. *Philosophy as a Way of Life*. Edited by Arnold I. Davidson. Translated by Michael Chase. Oxford: Blackwell, 1995.

Hanby, Michael. *Augustine and Modernity*. New York: Routledge, 2003.

Hanson, Paul D. *Isaiah 40-66*. Interpretation: A Bible Commentary for Teaching and Preaching. Louisville: John Knox, 1995.

Hardy, Daniel W., and David F. Ford. *Praising and Knowing God*. Philadelphia: Westminster, 1985.

Harmless, William, SJ. *Augustine and the Catechumenate*. Collegeville, MN: Liturgical Press, 1996.

———. "A Love Supreme: Augustine's 'Jazz' of Theology." *Augustinian Studies* 43, no. 1–2 (2012): 149–77.

Harrison, Carol. *Augustine: Christian Truth and Fractured Humanity*. Oxford: Oxford University Press, 2000.

———. *Beauty and Revelation in the Thought of Saint Augustine*. Oxford: Clarendon, 1992.

———. "The Rhetoric of Scripture and Preaching: Classical Decadence or Christian Aesthetic?" In *Augustine and His Critics: Essays in Honor of Gerald Bonner*, edited by Robert Dodaro and George Lawless, 214–30. London: Routledge, 2000.

Hart, David Bentley. *The Beauty of the Infinite: The Aesthetics of Christian Truth*. Grand Rapids: Eerdmans, 2003.

Hauerwas, Stanley. *Christian Existence Today: Essays on Church, World, and Living in Between*. Durham, NC: Labyrinth, 1988.

———. *Matthew*. Brazos Theological Commentary on the Bible. Grand Rapids: Brazos, 2006.

———. *Performing the Faith: Bonhoeffer and the Practice of Nonviolence*. Grand Rapids: Brazos, 2004.

———. *Without Apology: Sermons for Christ's Church*. New York: Seabury, 2013.

Hauerwas, Stanley, and Samuel Wells. "The Gift of the Church." In *The Blackwell Companion to Christian Ethics*, edited by Stanley Hauerwas and Samuel Wells, 13–27. Oxford: Blackwell, 2006.

Hays, Richard B. *The Conversion of the Imagination: Paul as Interpreter of Israel's Scripture*.

Grand Rapids: Eerdmans, 2005.

―――. *Echoes of Scripture in the Gospels*. Waco, TX: Baylor University Press, 2016.

―――. *Echoes of Scripture in the Letters of Paul*. New Haven: Yale University Press, 1989.

Healy, Nicholas M. *Church, World, and the Christian Life: Practical-Prophetic Life*. Cambridge: Cambridge University Press, 2000.

Heitzenrater, Richard P., ed. *The Poor and the People Called Methodists, 1729-1999*. Nashville: Abingdon, 2002.

Hempton, David. *Methodism: Empire of the Spirit*. New Haven: Yale University Press, 2005.

Heschel, Abraham J. *The Prophets*. New York: Harper & Row, 1962.

Hildebrandt, Franz, and Oliver A. Beckerlegge, eds. *A Collection of Hymns for the Use of the People Called Methodists*. Nashville: Abingdon, 1983.

Howell, James C. *The Beauty of the Word: The Challenge and Wonder of Preaching*. Louisville: Westminster John Knox, 2011.

Irenaeus. *Against Heresies*. Edited by Alexander Roberts and James Donaldson. Louisville: Ex Fontibus, 2010.

Jacobsen, David Schnasa. "How the World Lost Its Story." In *The New Religious Humanists*, edited by Gregory Wolfe, 135–49. New York: Free Press, 1997.

―――. Introduction to *Homiletical Theology: Preaching as Doing Theology*, edited by David Schnasa Jacobsen, 3–22. Promise of Homiletical Theology 1. Eugene, OR: Cascade, 2015.

Jennings, Willie James. *Acts*. Belief: A Theological Commentary on the Bible. Louisville: Westminster John Knox, 2017.

Jenson, Robert W. *Song of Songs*. Interpretation: A Bible Commentary for Teaching and Preaching. Louisville: Westminster John Knox, 2005.

Johnson, Luke Timothy. *Prophetic Jesus, Prophetic Church: The Challenge of Luke-Acts to Contemporary Christians*. Grand Rapids: Eerdmans, 2011.

Jones, L. Gregory, and Kevin R. Armstrong. *Resurrecting Excellence: Shaping Faithful Christian Ministry*. Grand Rapids: Eerdmans, 2006.

Jones, Scott J. *John Wesley's Conception and Use of Scripture*. Nashville: Kingswood Books, 1995.

Kärkkäinen, Veli-Matti. *Christ and Reconciliation*. A Constructive Christian Theology for the Pluralistic World, vol. 1. Grand Rapids: Eerdmans, 2013.

Kaufman, Peter Iver. *Augustine's Leaders*. Eugene, OR: Cascade, 2017.

―――. *Incorrectly Political: Augustine and Thomas More*. Notre Dame: University of Notre Dame Press, 2007.

Kayama, Shinji. "Augustine and Preaching: A Christian Moral Pedagogy." In *The Authority of the Gospel: Explorations in Moral and Political Theology in Honor of Oliver O'Donovan*, edited by Robert Son and Brent Waters, 86–103. Grand Rapids: Eerdmans, 2015.

Kelsey, David H. *Eccentric Existence: A Theological Anthropology*. 2 vols. Louisville: Westminster John Knox, 2009.

Kimbrough, S. T. "Perfection Revisited." In *The Poor and the People Called Methodists, 1729-1999*, edited by Richard P. Heitzenrater. Nashville: Abingdon, 2002.

Kimbrough, S. T., and Carlton R. Young, eds. *Help Us to Help Each Other: Hymns for Life and Ministry with the Poor*. Drew, NJ: Charles Wesley Society, 2010.

King, John N. *English Reformation Literature: The Tudor Origins of the Protestant Tradition*. Princeton: Princeton University Press, 1982.

King, Jonathan. *The Beauty of the Lord: Theology as Aesthetics*. Bellingham, WA: Lexham, 2018.

Kreider, Alan, and Eleanor Kreider. *Worship and Mission after Christendom*. Scottdale, PA: Herald, 2011.

LaCugna, Catherine Mowry. *God for Us: The Trinity and Christian Life*. San Francisco: HarperSanFrancisco, 1991.

Ladner, Gerhart B. *The Idea of Reform: Its Impact on Christian Thought and Action in the Age of the Fathers*. Eugene, OR: Wipf & Stock, 2004.

Langford, Thomas A. *Practical Divinity: Theology in the Wesleyan Tradition*. Vol. 1. Rev. ed. Nashville: Abingdon, 1998.

Lash, Nicholas. *The Beginning and End of Religion*. Cambridge: Cambridge University Press, 1996.

———. *Holiness, Speech, and Silence: Reflections on the Question of God*. Aldershot, UK: Ashgate, 2004.

Lathrop, Gordon W. *The Four Gospels on Sunday: The New Testament and the Reform of Christian Worship*. Minneapolis: Fortress, 2012.

Levering, Matthew. *The Theology of Augustine: An Introductory Guide to His Most Important Works*. Grand Rapids: Baker Academic, 2013.

Lischer, Richard. *The End of Words: The Language of Reconciliation in a Culture of Violence*. Grand Rapids: Eerdmans, 2005.

———. Preface to *Faith and Freedom: An Invitation to the Writings of Martin Luther*. Edited by John F. Thornton and Susan B. Varenne. New York: Vintage Books, 2002.

Lohfink, Gerhard. *Does God Need the Church? Toward a Theology of the People of God*. Translated by Linda M. Maloney. Collegeville, MN: Liturgical Press, 1999.

———. *Is This All There Is? On Resurrection and Eternal Life*. Translated by Linda M. Maloney. Collegeville, MN: Liturgical Press, 2017.

———. *Jesus of Nazareth: What He Wanted, Who He Was*. Translated by Linda M. Maloney. Collegeville, MN: Liturgical Press, 2012.

Long, D. Stephen. *The Goodness of God: Theology, the Church, and Social Order*. Grand Rapids: Brazos, 2001.

———. *John Wesley's Moral Theology: The Quest for God and Goodness*. Nashville: Abingdon, 2005.

Loughlin, Gerard. "The Basis and Authority of Doctrine." In *The Cambridge Companion to Christian Doctrine*, edited by Colin E. Gunton, 41–64. Cambridge: Cambridge University Press, 1997.

Loyer, Kenneth M. *God's Love through the Spirit: The Holy Spirit in Thomas Aquinas and John Wesley*. Washington, DC: Catholic University Press of America, 2014.

Luther, Martin. "The Freedom of a Christian." In *The Roots of Reform*, vol. 1 of *The Annotated Luther*, edited by Timothy J. Wengert. Minneapolis: Fortress, 2015.

———. "Heidelberg Disputation." In *The Roots of Reform*, vol. 1 of *The Annotated Luther*, edited by Timothy J. Wengert. Minneapolis: Fortress, 2015.

———. *Lectures on Isaiah (40-66)*. Vol. 17 of *Luther's Works*. Edited by Jaroslav Pelikan. St. Louis: Concordia, 1972.

———. "Lectures on Psalm 51, 1513–1515." In *The Interpretation of Scripture*, vol. 6 of *The Annotated Luther*, edited by Euan K. Cameron. Minneapolis: Fortress, 2017.

———. *Lectures on Romans*. Library of Christian Classics 15. Edited and translated by Wilhelm Pauck. Philadelphia: Westminster, 1961.

———. "The Magnificat." In *Pastoral Writings*, vol. 4 of *The Annotated Luther*, edited by Mary Jane Haemig. Minneapolis: Fortress, 2016.

———. "Preface to the New Testament 1546." In *The Interpretation of Scripture*, vol. 6 of *The Annotated Luther*, edited by Euan K. Cameron. Minneapolis: Fortress, 2017.

———. "Preface to the Prophets 1545 (1532)." In *The Interpretation of Scripture*, vol. 6 of *The Annotated Luther*, edited by Euan K. Cameron. Minneapolis: Fortress, 2017.

———. "Preface to the Psalter 1528 (1545)." In *The Interpretation of Scripture*, vol. 6 of *The Annotated Luther*, edited by Euan K. Cameron. Minneapolis: Fortress, 2017.

———. "Selected Hymns." In *Pastoral Writings*, vol. 4 of *The Annotated Luther*, edited by Mary Jane Haemig. Minneapolis: Fortress, 2016.

———. *elected Psalms Ⅱ*. Vol. 13 of *Luther's Works*. Edited by Jaroslav Pelikan. St. Louis: Concordia, 1956.

———. *Selected Psalms Ⅲ*. Vol. 14 of *Luther's Works*. Edited by Jaroslav Pelikan. St.

Louis: Concordia, 1958.

MacIntyre, Alasdair. *After Virtue*. Notre Dame: University of Notre Dame Press, 1981.

Maddox, Randy. *Responsible Grace: John Wesley's Practical Theology*. Nashville: Kingswood Books, 1994.

———. "'Visiting the Poor': John Wesley, the Poor, and the Sanctification of Believers." In *The Poor and the People Called Methodists, 1729-1999*, edited by Richard P. Heitzenrater. Nashville: Abingdon, 2002.

Mallard, William. *Language and Love: Introducing Augustine's Religious Thought through the Confessions Story*. University Park: Pennsylvania State University Press, 1994.

Mannion, M. Francis. *Masterworks of God: Essays in Liturgical Theory and Practice*. Chicago: Hillenbrand Books, 2004.

Mascall, E. L. *Grace and Glory*. New York: Morehouse Barlow, 1961.

Mathewes, Charles. *The Republic of Grace: Augustinian Thoughts for Dark Times*. Grand Rapids: Eerdmans, 2010.

———. *A Theology of Public Life*. Cambridge: Cambridge University Press, 2007.

Mattes, Mark C. *Martin Luther's Theology of Beauty: A Reappraisal*. Grand Rapids: Baker Academic, 2017.

McGill, Arthur C. *Suffering: A Test of Theological Method*. Foreword by Paul Ramsey and William F. May. Philadelphia: Westminster, 1982.

McIntosh, Mark A. *Discernment and Truth: The Spirituality and Theology of Knowledge*. New York: Crossroad, 2004.

———. *Divine Teaching: An Introduction to Christian Theology*. Oxford: Blackwell, 2008.

———. "Faith, Reason, and the Mind of Christ." In *Reason and the Reasons of Faith*, edited by Paul J. Griffiths and Reinhard Hutter. London: T&T Clark, 2005.

———. *Mystical Theology: The Integrity of Spirituality in Theology*. Oxford: Blackwell, 1998.

Minear, Paul S. *The Kingdom and the Power: An Exposition of the New Testament Gospel*. Louisville: Westminster John Knox, 2004.

Mitman, F. Russell. *Worship in the Shape of Scripture*. Cleveland: Pilgrim, 2001.

Moltmann, Jürgen. *The Way of Jesus Christ: Christology in Messianic Dimensions*. Translated by Margaret Kohl. Minneapolis: Fortress, 2003.

Muller, Hildegund. "Preacher: Augustine and His Congregation." In *A Companion to Augustine*, edited by Mark Vessey, with the assistance of Shelley Reid, 297–309. Oxford: Blackwell, 2012.

Murphy, Debra Dean. *Happiness, Health, and Beauty: The Christian Life in Everyday Terms*. With Questions for Consideration by Andrew Kinsey. Eugene, OR: Cascade, 2015.

———. *Teaching That Transforms: Worship as the Heart of Christian Education.* Grand Rapids: Brazos, 2004.

Newbigin, Lesslie. *Foolishness to the Greeks: The Gospel and Western Culture.* Grand Rapids: Eerdmans, 1986.

Newman, Elizabeth. *Untamed Hospitality: Welcoming God and Other Strangers.* Grand Rapids: Brazos, 2006.

Nicholas, Marc. *Jean Danielou's Doxological Humanism: Trinitarian Contemplation and Humanity's True Vocation.* Eugene, OR: Pickwick, 2012.

Nichols, Aidan. *The Art of God Incarnate: Theology and Image in Christian Tradition.* London: Darton, Longman & Todd, 1980.

———. "Balthasar's Aims in the 'Theological Aesthetics.' " In *Glory, Grace, and Culture: The Works of Hans Urs von Balthasar*, edited by Ed Block Jr., 107–26. Mahwah, NJ: Paulist, 2005.

———. *Redeeming Beauty: Soundings in Sacral Aesthetics.* Aldershot, UK: Ashgate, 2007.

———. *The Word Has Been Abroad: A Guide through Balthasar's Aesthetics.* Washington, DC: Catholic University of America Press, 1998.

Niebuhr, H. Richard. *The Meaning of Revelation.* New York: Macmillan, 1960.

Oakes, Edward T., SJ. "The Apologetics of Beauty." In *The Beauty of God: Theology and the Arts*, edited by Daniel J. Treier, Mark Husbands, and Roger Lundin. Downers Grove, IL: IVP Academic, 2007.

O'Daly, Gerard J. P. *Augustine's City of God: A Reader's Guide.* Oxford: Oxford University Press, 1999.

O'Donovan, Oliver. *Self, World, and Time: Ethics as Theology, Volume 1; An Induction.* Grand Rapids: Eerdmans, 2013.

Old, Hughes Oliphant. *Moderation, Pietism, and Awakening.* Vol. 5 in *The Reading and Preaching of the Scriptures in the Worship of the Christian Church.* Grand Rapids: Eerdmans, 2004.

Outler, Albert C. *Evangelism and Theology in the Wesleyan Spirit.* Nashville: Discipleship Resources, 2004.

Owens, L. Roger. *The Shape of Participation: A Theology of Church Practices.* Eugene, OR: Cascade, 2010.

Pasquarello, Michael, Ⅲ. *Christian Preaching: A Trinitarian Theology of Proclamation.* Grand Rapids: Baker Academic, 2007; reprint, Eugene, OR: Wipf & Stock, 2011.

———. *Dietrich: Bonhoeffer and a Theology of the Preaching Life.* Waco, TX: Baylor University Press, 2017.

Peterson, Eugene H. *Eat This Book: A Conversation in the Art of Spiritual Reading.* Grand

Rapids: Eerdmans, 2006.

———. *The Jesus Way: A Conversation on the Ways That Jesus Is the Way.* Grand Rapids: Eerdmans, 2007.

———. *Practice Resurrection: A Conversation on Growing Up in Christ.* Grand Rapids: Eerdmans, 2010.

———. *Under the Unpredictable Plant: An Exploration in Vocational Holiness.* Grand Rapids: Eerdmans/Gracewing, 1992.

Pieper, Josef. *Leisure: The Basis of Culture.* Translated by Gerald Malsbary. South Bend, IN: St. Augustine's, 1998.

Pinckaers, Servais, OP. *The Sources of Christian Ethics.* Translated by Sr. Mary Thomas Noble, OP. Washington, DC: Catholic University Press of America, 1995.

Purves, Andrew. *Reconstructing Pastoral Theology: A Christological Foundation.* Louisville: Westminster John Knox, 2005.

Rashkover, Randi, and C. C. Pecknold, eds. *Liturgy, Time, and the Politics of Redemption.* Grand Rapids: Eerdmans, 2006.

Rist, John M. *What Is Truth? From the Academy to the Vatican.* Cambridge: Cambridge University Press, 2008.

Robinson, Anthony B., and Robert W. Wall. *Called to Be Church: The Book of Acts for a New Day.* Grand Rapids: Eerdmans, 2006.

Rowe, C. Kavin. *World Upside Down: Reading Acts in the Graeco-Roman Age.* Oxford: Oxford University Press, 2009.

Saliers, Don E. *Worship as Theology: Foretaste of Glory Divine.* Nashville: Abingdon, 1994.

———. *Worship Come to Its Senses.* Nashville: Abingdon, 1996.

Sanlon, Peter T. *Augustine's Theology of Preaching.* Minneapolis: Fortress, 2014.

Schindler, David L. "The Significance of Hans Urs von Balthasar in the Contemporary Situation." In *Glory, Grace, and Culture,* edited by Ed Block Jr., 16–36. Mahwah, NJ: Paulist, 2005.

Second Clement. In *The Apostolic Fathers,* edited by Michael W. Holmes, translated by J. B. Lightfoot and J. R. Harmer, 132–65. 2nd ed. Grand Rapids: Baker Books, 1989.

Sherry, Patrick. *Spirit and Beauty: An Introduction to Theological Beauty.* London: SCM, 2002.

Sherwin, Michael S. *By Knowledge and by Love: Charity and Morality in the Moral Theology of St. Thomas Aquinas.* Washington, DC: Catholic University of America Press, 2005.

Short, L. Faye, and Kathryn D. Kiser. *Reclaiming the Wesleyan Social Witness: Offering Christ.* Franklin, TN: Providence House Publishers, 2008.

Shuger, Debora K. *Sacred Rhetoric: The Christian Grand Style in the English Renaissance*. Princeton: Princeton University Press, 1988.

Skinner, Matthew L. *Intrusive God, Disruptive Gospel: Encountering the Divine in the Book of Acts*. Grand Rapids: Brazos, 2015.

Smart, J. D. *History and Theology in Second Isaiah*. Philadelphia: Westminster, 1965.

Smith, Christian, and Melinda Lundquist Denton. *Soul Searching: The Religious and Spiritual Lives of American Teenagers*. Oxford: Oxford University Press, 2005.

Smith, James K. A. *Desiring the Kingdom: Worship, Worldview, and Cultural Formation*. Cultural Liturgies 1. Grand Rapids: Baker Academic, 2009.

―――. *You Are What You Love: The Spiritual Power of Habit*. Grand Rapids: Brazos, 2016.

Spinks, Bryan D. *The Worship Mall: Contemporary Responses to Contemporary Culture*. New York: Church Publishing, 2010.

Steinmetz, David C. *Taking the Long View: Christian Theology in Historical Perspective*. Oxford: Oxford University Press, 2011.

Stone, Bryan. *Evangelism after Christendom: The Theology and Practice of Christian Witness*. Grand Rapids: Brazos, 2007.

Studer, Basil. *Trinity and Incarnation: The Faith of the Early Church*. Edited by Andrew Louth. Translated by Matthias Westerhoff. Collegeville, MN: Liturgical Press, 1993.

Toom, Tarmo. "Augustine on Scripture." In *T&T Clark Companion to Augustine and Modern Theology*, edited by C. C. Pecknold and Tarmo Toom, 75–90. London: Bloomsbury T&T Clark, 2012.

Torrell, Jean-Pierre, OP. *Saint Thomas Aquinas: Spiritual Master*. Vol. 2. Translated by Robert Royal. Washington, DC: Catholic University of America Press, 2003.

Torvend, Samuel. *Luther and the Hungry Poor: Gathered Fragments*. Minneapolis: Fortress, 2008.

Tran, Jonathan. *Foucault and Theology*. London: T&T Clark, 2011.

Tucker, Karen B. Westerfield. "Wesley's Emphasis on Worship and the Means of Grace." In *The Cambridge Companion to John Wesley*, edited by Randy L. Maddox and Jason E. Vickers. Cambridge: Cambridge University Press, 2010.

Vickers, Jason E. *Invocation and Assent: The Making and Remaking of Trinitarian Theology*. Grand Rapids: Eerdmans, 2008.

―――. *Minding the Good Ground: A Theology of Church Renewal*. Grand Rapids: Baker Academic, 2011.

―――. *Wesley: A Guide for the Perplexed*. London: T&T Clark, 2009.

Volf, Miroslav, and Matthew Croasmun. *For the Life of the World: Theology That Makes a Difference*. Grand Rapids: Brazos, 2019.

Wainwright, Geoffrey. *Doxology: The Praise of God in Worship, Doctrine, and Life*. Oxford: Oxford University Press, 1980.

———. *For Our Salvation: Two Approaches to the Work of Christ*. Grand Rapids: Eerdmans/SPCK, 1997.

———. "The Trinitarian Hermeneutic of John Wesley." In *Reading the Bible in Wesleyan Ways: Some Constructive Proposals*, edited by Barry L. Callen and Richard P. Thompson. Kansas City, MO: Beacon Hill, 2004.

———. "Trinitarian Theology and Wesleyan Holiness." In *Orthodox and Wesleyan Spirituality*, edited by S. T. Kimbrough Jr. Crestwood, NY: St. Vladimir's Seminary Press, 2002.

———. *Worship with One Accord: Where Liturgy and Ecumenism Embrace*. Oxford: Oxford University Press, 1997.

Wall, Robert W. "Toward a Wesleyan Hermeneutic of Scripture." In *Reading the Bible in Wesleyan Ways: Some Constructive Proposals*, edited by Barry L. Callen and Richard P. Thompson. Kansas City, MO: Beacon Hill, 2004.

———. "Wesley as Biblical Interpreter." In *The Cambridge Companion to John Wesley*, edited by Randy L. Maddox and Jason E. Vickers. Cambridge: Cambridge University Press, 2010.

Wannenwetsch, Bernd. "Luther's Moral Theology." In *The Cambridge Companion to Martin Luther*, edited by Donald K. McKim. Cambridge: Cambridge University Press, 2003.

———. *Political Worship: Ethics for Christian Citizens*. Translated by Margaret Kohl. Oxford: Oxford University Press, 2004.

Ward, Graham. "The Beauty of God." In *Theological Perspectives on God and Beauty*, edited by John Milbank, Graham Ward, and Edith Wyschogrod, 35–65. Harrisburg, PA: Trinity Press International, 2003.

Weaver, Rebecca Harden. "Reading the Signs: Guidance for the Pilgrim Community." *Interpretation* 58, no. 1 (2004): 28–41.

Webster, John. *The Culture of Theology*. Edited by Ivor J. Davidson and Alden C. McCray. Grand Rapids: Baker Academic, 2019.

Welker, Michael. *God the Spirit*. Translated by John F. Hoffmeyer. Minneapolis: Fortress, 1994.

Wells, Samuel. *God's Companions: Reimagining Christian Ethics*. Malden, MA: Blackwell, 2006.

———. *Improvisation: The Drama of Christian Ethics*. Grand Rapids: Brazos, 2004.

Wesley, Charles. "Ambitious, covetous, vain." In *Help Us to Help Each Other: Hymns for Life and Ministry with the Poor*, edited by S. T. Kimbrough Jr., and Carlton R. Young.

Madison, NJ: Charles Wesley Society, 2010.

———. "Love Divine, All Loves Excelling." In *The United Methodist Hymnal: Book of United Methodist Worship*. Nashville: United Methodist Publishing House, 2002.

Wesley, John. *The Works of John Wesley*. 3rd ed. Grand Rapids: Baker Books, 1978.

———. *The Works of John Wesley*. Bicentennial ed. Edited by Albert C. Outler. Nashville: Abingdon, 1984.

Wilder, Amos Niven. *Theopoetic: Theology and the Religious Imagination*. Philadelphia: Fortress, 1976.

Wilken, Robert Louis. "Augustine's City of God Today." In *The Two Cities of God: The Church's Responsibility for the Earthly City*, edited by Carl E. Braaten and Robert W. Jenson, 28–41. Grand Rapids: Eerdmans, 1997.

———. *The Spirit of Early Christian Thought: Seeking the Face of God*. New Haven: Yale University Press, 2003.

Williams, A. N. "Contemplation." In *Knowing the Triune God: The Work of the Spirit in the Practices of the Church*, edited by James J. Buckley and David S. Yeago, 121–47. Grand Rapids: Eerdmans, 2001.

Williams, Rowan. *Christ on Trial: How the Gospel Unsettles Our Judgement*. Grand Rapids: Zondervan, 2000.

———. *The Edge of Words: God and the Habits of Language*. London: Bloomsbury, 2014.

———. *On Augustine*. London: Bloomsbury, 2016.

———. *On Christian Theology*. Oxford: Blackwell, 2000.

———. "Theology in the Face of Christ." In *Glory Descending: Michael Ramsey and His Writings*, edited by Douglas Dales, John Habgood, Geoffrey Rowell, and Rowan Williams, 176–87. Grand Rapids: Eerdmans, 2005.

———. *Why Study the Past? The Quest for the Historical Church*. Grand Rapids: Eerdmans, 2005.

Willimon, William H. *Acts: A Biblical Commentary for Teaching and Preaching*. Atlanta: John Knox, 1988.

———. *Preaching Master Class: Lessons from Will Willimon's Five-Minute Preaching Workshop*. Edited by Noel Snyder. Eugene, OR: Cascade, 2010.

Wilson, Kenneth. *Methodist Theology*. London: T&T Clark, 2011.

Wilson, Paul Scott. *Preaching as Poetry: Beauty, Goodness, and Truth in Every Sermon*. Nashville: Abingdon, 2014.

Wirzba, Norman. *Living the Sabbath: Discovering the Rhythms of Rest and Delight*. Grand Rapids: Brazos, 2008.

Witherington, Ben, III. *Women in the Earliest Churches*. Cambridge: Cambridge University

Press, 1988.

Wolfe, Gregory. *The Operation of Grace: Further Essays on Art, Faith, and Mystery*. Eugene, OR: Cascade, 2015.

Wright, Stephen John. *Dogmatic Aesthetics: A Theology of Beauty in Dialogue with Robert W. Jenson*. Minneapolis: Fortress, 2014.

Young, Frances M. *God's Presence: A Contemporary Recapitulation of Early Christianity*. Cambridge: Cambridge University Press, 2013.

사명선언문

너희가 흠이 없고 순전하여……세상에서 그들 가운데 빛들로
나타내며 생명의 말씀을 밝혀 _ 빌 2:15-16

1. 생명을 담겠습니다
만드는 책에 주님 주신 생명을 담겠습니다.
그 책으로 복음을 선포하겠습니다.

2. 말씀을 밝히겠습니다
생명의 근본은 말씀입니다.
말씀을 밝혀 성도와 교회의 성장을 돕겠습니다.

3. 빛이 되겠습니다
시대와 영혼의 어두움을 밝혀 주님 앞으로 이끄는
빛이 되는 책을 만들겠습니다.

4. 순전히 행하겠습니다
책을 만들고 전하는 일과 경영하는 일에 부끄러움이 없는
정직함으로 행하겠습니다.

5. 끝까지 전파하겠습니다
모든 사람에게, 땅 끝까지, 주님 오시는 그날까지
복음을 전하는 사명을 다하겠습니다.

서점 안내

광화문점	서울시 종로구 새문안로 69 구세군회관 1층 02)737-2288 / 02)737-4623(F)
강남점	서울시 서초구 신반포로 177 반포쇼핑타운 3동 2층 02)595-1211 / 02)595-3549(F)
구로점	서울시 동작구 시흥대로 602, 3층 302호 02)858-8744 / 02)838-0653(F)
노원점	서울시 노원구 동일로 1366 삼봉빌딩 지하 1층 02)938-7979 / 02)3391-6169(F)
일산점	경기도 고양시 일산서구 중앙로 1391 레이크타운 지하 1층 031)916-8787 / 031)916-8788(F)
의정부점	경기도 의정부시 청사로47번길 12 성산타워 3층 031)845-0600 / 031)852-6930(F)
인터넷서점	www.lifebook.co.kr